JN045749

侏儒の映画館

久保嘉之

ごまめ書房

侏儒の映画館　目次

PART5　スポーツ&人生　363

PART6　リドリー・スコットの映画　419

扉イラスト＝中田好美

ＰＡＲＴ１　人斬り五郎のジレンマ

——我が愛しの渡哲也——

第一章『無頼　黒匕首（ドス）』

遅れてきたスターと渡辺武信は評し、銀幕が生んだ最後のスターだと植草信和が論じた渡哲也、彼こそが高校二年の冬に主演していた映画に出会って以来、七十歳になんなんとする今日に至るまで、私にとって日本映画界における唯一無二のスターであり続けた人である。

出会いというのは摩訶不思議な要素を秘めている。『無頼　黒匕首（ドス）』。これが出会った映画のタイトルである。〈無頼〉シリーズの五作目に当る作品であるが、もしこれが同じシリーズの中でも他の作品であったなら、これ程まで渡哲也に夢中になることは、なかったかもしれない。シリーズ全六作の内、それも五作目、その映画に一番最初に出会ったがため、爾来私は、一所懸命渡哲也の出演作を追いかける破目に、陥ってしまったのである。

それにしても——なして、あがん衝撃ば受けたとやろか？

私の通う学校は進学校ではあったが、受験勉強そっちのけで専ら部活に明け暮れ、休みか、試験で早帰りできる時だけ映画を観ていた。が、殆ど洋画ばかりで、偶に観る邦画は市川雷蔵の〈眠狂四郎〉シリーズか、勝新太郎の〈座頭市〉シリーズなどの大映作品のみで、東映や日活などの映画はまず観たことがなかった。東映は親父によく連れて行かれた時代劇の終焉と共に、日活に至っては幼い頃小学校の校庭（夜暗くなって間もない時間、校舎の壁に白い幕を垂らし、そこに映像が映し出された）で観た『にあんちゃん』以来ではなかったろうか。松竹は深作欣二監督の『黒蜥蜴』のみ、東宝は加山雄三の若大将シリーズを含む何本かだけで、あれだけ騒がれた黒澤明監督の作品でさえ、公開当時劇場では全く観ていない。それが何故？　例によってポスターに惹かれたのである。

この時、私はポスターの中で黒匕首を構え、炯々たる眼光を放つ渡哲也を、カッコいいと思ったのだろうか。引き寄せられるように劇場に入っていったのは、確かにそれが理由だったろう。だが本当にカッコいいと思えたのは、本編を観終えた後である。

本来なら、シリーズなのだから一作目から書き起こすのが常套なのだろうが、なぜ夢中になったのかその理由を知って貰うためには、またシリーズそのものにストーリーの連続性はないため、妥当であろうと判断し、この作品から稿を起こすことにさせていただく。

梗概を簡単に記していこうと思うのだが、何せ半世紀も昔の作品である。演じている役者に馴染みがない方も多いだろうし、既に故人となられている方も多い。役名で記載すると余計に判りにくくなる懼れもあり、主人公の人斬り五郎こと藤川五郎（渡哲也）以外は、芸名で統一させていただくことを、お断りしておく。

まず日活特有の赤い文字の題名のあと、五郎がベルトに差した黒匕首を抜くシーンから始まる。続いて出演者のクレジットが流れるのだが、その間に凄惨な斬り合い、殺し合いが展開する。だが斬った瞬間、刺した瞬間をストップ・モーションにして、名前を読み込むのに、支障がないよう編集してある。途中二度黒匕首のみが大写しされるのだが、それが私には、光を照り返すその光芒が、無残な結果を想起させ、無益な殺生をおこなう愚かしさを暗示しているように、思われた。また意外だったのはその闘いぶりである。お互い身体をぶつけ合っているようにしか、見えないのだ。東映時代劇や座頭市や眠狂四郎、それまで私が観てきた殺陣（たて）は、乱闘であってさえ型に則り、刃の流れに規則性があった。そこに極端な云い方ではあるが、一種の〈様式美〉が感じられたのだが、眼前に繰り広げられる闘争は、まるで柔道の乱取りに近いものであった。相手の襟を掴んで引き摺り回しては、斬る。手近にあるものを投げ付け、怯（ひる）んだ隙に懐に飛び込んで、刺す。どう刺し、どう斬ったのかよく判らない個所も多い。見慣れない闘い方に若干焦（じ）れたのだが、考えてみれば匕首は短刀である。鍔もない。長刀の斬り合いと違って、短刀同士の殺し合いでは、距離が取れないだけ肉弾戦たらざるを得ないのだろう。擬斗は渡井嘉久雄。

死闘は終わった。あちこちに転がる死体の間をよろめき歩く五郎に、本人のナレーションが被さる。「やくざの身の行く末は、みんなこんなもんだ。面（つら）も碌に知らない者同士が、まるで獣（けだもの）みたいになって殺し合う。俺もその一人だ。身体ひとつに匕首（ドス）ひとつ、今日は死ぬ、もう明日って日は来ないんだ。そう云い聞かせながら、くだらねえ義理に縛られて、血みどろになって斬り合った。それもこれも虫けらみたいな俺自身のことだ、別に苦にもならねえ。……只ひとつ気懸りなのは、元の堅気の暮らしに戻してやりたいばかりに、叱りつけるように旅立たした女のことだ。今頃は真っ暗闇を突っ走る汽車で遠くへ行っててくれればいいが……」

五郎と川端組構成員との斬り合いを、車の陰から窺っていた者たちがいた。川端組の幹部二人と、応援に駆け付けた武相会の三人である。「殺（や）りましょうか？」武相会の高品格が云うと、

「わざわざ関東から応援に来てもらって。怪我でもされたらわいらの顔が立たへん」と川端組の二人は飛び出していくが、一瞬で五郎に斬り伏せられてしまう。出張ろうとした高品を、「俺が行く」と制止したのは武相会総長の跡目、川地民夫である。「若！」とんでもないと押し止（とど）めようとするが、斬り込み隊長である青木義朗が、

「噂の人斬り五郎を斃（たお）したとなれば、若にも箔が付く」いざとなれば助太刀すればいいだけのこと、と逆に慫慂（しょうよう）する。白木の鞘を払った匕首で、五郎と対峙する川地。機は熟した。まさにぶつかり合おうとしたその瞬間、何と旅立たせた筈の松原智恵子が、戻ってきたのである。「五郎さん」スーツケースを落とし、駆け寄ろうとする。

「バカ、来るな!」絶叫と共に、五郎と川地の身体が交差する。五郎は辛うじて躱したが、川地の匕首は勢いのままに、松原を刺してしまう。凍りつく五郎。よろめきつつ五郎の腕の中に倒れ込む松原。だが呆然となったのは川地も同じであった。女を刺してしまったのである。しかも抗争には何ら関係のない、堅気の人間をである。五郎の殺意が膨れ上がる。その時パトカーのサイレンが聞こえ、近づいて来た。五郎は松原を抱き上げ、踵(きびす)を返す。立ち尽くす川地を、青木と高品が強引に連れ去る。

抱きかかえた松原を、しっかりしろと励ましながらも、五郎は後悔に身を苛まれ、

「お前は俺には勿体無さすぎる。もう離すもんか」涙を流す。だが、

「五郎さんに、どうしても会いたかったの」それが最後の言葉だった。……泣き虫・五郎が登場した時、日活アクションは新たな転換期をむかえた、と誰かが云った。グシャグシャに顔を歪めて落とす涙がアクションへの唯一の起爆剤だなんて!　裕次郎・アキラは涙ひとつ見せずに修羅場に走ったが、五郎は泣くという。事実人斬り五郎はよく涙を流す。基本心を赦した仲間、頼れる先輩が無惨な死を遂げた時、五郎は涙を流し、匕首を懐に殴り込みをかける。だがシリーズを通して、愛する女が殺されたのは初めてである。悔恨・慙愧は深かったろう。つくづく自分の稼業、やくざ社会に身を置く渡世を、呪ったことだろう。もう御免だ、もう沢山だ、まっとうな仕事に就き、まっとうな暮らしを立てる。いつもに増してその決意は固かったものと、推察できる。しかし〈人斬

り〉の垢は、簡単には落ちなかった――回りがそんな彼を、放って置いてはくれなかったのである。

二年が経った。昭和三十七年頃とテロップが出る。五郎の姿は立川にあった。

折しも土地の嶋岡組と、横浜から伸してきた武相会の手打ち式が、行なわれようとしていた。立会人のひとりが「まったく嶋岡の降伏式も同じだな」と呟く。少し遅れて現れた嶋岡組組長の巣山良二や代貸（だいがし）の露口茂等、主だった幹部の面々五人ほどの全員が、左手に包帯を巻いている。武相会総長の菅井一郎が、待ち兼ねたように「嶋岡の、約束のものを出して貰おうか」と催促する。巣山を初め嶋岡組の全員が差し出したのは、切り落とした自分の小指である。降伏式と陰口を叩かれても、仕方ない状況ではあった。

五郎は、嘗ては同じやくざの先輩格であったが、今は足を洗って堅気のジャリ運搬業を営む中谷一郎（後にＴＶの『水戸黄門』で風車の弥七を演じ人気が出た人）を頼った。再会を喜んだ中谷が連れて行ったのは、「組の時分のダチが女（スケ）にやらしてる店」であった。だが五郎はそこで思いがけなくも、昔の恋人だった北林早苗と出会うのである。

「達者でいたんだな」驚きを隠せない五郎。

「もう巡り会えないかと思った」今は店のママである北林が、しみじみと云う。

若い頃出会い恋仲になった二人は、将来を夢見た。だが組のいざこざで服役を余儀なくされた五郎は、毎週通って差し入れをしてくれる北林に、感謝を伝える何物をも持たないので、看守の目を盗みつつ、三ヵ月かけて作ったお守り代わりの小さな一組の草履を、手渡す。だが五郎は出所したあと、彼女を自分の女房としてどうなるのだと、思い悩むようになる。自分勝手だとは重々承知していながら、

「帰りたいと思う反面怖かった。お前は堅気の娘、泣きをみせるのはわかっているんだ」出所日を知らせず、北林の前から姿を消してしまったのである。

戦後孤児として育った五郎は、生きるための度重なるかっぱらいで少年刑務所、長じて寄る辺なき身を投ぜざるを得なかったのは、半ば必然的にやくざ社会であった。娑婆と刑務所の往復。それだけに堅気の世界、市民社会を常に夢見ている。憧れている。だが堅気の経験のない彼には、戻るというより行くにはハードルの高い世界ではあった。またやくざの義理やしがらみが、簡単に許してくれる状況ではなかった。従ってというべきか、出所したあと北林を妻として、仲睦まじく堅気の暮らしを送るなど、とても不可能なことに思われたのである。

そこへ北林の亭主が戻ってくる。嶋岡組の代貸露口茂である。二人の様子を見て勘違いし激高するが、嘗ては兄貴分であった中谷のとりなしで事なきを得、更には五郎が〈人斬り〉の異名を持つことを知り、相談を持ちかけるのである。武相会とのごたごた続きで組は大変な状況下にある、腕の立つ助っ人が一人でも欲しいので、どうか組に足を止めて貰えないだろうかと。寝る場所から食事の世話、更には過分な小遣いまで面倒を見ると、持ちかけたのである。だが五郎は、

「もう義理は借りたくない。そう心に決めてここへ来たんだ」と断る。帰路、五郎は中谷に自分の仕事を手伝わないかと誘われる。ジャリ屋である。堅気の仕事だ。これは喜んで受けた。

一方、武相会の後継者である川地は、松原智恵子を刺殺してしまった衝撃と後悔から、立ち直れずにいた。横浜へ戻って以来、理由は判らないまでも覇気のない生活を送る息子を見かねた菅井一郎は、立川へ行けと命じる。「行って、嶋岡組の縄張（シマ）を手に入れて来い」

その川地が、何と立川の駅前で死なせた松原そっくりの女（松原二役）に、出会うのである。幽霊でも現れたような衝撃を受け、思わず後を尾行する。松原が武相会事務所の前を通りかかった時、中から三四人のチンピラが現われ、彼女に絡む。見かねた川地は止めに入るが、総長の息子だとは知らないチンピラどもは、今度は彼に因縁を付け始める。パチンコ店から出て来た高品格は、その様子を眼にし驚き慌てて駆け寄ると、「跡目の顔も知らないのか」とチンピラどもを一列に並ばせ、次々に殴りつける。それを制した川地は、松原に車で送ろうと申し出るが、「結構です。歩いて帰ります」きっぱりと断られる。立ち去る松原の後姿に高品は、「グッときますね、あの女（スケ）。何なら私が……」話を付けましょうかと云いかけるが、川地に思い切り殴り飛ばされる。このシーンは笑える。それでも諦め切れない川地は、更に後を尾け彼女が個人病院の看護婦であることを、突き止める。

ジャリ屋で懸命に働く五郎。ある時、ダンプにジャリを積み込む機械を支える梁の一本が折れ、一人の男が下敷きとなる。このままでは残りの柱も折れ、何トンもある機械に男は押し潰されてしまう。五郎は躊躇いもなく飛び込むと、男の脚に載っている梁を抱え上げるが、更に落下してきたもう一本の梁で頭と胸を強打する。ふらつきながらも、再度丸太を持ち上げ、仲間の手を借りて男を救け出す。間一髪、粉塵を撒き散らしながら、機械が落ちた。

男と五郎が連れて行かれたのが、松原が勤める病院である。口の悪い医者を演じているのが、田中邦衛。まず五郎の頭の傷を診て「余程の石頭だな、縫う程じゃない」次に服を脱がせるのだが、傷痕だらけの身体を見て呆れたような顔になり、

「おめえさん玄人だな。親不孝な身体してやがる」やくざなら容赦は無用とばかり、「断っておくが、俺の治療は手荒いぞ」胸板のあちこち押した後、更に何て奴だという表情になり「おめえの方が重傷だ。肋骨の何本かにヒビが入っている。よく人に順番を譲って待ってたな」……田中邦衛と高品格。こういう芸達者な役者の、時折見せるユーモラスな仕種が、陰惨になりがちな内容を、明るく救い上げている。映画ゆえの配慮だろう。

そこに松原智恵子が現われる。五郎の驚きは川地民夫と同じである。いやそれ以上だったかもしれない。だが五郎は何とか驚愕を押し隠した。

「どうだ美人だろう」と田中邦衛。「だが生憎彼女は、やくざとらっきょうが大嫌いだ」と釘を

刺す。知らせを聞いて、田中が多摩川のドブ浚い(さら)と形容する中谷一郎が、駆け付けてきた。松原は彼の妹であった。

「軽く一週間は入院だな」と云われたにも拘らず、松原が病室を覗いた時には、五郎の姿はすでに消えていた。

川地民夫の後見役として立川へやって来た青木義朗は、支部を作ったばかりで金がかかるため、まず中谷等ジャリ運搬業者と、その業務内容に苦情を申し立てる街の人たちとの間を取り持ってやるからと、道路整備協力費なる訳のわからない名目で、売り上げの五パーセントを要求する。無論「断ると、ウチにはバカが多いから何をしでかすか判らない」という脅し付きである。元やくざの中谷は、「堅気って辛いもんだな。妹のためじゃなかったら、このまま放っては置かないのだが……！」と悔しさを滲ませるが、取り敢えずは泣きを見るしかなかった。

また嶋岡組がトルコ風呂（この当時はまだソープランドとは、呼んでなかった）を作るための資金集めをしていることを知ると、その権利を譲れと組長の葉山にゴリ押しする。ただ青木は代貸露口の女房である北林早苗に懸想しており、思いを遂げさせてくれたら考え直してもいいと、条件を出す。葉山は露口に、「組より自分の女が大事か。ひとつ間違えば組から暮らしから駄目になってしまうんだ」青木に女房を譲れと、情けない命令を下す。

病院を抜け出したきり、一度も診療に通ってこない五郎のため、今日も今日とて往診に出ようと

する松原を、田中医師は、

「やくざの垢ってのは、一度染みついたらなかなか落ちないんだ」入れ込むと危険だと危惧するが、松原は構わず出掛ける。だが外で待っていたのは川地だった。聞きたいことがあるからと、半ば強引に目的地まで送ると、彼女を車に乗せる。

「姉さんか妹さんがいないか？」松原がいないと答えると、更に「関西にあんたによく似た親戚はいないか？」今眼の前にいる松原と、自分が殺してしまった松原。余りに瓜二つなため、過去と現在と、川地の中で境界線が不分明になってしまったのかも、知れない。だから二人は別々の人間であるという、手懸りが欲しかった。彼をそういう精神状態に陥れたのは、川地自身の臍を噛むような、後悔であったろう。思うに彼はやくざとしては、線が細すぎたのかもしれない。

ジャリ場に着き、事務所を覗く松原。車の外で待つ川地。五郎が現われる。

「てめえはあの晩の！」気付いた五郎は、手近のスコップを構える。川地も匕首に手を懸ける。「やめて五郎さん」制したのは松原である。少し迷って五郎はスコップを投げ捨てる。「帰れ！二度と面見せんな」川地は黙って従った。……この辺りの描写は微妙なニュアンスを漂わせている。五郎にしてみれば、川地は殺された松原の仇である。当然憎い。だが彼女をそういう状況に追い込んだのは、自分の責任である。川地にしたところで、松原を狙って刺したのではない、弾みである。お互いやくざ同士である故の、不幸な偶然である。それが判っているので、無益な殺生は無用と、五郎はスコップを投げ捨てた。しかし川地の顔を見ると、いやでもあの時のことを思い出す。だから面は、金輪際見たくない。

枯れすすきが生い茂る川原である。松原から事情を訊いた五郎は、話すべきだと判断した。「二年前、つまんない事で助けてやったのを恩に着て、しまいにゃ家飛び出して俺の世話をするという、その女がおめえにそっくりだった」死なせてしまった悔恨と慙愧。だが五郎のその懺悔が、松原の純情に火を付けてしまった。……〈無頼〉シリーズにおける松原の性格付けは、それぞれ別の役にも拘らず、一貫して純情・一途・ひたむき・懸命である。彼女は胸の内を吐露する。「好きになんかならない、そう思ってもやっぱり好きなんです」胸の中に飛び込む。五郎も思わず抱きしめるが、同じ轍は踏みたくない、松原をゆっくり引き離すと、何も云わず背を見せる。

その夜。居酒屋で一人呑んでいる五郎の許へ、思い詰めた表情の露口が現われる。コップ酒を一息に呷ると、女房である北林早苗を連れて逃げてくれと、五郎に頼み込む。やはり夫として組の人身御供にすることは出来なかったのである。「あいつは今でもお前に惚れてる」

五郎は怒り出す。「惚れたもハレたもない。お前の女房だ。あいつは幸せになってくれりゃいい。その幸せはお前が作るしかないんだよ」露口は黙って店を飛び出す。その様子が気になった五郎は、後を尾ける。

露口が戻ってきたのは、自分の店である。中では今まさに「嶋岡組からお前の亭主に話は通っている」と嘯いて、青木義朗が北林を凌辱しようとしていた。「やめろ！」露口は匕首を抜くが、回りを青木の手下に取り囲まれ、頽れ手をついて「女房だけは勘弁してくれ」頼み込む。外へ連れ出された露口は、「焼きを入れろ」青木の命で指に鉄パイプを差し込まれ、ゆっくり逆方向に曲げられて折られる。一本、二本……夜の静寂を破って、露口の悲鳴が響き渡る。そこへ五郎が現われるのである。五郎は鉄パイプを握った男を突き飛ばし、露口を抱え上げると「この男は貰っていく」

「この野郎！」露口を立たせようとしていた五郎の頭を、手下の一人がブロックの欠片で殴りつける。思わず匕首を抜く五郎。それを見た青木は「その黒匕首、てめえあん時の……」一瞬驚くが、却って好都合だとばかり「殺っちまえ」

斬り合いが始まる。手下をけしかける青木。何とか躱しつつ、青木を追いつめ向かい合う五郎。頭を斃せば、あとは烏合の衆、何とかなる。お互い激しくぶつかって倒れ込む。相打ちである。青木の匕首は五郎の胸を刺し、五郎の黒匕首は青木の咽喉を貫いた。立ち上がり闇雲に匕首を振り回した青木は、ドウと転がり息絶える。深傷ながらも命を拾った五郎は、これ以上闘うのは不可能と、その場を逃げ出す。追われる五郎。

逃げ惑う五郎の前に現れたのは、川地である。身構える五郎。だがすでに体力・気力共に限界であった。倒れ込む五郎を支え、川地は車に乗せる。

「どうして？」お互い敵同士。命を奪って当然なのに、なぜ救けてくれるのか五郎には理解できなかった。

「断っておくが、あん時のケリをつけようとは思っちゃいない。こうしなけりゃ俺の気持が済まなかっただけだ。この次は俺もどう出るかわかんないぜ」おそらく、はずみであったとはいえ、抗争には何の関わり合いもない五郎の女(スケ)を殺してしまったという、今なお身を焼く悔恨が、五郎に借りをつくってしまったという思いに、転化したのではなかろうか。だからその借りは返しておきたい……川地は田中邦衛の病院へ五郎を運ぶと、玄関先で降ろし、呼び鈴を押して立ち去る。

武相会総長菅井一郎は激怒した。なぜ青木を見殺しにしたと、行動を共にしていた郷鍈治をステッキで何度も殴りつける（この郷鍈治という俳優さん、宍戸錠の実弟で歌手ちあきなおみの旦那さんだった人。芝居はあまり上手いとは思えなかったが、どんな役も一所懸命演じる人で、その姿勢に好感が持て、ビリングに彼の名を見つけると「おっ、出てる出てる」と私は喜んでた。一九九二年肺癌のため五十五歳という若さで亡くなっている。彼の死が、ちあきの芸能界引退を決意させた、と云われているようだ。余程の愛妻家だったのだろう）。怒りが鎮まると、流石やくざの親玉、「嶋岡組が五郎を雇って、安岡（青木の役名）を殺したという名分が立つ」として殴り込みを命じる。

事情を訊いてあたふたと武相会へ詫びに赴こうと支度する嶋岡組組長葉山良二。そこへ武相会の連中が、雪崩れ込んでくる。敵味方入り乱れての、壮絶な斬り合い。だが所詮落ち目の嶋岡組に、勝ち目はなかった。葉山は斬り伏せられ、猟銃で止めを刺される。

一方、高品格率いる武相会の別動隊は、露口を抹殺すべく、北林早苗の店を襲撃する。だが散々荒しまくって家探しするも露口を見つけられず、やむなく撤収。その様子を床下で窺っていた露口が、床板を外して現れる。北林に「大丈夫か、怪我はなかったか？」といたわるも、北林は半ば放心状態。彼女は絶望のどん底に突き落とされていた。

「辛抱して、一所懸命働いてこれなのね。何もかもおしまいね」

露口は返す言葉を失い、ふと転がっている赤い鼻緒の小さな草履に眼を停め、拾い上げようとする。五郎が刑務所の中で作ったお守りである。北林はそれを横合いから掠め取り、自分の胸に抱く。これだけは奪われたくない、その様子が露口の胸に応えた。五郎がまだ彼女の胸の内で息づいている、自分の不甲斐なさを責められている。露口はやりきれない衝動に襲われ、匕首を捜し出して上着に包むと、店を飛び出していく。

露口は総長菅井を狙った。姿を認め、斬りかかる。だが幹部の深江章喜に阻まれ、取り押さえられ、路地へ連れ込まれると、腹を刺され殺されてしまう。

病院のベッドの上で、五郎は嶋岡組の崩壊と、露口の死を新聞で知る。

血眼になって、武相会は五郎の居場所を捜していた。だが杳として行方は掴めない。当然川地も黙して語らない。深江はそこで一計を案じた。中谷一郎を使って誘き出そうというのである。とっくに支払い済みなのに、領収書がないばかりに返済済みを証明できない、古巣嶋岡組から借りたという証文をたてに、中谷をその任に当てたのである。断ればジャリ場を取り上げると威して。

五郎は病院を出て行こうとしていた。俺がここにいたら先生も患者も、巻き添えを食ってしまう。治りきっていない傷を心配して引き留めようとしていた松原は、

「それじゃ私も行きます。……五郎さんが死んだら、私も死にます」一途さを滲ませる。しかし五郎は、「バカヤロー」松原の頬を張り飛ばすと、その愚かしさを諭す。

そこへ中谷が現われ、武相会が病院をあたっている、ここも危ないからジャリトラで見張りのいない八王子駅まで送ろうと、申し出る。

だがその八王子駅。ホームへ走る二人を、総長菅井に率いられた武相会が取り囲む。跡目川地の姿もあった。中谷は五郎に匕首を突き付け、黒匕首を奪い取る。

「売ったな、先輩！」二人は列車に連れ込まれる。「横浜に着いたら人目につかない場所で、五郎を始末しろ」菅井が命じる。

「すまない五郎。こうしなくちゃ俺の身が立たなかった」ジャリ場を取られたくなかった、その言葉で五郎はすべての事情を察した。詫びる中谷に、

「いいってことよ、もう忘れてしまってくれ。元々先輩のためなら、身体張る心算でいたんだから」五郎のその言葉で、中谷は自らの身勝手さを痛感し、恥じた。人としての情けない振舞いを、

呪った。五郎に黒匕首を手渡すと、「逃げろ！」

動く列車の中である。逃げ場はない。闘うしかなかった。単身である。五郎は闘いの常道、親玉である菅井を狙った。手下どもを斬り伏せながら、ジリジリと肉薄していく。追い詰めた。その時川地が父親の危急を救おうと、咄嗟にバッグから猟銃を取り出すと、銃口を五郎に定め、引き金を絞った。「危ない！」我が身を呈して、中谷が五郎を突き飛ばす。銃弾は中谷に当り、五郎は列車の外へ投げ出された。

五郎は軽傷で済んだ。だが撃たれた中谷はどうしたろう。気に懸かる。人目を避けながら、状況を探るため中谷の家へと向かう。

中谷は松原の看護を受けながらも、自宅で垂死（すいし）の状態にあった。神経が研ぎ澄まされているのか、裏に五郎がいる、と云う。松原が玄関を開けると、五郎が入ってくる。中谷の枕元に坐ると、目顔で松原に容体を問う。彼女は首を横に振る。

「すまない五郎、やくざってのはすぐに裏切りたがりやがって、いけねえ」それが末期の言葉であった。五郎は合掌し、開いたままの瞼を閉じてやると、黙って席を立つ。その様子にただならぬものを感じた松原は、急いで後を追う。

「行ったら殺されるのは眼に見えている。なぜ死にに行くの？　なぜ死ななきゃならないの？私のために行かないで！」

五郎は懐から一枚の写真を取り出すと、松原に差出し、

「いつか話した、俺が死なせてしまった女だよ。（お前と会うことで）俺はその女と会っていたんだ。俺みたいな男は忘れてしまうんだよ。忘れちまって別の幸せをみつけるんだよ」そう云うと背中を見せる。

――今や自分の縄張（シマ）となった立川の飲み屋街を、数人の手下と共に巡察する菅井一郎。物陰から現れた五郎に、最初に気が付いたのは高品格であった。五郎は黒匕首（ドス）を抜き、つかつかと歩み寄る。死闘の開始である。

最初に郷鍈治が刺され、よろよろと車道に倒れ込む。通りかかった車が、慌てて急ブレーキを踏む。片や追いかけ、片や逃げ惑う。一人また一人と斃しながら、ホステスが米兵に色目を使うダンスホールに乱入、闘いの場はその楽屋へと移され、更には裏口から建物脇の袋小路へと。ぶつかるように手下の背中を刺した五郎は、黒匕首を抜こうとするが、治りきっていない怪我と、血油のため手が滑って抜けない。高品が斬りかかるのを、辛うじて躱す五郎。だが匕首を持たない今、身を護る寸鉄すら帯びてはいない。

私が驚きに打たれ、且つこの映画を高く評価するのは、この後のシーン故である。五郎は死の恐怖に大きく眼を見開き、待てというように片手を少し前に出す。嘗て私は剣劇の主人公が、特にヒーロー視される人が、恐怖に目を瞠るシーンに出会ったことがなかった。死なねばならぬ場合でさ

え、従容と赴き、時には莞爾と微笑んでさえいたのである。

「そうだよ、怖くて当たり前なんだ」自分を殺そうと刃物を身構えている人間を前にして、平静でいられる者など、誰一人として居はしないだろう。その恐怖が私にも伝播したのである。だが目的が目的だけに、五郎はその場を逃げ出すことは、出来なかった。逃げ出せば、死ぬより辛い後悔に、苛まれることになる。恐怖と闘いながら、且つ目的遂行のための闘いを続行しなければならない。その姿勢が、私にはカッコよく映ったものと思える。五郎は何とか武器を手に入れようと、鉢植えの丈の高い植木を楯とし、ゴミ入れのポリバケツを投げ付けて、攻撃を躱す。どうにか転がり込むように自分の匕首に辿り着くと、片足で死体を押さえつけ、両手で引き抜く。斬りかかってきた高品の匕首を、身を低くして避けながら、五郎は相手の腹を刺す。空を斬った高品の匕首は勢い余って、彼の後ろで機を窺っていた深江章喜の頬を切り裂いた。怯む深江の襟を掴んで引き摺り回した五郎は、匕首を突き立てる。深江の絶叫が響き渡る。

菅井一郎と対峙する五郎。しかしその前に川地民夫が立ち塞がる。

「やめろ、てめえなんざ殺りたくねえ、そこどけ！」五郎にしてみれば、惚れた女を殺された怨みもあるが、危難を救ってもらった恩もある。微妙な関係ではあるが、友情とはいえぬまでも、気持ちの繋がりがお互いに生じようとしていたことも、また確かである。一番闘いたくない相手ではあった。

菅井は息子の袖を引き、逃げろと云うが、川地は匕首を構え五郎にぶつかっていく。頽れたのは川地である。「勘弁しろよ」五郎は横たわる川地にそう呟くと、菅井に向き直る。だが眼の前で息子を殺された菅井は、戦意を喪失し虚脱したように立ち尽くしている。無抵抗である。しかし無慈悲に殺された中谷や露口の仇を報じるためにも、又このまま生かしておいては、菅井が正気に立ち返った際、必ずや報復に出るのは眼に見えているので、否が応でも殺さなければならない。やくざ稼業の宿命である。五郎は、やりきれないという表情を見せるが、それでも菅井の身体に黒匕首を突き立てる。朽木が倒れるように、前のめりに倒れ込む菅井。これが驚きの、第二弾である。……この「やりきれなさ」こそが、この〈無頼〉シリーズで幕を開けたニュー・アクションを一貫して流れる通底音だと、私は思っている。人を殺めなければならない、理由・過程はともかく、結果として生じるそのやりきれない思いが、派手なアクションの陰から、常に顔を覗かせている。

「ニュー・アクションのヒーローは冷静な計算にもとづいて自己を護る戦いをはじめるのではなく、自己が侵されているという感覚そのものを踏切板として、半ば盲目的に行動を開始する。」（渡辺武信）――故に生じる結果は、自己を護りきったという安堵ではなく、戦いを余儀なくされる状況を作り出さざるを得なかった後悔であり、当然その先には、絶望的な無常観が口を開けて待っている。

余談だが、菅井一郎が倒れた時、その勢いで両足の膝から下がぴょこんと持ちあがる。それがユーモラスに見えたらしく、場内のあちこちで失笑が湧いた。だが私はこの映画のほんの少し前に観た加山雄三主演の『狙撃』（堀川弘通監督・永原秀一脚本）、そのラストシーンで加山と銃で対決した森雅之が、まったく同じ格好で砂浜に倒れ込むシーンに遭遇していたので、免疫ができていたためもあってか、いやいや何より衝撃に近い驚きの余韻覚めやらぬ内であったため、全く気にならなかった。

　そしてラスト、基地を取り囲む金網のフェンスに取り縋りながら、満身創痍の五郎はよろめき去るのである。

　――簡単に記すと述べた梗概が、意に反してとんでもなく長くなってしまったが、それは私が渡哲也の映画に初めて接し、その魅力の虜となってしまった故なのだが、それだけに皆さんにもこの映画を観て欲しいと、願うからである。池上金男（この人は後に池宮彰一郎のペンネームで作家デビューしている）の脚本に、監督である小澤啓一が参加し作り上げられたこの『無頼　黒匕首』には、〈無頼〉シリーズのすべての要因が盛り込まれているのだ。小澤啓一の監督デビュー作である『大幹部　無頼』は、その完成度の高さに唸らされたが（この映画については後述します）、私はこの『無頼　黒匕首』こそ、彼の代表作だと思っている。

　同じ渡哲也主演で撮られた鈴木清順監督による『東京流れ者』（脚本は〈月光仮面〉の生みの親、川内康範）以来受け継がれてきた「流れ者に女はいらない」精神？　渡辺武信がいみじくも指摘したように、藤川五郎はヤクザゆえに市民社会からは無論のこと、堅気の暮らしを夢見るあまり当のやくざ社会からもはじき出されているという、謂わば二重に疎外されているという状況、心を許した先輩や舎弟が非業の死を遂げた時に流す涙、そしてそれがアクションの起爆剤となっていること、「ど汚ねえ」と折に触れ五郎が形容する、やくざ社会に身を置く以上、匕首でしか決着をつけられない「やりきれなさ」等々。それらがすべてこの映画には凝縮されているのだが……以前私は、知り合いの若い男女に、このシリーズのビデオテープを貸し出したことがある。しかし早々に返却してきた。どうやらやくざ映画に慣れていない世代には、血腥（なまぐさ）い抗争や残酷な殺し合いが、観るに堪えない辟易（へきえき）するものに映ったらしい。私としては、縷々述べた部分をこそ観て欲しかったのだが、しかしそれは無理な願いだったのだろう。だが彼らの言い分というか観方にも一理あって、その生理的な嫌悪感を催す残虐なシーンゆえに、〈無頼〉シリーズは、次作六作目で打ち切りとなるのである。

第二章『無頼　殺せ（バラせ）』

渡辺武信は、なぜ渡哲也を遅れてきたスターと形容したのだろうか。恰好の一文があるので、引用させていただく。渡がスクリーン・デビューを果たしたのは、小杉勇監督による『あばれ騎士道』において、宍戸錠の弟役としてである。昭和四十年三月、即ち「一九六五年という年は日本映画がテレビに大衆娯楽の王座を奪われて衰退の道をたどっている最中であった。こうした状況の中では、映画が一人の新人俳優をスターとして押しだしていく活力も当然衰えている。しかも、彼のデビューの拠点となった日活は、６０年前後のアクションの王国としての繁栄を失い、いわゆる無国籍アクション一本槍で押しまくることができなくなったため、製作者側の企画にも混迷の兆がありありと読みとれる時代だった。このような不利な状況をくぐりぬけて、彼がようやくスターとしての座を確立した頃、日活の製作縮小とロマン・ポルノ路線への転換が起こり……」（『渡哲也―さすらいの詩』芳賀書店刊）渡哲也は日活を去る。この年昭和四十六年九月、渡は実に六年という短い期間しか、日活で映画を撮ることが出来なかったのである。渡辺はこの現実を以て〈時代的めぐり合わせの不運〉と云う。遅れてきたスターと評した所以である。この状況は何も日活だけに限らず、どこの映画会社も大同小異であった。植草信和が、銀幕が生んだ最後のスターだと論じたのも、同じ理由からである。

さて『無頼　殺せ(バラ)』である。監督は引き続き小澤啓一。脚本も同様に池上金男だが、今作では前述した『狙撃』の永原秀一が参加している。

川崎が舞台。地付きの博徒入江崎組の縄張りを狙って、新興暴力団関東東友会が、組長水島道太郎暗殺のため、榎木兵衛ほか二名の刺客を送り込む。天麩羅屋で幹部二人と食事中のところを、襲ったのである。乱闘になる。この時水島が刺客の一人の眼を、咄嗟に掴んだ天麩羅を揚げる鉄箸で、突き刺すシーンがある。突き刺すように見える演出ではなく、実際に突き刺すのである。当然作り物の眼だし、ほんの一瞬なのだが、「やりすぎだろ」私にはそう感じられた。場内の何箇所かで、多分女性だろうが、小さな悲鳴が起こったから、衝撃を受けたのは、どうやら私だけではなかったようだ。現在ではR-15の指定を受けそうな描写だ。眼前にいる人の強烈な痛みは、例えスクリーン上ではあっても、それを観ている人に瞬間的ではあるが生理的嫌悪感をもたらす。

暗殺は失敗した。匕首(ドス)を投げ捨て命乞いをする榎木を、怒りに全身を縁取られた水島は滅多斬りにする。この行為が正当防衛とは認められず、水島は七年半の懲役を宣告される。入江崎組は、組長不在となったのである。

もっけの幸いとばかり、東友会会長の須賀不二男（この人どこから見ても悪役然としており、その残忍な憎たらしさが魅力だった）と代貸の睦五郎（子供の頃『逃亡者』というＴＶ番組があり、主役であるデヴィッド・ジャンセンの声の吹き替えをしていたのがこの人）は、先鋒として郷鍈治ほか数人を送り込み、事務所を開かせる。当然街のあちこちで小競り合いが生じる。そこで郷たちが死んででもくれれば、表だって殴り込みをかけることができる、というのが東友会の目的だった。郷鍈治は特攻隊長だったのである。後に以前からの顔見知りであった五郎に、「懲役と命はこっち持ちだ」と諭されるが、出世の足掛かりを掴んだと舞い上がる彼には、通じなかった。

川崎へ職探しにきた五郎は、屋台で酒を呑んでいる時、「お決まりを貰いに来たぜ」兄貴分の男と共に、みかじめ料を受け取りに来た、入江崎組の下っ端和田浩治と知り合う。どうやら五郎は、やくざらしからぬ人の好さそうな彼に、好意を持ったようだ。

二人が去ったその直後銃声が聞こえ、その和田が凄い勢いで走ってきた。五郎はその手を掴み、事情を訊く。「兄貴が撃たれた。組へ知らせに行く」

「バカ野郎。兄貴分を放って置いて逃げ帰ったりしたら、どんな仕打ちを受けるか。指を詰めるぐらいじゃ済まないんだ」五郎は和田を促し、現場へ向かう。だがすでに遅し、兄貴分の男は銃だけでなく、東友会の連中に匕首で刺され虫の息だった。

兄貴分を背負い組へ戻る和田に、念のため五郎は付き添う。入江崎組の代貸江原真二郎は、刑務所の中で知り合った、五郎の先輩だった。驚く二人。事情を説明する五郎。

江原の舎弟である今井健二は五郎に助っ人を頼むが、五郎が堅気になりたがっていることをよく知っている江原は、その話はするなと今井に釘を刺す。そして今夜は家（うち）に泊まれと連れ帰る。

小体（こてい）な住居兼用の居酒屋であった。江原の妻は野添ひとみ。やくざの女房（バシタ）らしからぬ、世間擦れしていない挙措に五郎は、「やくざのカミさんにしちゃ、痛々しくって見ていられない」と云うと、江原は頷きながらも「元は堅気のいいとこの娘なんだが、ちょっとしたことで助けてやったのを恩に着て、俺の面倒を見るという」憮然とそう答えた。五郎が手と顔を洗いに洗面所へ行くと、摺りガラス越し隣の浴室に女性がいるのに気付き、「すんません」慌てて居間へ戻る。風呂から上がってきたのは松原智恵子。野添の妹である。松原はデパートのエレベーターガールをしており、実は昼間彼女が東友会のチンピラたちに絡まれているところを、五郎が助けてやったという経緯があった。二人が顔見知りだということに、江原と野添は驚く。松原は、一緒に住めばいいという江原の誘いを遠慮して、近くにアパートを借りているという。

翌早朝から、店の隅から隅まで綺麗に拭き上げる作業に、五郎は没頭していた。目覚めた野添がその音で気付き、「そんなことして貰っては」起き出そうとすると、隣で寝ていた江原が「放って置け」と云う。それが五郎なんだと。表の掃除に取り掛かった時、通勤途中の松原と出会い挨拶を交わすが、彼女はそんな五郎に好感を持ったようだ。

堅気を志す五郎は、いつも真剣に仕事に取り組む。全六話各作品毎に、堅気の仕事に打ち込むエピソードが、挿入される。だが真剣であればあるだけ、回りがそれを許さない状況に追い込まれてしまう。やくざ組織に身を置かなくても済む生活を望み、そのためにやくざという稼業そのものから抜け出そうと足掻く五郎は、底なしの堂々巡りのジレンマに、苦しめられるのである。

状況の視察に来ていた須賀と睦が、子分を引き連れひと風呂浴びようと、強制的にサウナを貸し切る。恋人に会いがてら客として来ていた和田浩治は、他の客共々追い出されようとするが、「舐められてたまるか」子分の眼を盗み、ロッカーから匕首を取り出すと上着に包み、物置に身を隠す。だがすぐに発見され、須賀の前に引き立てられる、「人目につかないところで始末しろ」……その状況を誰かに知らせるべく店を飛び出した恋人は、来合わせた五郎に事情を説明する。すぐに乗り込んだ五郎は、須賀と睦の前に立ち、名を名乗り「決着(おとしまえ)は自分がつけるから、この若者を解放してくれ」と申し出る。〈人斬り〉の異名を持つ五郎に、二人は事をこじらせては面倒と了承。しかし自分の不甲斐なさと臆病さ加減に歯噛みする和田が、取り上げられた刃物を奪い取り、二人に飛び掛かろうとする。も、逆に手下に刺されてしまう。交渉決裂、五郎は黒匕首(ドス)を抜き、須賀に襲いかかる。逃げ回る須賀。追う五郎。阻む睦と手下たち。パトカーのサイレンが聞こえる。五郎は諦め、恋人の腕の中で命の火を消した和田を、やりきれなさそうに見遣ると、足早に立ち去る。

入江崎組は騒然となった。仮にも組の構成員が、東友会の会長に刃を向けたのである。このままで済むわけがない。今井健二は、「こうなったら先手を打つしかない」強硬に殴り込みを主張する。江原真二郎も腹を括らざるを得なかった。「今夜一時に決行だ」

江原は店へ戻り、長匕首（ドス）をゴルフバッグに仕舞い持ち出そうとする。そこへ彼の只ならぬ様子に気付いた野添が現われ訳を訊こうとするが、急に気分が悪くなり洗面所へ駆け込む。「どうした？　具合が悪いのか」心配する江原に、台所から松原が「義兄（にい）さん、姉さんに子供が出来たの」江原は驚くが、疑問も湧いた。

「なぜ話さなかった。俺がヤクザだからか？　ヤクザの子は産めないとでも……」

「違います」野添は言下に否定する。「組が今大変なことはよく判っています。そんな時に、子供が出来たと話したら堕ろせと云われそうで、それが怖かったんです」

江原は打ちのめされた。子供が産まれるのは喜ぶべきことなのに、出来たことさえまともに告げられない、俺の稼業は何なのだ。売られた喧嘩ではあるが収拾できず、女房にまで余計な心配をかけてしまう、俺は一体何をやってるんだ。……ここにも、主人公とは趣を異にするが、〈やりきれなさ〉が横溢している。しかしそれは現状で、もし五郎が所帯を持ち子供が出来たとしても、同じことなのである。

江原は決意する。はやく決着をつけなくては。「無事で戻ってらして」野添の願いを背に、江原は店を後にする。

入江崎組のチンピラが一人も街にいない状況は、東友会の先鋒である郷鋏治らにとっては、無気味であった。必ず殴り込みがある。確信した郷は、会長須賀に応援を要請する。須賀はすぐ送ると約束するが、その気はまったくなかった。逆に郷らには死んで貰わねば、喧嘩の名分が立たないのである。刻々と時間が過ぎていく。応援はまだ来ない。郷は五郎に電話する。聞いていた番号は江原の店である。応対に出た野添に「まだ戻っていない」と云われ、伝言を頼む。

「五郎さんの云った意味が、ようやく判ったような気がします」懲役と命はこっち持ちだの言葉である。実際修羅場に立つよりは、それを待つ時間の方がはるかに長く辛かろう。そして怖かろう。その緊張感の描き方は、なかなか見事である。

「組の事務所に寄って様子を見てから、アパートに帰ります」姉の店を出た松原は、折よく戻り道で出会った五郎に、事情を説明する。殴り込みがかけられる、五郎は直感するが、さりげなく大丈夫だと云うと、松原をアパートまで送り、その足で東友会の事務所へ向かう。

郷鋏治らの不安と緊張がピークに達した時、入江崎組が襲ってきた。江原がいる。今井がいる。事務所は一瞬にして、騒擾たる修羅場と化す。多勢に無勢、しかも意気消沈しかけた東友会と、猛りに猛った入江崎組である。勝負は見えていた。長匕首を折られ、斬りかかってきた江原の刃を両手で掴んで必死に逃げようとする郷鋏治だったが、押し付けられた板壁越しに入江崎組の組員に刺し貫かれる。殲滅せずんば已まず、江原はその場を逃げ出した男の一人を追って、裏路地の奥へ追い詰める。男は振り返って拳銃を向ける。形勢は逆転したのである。ここで死ぬわけにはいかない、子供が産まれるのだ、江原は恐怖に襲われる。「待てっ、逃がしてやる。逃げろ、早く逃げろ」恐怖に押し包まれていたのは、男も同じだった。すでにパニックに陥っていた。「うるせえ、ぶち殺してやる！」

路地へ回って様子を窺おうとしていた五郎が、その状況を目撃し、咄嗟の判断で走る。

「危ない！」轟音が響く。五郎は江原の身体を突き飛ばし、自分も転がり込む。男は立て続けに銃を撃つが、すぐに弾が切れた。江原は立ち上がり、空の銃を投げ付けて逃げようとする男を、斬り殺す。そうだ五郎はどうした。

そこへすべて片が付いた今井らが駆け付け、急いでズラからないと危ないと、江原の身体を抱き抱えるようにして連れ去る。「待てっ、五郎が」その身を案じる江原だが、今井らは気が急いて聞く耳を持たない。

五郎は左胸を撃たれていた。何とかその場を逃れることは出来たものの、弾傷ゆえ医者に診せることは無理である。警察に通報されてしまう。頼れる人間は松原しかいなかった。

松原の部屋へ転がり込んだ五郎は、湯を沸かし裁ち鋏を消毒するよう頼むと、自らの手で弾を取り出そうと、胸に鋏を突き立てるが、激烈な痛みとそのせいで朦朧となった意識では、思うようにいかない。見かねた松原が「私がやります」、額に脂汗を泛べつつ鋏を突き刺し探りながら、やっとのことで取り出す。その瞬間、五郎は気を失う。この描写が結構長い。観ている方は、その間痛々しい思いを体感させられる。

日活ニュー・アクションの特徴として、渡辺武信は「（ニュー・アクションの）ヒーローは、カッコ良いばかりではなく、しばしばカッコ悪く、みじめに描かれるが、一方、画面に誇張的に表現される暴力や流血、主人公の生理的苦痛などが、自己確認の象徴として、虚構的リアリティを持つに至るのである。」と定義しているが、先述した眼を突き刺すシーンや弾を取り出す際の五郎の苦痛など、それらが今作ではマックスに達したのではないかと、私は思っている。脚本を担当した池上金男は、『無頼』シリーズ六作目、『無頼・殺せ』を書いて私は自ら筆を折った。それは当初目ざした青春のみずみずしさが、渡哲也の目ざましい演技力の成長で、逆に失われてゆくのを危惧したからだ。」と云う。自己確認の象徴として描かれる暴力や流血、そして生理的苦痛が、虚構的リアリティを持たせるためとはいえ、回を重ねる毎にエスカレートしているのは事実であり、続編を制作するとなるとそれらが自己確認の象徴であるが故に、更に過激にならざるを得なくなるのは必然である。そうなると若い世代に限らず、眼を覆う描写になってしまいかねない。池上が危惧したのは、おそらくそういうことではなかったろうか。

喧嘩（でいり）の仲裁を、以前から江原が奔走していた東京の親分が、漸く引き受けてくれた。これで一安心である。縄張(シマ)の半分は取られてしまうだろうが仕方がない。東京の親分は東友会へ出向き、須賀に「一週間以内に返事を寄越せ」と申し渡す。俺の顔を潰したら、その時はただでは済まないというニュアンスが、当然籠められている。だが須賀は諒解したとしながらも、その一週間の間に決着(おとしまえ)をつけてしまえと、睦に命じるのである。

胸を撫で下ろした江原は、「安産のお守りを貰いに行こう」と、野添を川崎大師へ連れ出す。帰路、縁起物だからひとつ買っていくかと、達磨を商っている店の前に立つ二人。並べられた目玉が描き込まれてない達磨の列。その映し方が不安感を煽り、この後の展開を暗示する。「何だか気味が悪い」野添の言葉に、じゃあやめておくかと先に歩き出した江原の前に、二人の男が立ち塞がったかと思うと、誰何(すいか)する間も無くすぐに離れていった。途端よろめきだす江原。赤い毛氈の縁台に並べられた達磨を乱して倒れ込む。刺されたのである。訳が判らず、目を瞠り息を呑む野添。

同時刻。ホッと胸を撫で下ろした空気が漂う入江崎組の事務所も、東友会に襲われていた。話が違う。ほとんど応戦する暇もなく、今井はじめ全員が殺されてしまう。

解剖のため江原の遺体が運び出された霊安室から出て来た、野添と松原。細い廊下の突き当たりに五郎が立っていた。頭を下げる五郎。礼を返した二人が顔を上げた時には、すでにその姿は消えていた。

当時あちこちで見かけたディスコ・パブ。そこで寛ぐ須賀や睦らの許へ、まだ弾傷が癒えぬ身体で、五郎は単身乗り込んでいく。総身を覆う哀しみと怒りの鎧が、鈍色の光を放つ。こうするしか、他に途はないのだ。凄愴な殺し合いが、阿鼻叫喚の地獄絵図が展開されるのだが、そこには寂寥の気配が充満している。刺青に覆われた須賀の背中に突き立てられた黒匕首(ドス)も、仇を討った昂揚はなく、なぜかもの哀しく映った。

いつの間に降り出したのだろう。粉雪の舞い飛ぶ中、うっすらと積もった引き込み線の広大な敷地を、傷付いた五郎はよろめきながら、去っていく。

第三章『紅の流れ星』

デビューして間もない渡哲也を、日活は石原裕次郎の後塵を拝させることで、スターとして売り出そうと目論む。まず『泣かせるぜ』(松尾昭典監督)と『赤い谷間の決斗』(舛田利雄監督)の二作品で裕次郎と共演させ、トップ・スターと対等に渡り合う新人であるということを観客に認識させ、次に裕次郎が主演してスターとしての地位を不動のものとした三作品のリメイクに、渡を主演させたのである。『嵐を呼ぶ男』（舛田利雄監督・井上梅次原作・池上金男脚色）、『星よ嘆くな・勝利の男』（裕次郎版は『勝利者』、舛田利雄監督・山崎巌と舛田利雄の共同脚本）、それに『陽のあたる坂道』（西河克己監督、ご存知青春小説の先駆者石坂洋次郎の原作を、池田一朗と倉本聰が脚色）の三本である。だが正直この作戦が功を奏したかどうかは、疑わしい。所詮裕次郎の二番煎じという印象を持たれた方も、多かったようである。これで会社も気付いた。裕次郎の後を追随するだけでは、渡はスターにはなれない。下手をすると裕次郎のミニチュアのままで、終わってしまいかねない。そこでスター作りの名手といわれた舛田利雄監督に、全面的に渡を預けることにする。列記した五本の作品のうちの三本を舛田が監督してはいるが、それは飽くまで会社の方針に従っての企画でしかなかった。預けられて監督は、方針そのものを一変させる。渡の個性を、前面に打ち出すことにしたのである。

舛田監督は云う。「彼の先輩の裕チャンもそうだったが、テッちゃんはそれ以上に、役者になるのが難しい人だった。およそ、人前で、自分と違った人間を演じて見せるなどという絵空事をやるなんて、恥ずかしくて、余程ふん切りをつけないと出来にくい事なのだ。」

裕次郎と渡の個性は瞭かに異なる。のちに長年その二人と間近に接してきた石原プロの専務である小林正彦が述べている。「演技では裕次郎さんはどんなことをやっても、裕次郎さんという看板が先に歩く。医者をやろうが、ヤクザをやろうが〝俺が石原裕次郎〟だった。渡さんはヤクザをやればヤクザ。どっかに玄人好みの発想が渡さんにはある。舞台の上に立ったら光り輝けばいいという考え方の渡さんに対して、裕次郎さんは俳優と私生活の区別がなかった。」（柏木純一著『渡哲也俺』）。当時舛田監督は、『仁義の墓場』を監督した深作欣二がいみじくも指摘したような〈破滅型の人間〉を演じられる役者の資質を、渡の中に認めていたのだろうか。そこまでは思い至らなくとも、渡が内包する〈暗い翳り〉のようなものに気付いていたには違いない。だからこそ裕次郎とは全く異なった企画を用意した。それが『紅の流れ星』である。面白いのは、この作品がまたしても裕次郎主演による『赤い波止場』のリメイクだったことである。但し、『赤い波止場』がフランスの名優ジャン・ギャバンが主演した『望郷』（ジュリアン・デュヴィヴィエ監督）の翻案であったのに対し、『紅の流れ星』はヌーベルヴァーグの巨匠ジャン＝リュック・ゴダール監督によるジャン＝ポール・ベルモンド主演の『勝手にしやがれ』の要素を取りいれ、物語の骨子は同じながら、まったく違った作品になっていることである。主人公の性格もガラリと変わり、渡の個性を活かしたものになっている。従ってリメイクであってリメイクではないともいわれているのだ。脚本を担当したのは池上金男で、舛田監督が参加している。

会社に渡を預けられて。舛田監督は絶対にスターに育てると決意し、意欲を燃やした。だから企画もそうだが、演技指導は徹底していた。時には渡を殴り付けて、意図を判らせようとしたことも、あったほどだという。この時の経験が渡の成長に大きく与ったことは間違いない。渡辺武信も述べている。「渡哲也がこの鋭利な時代感覚としたたかな職人芸をもつ監督と出会ったことはデビュー時に、彼が背負った時代的逆境からのハンディキャップを償うに足る幸運であったと言えよう。」爾来、渡哲也は舛田監督を〈師〉と慕い、その関係性は日活崩壊後も続いていく。

池上金男が渡哲也と初めてタッグを組んだのは、『嵐を呼ぶ男』である。しかし新進の脚本家であった池上は、多忙もあり渡と顔を合わせていない。その彼の許へ、舛田監督が渡を連れて行ったのが、『紅の流れ星』執筆中の宿屋であった。おそらく監督は、渡の人となりを池上に知って欲しくて、渡の個性に沿った脚本を執筆して欲しくて、伴ったのだろう。その時の印象を、池上はこう述べている、「初対面の彼に私は書きかけの原稿を渡した。反応が見たかったからだ。

彼は原稿を受取るなり、腹這いになって読みはじめた。その傍若無人な態度に私は憎めないものを感じたことを思い出す。

『面白いですね』そう云って、ニッと笑った顔に、素直で無垢な現代青年のはにかみがあった。この生地を生かそう、そう思って書いた『紅の流れ星』は、興行成績は芳しくなかったが、一部でひどく好評だった。」舛田監督だけではなく、この稀代のストーリー・テラーで鋭敏な感性の持ち主である池上金男の存在がなかったら、その後の渡哲也が存在したかどうか。

――主人公の杉浦五郎（渡哲也）は、東京のやくざ組織に属する殺し屋である。組の命令で敵対する加島組の親分を、「傷を負わせるだけだ」と釘を刺されていたにも拘らず、射殺してしまう。

兄貴分の深江章喜から「ほとぼりが冷めるまでの辛抱だ。半年ほどで呼び戻してやる」と云われ、神戸へ高飛びし兄弟格の組である関興業へ預けられる。

半年の筈が、一年が過ぎていた。五郎は関興業の用心棒兼後輩チンピラの指導係？ という仕事を与えられてはいたが、無聊を持て余していた。港の防波堤の先端に据えた安楽椅子に腰かけ、愛用のカンカン帽で顔を覆い、起きているのか眠っているのか日がな一日、そうやって時を過ごしていたのである。五郎には、彼に惚れぬいている松尾嘉代という情婦がいたが、彼女にさえ「大好きだが、飽きた」という程、失意と疎外感が強まっていた。ここよりは少なくとも刺激に満ちているであろう「東京に帰りたいなあ」というのが、もはや口癖にさえなっているほどである。

兵庫県警の刑事である藤竜也は、東京から追ってきたものの証拠がなくやむなく引き返した刑事の任を受け継ぎ、五郎をつけ回していた。しかし藤は五郎の人を食った挙措と応対に親近感を覚え、五郎も藤のしつこさを疎ましく思いながらもなぜか憎めないものを感じ、追う者と追われる者でありながら、友情にも似た奇妙な連帯感が生まれていた。

関興業の裏の顔は、宝石の密輸である。東京の宝石店の従業員である山田真二が、店から盗み出した宝石を、売り飛ばすべく持ち込んでくる。だが関興業の幹部たちは、言葉巧みに山田を連れ出し、彼を殺し宝石を奪い取ってしまう。直接の殺害シーンはないが、おそらく死体を運び出して処分した後、五郎を兄貴と慕ってやまない杉良太郎に、宝石を取り出した後のアタッシュ・ケースを証拠隠滅のため、錘を入れて海に沈めろと命じるシーンで、暗示される。

　その山田を捜して、東京から浅丘ルリ子がやってくる。彼女は宝石店オーナーの娘で、山田の婚約者でもあった。そのルリ子に何と五郎は一目惚れしてしまうのである。一緒に捜してやるからと神戸の街をあちこち連れ回す。その二人を杉良太郎の恋人である奥村チヨが見掛け、五郎と松尾嘉代の仲を知る彼女は、杉に電話しようとする。だがその時二人の後を尾行する不審な男、宍戸錠に気が付くのである。実は宍戸は、五郎が所属する組と彼の手で組長を殺された加島組との間で和解が成立し、そのため邪魔になった五郎を消すために送り込まれた、殺し屋だったのである。奥村から知らせを受けた杉は、彼女と共に宍戸を見張ることにする。

　日が落ちた。五郎はいいホテルを紹介するからと、ルリ子を懇意にしている富永美沙子が経営する、連れ込みにちかい安ホテルに案内する。ママと呼ばれる富永は、神戸の裏の街に顔が効く女性でもあった。その彼女がルリ子を見て、「バカな真似するんじゃないよ。あんたなんかに釣り合うお嬢さんじゃないよ」と五郎に釘を刺す。だが五郎は完全にのぼせ上っていた。部屋へ行き、ルリ子に迫る五郎。頬を何度も叩かれ、その都度大仰に痛がりながらルリ子をベッドに押し倒した時、ノックと共にママが現われる。室内の花を取り換えるふりをしながら、様子を見に来たのである。気勢を削がれる五郎。「あんたもママも最低だよ」捨て台詞を残し部屋を出ようとした時、ママが振り返って「あんたはどうなの？」。「俺か、俺も最低だよ」そう云ってドアを閉める。このシーンはとても洒落ていて、ユーモラスである。

他のどの作品よりも、今作における渡哲也は饒舌である。浅丘ルリ子との会話にして然り。松尾嘉代や藤竜也とのやりとりにして然りである。言葉遊び、掛け合い漫才的な面白さがあり、時折口喧嘩のように、ああいえばこういう、こういえばああいうといった、お互い相手に言い負かされてたまるかといった感じの、気概も仄見える。切り返しが早いので、観て聴いているほうは、小洒落た会話劇のような味わいを楽しむことができるのだ。

しかし同時に、饒舌であればあるほど、五郎の胸の内に蟠（わだかま）っている苛立ちと倦怠（アンニュイ）が透けて見えてくる。それらを打ち砕く刺激が欲しい。五郎は助けを求めているようだ。この『紅の流れ星』で、渡はそういった台詞回しを習得したようである。〈無頼〉シリーズ以降の何作かで、それらが小気味のいい啖呵となって披露される。台詞の云い方のみならず、すべてにおいてこの作品は渡哲也のエポックメーキングとなったようで、こののち彼は快進撃を続けていくこととなる。

奥村と共に宍戸を見張っていた杉は、埠頭で宍戸が五郎に近づこうとするのに気付き、銃で彼を脅すと五郎に気付かれぬよう奥村にモーターボートを探させ、三人で乗り込むと沖へ出る。目的を訊き出そうとする杉だが、役者は宍戸が一枚上手（うわて）だった。杉は海へ突き落とされ、射殺されてしまう。

一方、六甲山中で死体が発見されたという記事を眼にした五郎は、藤竜也の許へ駆けつける。死体の身元が、山田真二だと直感したのである。浅丘ルリ子に確認させるよう依頼する。

婚約者は殺されていた。ルリ子は衝撃を受ける。考える気力さえ無くしたようだ。死体安置所を出た彼女は、当てもなく歩き続ける。彼女への思慕を断ち切れない五郎は後を追い、件（くだん）の饒舌ぶりを発揮して臆面もなく口説き続ける。そんな五郎に彼女は「何処か面白いところへ連れて行って」と云う。してやったり、思いは適った。ナイト・クラブへ誘い彼女と踊った後、上の階にあるホテルの部屋へ連れ込もうとする。そこへ藤竜也が現われるのである。杉良太郎がいつも頸からぶらさげていた、しかも銃弾でふたつに割れた成田山のお守りを差し出し、彼が殺されたことを五郎に知らせる。

藤は五郎を焚き付けるような云い方をする。「相手を捜し出して殺（や）るんやろな。今度やったら現行犯やで。この手で手錠（ワッパ）を掛けてやる」だが本音は、親近感を覚える五郎にそんな真似はさせたくない、犯人は警察に任せろと云いたいのである。この辺りの微妙な距離感は、『赤い波止場』の裕次郎と大坂士郎を彷彿させる。

五郎は驚愕と悔しさを押し隠し、とぼけた口調で、「生憎そんな暇はない、色恋に忙しいんでね」と、ルリ子を伴い部屋へ行く。しかし半ば捨て鉢に彼に抱かれてもいいと思い極めたルリ子とは逆に、五郎は彼女を抱くことが出来なかった。兄貴、兄貴と五郎を慕い、尊敬に近い気持ちさえ抱いて彼に接していた、杉良太郎の死が到底受け入れ難かったのである。ルリ子の非難を背にホテルの非常階段から抜け出すと、犯行現場となったモーターボートから、宍戸が宿泊しているホテルの名刺を見つける五郎。すぐさま駆け付ける。まさに奥村チヨが宍戸に凌辱されようとしていた。ドアを蹴り開けると、すぐに宍戸との格闘に入るシーンは、観客に息を継ぐ間も与えず見事である。壮絶な殴り合いが展開される。余談だが、あらためて観直してみると宍戸錠の身体の動き・身のこなしが郷鍈治とよく似ていることに気付く。やはり兄弟って似るんだなと実感する。見応えのある殴り合いの、決着はついた。五郎は宍戸の銃を拾い上げると、枕を消音器がわりに、彼を射殺する。

奥村の身柄をママに託すと、五郎は逃走にかかろうとする。ママが呼び止め、マニラに逃がしてやるという。準備が整うまでの潜伏場所も世話するという。五郎の気性を好ましく思っていたママの気遣いである。その代り、一人で行かせるのは心配だから、五郎に惚れ抜いている松尾嘉代を一緒に連れて行けという。五郎は頷いて、礼を述べるしかなかった。

宍戸を殺された東京の組織は、兄貴分の深江章喜を送り込んでくる。関興業の幹部と共に、執拗な五郎捜しが始まる。

密航の日。ホテルで眼にした新聞で、浅丘ルリ子は五郎が殺人で指名手配されていることを知る。彼は人を殺すために、私を抱かずに、部屋から出て行ったのだ。なぜ?

東京へ帰るべく空港へ向かうバスを、「やめます」と断った彼女は、ただ当てもなく漫然と道を拾い始める。橋の上で傍らを通り過ぎようとしたタクシーが、急停止した。中から警察に見つからぬようハンカチで口許を隠した、五郎が降りてくる。見ぃつけた、見つけたぜおいっ、五郎は小踊りしながらルリ子に抱きつく。タクシーで埠頭へ向かう五郎は、単に目指していたのではなく、街中を走りながら彼女を捜していたのである。共に歩き出しながら、件の五郎節で一緒にマニラへ行こうと誘う。「マニラは暑いわ。フランスのほうがいいわ」ルリ子は乗り気なさそうである。

背中合わせに設置された二台の公衆電話。その内の一台で五郎は、ママの許で旅立ちの支度をしていた嘉代に、見張られていて今動けない、だが抜け出して迎えに行く、出航は時間が遅れるので心配ない、と伝える。無論嘘である。嘉代を置いてきぼりにしようというのだ。五郎が話してる間、反対側の電話を見つめていたルリ子が、歩み寄る。

共に電話を終えた二人が、密航する貨物船へと向かう。岸壁の向こうに船影が見えたとき不意に、一切の感情を失くしてしまったような抑揚のない声音で、「あたし行けないの。行かないのよ私」マニラへは行けないと、ルリ子が云い出した。そればかりか重ねて驚くべきことを告げる。「あなたもよ五郎。警察に電話したの」――最初観た時、このシーンがひどく唐突に感じられた。マニラへ一緒に行かないだけならまだしも、なぜ警察に通報する必要が？　ただ断れば済むことなのに、どうして五郎を売るような真似を？

声ばかりかルリ子の顔からも表情が消えている。この時の彼女の心情は、どうだったのだろう。かなり複雑に揺れ動いていたものと想像はしてみるのだが……愛はなかったとはいえ婚約者を殺された衝撃、わざわざ神戸まで来た意味がなくなってしまった。自棄も手伝って抱かれてもいいと思った五郎には、ホテルに置き去りにされて恥をかかされた。おそらくその恨みも多少籠められていたのかもしれない……だがルリ子の本音は、もっと複雑だった。

「あたしってバカね。あなたを愛してしまいそうなの。そんなことできる筈ないと思ったのに……そしたら怖くなったの」

「俺を好きになったんじゃなかったのか」

「云ったでしょ、男と女は違うの。死ぬほど好きなんだけど、一緒に暮らすなんてたまらないわ」

共に暮らしたとしても、何かあればこの男は、ホテルでそうだったように私の許を去るだろう。私への愛よりも、彼は刺激的な日常を求めている。おそらくそこには彼自身の死も含まれているに違いない。また置き去りにされることは耐えられない。いつ置き去りにされるか案じながら、一緒に暮らすなんて御免だ。

「たまらない?」意味が呑み込めず、立ち尽くす五郎。

「どうしたの逃げないの? もうすぐやってくるわ。今ならまだ間に合う」警察でも呼ばない限りは、彼は諦めてくれそうもない。だから通報した。サイレンが聞こえてきた。

すべては終わった。五郎は微笑する。ルリ子となら共に生きていけるのではと、儚い夢を見たが、それが叶わない以上たとえ逃げ果せたとしても、待っているのは死ぬより辛い倦怠である。それならば……五郎が泛べた笑みは、死を覚悟した自嘲の嗤いであったろう。「お前に裏切られたんじゃ、もうお仕舞だな。俺はもう逃げるのはやめたよ。あばよ」背を見せて貨物船へと歩きはじめる。藤竜也を先頭に、警察が到着する。五郎！　藤の叫び声で五郎は振り返った。銃を握りしめている、撃つ。威嚇である。刑事の一人が応射、五郎の腹に当る。よろめく。彼を助けたい藤が、近寄ろうとする。五郎は笑みを浮かべつつ、藤の腕を撃つ。それで藤は悟った。五郎は死にたがっている。やりきれなくも覚悟を決めた。藤は銃を構え、狙いを定め、引き金を引く。仰向けに倒れる五郎。口笛を吹きつつ、被っていた帽子で顔を覆う。口笛が途絶えた。息絶えたのである。傍には密航のための割符が二枚散らばり、帽子のリボンには帰りたがっていた東京への、高速道路の回数券が挟まっている――

『赤い波止場』の石原裕次郎は、殺されることなく大坂士郎に手錠を掛けられた。『紅の流れ星』の渡哲也は死ぬ。その死に方は、とんでもなく気障（きざ）である。だがそれがたまらなくカッコ好く見えてしまう。それこそが渡哲也の真骨頂ではなかろうか。

舛田利雄監督の、思惑以上の仕上がりとなったこの映画、裕次郎の呪縛を解き放ち大きく羽ばたいた渡哲也を生み出した事でも、特筆されるべき作品となったのである。

第四章『「無頼」より　大幹部』

『紅の流れ星』の封切りが、昭和四十二年の十月七日、間に西村昭五郎監督の『東京市街戦』を挟んで、翌四十三年一月十三日には渡哲也の新たなる飛翔となった『「無頼」より　大幹部』（舛田利雄監督）が公開される。そしてこの作品こそが、今尚ファンの間で語り継がれる日活ニュー・アクションの幕開けでもあったのである。かくいう私もその一人で、日活が崩壊してロマン・ポルノに移行するまでの間、映画館に通うのが楽しみで仕方なかった。当時の日活映画は輝いていた。

しかしながらニュー・アクションは、ニュー・ウェーブを起こそうと会社が企画したものではなかった。作品群の総称として、後にそう呼ばれるようになったのである。『東京流れ者』そして『紅の流れ星』で現代やくざを演じ、スター性を発揮し始めた渡哲也の次の企画がやくざ映画であるのは、ある意味必然であった。当時、東映では隆盛を極めた高倉健に代表される任侠路線も翳（かげ）りを見せ始め、新東宝から移籍した菅原文太が現代やくざ物や実録物で頭角を現しつつあった。現代やくざシリーズ第一作目『現代やくざ　与太者の掟』（降旗康男監督）が四十四年。時代は変わりつつあったのである。時流に乗り遅れるな、日活にはそういう焦りがあったのかもしれない。だが渡を取り巻く監督や脚本家は、彼をやくざ映画のスターにしてしまうことを、危惧した。確かに不死鳥の哲も杉浦五郎もやくざである。だがそれは〈流れ者の物語〉を構成するために設定された役柄で、社会から弾き出されたアウトローという意味合いでしかない。実際のやくざとなると、話は違ってくるのである。事実『「無頼」より　大幹部』の原作は、実際のやくざであった元東声会幹部・藤田五郎の自伝的小説『或る暴力団幹部のドキュメント　無頼』（南北社刊）である。

脚本を担当した池上金男（もう一人は久保田圭司）は述べている。「これにはひどく困った。当時の彼にやくざ的な性格が似つかわしいとは到底思えない。ものに臆さない押しの強さ、周囲に気がねしない図々しさの中に、キラッとひかる純真さ、繊細な神経、秘めたやさしい心使いが魅力の男だ。低劣な暴力の世界に生きる男ではあり得ない。」どうしたものかと舛田監督と協議した結果、「いっそこれは青春映画にしてしまおうと決心した。当時は高度経済成長の真盛り、企業組織はしのぎを削る競争に浮身をやつし、個人の人間性を踏みにじって躍進を続け、弱肉強食が当たり前のこととされていた。その企業社会をそのままやくざ社会に置きかえたのである。」従って、この第一作目では自己確認の象徴たる暴力や流血、主人公の生理的苦痛の描かれ方は、比較的穏やかである。

――タイトル・クレジットの間、五郎の生い立ちが簡潔に紹介される。泣きじゃくる幼い妹を背負い、戸外であやす少年五郎。家の中では母親が男を引き込み、春をひさいでいる。家が狭いので、事が済むまで出されたらしい。貧しい生活。着ている物には至るところツギがあたっている。木枯らしが吹きすさぶ日、酔って川に落ちたのか自ら身を投げたか、戸板に乗せられ蓆(むしろ)を被せられた母親の遺骸が運び込まれる。高熱に苦しむ妹。夜半である。五郎は懸命に医院のドアを叩くが、容赦なく往診を断られる。家に戻ると妹は既に死んでいた。取り縋って号泣する。生きるために繰り返される、食い物のかっぱらい。少年鑑別所。先輩と共に脱走する。サイレンが無情に二人を追いかける。一緒では逃げ切れないと判断した先輩は、五郎を安全な道の方へ逃がす……

激しくドアを叩く音で回想から引き戻される五郎。彼が草鞋を脱いでいる水原組の組長（水島道太郎）が、刺客に狙われているという。大急ぎで駆け付けると、水島と対峙しているのは、何と鑑別所を共に脱走した先輩（待田京介）ではないか。驚く二人。先輩に恩はある、だが渡世の仁義は通さねばならない。ぶつかり合う。待田の銃は虚空を撃ち、五郎の匕首(ドス)は待田を刺した。五郎の顔が苦悶に歪む。〈やりきれない思い〉に苛まれたのである。仁義とはいったい何だ。

「バカ野郎、わざと急所を外しやがって」先輩が喘ぎながら云う。「これじゃ死ぬに死ねないじゃないか」実は待田は胸を病んでおり、死に場所を捜していた按配ではある。

担架で運び出される待田に、駆け付けてきた女房(バシタ)の松尾嘉代が取り縋りつつも、連行される五郎を振り返って罵声を浴びせる、「人殺し！」

五郎は三年の実刑、待田は網走刑務所送りとなった。

出所した五郎は東京へ舞い戻ってきた。水原組へである。浅草寺や仲見世が映し出されるから、水原組の縄張（シマ）は、どうやら下町辺りらしい。本当は関西へでも流れる心算の五郎だったが、出所したての空っ穴では身動きが取れなかったのである。組へ向かう途中、対立する上野組のチンピラたちに絡まれている二人の女性を助ける。その内の一人が松原智恵子。その際殺し合いに発展しそうな急場をおさめたのが、現れた上野組の代貸である深江章喜である。五郎と深江は敵対関係にありながら、不思議と気が合うようで互いに相手を認め合っているのが、会話の端々から窺われる。この二人の関係性を継承し拡大させたのが、『無頼　黒匕首』における五郎と川地民夫の関係である。

離れた場所で様子を見守っていた松原らを戻ってきた五郎が、何をしている早く行けと叱咤するのだが、その顔を見詰める松原の表情が完全に恋に落ちた女のものであるのが、突然すぎて観ている方は何とも面映（おもは）ゆい。前に少し書いたが、このシリーズにおける松原は一貫してこの調子である。

水原組の組長に挨拶すると、草鞋を脱ぐすなわち組に身を預けるという条件で、少なからぬ小遣いを受取る。その五郎の世話をすることになったのが、下っ端の藤竜也と浜田光夫である。（余談です。渡哲也は主人公だから、当然最初にクレジットされる。だが一人ではなく、松原智恵子と連名である。対して出演している浜田光夫は、最後の監督名の前に一人で表記されている。謂わば特別扱いである。かつて吉永小百合と共に青春映画のスターとして人気を博し、会社を潤してくれた貢献度を謝しての処遇か、或いは彼の知名度を慮ってのことなのか。しかしこの当時青春映画はほぼ制作されなくなり、幼さを残す彼の顔立ちは凄味に欠けるためやくざ映画の主人公には難しく、専ら善玉側のチンピラとして主人公の奮起を促すため殺されてしまうという、役どころが多かったようだ。高橋英樹主演の〈代紋〉シリーズの一編にも、似たような役のものがある。スターであり続けるのは至難な事なんだと、実感させられる）

五郎は早速行ってみたい所があると云い、二人を伴って組長水島道太郎が襲われた件のバーへと向かう。実は事件当時五郎にも情婦がいた。そのバーでホステスを勤める三條泰子。五郎が逮捕された時、「待ってるから、ずっと待ってるから」と訴え、五郎も頷き返していたのである。楽しみに訪れた店であるが、彼女の姿はなかった。ママの富永美沙子に所在を尋ねると、一年以上彼女目当てで通い詰めたサラリーマンと結婚したという。五郎は驚く。信じられないという思いだった。裏切られたと感じたのかもしれない。「ぶち殺してやる」瞬間的に怒りを顕にするが、すぐに「俺がそんな未練な男に見えるか」と強がりを云い、店を後にする。自棄酒ならぬ自棄食いだと、五郎は二人と共に寿司屋へ入る。だが何とそこの仲居が、松原智恵子なのである。事情を糺す五郎。助けてもらった恩だけでなく、五郎に一目惚れしてしまった松原は、彼の近くにいたくて後を尾けたのだと。その時偶々眼に留まった求人の貼り紙で、この寿司屋で働くことにしたと云う。一緒にいた友人は、東京は怖いところだと、早々に故郷の山口へ帰ったと……

その時深江を先頭に店に入ってきた上野組の連中が、藤竜也の姿を認め、縄張荒らしを咎めて彼を連れ出そうとする。拒む藤。あわや乱闘になるか、その時五郎が深江に浅手を負わせ、「昼間お前に収めて貰ったから、これであいこにしようぜ」

「五郎、味な真似しやがって」五郎は手下どもに、早く病院へ連れて行けと指図する。

三人は店を出ようとするが、松原をここには置いとけないなと、一緒に連れて出る。だが何処へ行く。松原を五郎の女(スケ)だと勘違いした藤と浜田は、自分たちのアパートへ案内する。好きに使ってくれと部屋の鍵を渡した二人はアパートを出て行くが、すぐその後を追って、五郎も出てくる。赤線にでも行ってみるかということになり、その前に焼き鳥の上手い店があるからと、浜田が二人を誘う。

店の親父が高品格（やくざを演じても飄逸味があって面白いのだが、こういう役を演(や)らせると、ピタリと決まる。私事で恐縮だが、この人死んだ父親を想起させる風貌・体躯をしている。気が短かった親父を好きだと思ったことはないがそれでも、だから何となく親しみが湧くのだろう。後年『麻雀放浪記』で日本アカデミー助演男優賞を受賞した時は、嬉しい気がしたことを覚えている）。その娘が北林早苗。口は悪いが、どうやら浜田とお互いに思いあう関係にあるらしい。彼女は、やくざを無駄に大きくなった人と断じ、五郎たちを閉口させる。

浜田を店に残し、藤と二人で赤線を覗く五郎。とある一軒で、この妓どう？　と紹介されたのが、あろうことか先輩の情婦である松尾嘉代であった。五郎に湧く疑惑、松尾を縁取る憎悪。ここに決めた、五郎は躊躇わず店に上がり込む。憎い男に抱かれる、松尾にとっては堪らない苦行だったろうが、所詮女郎は売り物、覚悟を決める。だが五郎にその気はなく、話がしたいだけだと云う。

「お前さんに人殺しと云われた。刑務所にいる間、ずっとその言葉に苦しめられた」五郎は述懐する。待田を刺したときに襲ってきた身を焼くような〈やりきれなさ〉、五郎は常にその焦熱地獄の中でもがいている。待田が収監されている網走は極寒の地である。そのため肺病が悪化し、近々仮釈放されるかもしれないという。芳しい理由ではないが、取り敢えずは喜ばしいことであった。五郎はもうひとつ胸の内にわだかまっている疑問を口にする。待田は上野組の幹部で、その組のために水島道太郎を狙った筈である。なのにその女房である松尾嘉代が、「お前さんがこんな境遇にいることを、上野組は？」知っていると彼女は云う。ここにもやくざ組織の非情さがあった。用済みとなった人間に、払う金はないというのである。夜が明けようとしていた。思い出話に花を咲かせすぎたようである。五郎は水島から貰った金をすべて松尾に渡すと、「これで先輩に上手いものでも差し入れてやってくれ。それと（刑務所を）出たら、必ず連絡して欲しい」云い置いて部屋を後にする。藤竜也はまだ眠っているだろう。五郎は単身アパートへ戻る。部屋の電気が点いている。松原智恵子は一晩中寝もやらず、待っていたのだろう。彼女は今日中に故郷へ送り返すつもりである。変な気になっても、変な気を起こされても困る。五郎は路地から部屋を見上げただけで、踵を返した。

向かった先は、かつての情婦三條泰子の許である。未練はあったろう。しかし堅気の男と結婚して幸せに暮らしているのか、確認したい思いが強かったに相違ない。五郎は自分が身を置くやくざの世界を「ど汚ねえ」と形容し、堅気の人間として生きることを夢見ている。だからこそ一度は情を交わした女が、堅気の世界でちゃんと生活しているのか、見てみたかったのだと思う。

時刻はまさに通勤時間帯。彼女の住む場所は、マンモス団地である。各棟から吐き出され駅へ向かう夥しい人の群れ。変わらぬ健全な日常を営々と営む人たち。対するに、立錐の余地もない人波を逆らうように縫って進む孤影。血腥い非日常に身を置く無頼の男。その歴然たる違い、更には五郎の立ち位置の孤独が、鮮やかに描かれたシーンである。

亭主と共に棟の入り口まで出た三條は、手を振ってにこやかに送り出し、近所の主婦たちと少し立ち話をして、家へ戻る。その様子を木陰から見守る五郎。幸せそうだ。そうこれが堅気の暮らしなのだ。

時間は前夜まで遡る。焼き鳥屋の手伝いを終えた浜田光夫は、人知れず兄川地民夫のアパートを訪ねる。というのは、浜田は水原組の構成員であるが、川地は敵対する上野組の幹部だったからである。知った顔に出会うとお互い不味いことになる。兄弟は二親を早くに亡くし、五郎と同じく野良犬同様の少年時代を送った。行き着いた先も同じやくざ稼業である。ただ兄は新興だが力をつけつつあった暴力団へ、弟は義理人情に憧れ昔ながらの博徒の世界へと、道が分かれた。そのことで二人は喧嘩しそうになるが、やはり兄弟、仲良く酒を酌み交わす。そこへ深江を刺した五郎の行方を捜していた上野組のチンピラが、見つけたので組長が出張ってくれと云っていると、迎えに来る。チンピラを先に行かせたあと、姿を見られないよう隠れさせていた弟を殴り倒し、「お前は何も聞かなかったことにしろ」と、後ろ手にネクタイで縛り上げてしまう。

夜が明けた。店の前で見張っていた川地とチンピラたちは、五郎と藤が出てくるのが「遅い」と、中へ踏み込む。五郎の姿はすでにない。連中は藤を引き立て、組の事務所へ連れて行く。その様を、手を血だらけにして戒めを解き駆け付けた、浜田が目撃する。五郎の姿はない。藤を助けようにも、多勢に無勢。しかも兄がいる。浜田はまず五郎に危急を知らせ、そのあと組に応援を求めるべく、アパート目指してひた走る。この走るシーンが結構長い。監督は〈青春映画〉だということをアピールしたかったのか、それともかつてスターだった人に忖度(そんたく)したのだろうか。思わずそう勘繰りたくなってしまうほどである。松原は、五郎はまだ戻っていないと云う。戻ったらこの部屋を出ないよう、そう云い置いて浜田は組へ向かおうとする。路地の入口で、戻ってきた当の五郎とばったり出会い、事情を説明する。こう書いてくると、かなり御都合主義的な展開なのだが、観ている方には全く違和感はない。演出の上手さなのかな。

五郎は「俺が蒔いた種だから、俺が片を付ける。組には知らせるな」釘をさすと浜田を帰し、一旦アパートへ戻る。まず松原の身の始末を付けるためである。

松原は朝食をつくって帰りを待っていた。飯を食ったら荷物をまとめて故郷へ帰れ、と五郎は云う。帰りません、あなたの側にいますと松原は云い張る。五郎は云い聞かせるように「お前やくざの中身がどんなものか知っているのか。いま送られて出て行った者が、一時間後にはズタズタに斬られて、道端に転がっているんだ」

「その思いは昨日一晩で嫌というほど思い知らされました」それでも決心は変わらない、と云うのである。五郎は呆れたように、

「勘違いするんじゃやねえ。お前をここへ連れてきたのは、好きだからじゃやない。七つの時に死んだ妹に、目元が似ているからだ」この手法は、自分に惚れた女を諦めさせる手段として、『無頼　黒匕首』でも踏襲されているが、但し自分のために死んだ女の写真を見せるというものに変えられている。松原を無理矢理追い出した五郎は、抜いた匕首を見つめ、覚悟を決める。この時点ではまだ黒匕首ではない。白木の柄に血油で滑らないよう白布を巻いたものだ。

路地を出ると、松原が立っていた。五郎が放つ気配の異常さに感付いたのだろう、思い詰めたような顔で、「行ったら殺される。死にに行くのね、あなたが死んだら私も死にます」

「バカやろう！」五郎は彼女の頬を張り飛ばすと、「よし判った。やくざの死に様がどんなもの

か見せてやる。部屋で待ってろ」鍵を手渡す。

上野組の事務所に着く頃、雨が落ちてきた。デスクで陣取る組長である青木義朗の前に立つと、俺が起こしたことだから俺が決着(おとしまえ)を付けると、五郎は申し出る。「どう決着を付けると云うんだ」今お見せしますよ、そう云うと五郎は匕首を抜き、机の上で自らの左手小指の先を切り落とすのである。俗に指を詰めるという、詫びの方法である。

運ばれてきた藤竜也は、すでに死んでいた。取り縋ってその死を確かめた五郎の全身を、憤怒の炎が焦がす。野郎、命は貰った！　青木に突きかかる五郎。逃げ回りながら、手下共をけしかける青木。乱闘は事務所から裏路地へ。雨脚が強くなっていた。手下の数が多すぎる。青木を追いつめながらも、もう一歩手が届かない。五郎も手下に刺される。深手である。これ以上は無理か、五郎は逃走にかかる。路地を幾つか曲がった先に、合羽代わりに上着を頭から被った深江が立っていた。傷が治りきっていないせいか、パジャマ姿である。雨がしぶいている。思わず身構える五郎。「五郎こっちだ」深江は背凭れにしていたドアを開け、五郎を中へ押し込む。「いいのかお前？」深江が助けてくれる意外さに驚き、また彼の上野組幹部という立場を、五郎は案じたのである。

「お前とのケリは俺が付けるんだ。これで五分だ」そう云うとドアを閉め、追ってきた手下共をあらぬ方へと向かわせる。追っ手は撒(ま)けた。だが受けた傷は思いのほか深かった。倒れ込もうとする五郎を、様子を窺っていたのだろう、浜田が見つけ病院へと運ぶ。その足で浜田は松原を迎えに行き、病院へ連れてきた。「傷は急所を外れていました。半月もすれば起きられるようになるそうです」彼女にそう告げると、あわただしく組の事務所へと戻っていく。

水原一家の事務所は、喧嘩(でいり)の支度で騒然としていた。五郎を入院させたことを、浜田は組長に告げる。頷きながらも水島道太郎は、「上野の喧嘩に役立たせようとしたのに……逆に種を蒔きやがって」代貸に、名のある親分への仲裁を頼みに行かせる。

だが上野組はすぐに襲ってきた。流石に深江や組長の青木はいないが、川地がいる。怒号と叫喚が入り乱れる。至る所で斬り結ぶ中、川地が水島を追う展開となる。狙うは大将首である。雨でどろどろにぬかるんだ庭先を、転げ回りながら必死に逃げる水島。追う川地。最早逃げ切れない。あわやの瞬間、組長の危機を認めた浜田が、川地に体当たりする。対峙する兄弟。「兄さん？」相手を認めて共に驚きあうも、状況が状況である、引く訳には行かない。組長を庇う浜田に、必殺を狙う川地。「どけっ！」兄弟といえども容赦は無用。覚悟を決めて斬り合うが、幹部だけあって巧者は兄であった。浜田は蹴倒される。だが兄は弟に刃を振り下ろしたりはしなかった。兄弟の情であろう。ただ水島だけを狙った。その時仲裁人を連れた代貸が戻ってきた。「双方引け、この場は……」だが川地は躊躇なく水島を長匕首(ドス)の餌食にしようとする。「兄さん！」浜田の絶叫と、背後から繰り出された長匕首に川地の身体が貫かれるのが、同時であった。水原一家の下っ端である。泥濘に顔半分を埋めて、川地は倒れ込む。浜田の名を呼んだのが、最後であった。「兄さん、兄さん！」川地に取り縋り浜田は号泣する。雨は尚降りしきっている。

上野組と水原一家の手打ち式の日、兄の遺骨を抱いて浜田が病院の五郎を訪れる。もう知った人すらいないが、信州小諸の在にある墓に埋葬すると云う。五郎は「故郷（くに）に帰ったら二度と出てくるな。足を洗って堅気になるんだ。組へ断ったら後々面倒なことになるから、何も云わずそのまま帰ってくるんじゃない」と忠告する。

その足で浜田は焼き鳥屋へ赴き、高品格と北林早苗に挨拶する。店を出た浜田を、「追わなくていいのか」と高品が娘に云う。お前の母さんがそうだったように、あいつには支えになってくれる人間が必要なんだ。その言葉で北林は、店を飛び出していく。彼女の本当の気持を聞いた浜田は、故郷で仕事を見つけ落ち着いたらきっと呼び寄せると約束し、電車に遅れると二人仲良く駆け足で駅へ向かう。ホームで北林が浜田の弁当を買っている時、ふと振り返ると彼を四人の男が取り囲み、すぐに離れていくのが見えた。すぐに浜田はよろめき始め、北林に手を差し伸べると、そのまま倒れ込んだ。抱えていた遺骨が転がり落ちる。事態を理解した北林は、声も立て得ず眼を見開く。殺されたのである。

見舞うというより申し渡しに来た水島から浜田の死を聞かされ、五郎は涙を流す。水島は纏まった金を手渡すと、「悪いが他の土地へ行って貰えないか。それが手打ちの条件でもあるんだ。」更に水島は、袱紗に包んだ銃を、餞別だと云って渡そうとする。暗に上野組の組長を殺して欲しいと、依頼しているのである。五郎は中身を確かめると、包み直して押し返す。「判ってますよ親分さん。これで俺は水原一家とは縁の切れた渡り者。そうなりゃ俺にはたったひとつ、やらなきゃならない仕事がある。それは使いたい道具を使って、てめえの思うようにやる」五郎の肚の内はすでに固まっていた。だがそれは外部からの依頼や干渉によるものではなく、義理でもなく、そうしなければ自分が自分でなくなってしまうからである。自分が許せなくなってしまうからなのだ。死んでいった人たちに申し訳ないからなのだ。だから当然他人の手は借りない。その気概を明確に示したシーンである。

退院の日、五郎は松原に付き添われて、赤線の松尾嘉代の許へ向かう。待田京介が仮出所して戻ってきているという連絡を、受けていたのである。だが待田の病状は、予想以上に悪化していた。医者を見送った松尾に容体を尋ねると、黙って首を横に振る。

久し振りに会った待田は病み衰えていた。話を聞くと、療養のため松尾の故郷である青森の弘前へ行くという。五郎は水島から貰った金をすべて差し出す。憐れみをかけられた、怒りだそうとした待田に、その代り俺も頼みたいことがあると、交換条件として松原智恵子を一緒に連れて行ってくれるよう依頼するのである。松原が故郷へ帰れない事情を聞いた待田は、「五郎、お前も一緒に行かないか？」五郎は一瞬遠くを見る眼になる。心が動いたのだ。堅気になれるかもしれない。

しかし「判った。だがその前に俺にはやらなきゃならない、仕事がある」

「五郎、まさかお前この金で……」義理を借り、身の自由を奪われたのではないかと案じたのである。五郎はきっぱりと「いや、これは自分自身でやると決めた仕事だ」

五郎が部屋を出た後、待田は身支度を始める。戻ってきた松尾が、「この寒いのに何処へ？」

「軍資金は多いに越したことはない」弘前へ行って堅気の仕事を見つけるまでの、生活資金である。だが待田は、本当にそれが叶う元の身体に戻ると、思っていたのだろうか？

「俺も心当たりを当ってみる」向かった先は、上野組の事務所である。松尾が赤線に身を落とした境遇を知っていながら、頬かむりをした怨みを籠めて、待田は組長の青木義朗に啖呵を切る。それを取り成したのは、代貸の深江である。待田を兄弟と呼んだので、多分彼とは兄弟分の関係にあったのだろう。青木に金を出させ、待田に手渡す。その時チンピラが駆け込んできて、五郎を見つけたと報告する。青木は人数を送り、見張るよう云いつける。青木を始め上野組の連中は、五郎と待田の関係を知らない。

焼き鳥屋を訪（たず）ね、遺骨に手を合わせた五郎は、幸せの頂点から悲しみのどん底へ突き落された北林早苗の、

「やくざなんてみんな死んじまえばいい。この世の中から一人もいなくなってしまえばいい！」

悲嘆の呪詛を背に、アパートへ戻ってくる。待田が待っていた。五郎にお前は見張られていると云い、戻ったと知ればすぐにここへ押し込んで来ると警告する。だから逃げろ、逃げて松尾と松原を

駅へ連れて行ってくれ。俺は組長の青木に貸しがある、だから連中を何とでも云いくるめることが出来るから、そうやって時間を稼ぐ。済んだらすぐに駅へ向かう。袱紗の金を渡し、窓から屋根越しに五郎を逃がす。

すぐに上野組のチンピラたちが飛び込んできた。五郎の姿はない。待ったをかけ、話を切り出そうとする待田。だがチンピラたちは殺気立っていた。ただでさえ人斬りの異名を持つ五郎が相手なのだ。その恐怖。だがもし五郎を逃がしてしまうようなことになったら、今度は組へ戻ってどんな仕打ちを受けるかわからない。いずれにしても彼らには、五郎を仕留めるしか途はなかったのである。怒りと恐怖の鉾先は、当然五郎を逃がしたであろう、待田に向けられた。待田の思惑は外れたのである。「てめえ組長に金を貰っておきながら……」裏切りやがったなとばかり、一人が背後から待田を刺した。あとは寄ってたかっての膾（なます）斬りである。

上野駅で待つ五郎と松尾・松原の三人。待田はまだ来ない。発車まで幾らも時間がなかった。嫌な予感しかしない。「ツテがあるから連絡してみる」五郎は二人を列車に乗せ、赤電話の場所へ向かった。嫌な予感しかしない。途中スキー客が肩からぶら下げたトランジスタ・ラジオが、待田の死を告げるニュースを流していた。やくざ同士の抗争と見做されていた。五郎は二人の許へ引き返し、窓の外から、「先輩は話が長引いて遅れるそうだ。金になる話なんだそうだ。明日の朝一番の列車に乗ると云っている」と二人を安心させ、弘前は遠いから俺に残って、話し相手になってくれと云っている、と告げる。それじゃ私も残りますと立ち上がる松原を「姐さんを一人にするような料簡じゃ、俺の女房にゃなれないよ」と叱りつけ、預かった金を松尾に渡すと、二人を旅立たせる。動き出す列車、立ち上がり昇降口まで走る松原、その手を取り共に歩く五郎、速度が上がりすぐに離れた手を懸命に振る松原。「五郎さぁーん」呼ぶ声が、汽笛に掻き消される。昔よく観た、そして今では観ることの出来ない、蒸気機関車の別れである。

ナイト・クラブのディスコ・タイムが終わった。踊り疲れトイレに立つ青木義朗。ショータイムに切り替わり、舞台で『上海帰りのリル』を歌い出す青江三奈。トイレから出た青木の前に立ち塞がる五郎。驚愕する青木。そこから一切の音が消える。ただ青江の歌声だけが流れるのである。高脚の灰皿を投げ付け逃走をはかる青木。追う五郎。廊下に出てきて異変に気付き、五郎を認めた深江が匕首を抜く。五郎が叫ぶ、おそらくそこをどけとか邪魔するなと云ったのだろう。ぶつかり合う二人。舞うようにして壁に押し付けた深江の腹を、五郎の匕首が抉る。だがバスト・ショットで、刺された個所の映像はない。絶叫を上げる深江。だがその声も、青江の歌声でしかない。深江の悲鳴を聞きつけたのだろう、手下どもが慌てて席を立つ。雪崩を打って五郎に襲いかかる。怒号、刃物の相打つ響き、すべてない。相変わらず青江の歌だけが、唯一の音である。青木をやっと追いつめ、匕首を突き立てる。これもバスト・ショットで、刺された個所の映像はない。青木が上げた断末魔の声から、青江の歌声が消え、音声が戻ってくる。

舛田監督は、どうしてこんな手法を使ったのだろう、と考えてみた。刃物を持っての複数の人間の殺し合いは、阿鼻叫喚の地獄絵図である。凄惨極まりない。しかし作品の主旨からいって、最後の斬り合いは外せない。青春映画であることを標榜した手前もある。ならばと、悲惨さを少しでも打ち消そうと考え出したのが、映像においては〈血〉を描かず、修羅場を増幅させる〈音〉を、無くしてしまうことだったのではなかろうか。実際このシークエンスでは、殆ど血は流れていない。

実は、舛田監督のこのシークエンスがあったので、故意に書かないでいたのだが、小澤啓一監督の『無頼　殺せ（バラせ）』のエンディングも、よく似ているのである。

ディスコ・パブへ現れた須賀不二男会長と、睦五郎ほか数人の腹心の部下。音楽が騒音にしか聞こえない睦が、マネージャーに懐メロをやれと云い、麻生レミがディスコ風にアレンジした『君恋し』を歌い出す。そこへ五郎が現われ、お定まりの斬り合いとなる。その最中麻生の歌声が流れ続けるのは同じなのだが、こちらの他の音声は消されていない。衣装室で着替え中だったホステスを須賀が楯にするのだが、その悲鳴もちゃんと入っている。師匠の演出法を、弟子が真似することは出来なかったとも考えられるのだが、小澤監督には監督なりの目論見があったのだと思う。但しこちらも〈血〉は殆ど描かれていない。

どちらが良いとか悪いとかではなく、私自身は殺し合うことの残虐性ではなく、悲愴感がより伝わってきたのは、小澤版ではなかったかと思っている。だから私は、修羅相には哀しい気配が蔓延しており、須賀の背中に突き立てられた黒匕首（ドス）も哀しく映ったと書いたのである。

この映画の前に舛田利雄監督が撮った『紅の流れ星』を、前述の渡辺武信や植草信和はじめ多くの人が傑作だと云い、渡哲也の代表作だと褒めちぎっている。傑作と認めるのに吝（やぶさ）かではないが、私の好みとして代表作は『無頼　黒匕首（ドス）』を推したい。

要は舛田監督と小澤監督の、資質の差ではなかろうか。舛田監督の映画を観るたび、常々そのドライな作風と、機能的な映像処理に感心している。ウェットな感性を排した乾いた表現法だからこそ、『紅の流れ星』の主人公の、生きることにさえ覚え始めた倦怠（アンニュイ）を、余すことなく描き得たのだと思う。舛田監督にしか撮れない映画だったと思うのである。対するに小澤監督は、ウェットな部分、義理とか人情ではなく、瞋恚（しんい）や畏怖や悲嘆など、特定個人の急激なる感情の変化すなわち〈情動〉によって引き起こされる行動に、焦点を当てようとしている作家なのではないかと、私は思っている。その激しさは人斬り五郎においては特に顕著で、故に彼はよく涙を流すのである。監督の場合、問題はそのバランスで、動機となる〈情動〉に焦点が絞りきれない素材だったりすると、例えば義理に縛られると情動の発露が制限されるし、人情が優先されると尚のこと抑え込まれてしまう。だから小澤監督ほど着流しやくざの物語を、面白くなくしてしまう人はいないのである。その意味でもこの〈無頼〉シリーズに出会えたことは、小澤監督にとって最大の僥倖だったのではなかろうか。

監督の映像の特徴として、ロング・ショットが挙げられようかと思う。それも人間が米粒ぐらいにしか見えないほどの、ロングである。当初私には、例え殺し合っていようが、人間の営みなど取るに足らないちっぽけなものだと訴えかけているように思われたのだが、〈情動〉を動機として起こした行動を、正当化するというより、自分自身が客観的に観ようとするための、ポジションだとも思われてくる。

――人っ子一人姿のない、夜更けのビルの谷間を、係わった浜田や待田、松尾や松原らの俤（おもかげ）をよぎらせながら、五郎は傷付いた身体でよろめき去っていく。

第五章『大幹部　無頼』

〈無頼〉シリーズは、基本それぞれ異なった物語で構成されているが、この『大幹部　無頼』のみ前作の続編という体裁を、取っている。舛田監督の下で助監督を勤めた小澤啓一が、念願の監督昇進を果たした作品である。助監督時代は、小沢啓一と記されていた沢を澤に改めての出発。当然気合も入るだろう。脚本は池上金男と久保田圭司が担当。

オープニングは、夜の闇を切り裂いて走る機関車である。青木義朗を斃したときの傷も漸く癒え、松原智恵子や松尾嘉代が待つ弘前へ向かう五郎。彼は果たして堅気になれるのだろうか？　中学生ぐらいの男の子と妹らしき幼い女の子が、ベンチシートで凭れあって眠っている。ケットを掛ける母親。五郎は幼い頃を思い出していた。……師匠である舛田利雄監督にもこういうシーンがないではないが、小澤監督は意外と多い。ドライな作風である師匠が偶にしか見せなかった感傷的なシーンを多用することからも、小澤監督は師匠とは異なった道、〈情動〉が契機となって取った行動がもたらす結果の顛末を、模索しているように思える。

タイトル・クレジットである。その前半で五郎の生い立ちを、後半であらすじを、前作のフィルムで簡潔に説明する。

津軽板崎、雪国の小さな駅である（余談だが、実際には存在しない駅だという。弘前近郊ということで、五能線に実在する板柳とその隣の林崎駅を足して二で割ったのではないか、と考えられているようだ。看板を差し替えて実際に撮影したのは、飯山線の飯山駅らしい――面白いことを調べる人もいるものである）。降り立った五郎は、土地のやくざである江角英明らに連れ戻されようとしている、踊り子の芦川いづみたちを助けて旅立たせる。興行師が出演料として預かった金を持ち逃げしたため、そのかたに温泉宿でストリップをやれと、強要されていた彼女たちを、やくざと興行師がグルになって仕組んだことだと見破った五郎が、江角らを叩きのめし追い払ったのである。芦川は感謝の印に、巻いていた赤いスカーフを、五郎の頸にかける。

オープニングとは逆に、去りゆく列車を今度は後方から撮っている。列車の窓から外を見ていた芦川が、一面の雪野原を一人ひたすら歩く五郎に気が付き、顔を綻ばせる。カメラはズームでそれもかなりの速さで五郎に寄り、その険しい顔を映し出し、急速に引いていく。懸命に手を振る芦川。だが五郎は気付かない……

松尾嘉代と松原智恵子が間借りしている寺へ、辿り着いた五郎。

編み物をしていた松尾が軽く咳き込むと、膝の上の黄色い毛糸玉が落ちて、ころころと転がる。その先に五郎が立っていた。拾い上げる五郎。「五郎さん！　五郎さんなのね」驚く松尾。情緒纏綿な、ファンの間では結構人気の高いシーンである。待田を助けられなかったことを、詫びる五郎。彼の無事を喜ぶ松尾。どうやら彼女は病んでいるようである。無理が祟ったのか、待田の病がうつったのか。そこへ松原が帰ってくる。

五郎は念願の堅気の生活を始める。そんな或る日、駅の近くで荷卸し中、件の田舎やくざ江角に事務所へ来るよう強要される。一緒に来ていた松原の手前もあり、五郎は黙って従う。連れて行かれた組の事務所で、思いがけない人間に出会った。五郎とは顔見知りで、最近横浜で売出し中の内田良平である。田舎やくざの組長とは古い知り合いらしい。内田はいい処で出会ったとばかり、五郎に横浜へ来ないかと誘う。内田の組の用心棒になって欲しいと云う。つまり五郎の人斬りの腕に、幾らでも金を払うということである。五郎は断る。

馬力引きに木の伐採、五郎は精力的に働いた。だが思ったほどの稼ぎは得られない。松尾の病状が重くなり、弘前の病院へ入院させなければならなくなった。早急に纏まった金が必要である。待田を見殺し同然に死なせてしまった悔いがある。彼女を同じ目に遭わせる訳にはいかない。しかし勤め先に前借りを頼むも、無理だという返事。他に金策の当てはない。煙草を取り出そうとした時、ポケットから名刺が落ちたことに気が付く。内田が、気が変わったら何時でも連絡をくれと、押し付けていった名刺である。睨み付けるように見詰める五郎。内田を頼ったら、元のやくざ社会に舞い戻ることになる。それだけはしたくない、だが……小澤監督は、五郎の決断を雪崩のシーンで表現している。まさしく雪崩に遭ったように、やくざ社会へと再び転がり落ちたのである。

東へ向かう列車。横浜駅。内田が組長の木内組の事務所。出された札束を前に、五郎は「これで身体を張らなきゃならない。そいつがやりきれないんだが、背に腹は代えられない。貰っておこう」金を受け取る。そこへ敵対する和泉組にやられたと、怪我をしたチンピラたちが転がり込んでくる。やられっぱなしで戻ってきたのか、仕返しをしてこい、と内田は怒りを顕にし、五郎に助っ人として行くよう命じる。

和泉組の連中が屯（たむろ）していたのは、娼婦宿であった。殴り込みをかけ、途中木内組の下っ端である岡崎二朗の命を、五郎が助けるハプニングはあったものの、取り敢えず用心棒としての勤めは果たした。その様子を怖々(こわごわ)見守る娼婦たちの中に、見知った顔があった。芦川いづみである。彼女も五郎に気が付き、その場を去ろうとする。追う五郎。立ち止まる芦川。「やっぱりあの時の人だったのね。折角身体を張って助けてくれたのに、何にもならなかった」興行師だけでなくマネージャーまでグルで、彼女たちは有りもしない借金を突き付けられ、娼婦として売り飛ばされたのである。彼女は重ねて、きれいな身体の内に、五郎に会いたかったと云う。どうやら津軽板崎で助けてもらった時から、五郎に惹かれていたようである。

「人間、墜ちるとこまで墜ちたら、もうおしまい」苦界に身を落とし、先行きの希望を断たれた者の、悲痛な叫びではあったろう。だが五郎は、

「そう思うようになったら、確かにおしまいだな。俺はそうは思わない、思いたくもねえ。いつかどこかで何かが起こって、まともな暮らしに戻れねえもんでもねえ。そんな事を空頼(そらだの)みしている。そう思うことを俺の信条としている」芦川を励ます意味もあったろうが、これは五郎が常に願っていることであった。空頼み、まさしく神仏に祈るような、当てにならない願いである。成就させ得るのは、自分の力しかない。だから努力する。だが周囲が、環境が、頑強にそれを阻む。彼にかかわる周囲の人たちが、身を置くやくざ社会という環境が、健常な市民社会に戻ろうとする五郎を、引き摺り戻そうとするのである。内田から金を受け取った時、五郎が「やりきれない」と云ったの

は、だからである。だがそれだけではない。市民社会も健常・健全であるが故に、病んだ世界からの移民を頑なに拒んでいるのである。日本という国がなかなか移民を受け入れないのは、風土に育まれた国民性ゆえであろうが、たとえ受け入れた処で表面化しない格差・差別は、厳然として存在するのである。もし五郎の願いが叶ったとしても、病んだ世界からの移住者であるという差別は、決してなくならないだろう。まして願いのその先にある、市民と同等の格差のない境遇を手にするのは、尚更至難である。実はそこにこそ、五郎が踠（もが）きに踠き抜く、絶望的な闇、堂々巡りのジレンマがあったのである。

「また来てくれる？　もう来ないわね」「いやまた来るよ」五郎はそう云うと、件の赤いスカーフを取り出すと首に巻き、照れ臭そうな笑みを泛べると、呼びに来た岡崎と共に出て行く。芦川の顔にも笑みが戻った。

彼女が部屋に戻ると、馴染みの客が待っていた。木っ端に仏像らしき物を彫りつけている、田中邦衛である。彼は前作で五郎に殺された上野組組長青木義朗の実弟であった。「いま会っていたのは、藤川五郎だろう？」

「藤川、あの人藤川っていうの？」芦川は惚れた男の、名前さえ知らなかったのである。田中は通い続ける女の前では流石に遠慮したのだろう、だが五郎に対する復讐の念に燃えていた。

助けてもらった礼を兼ねて、五郎は岡崎らにとあるパブへ連れて行かれる。そこのフラメンコ・

ダンサー太田雅子（後の梶芽衣子である。この映画の翌昭和四十四年、『日本残侠伝』出演の際、監督であるマキノ雅弘が名付け親となって改名）と岡崎は、恋仲である。しかも彼女は和泉組の代貸である二谷英明の妹であった。更にその二谷は、五郎の先輩でもあったのである。当の二谷が五郎たちのテーブルに近づいて来た。五郎に気付き驚く二谷、がテーブルの顔ぶれを見て、「まさか木内が最近雇った用心棒というのは……」

驚いたのは五郎も同じ、二谷の問いに頷きながら「先輩が和泉一家の代貸だったとは、悪い巡り合わせだ」……二谷は五郎を連れ出し、岡崎は敵対する組の構成員だが、妹の恋人でもある、どうか命を護ってやってくれと頼む。五郎は引き受ける。

帰路、岡崎の真意を確かめたくて、五郎は彼に和泉組の代貸の妹なんかとは別れろと諭す。だが岡崎が太田を思う気持ちは、本物だった。満足だった。これで二谷の要望に応えられそうだ。そこへ呼び止める声と共に、田中邦衛が姿を現す。死闘が開始される。田中の名乗りで素性を知った五郎は、急所を避け彼の太腿を刺す。止めを刺そうとする岡崎を制し、病院へ運ぶための車を呼ばせる。自らの腹に巻いていた晒しを切り取り、血止めをしろと手渡す。「何の真似だ。義理を貸すつもりか？」

「義理だ何だと、堅苦しいことは考えるな」義理に縛られ、過去に何度も手を血塗らせてきた五郎ならではの、科白である。

或る日、木内組事務所に一通の電報が届く。五郎宛で、差出人は松原智恵子。松尾嘉代が死にそうなので、早く帰って来て欲しいという文面である。だが内田良平は、いま五郎に帰られては用心棒の役目を果たせぬとばかり、握り潰してしまう。

弘前の病院で、松尾は垂死（すいし）の状態にあった。五郎に伝えたいことがある。その思いが彼女の命脈を保たせていた。だが五郎は来ない。気力の糸が切れようとする寸前、彼女は松原に頼む。「横浜へ行って。五郎さんを何とかやくざから（足を洗わせて）……あの人だけは（待田の二の舞を踏ませたくない）」きれぎれである。そして糸は切れた。

――横浜の事務所を松原が訪ねて来た。五郎は不在。応接した内田は、これで五郎を思うように使えると内心で喜びながら、岡崎にアパートへ案内するよう命じる。部屋のあまりの穢さに二人掛かりで掃除に取り掛かろうとした時、五郎が帰ってくる。

驚きつつなぜ来た？　と質す五郎に松原は松尾が亡くなったことを告げ、あれほど何度も電報を打ったのになぜ戻ってくれなかったと、詰問する。五郎はまったく知らなかった。当然である。松尾が苦しい息の下で懸命に書き綴ったであろう手紙を、松原は差し出す。だが五郎は受け取ったなり読みもやらず、燃やしてしまうのである。「どうして？」松原の疑問に、「読みたくないんだ。姐さんがどんな気持ちで何を書き残したか、読まなくてもわかっている。今の俺はこいつを読むと堪らないんだ」おそらく世話になった礼と、死ぬ間際に松原に告げたことが書かれていたのだろう。

やくざの行く末がどんなものか、どうか五郎に惚れ抜いている松原と堅気の生活を送って欲しい、それが最善の道なのだと。

二谷英明は、組長の山内明に呼ばれ、木内組をぶっ潰すよう命じられる。今夜殴り込みをかけろというのである。二谷は命懸けで実行するが、成功した暁にはと、交換条件を持ち出す。足を洗わせてくれと、願い出たのである。「里心がついたやくざはお終いだ」彼には幼稚園に通う、可愛い盛りの男の子があった。これ以上、女房子供に心配を掛けたくない。「考えとく。今夜とにかく片を付けてからだ」辛気臭そうに追い払う山内。

太田雅子の呼び出しで、組事務所を出て行く岡崎二朗。その様子を見て、代貸の深江章喜は、今夜殴り込みがあると組長の内田に告げる。太田の兄は二谷である。その彼女が岡崎を呼び出すのは、彼を修羅の争いに巻き込まないためだ、深江はそう判断したのである。その話を五郎は部屋の隅で聞いていた。万全の支度で、待ち構える木内組。飛んで火に入る夏の虫。案の定、和泉組は押し入ってきた。入り乱れての乱戦である。五郎は動かない。何度も電報を握り潰された恨みもあったろう。声を掛けても動こうとしない五郎。内田の背後に和泉組の手下が迫る。気付いた五郎は立ち上がり、長匕首を引き寄せる。その様子に、裏切られたと思った内田は、銃を向ける。「五郎、てめえ！」和泉組の手下が内田に突きかかるのと、銃の発射が同時であった。長匕首の鞘で内田を押しやって刺突から護るのと、銃弾が五郎の頬を掠めるのが同じ一瞬。空を泳いだ手下を、叩き伏せる五郎。五郎は内田の命を救ったのである。そうとも知らず、五郎を撃った内田。やっと状況を理解した彼は、叩き伏せられた手下に弾丸を撃ち込み、五郎を振り返る。

その内田と、「これで義理は返したぜ。縁を切っても文句はないだろうな」あらかた片が付いて傍へ来た深江を睨み付けながら、吐き捨てるように云うと、五郎は出て行く。威圧されながらも、虚勢を張るように深江が、「殺（ばら）しますか？」と尋ねると、「まあ待て、和泉の始末の方が先だ」

和泉組の組長山内明は、木内組の構成員数人に寝込みを襲われ、滅多刺しに殺害される。

フラメンコ・パブの楽屋。事情を知らない岡崎は、落ち着きのない太田を訝しむ。一旦組へ帰ると云い出した岡崎を、太田は懸命に止める。「組へ帰ったら殺される」「どういう事だ？」岡崎には意味が解らない。そこへ傷付いた二谷が現われ、怒りも顕に岡崎に向かい合う。「てめえ助けられたのをいいことに、俺たちの殴り込みを木内に知らせやがったな」「？」憤怒に身を焼く二谷と、訳は判らぬまでも険悪な雰囲気を感じ取った岡崎が、匕首（ドス）を抜き合う。そこへこうなることを予測していた五郎が、入ってきて二谷に事情を説明する。「二人が出てくるところを見られたので、悟られたのだ」

ようやく事情が呑み込めた岡崎は、釈明するため組へ帰ると云い出す。「バカ野郎、組へなんぞ帰ったら先輩と口裏を合わせたと、殺（バラ）されてしまうぞ」太田を見て「本当にその娘さんが好きだったら、二人して他の土地へ逃げるんだ」そして二谷を振り返ると「奴ら先輩が生きていると知ったら血眼だ。ほとぼりが冷めるまで、可哀相だが女房子供は放って置くことだ。電話も掛けちゃいけねえ」状況が状況である。みんな五郎の云うことに、従う他はなかった。

翌早朝の横浜駅、名古屋行きの一番の列車に乗るべく、切符を買う太田雅子の姿があった。少し離れた柱の陰で、岡崎は様子を見守っている。その腹に匕首(ドス)が突きつけられる。かつては仲間だった木内組の者たちが、彼を捕えて組長の元へ連れて行くべく、駅を見張っていたのである。連行される岡崎に気付いた太田が駆け寄ろうとするも、岡崎が首を横に振ってそれを止める。立ち尽くす太田。

五郎と松原は引っ越しの支度をしていた。今のアパートは木内組に知られている。危険である。引っ越し先は、紅葉坂の雀荘の二階。荷物と呼べる程のものはない。ドアが開き、太田が立っていた。五郎の顔を見た瞬間、彼女は泣き崩れる。それですべてを悟った五郎は、松原に先に紅葉坂へ行くよう命じ、木内組の事務所へ向かう。

岡崎は、内田良平に凄惨なリンチを受けていた。中へ踏み込んだ五郎は、満身創痍で転がっている岡崎を抱え起こすと、彼と仲の良かった組員に介添えさせ、

「これだけやりゃ充分だろう。貰って行くぞ」内田を睨み付ける。だが黙って見送る筈もなかった。内田は手下をけしかけ、五郎を殺そうとする。「危ない、兄貴！」朋輩の肩に縋っていた岡崎が、身をよじって庇う。刺された。「俺は組を裏切っちゃいない」それだけ云うと、五郎の腕の中

で事切れる。怒りに五郎の全身が膨れ上がった。匕首（ドス）を抜くと、「野郎、命は貰った！」内田に突きかかる。逃げる内田、執拗に追う五郎。だが手下を楯に逃げまくる内田を、もう一歩追い切れない。自らも数か所に手傷を負っている。これ以上は無理だ。深追いを諦め、五郎は逃げ出す。尚追いかけてくる手下どもを、威嚇で追い散らすと、よろめきつつ歩き出す。――〈無頼〉シリーズでは、基本的にラストシーンにおいて傷付いた身体でよろめき去るのが通例だが、今作ではここで用いられている。理由は後述するが、シリーズの特徴であるこのシーンは使いたい、だが……どうも小澤監督の計算が働いているようである。

郵便局で用を足した帰り道の芦川いづみが、路地の奥で今にも倒れ込みそうな五郎に気付き、抱えるように自分の部屋へ連れ帰る。傷を癒しながら流連（いつづけ）でもしていたものか、反射的に足を引き摺るように立ち上がった田中邦衛が匕首を抜く。五郎も抜きかけるが、相手が田中だと知ると諦めたように、「おめえか……殺（や）れよ」殺されても仕方がないといった、表情を見せるのである。匕首を握りしめ隙を窺うような素振りの田中。「どうした？　なぜ殺らないんだ。殺るなら今だぜ」

「俺にはもう殺れそうもねえ」そう云うと、倒れ込みそうな五郎を芦川と共に抱きかかえ、ベッドへ寝かす。医者を呼んでくるという芦川の手を取って止めた五郎は、医者はいい紅葉坂の松原を呼んできてくれと、頼む。躊躇する芦川。傷の手当てのための支度に部屋を出る田中。後を追うように出て来た芦川に、「知らせてやらなくていいのか？」思い詰めたような表情で黙り込む芦川。

田中は独りごちるように、「おめえ五郎に惚れてんだろ。知らせる女が五郎の女房じゃないかと怖いんだろ。けどな世の中にはどうしようもない事もある。俺たち傷だらけの人間にゃ、人並みの幸せなんて望みようもない。せめて相手の幸せの邪魔をしない。それだけしかねえんだ」聞いた芦川は、思い直したように店を出る。

――歩けるまでに回復した五郎は、松原と共に芦川の許を去る。哀しげな眼差しで見送った芦川は、ベッドに腰掛けた田中を振り返って、「あんた、これからどうするの？」

田中は憮然とした顔で、「当てはないが、北海道にでも行ってみようかと思っている。……金さえありゃお前の見受けも出来るんだが」お互い無理なことだと充分過ぎるほど判っている。芦川は窓の外に眼を遣る。田中は黙って部屋を出るが、出る前に袂から取り出した木彫りの人形を、棚の上に置く。ドアの閉まる音で振り返った芦川は、人形を観て愕然となる。田中が折に触れ彫っていたのは仏像かと思われたのだが、愛する女の姿を模したものだったのである。

紅葉坂の部屋へ戻る途中、女子高のバレーボール・コートの傍を通りかかる。練習に興じる健康そうな女生徒たち。若さに充ち溢れている。よく見かける日常の一齣である。松原の足元にボールが転がってくる。拾い、サーブで撃ち返す松原。「上手いじゃないか」と五郎。「やったことがあるんです」――エンディングの伏線である。

二谷英明が突然尋ねて来た。驚く五郎。「俺より危い身体なんだ。度胸が良すぎるよ」そうは思ったんだが女房子供が気になってな、という二谷に、「その未練が命取りなんだ」叱責する五郎。ふと思い出したように松原に合図し、出された財布をそのまま二谷に差し出す。金の無心に来たと思われた。二谷は気色ばむ。「つまんねえ義理とか何とか、いらない身になれねえか。それとも他の縄張(シマ)の奴に、義理借りようってか？」本編の最初で、五郎は内田に義理を借りる。やくざの足を洗おうとする人間にとって、一番厄介なのがこの〈義理〉である。雁字搦めに身体を縛り付ける〈義理〉という枷(かせ)。そのため事態はとんでもない方に動きだし、結果岡崎二朗を死なせてしまった。身を揉む後悔。女房も子供もあり、しかも先輩である二谷にこれ以上同じ思いを味あわせたくない。すんなりと足を洗って貰いたい。五郎がそう願ったのも無理からぬことだったろう。「すまない五郎」二谷は金を受け取って去った。これで安心だ。

だが……駅へ向かう筈の二谷は、心変わりした。子供の誕生日でもあったのか、伊勢佐木町でケーキを買い、ひと目だけでも女房子供に会って別れを告げたいと、願ったのである。買い物の現場を、木内組の組員に目撃される。タクシーを降り、公園の横を通りかかる。アパートは眼の前である。部屋の灯りがともっている。妻の真屋順子が内職に精を出しているのだろう。しかし五郎の言葉通り、未練が命取りとなってしまった。待ち構えていた連中に、必死の抵抗も空しく惨殺されてしまうのである。死の寸前、見上げた部屋の中で、虫の知らせか真屋がミシンで指を傷付ける。事切れた二谷の横には、格闘の際、踏み潰されてぐちゃぐちゃになったケーキが、転がっていた。

翌朝、新聞で二谷の死を知った五郎は、その新聞を松原の眼に触れぬよう隠し、朝食の支度をする彼女に背を向け、ベランダでひっそりと涙を流す。

朝食が出来たという松原に、散歩に出てくると云い、怪訝な表情を泛べる彼女に、帰ってきたらあったかい味噌汁を頼むと頬笑んで、五郎は出かける。途中彼女の実家に電報を打つ。「早く帰りたい、迎えに来てください」局員が文面を読み上げた時にはすでに五郎の姿はなく、入口のスイング・ドアだけが揺れていた。

誰の葬式だったのか、内田良平は深江章喜ほか三名ほどの幹部と、車で葬儀場をあとにする。下り坂でパンク。車の外へ出てみると、太い釘の先端が突き出た板切れが、いくつもばら撒かれている。「いったい誰が？」道路の端に五郎が立っていた。

匕首（ドス）を抜き近づいてくる五郎。戦端が開かれたのである。逃げる内田たち。追いつ追われつの、殺陣である。電車の引き込み線での揉み合いをお得意のロングで映し、次いで使われなくなった電車内での争闘。手下たちを楯に逃げに逃げる内田、追う五郎は夜叉の形相である。舞台は、渡哲也が語る「汚いドブ川で、消毒液を大量に撒きまして……」へと移行。そのドブ川の中へ、刺された深江は倒れ込む。残るは内田ひとり。五郎は迫る。その時カメラは左上方へパンする。バレーボール・コートである。黄色い声をあげて、女子高生が練習にいそしんでいる。サーブにトスにスパイク。川の底では五郎と内田が揉み合っている。殺し合っている。女子高生の躍動する健康的な肢体が、スローモーションで映し出される。壁に取り付けられた鉄梯子を、昇ろうとする内田。その背中に五郎は匕首(ドス)を突き立てる。

笑みを泛べ練習していた女子高生の顔が、振り向いた途端曇った。金網の扉を縋るようにして開けた男が、よろめくように闖入してくる。傷だらけ血塗れの、異様な雰囲気である。他の女生徒たちも気が付き、全員後ずさりする。男は這(ほ)う這うの体で、ネットにしがみ付くも、身体を支えきれる訳もなく、転がってしまう。声も立て得ずコートの端でひとかたまりに見守る女生徒たち。コートの真ん中で仰向けに倒れている五郎。カメラはその状景をロングで捉え、エンドマーク。……この健全な日常に生きる人たちと、殺伐極まりない非日常でもがく男の、鮮やかな違いを表したエンディングで締め括りたいが故、シリーズ通常の傷付きよろめき去るエンディングは、先に披露されたのである。

――この『大幹部　無頼』では、述べてきた梗概でもお判りいただけようかと思うが、感傷的なシーンやショットが頗る多い。小澤監督の特徴でもある。〈感傷〉は、松尾嘉代や二谷英明、芦川いづみに田中邦衛、岡崎二朗に太田雅子そして松原智恵子ら、それぞれの愛する人・思いを寄せる人への、気持の表現である。だがその殆どが悲劇的な結末を迎えるため、〈感傷〉は悲哀以上の〈やりきれない〉思いとなって、先鋭化する。五郎は記したすべての人に係わっている。故にその人たちの先鋭化した〈やりきれなさ〉は五郎に収斂(しゅうれん)し、彼が抱えている根源的な〈やりきれなさ〉を増幅させるのである。

心を許した仲間が、気心の知れた友が、むごたらしい殺されようをされたため、五郎は涙を流し、愛する女と別れ、阿修羅となって匕首（ドス）を抜く。一見これは係わった人たちの〈やりきれなさ〉を浄化するための、代償行為にも思える。しかしながら五郎は、常に堅気になることを、願っている。匕首（ドス）で恨みや無念を晴らす阿修羅道から、抜け出そうと足掻いているのである。憎む相手を殺しても、〈やりきれない〉思いは決して消えることはないのだと、知っているのである。

殺し合わなくとも、問題が解決できる世界。まっとうに働いて生きていける社会。堅気であることと。だが五郎が希う（こいねが）健全で明朗な市民社会は、堅気の人たちは恐怖かつ忌むべきやくざ社会からの移民を、頑なに拒み続けている。それこそが〈やりきれなさ〉の根源であり、五郎を修羅の地獄に何度も引きずり込む、ジレンマの本質であった。

バレーボールのコートという異質な空間に五郎が迷い込むラストは、片や健康な肉体が爽やかな汗を流す女子高生の世界、片や汚いドブ川で血を流しながら殺し合うやくざ社会の住人たち、その対比が鮮やかに描かれていたばかりではなく、さ迷い込んできた者を見る健常世界の住人には、恐怖しかないという現実が見事に示されていたのである。完成度が高いと書いた所以である。

第六章『無頼　人斬り五郎』

『無頼　人斬り五郎』。この映画で私が個人的に特筆したいのは、前二作で流れた伊部晴美の哀調のある主題曲に、詞が付けられ主題歌となったということである。作詞は滝田順、歌っているのは、無論渡哲也である。

　やくざの胸は　なぜに淋しい
流浪の果ての　虫ケラに
心をゆるす　仲間（ダチ）もなく
黒匕首（ドス）ひとつ　にぎりしめ
男が咲かす　死に花は
花なら赤い
彼岸花

俺しか知らぬ　無頼の心
匕首（ドス）できざんだ　お前の名
うつろな胸の　片すみに
想いを今も　抱きながら
夕陽の果てに　燃えあがる
明日と呼べる日が
　いつか来る

一番はタイトル・クレジットで、二番はラストシーンで流れる。『無頼　黒匕首（ドス）』『無頼　殺（バラ）せ』でも流れるが、二番が聴けるのはこの作品だけである。この歌が好きな人は意外と多いようである。名前は失念したが、映画評論家の誰だかも、酔うと必ず歌うという話を聞いた覚えがある。私も渡の歌曲の中では、大ヒットした『くちなしの花』も好きだが、この歌が一番好きである。一人で車を運転している時など、偶に口ずさんでいることに気付いたりする。若い頃、一度だけ職場の仲間の前でアカペラで歌ったことがある。歌が下手糞な所為もあるのだが、歌い終わった後、御詠歌のようだと云われた。随分古臭い言葉を知っているなとその時は思ったのだが、考えてみるとその通りなのかもしれない。御詠歌とは巡礼歌のことである。お遍路さんが、巡礼しながら謡う歌だ。無惨な殺されようをした仲間や先輩のためとはいえ、数多の人を傷付け、殺してきた五郎である。その手は血塗られ、心は悲哀と悔恨でズタズタに切り裂かれている。死んでいった人たちの菩提を弔うため、自らの罪の懺悔のため、五郎は先の見えない荒野を遍路し続けているに違いないのである。だからこそ、この歌は心に沁み込んでくる。

但しである。本編のタイトルと同じ題名のこの歌は、歌詞をご覧いただいてお判りのように、おそらくやくざ讃歌、やくざを美化しすぎていると見做されたのだろう、レコード（ＣＤ）は発売禁止となっている。この歌が聴けるのは映画の中だけなのである。

冒頭、名振会の会長が五郎に刺されるシーンで、本編は幕を開ける。その会長役が、何と大滝秀治なのだ。台詞は無し。ただ刺された時の呻き声だけである。（余談で恐縮だが、私が大滝を知ったというか認識したのは、七年後の昭和五十年、倉本聰脚本によるＴＶドラマ『うちのホンカン』によってである。北海道の海辺にある砂原町の駐在さん河西公吉役。オーバーな演技に思えたが、とても面白かった。その所為かシリーズ化され、全六作が制作されている。倉本が大滝からの手紙の返信に、面白いことを書いている。

「とにかく貴兄の演技たるもの、我々の想像の枠を超えすぎていて、とても咄嗟には善悪の判断がつきかねるといった安配なのです。しかしながら、それがつながってみて一つの流れになった時、そこには正しく、台本の役をはるかに超えたホンカン河西公吉氏が、スットンキョウに息づいており、我々一同只呆然。

ほとほと貴兄は怪優であります。」亡くなった現在、名優という評価が定着しているが、この当時は殆ど無名に近かったのだろう。主役を演じたこと自体『うちのホンカン』が最初だったという。――従って、私も『無頼　人斬り五郎』を二度目か三度目に観直した際、漸く気が付いた次第である。余談序でに、倉本聰は渡哲也にも脚本を書いている。『大都会』とジョージ秋山のコミックを原作とした『浮浪雲（はぐれぐも）』である。この浮浪雲の役は渡の陽気な面を引き出していて、私は毎週欠かさず観ていた。楽しかった）

大滝を刺した五郎に、名振会のチンピラが背後から忍び寄る。遅れて駆け付けた五郎の舎弟分である藤竜也が気付き、「危ない！」チンピラと刺し違える。男は死んだが、藤も深手を負う。

昭和三十二年頃、というテロップが出る。

五郎は仮出所できることになった。この時、「仮出獄許可決定書」なるものが映し出されるのだが、その本籍欄に東京都深川区富川町以下不詳とあった。戦後十二年の当時、五郎も戦災孤児に等しい境遇である。生まれた場所どころか、育ったところも判らない、その頃はそういう人たちが沢山いたんだろうなという、感慨が湧く。出所前に五郎は藤を見舞う。藤は刺された傷が快癒どころか、悪化していたのである。現在では警察病院という設備の整った囚人用の医療機関もあるが、その頃は刑務所内で獄医の治療を受けるしかなかったものと思われる。五郎は立ち会った医者の顔を見るが、彼は黙って首を横に振った。藤は懐から取り出した、看守の目を盗み、痛む傷をこらえながら作ったのであろう押し花を、たった一人しかいない肉親である姉に届けてくれと頼む。数日後、裏門から荼毘（だび）に付されるため運び出される藤を、見送る五郎。刑務所で引き取り手のない者の遺骨は、囚人墓地に埋められる。これを囚人たちは「裏門仮釈放」と呼んだ。誰だって刑務所でなど死にたくはない。それだけは御免だと、願ったのである。……二つの仮釈放が、対比も鮮やかに描かれる。脚本は池上金男に、監督でもある小澤啓一が参加。

五郎は、藤の死に際の願いを果たすため、大滝を殺した街へ舞い戻った。姉を捜し始める。三年前の事件当時勤めていたという映画館へ出向くが、そこは代替わりしてストリップ劇場になっていた。支配人に消息を尋ねるべく事務所へ行くと、踊り子に無理矢理金を貸し、その取立てに来ていた名振会のチンピラ岡崎二朗と、小屋主の小池朝雄（芝居巧者である彼は、ご存知『刑事コロンボ』のコロンボ刑事役ピーター・フォークの吹き替えをやった人でもあります）が口論している最中であった。名振会の現会長である南原宏治がその座を手に入れ勢力を伸ばしてきた背景には、前会長大滝を亡き者にした五郎の力が、大きく与っている。いわば貸しがある訳である。俺の名を出せばお前の顔が立つと岡崎を追い帰し、小池に藤の姉のことを聞こうとするが、これ以上関わり合いになるのは真っ平だとやめてしまう。

三州屋ホテルのボイラーマンの仕事を見つけた五郎は、面接に向かう途中ホテルの受付をしている松原智恵子と知り合う。職が決まった五郎は懸命に働き、休日は街へ出て人探しである。そんな或る日、名振会の幹部連中が松原の許を訪れる。最高顧問である佐藤慶が月々松原に送金しており、顧問にそんなことをさせちゃ部下である我々の沽券に係わると、難癖を付けに来たのである。実は八年前名振会が土木事業に手を出し、入札のため多額の贈賄があった。そのことを知った当時県の土木課に勤務していた松原の父を、名振会の始末屋であった佐藤が、事故に見せかけ殺していたのである。数年を経て佐藤に仏心が湧いたのか詫びのつもりか、借りた金の返済だと松原に送金を始めた。佐藤は会には内緒にしていたが、南原会長はそれを嗅ぎ付け、些細な切っ掛けが元で〈事故〉が発覚してはすべて水の泡になると危惧し、松原をホテルから追い出し、佐藤にその行方を知らさないよう画策しようとしたのである。彼女は母の葬儀で金がかかり、すぐの返済は無理だから暫く待って欲しいと頼む。すると幹部連中は、返し終わるまでホテルに逗留するという。そこへ五郎が帰ってくる。——五郎の名振会への貸し。詳述はされないが、五郎が大滝前会長を刺した背景には、南原の陰謀があったと思われる。大滝の殺害を車の陰から見ていた南原の様子で、それは窺い知れる。その為に五郎を〈義理〉で縛り付け、その任に当たらせたのだろう。従ってその五郎に縄張内（シマ）でうろうろされて真実を知られては困るし、こちらも追い出したかったのである。松原と違い五郎の場合は偶々だったが、名振会にしてみれば、一石二鳥であった。

　五郎は刑務所帰りの経歴を暴露されて馘首（くび）。松原は勤務先に迷惑が掛かることをおそれ自主退職。

共に無職となった二人は、ホテルを後にする。一旦は袂を分かったものの、藤の遺言を果たせていない五郎は街を離れる訳にもいかず、そんな時出会った岡崎に名振会の新しい支部だと紹介されたその場所に、求人広告を見て入っていく松原の姿を眼にするのである。「借りるぞ」岡崎の懐から匕首を抜き取ると、五郎は支部へと向かう。松原は一見ビリヤード店としか思えない支部の内情が、借金を片に売春を強要させる事だと気付きすぐ辞そうとするが、岡崎の兄貴分にあたる深江章喜が「冷やかしは許さねえ」とばかり、彼女を帰らせまいとする。そこへ五郎が、俺の女だとばかり乗り込むのである。裏庭に連れ出される二人。五郎を袋叩きにして、松原を手に入れる。その目論見は簡単に外れた。襲いかかった三人がアッという間に転がったのである。三人を戦闘不能にする傷を負わせた匕首を、深江の咽喉元に擬した時、「相変わらずいい腕だな」声が掛かった。佐藤慶である。五郎とは顔馴染みであった。「やめておけ。お前たちが束になっても、敵う相手じゃない」その場を佐藤が収めた形となった。その彼から、五郎は藤の姉の消息を聞く。赤線にいるという。立ち去ろうとする二人。「いいんですか？　〇〇さん」深江が、佐藤の役名を呼ぶ。その名で松原が立ち止まる。彼女に送金してくれていた人物と、同じ名だったからである。振り返った彼女に五郎が、「どうした？　こんな処にぐずぐずしていると、また狂犬どもに咬みつかれるぞ」と急かす。それを聞いた佐藤は少し顔を上げ「狂犬か」独りごちる。――このシーン辺りから、佐藤はもしかしたら死に場所を捜しているのではないか、という印象を受ける。漂わす雰囲気がそうなのである。

大滝秀治にしろ、小池朝雄にしろ、この佐藤慶にしてからが日活専属の俳優ではない。こういった役者の起用は、個性と内面を表現できる確かな演技力の持ち主、それが大前提となるのだと思う。それがあってこそ映画は、観る人の琴線に触れることが出来るのだろう。

赤線で目指す藤の姉のいる店を見つけた五郎は、今日は休みを取らせて貰っているという小林千登勢の言葉を聞き流して、部屋に上がり込む。藤の姉に間違いないか確認した後、弟からの預かり物だといって、「お前さんに元気で務めていると伝えてくれと……死ぬ三日前だった」伝言と共に、押し花を差し出す。用はそれだけだ、と立ち上がろうとする五郎に、「あんた誰？」

「娑婆で奴と兄弟分だった。一緒に刑務所(ムショ)に入って、仮釈放の時最後に会った。奴も早く出たいって……刑務所だって死に際には身内に会わせもするし、引き取らせもするだろう。お前さん来なかった。奴は今あんなに出たがっていた娑婆にとうとう出られず、囚人墓地にぶち込まれっぱなしだ。引き取れるもんなら引き取ってやりたかった。それをお前さん、囚人の弟などどうなってもいいってのか。……死ぬまで可哀相な奴だった」放心したような表情で五郎の云うことを聞いていた小林が、ぽつぽつと話し始める。

「危篤の時の通知も、死んだ時の通知も、十日も経って一緒に来たわ。住所が変わったのを届けなかったから……届けようがないわね。弟もこの街の生まれ。ここの住所でいっぺんに判っちまう」そこから思いの丈(たけ)をぶち撒けるような口調に変わる。少し長いのだが、この映画のというより〈無頼》シリーズの主旨が要約されていると思うし、主題歌の歌詞も決してやくざ讃歌ではないことが判っていただけると思うので、書いておきたい。「未決の差し入れから、裁判の弁護費用、お金で済むことならってこんな処へ来たのよ。つらかった。ここへ来るまで私まだきれいな身体だったのよ。でもみんな無駄。あの子が死んじまったら、何にもなんない。それじゃ私はどうすりゃいいのよ。お骨引き取ってどこ置きゃいいのよ。この部屋に置いて、毎日毎晩入れ代わり立ち代わりいろんな男に玩具（おもちゃ）にされるのを、見せろっていうの？」返す言葉もなく、五郎は俯いて聞いている。

「あんたの云うことも本当よ。おこられて嬉しかった。あんなやくざな子でも、親身になってくれる人がいる。だから黙っておこられていたかった。でも駄目、私も云いたいこと云っちまった。あんたがやくざだから。

やくざって何？　仁義だの義理人情だのって、やくざだったばっかりに弟も私もこんなことになっちまったのよ。死んだって死にきれない。みんなやくざの所為よ。やくざって酷い。人間じゃない。みんな死んじまえばいい！」最後の絶叫は、『「無頼」より　大幹部』における北林早苗の呪詛と、まったく同じである。

そこへ小池朝雄が、「弟の四十九日で今日一日客は取りたくないって云うから、こっちも無理してるんだぞ。それを馴染みの客だと……」遣り手婆に文句を垂れながら現れる。五郎を見て驚く。五郎なら仕方ないと譲ろうとするのを制し、「銭は払ったが客じゃないんだ。用があって来ただけだ」と云い、小林に向き合って正座すると手を突いて頭を下げ、「約束できる身体じゃないのが辛いんですが……」死んだ藤竜也の代わりに役に立ちたい、そう思ってますと席を立つ。五郎に返せる言葉は、これが精一杯だったのだろう。

店を出た五郎を、小池は連れ戻してくるからと小林に言い残し、追いかける。

赤線の入り口で、別れた筈の松原智恵子が、労務者たちに絡まれているのを見掛けた五郎は、「お前こんな処で何してる」と近寄る。小池が労務者を追い払う。二人の会話から事情を察した小池は、自分が寝泊まりしているストリップ小屋を提供し、案内する。

小林千登勢の部屋へ戻ってきた小池。棚に置いた藤の遺影を見つめている彼女。小池は吸いつけた煙草を茶托に乗せ、黙って遺影の前に置く。立ち昇る紫煙。線香の代わりである。多分に感傷的ではあるのだが、この映画で私が一番好きなシーンである。

岡崎二朗には、家が隣同士だった幼馴染の彼女（たぶん秋とも子だと思う。というのはこの人「日本映画女優一覧」に記載がなく、そういえば『縄張(シマ)はもらった』にも出てたなと思いだし、科白があるのだからクレジットされてるだろうと、双方のビリングを較べて導き出した答えだからである）がいた。兄貴分の深江は、支部を出したばかりで何かと金が掛かるから、彼女に客を取らせろと云うが、岡崎は必死に断る。

名振会の会長南原にとって、いつまでも街を出ない五郎の存在は、いよいよ眼の上のたん瘤になりつつあった。口を塞ぐためにも、殺してしまうべき存在になったのである。まず五郎と親しい岡崎に、松原を連れてくるよう命じる。彼女を囮に五郎をおびき寄せ、始末しようと計画したのである。だが松原を五郎が怪我をしたという理由で連れ出そうとした時、当の本人が帰宅する。訳を云って平謝りに謝る岡崎。五郎は怒りもさりながら、岡崎の身を案じた。このまま組へ帰せばどんな仕打ちが待っているか。「この際、足を洗うんだ。……暗くなったら彼女を連れて此処へ来い」五郎は佐藤慶から示唆を受けた、フェリーボートで松原と逃げる心算だった計画に、彼らを同行させることにしたのである。

　だが岡崎が秋の勤める喫茶店に行ったときには、彼女は既に名振会に連れ去られていた。のみならず待ち構えていたチンピラたちに、彼も拘束されてしまう。事務所で深江が待っていた。岡崎の裏切りを責めると、深江は手下に命じて岡崎の左手親指を、ハンマーで何度も叩き潰させるのである。あまりの激痛によろめく身体を壁に凭せ掛けた時、奥の部屋で悲鳴が聞こえた。聞き覚えのある声である。仕切りのカーテンを開けると、秋が凌辱されその姿を写真に撮られていた。眼の前が真っ暗になった。「おめえが組の言い付けを守らないからだ。五郎の女（スケ）の代わりを勤めてもらうぜ」嘯（うそぶ）く深江の腹巻から、匕首（ドス）が覗いている。岡崎は瞬間的にその匕首を奪い、深江を刺す。無我夢中であった。群がり寄る手下どもを匕首を振り回して遠ざけ、殆ど裸同然の秋に、壁に掛けてあったコートを着せ掛けると逃走をはかる。逃げに逃げ、貨物列車の引き込み線まで辿り着いた二人は、幸いにも扉があいていた貨車に潜り込む。近くで手下どもの呼び交わす声が聞こえていたが、次第に遠のいた。「明日の朝には、知らない土地だ。二人で仕事を見つけて働き、早くおばあちゃんを呼んでやろうな」心も身体もズタズタにされた秋への、おばあちゃん子である彼女への、精一杯の労りであった。汽笛を鳴らし、車体から夜目にも白い蒸気を吐き出しながら、貨物列車が動き出した。――しかし、岡崎と秋が乗り込んだ貨車は、動かなかったのである。

その一方で、南原宏治は小池朝雄の眼の前に札束を積み、「その金で惚れた女を見受けしてやれ」「条件は何だ?」「いくら五郎でも、知り合いの前では油断するさ」こちらはこちらで、五郎の殺害を依頼していたのである。

岡崎と彼女はまだ来ない。五郎は松原と共に、ジリジリしながら待っていた。そこへ小池が顔を出す。小林千登勢が、話したいことがあるから顔を出して欲しい、と云うのである。小林に藤の代わりに役に立ちたいと約束した手前もある。小池には塒(ねぐら)を提供してもらった恩義もある。行かない訳にはいかない。二人が来たら一緒に待つよう松原に云いつけると、五郎は小池と共に小屋を出た。

降り出した雨が、途中で本降りになった。二人は雨を避けるため、神社の回廊へ走り込んだ。身体の雨を払う五郎に、抜き払った匕首で小池が突きかかる。辛うじて躱す五郎。「何しやがる!」「勘弁しろい」降りしきる雨の中、飛沫を上げて揉み合い転がり合う。小池の匕首を奪い取った五郎は、返す刃で彼の太腿を刺す。急所は外してある。何か事情があると、悟ったからである。「殺してくれ」「バカ野郎、殺（バラ）して済むぐらいなら、こんな骨折りゃしねえ」抱き起そうとした小池の内ポケットに、札束が見えた。「おめえ、この金……」「頼む。俺はどうなったっていい、その金だけはあいつに……」これで事情は判った。

小林の部屋で医者の手当てを受け終えた小池が、問わず語りに話し始める。「初めはバカみたいに見えてたんだよ、その金が。だけどこいつでお前を此処から出せる。辛い勤めをさせないで済む。そう思った途端、大きく膨れ上がって見えてきやがった」こらえ切れないように小林が、「あんたバカよ、どうしようもないバカ。死んじまえばよかったのよ」

二人の遣り取りを聞いていた五郎は、「やくざってのは、どうしてこうなんだろうな」やりきれなさそうな表情で、沁々（しみじみ）と呟くのである。

小池を休ませるべく、店横の路地で小林の身の上話を五郎が聞いていた時、店に飛び込んでいく名振会の連中の姿が見えた。小池に知らせるんだと、小林を裏口から中へ押しやると、五郎は匕首を抜いて後続の連中を牽制する。小林が階段を上りきろうとした時、先に飛び込んでいた一人に、背中を斬りつけられる。「あんた、逃げて」息も絶え絶えに部屋の中へ転がり込む。抱き起した小池の手には、血がべっとり。連中が踏み込む。必死の抵抗も空しく、小池は惨（むご）たらしく殺されてしまう。階下で闘っていた五郎に、階段上から声が降ってきた。小池を殺したという。「女も殺（や）ったぞ」その声が谺（こだま）となって、五郎の脳裡に響き渡る。万事休す。声に押されたように、五郎は逃走をはかる。

引き込み線の傍を通りかかった時、駅員たちの群がり騒ぐ声が聞こえた。「心中だ！」嫌な予感がした五郎は、貨車に近付き駅員たちの後ろから、覗き見る。男と女が、岡崎と秋が、手をしっかり繋ぎ合って、胸から血を流して死んでいた。動き出さなかった貨車。このままではやがて見つけ出され、凄惨なリンチが待ち受けている。二人は云い様のない絶望に襲われたものと、思われる。だから自ら死を選んだ。五郎は岡崎と秋の亡骸を、食い入るように見詰めた。

ストリップ小屋へ戻った五郎は、客席にぽつんと座る松原智恵子の姿を、眼にする。何かを祈ってでもいるかのようだ。五郎に気が付くと、その胸に飛び込んできた。そこへ佐藤慶が現われるのである。彼は拳銃を取り出すと、五郎に向けて構えた。

「とどのつまりはおめえさんか。よし判った、容赦はしないぜ」五郎は黒匕首（ドス）を抜く。小池と小林が殺され、岡崎とその彼女も、殺されたも同然の死に方をした。五郎は正常な判断力を、失っていたようである。「やくざはみんな死んだ方がいいんだ」佐藤の言葉が合図のように、五郎は突進する。「やめて！」松原の悲鳴と、五郎が佐藤を刺すのと、拳銃がカチッと乾いた音を立てるのが、同時だった。刺すときに切り裂いたコートのポケットから、拳銃の弾がバラバラと零れる。装填されていなかったのである。そのことに気付いた五郎は愕然とする。奴は最初から死ぬ気だった。なぜ見抜けなかった。

佐藤は苦しい息の下から、「これでいいんだ。外の奴らは俺が引き受ける。お前たちは裏口から逃げろ」立ち去り難く見守る五郎に、「俺の命を無駄にするな」と急かす。「すまねえ」五郎は頭を下げ、松原の手を引いて出て行く。

五郎の周りで、彼に関わった人たちが死んでいく。五郎は涙を流し、彼らの気持に殉じるべく、黒匕首を抜く。今作は、シリーズの中でもその構図が一番際立ったものではないだろうか。その為だと思うが、この『無頼　人斬り五郎』のファンが多いと聞く。

フェリーに乗り込むことが出来た二人。これで一安心である。松原の身の安全は、確保できた。だが五郎には、このままでは済まされない、やらなきゃならない事が、残されていた。「煙草買ってくる」階下へ降りる五郎。エンジンが掛かる。出航である。五郎は戻らない。不安に駆られた松原は、階下へ駆け降りる。五郎は船尾の向こう、波止場にいた。松原を見詰めている。昇降口の鉄板が徐々に上がっていく。五郎の姿が次第に隠れていく。船が岸壁を離れた。松原は急いでデッキに駆け上がる。手摺りから身を乗り出し、大声で叫ぶ。「五郎さぁん！」

縄張(シマ)の視察に来ていた南原一行を、待ち構えていた五郎。広々とした塩田である。愚かしくも哀しい、且つ凄惨な殺し合いが始まる。小澤監督は、塩田での斬り合いを例のロング・ショットで捉え、その虚無感を強調する。追い詰められた南原、最後の一人である。彼はかけていたサングラスを投げ捨て、乾坤一擲の勝負に出る。だが勢いは虚しく空を斬り、五郎の黒匕首に深々と腹部を刺し貫かれる。南原の死を見届けた五郎は、あちこちに受けた傷と疲労困憊のため、倒れ込んでしまう。投げられた際に外れ落ちたものか、片方だけとなったサングラスのレンズに、遠く人影が映る。ここから主題歌の二番が被さってくるのである。気が付き、よろめきつつ立ち上がる五郎。視線の先には、松原智恵子の姿があった。

第七章『無頼非情』

『無頼非情』は〈無頼〉シリーズの一編ではあるが、厳密には〈無頼〉シリーズではない、と私は思っている。師匠舛田利雄の衣鉢を継いで、監督に昇進した小澤啓一が主としてメガホンを執っているのがこのシリーズであるが、今作に限り江崎実生が監督しているのである。脚本も同様で、池上金男がメインでその作品を担当した監督なり、助っ人ライターの手を借りてというのが通常なのだが、今作は山崎巌に江崎が参加。江崎と山崎のコンビは、翌昭和四十四年に制作された『やくざ渡り鳥・悪党稼業』のように、コミカルな要素を含む活劇では、本領を発揮してなかなか面白いものを観せてくれるのだが（因みに香港ジョーという渡哲也の役は突っ張ったチンピラ風で、小林旭との絡みなどすごく笑えた）、〈無頼〉のようにやくざの業を描こうとするような暗い作品は、どうも得手ではないようである。それどころか陰鬱な部分には踏み込みたくない、といった印象さえ受けてしまうのだ。だからこのコンビでこういった映画を撮ると、『「無頼」より　大幹部』のすぐ後に、やはり渡主演で撮られた『男の掟』のように、背広を着た任侠映画然とした、男気を前面に押し出した義理人情めいたものに、変貌してしまう。

　しかしこの監督とライターの変更は、無理からぬことではあったろう。〈無頼〉第一作目の封切りが昭和四十三年の一月、六作目の『無頼　殺（バラ）せ』が翌年の三月、何と一年ちょっとの間に六本が制作されているのである。単純計算しても、二ヶ月に一本の割合である。同じ監督同じライターでは、準備だって大変なものだったろう。まず不可能だったのではなかろうか。

　因みついでの余談です。渡哲也の映画は主演助演あわせて十一本が、この年四十三年に封切られている。その内の一本が舛田利雄監督、池上金男脚本による『わが命の唄・艶歌』である。原作は五木寛之。私は高校の頃、「これやるよ」級友に貰った随筆集『風に吹かれて』に出会って以来五木の大ファンで、当時はかなり読み漁っていた。そんな時に観た映画である。五木の醸し出す世界観を上手く纏めてあるな、そう思わせてくれる出来栄えであった。好きな一本である。死んだ女をめぐる渡哲也と佐藤慶の確執がベースだが、そこに演歌対歌謡曲の新人売出し合戦が、絡んでくる。

演歌歌手を担当するのが〈演歌の竜〉という異名を持つ、芦田伸介演じる高円寺竜三である。これは彼のハマリ役であった。ずっと後になって、TVで続編という形でドラマ化された時も、この役を演じたのは芦田である。デビューしたての水前寺清子が初々しかった。……ここにひとつの面白い偶然がある。池上金男が述べている。「昭和四十二年夏、予定していた『艶歌』の執筆が年末まで延期になって、代りにアクション物の執筆を依頼された」このアクション物が『紅の流れ星』であり、それが興行成績はともかく好評だったために、次に依頼されたのが『「無頼」より　大幹部』だったのである。やくざ映画で渡が主演したものといえば『東京流れ者』と、この『紅の流れ星』ぐらいだった。好評だったためもあるだろうが、やくざ物が連続したのは、先に少し述べたが、この頃東映においては翳りを見せ始めた任侠路線に代わり、チンピラ物、実録路線が抬頭しつつあったからだと思われる。ブームに乗り遅れまい、日活の上層部はそう考え、藤田五郎の原作を取得し製作を急がせたのではなかろうか。もしこれがなければ、〈無頼〉シリーズは作られなかったかも知れず、ニュー・アクションの開花もなかったか、或いは遅れたかもしれないのである。

本編である。雨が降っている。車の中に男が三人。運転席に郷鍈治。後部座席に五郎と名和宏。前方に黒く蟠(わだかま)っているアパートの、唯一灯りが点っている二階の部屋を見張っているのである。部屋の中では葉山良二が、妻の扇千景に支度を急がせていた。逃げ出すためである。灯りが消えた。揃って車から出ようとするのを、「俺一人でいい」皆を制し、五郎だけが出て行く。部屋のドアをノックする。葉山は妻をトイレに隠す。中へ入り込んだ五郎は、葉山の姿を認めると名を名乗り、三木本組に多少の義理があるので、賭場の負け分を取り立てに来たと云う。払わねえ、葉山は匕首を抜き突きかかる。揉み合いになるも五郎の匕首に腕を傷付けられた葉山は、得物を取り落とす。トイレから出て来た扇が、五郎を遮り夫を庇う。揉み合いの際に踏みつけられた荷物から、大量の薬が覗いている。扇の物だろう。それを見た五郎は、裏から逃げろと云う。そこへ名和宏が現われる。アパートの外へ逃れる葉山。追う名和。更にそれを追って五郎と扇。葉山に追いついた名和は、背中から彼を刺す。妻の眼の前で刺されたのである。名和を殴り付ける五郎。自分のシャツを裂き傷口に当てる五郎に、仁義を切って現れたおめえさんを男と見込んで頼みたい、身体の弱い女房を長野まで連れて行ってくれないか、葉山は苦しい息の下でそう云うのである。五郎は頷く。葉山は、三木本のイカサマを呪って息絶えた。イカサマだと！　驚く五郎。――出だしとしては悪くないのだが、何かが違う。これまでの五郎とまったく雰囲気が異なっているのである。葉山を刺したのは五郎ではない。五郎に非はない。葉山ともその妻とも初見だし、従って葉山の遺言を聞いてやるのは好意あるいは憐れみから、即ち五郎の男気がそうさせるのである。一瞬だが、長谷川伸原作の股旅物を観ているような、錯覚に陥った。更には……

組長富田仲次郎が仕切る三木本組の賭場へ乗り込んだ五郎は、イカサマ賽を暴き、葉山が騙し取られた分だと、三百万円を強奪する。そこからタイトル・クレジットが始まるのだが、流れる歌が確かに渡哲也が歌ってはいるものの、『無頼　人斬り五郎』ではなく何と『男の流転』なのである。唖然となった。何これ？　任侠映画？

指で数えて想っても
過ぎた昔は戻りやせぬ
笑って一番あの娘のために
三三一の男の流転

恋と涙と命まで
俺が賭けたになに悔やむ
ままよ夜空に勝負と吠えりゃ
夢まで焦がすか男の流転

確かに覚えやすいメロディーだし、カラオケで熱唱される方も多いようだ。作曲は叶弦大で、作詞はこの〈無頼〉シリーズの原作者である藤田五郎である。おそらく彼の作詞であるが故に使用されたのだろうが、続く五作、六作で流れなかったところをみると、大方の人が、少なくとも小澤啓一監督は「違うな」と感じたものとみえる。

賭場は騒然となった。逃げ惑う客に、三木本組の子分たちと斬り合う五郎。そこへ三木本の子分でありながら、親分富田のやりくちに嫌気が差していた郷鉄治が助っ人に現れ、五郎を助けて逃亡する。

夫の墓に詣でる扇千景。五郎が現われ賭場で奪った三百万円を差し出し、長野まで送らせてもらいますと、申し出る。なぜ長野なのか、最後まで説明はない。彼女の故郷でもあるのか、些細なことだが、なぜどうしての答がすべて提示されている他のシリーズ作品に比べ、今作ではそういった箇所が散見する。……だが彼女は金を受取らず、返事することなく歩き出す。

長野までの切符を買う五郎に、駅を見張っていた三木本組の子分たちが、襲いかかる。そこへ再び郷が現われ二人で子分どもを蹴散らすと、郷は舎弟にしてくれと五郎に頼み込む。弟分を養う金などないと拒絶するが、郷は構わず一緒に列車に乗り込む。その列車の中で扇は倒れ、意識を失ってしまうのである。彼女は心臓弁膜症を患っており、夫の死に続く強行軍の無理が祟ったのだろう。意識が戻ったのは、ベッドの上である。此処は？　付き添っていた看護婦が、横浜の病院だという。誰が此処へ？

次に登場するのは、葉山良二の実弟という役処の和田浩治である。無銭飲食で拘留されていたため兄の死を知るのが遅れ、犯人と思しき五郎を出せと、五郎が事情聴取を受けた警察署へ乗り込んだのである。だが五郎はとっくに釈放されたと、体よく追い払われる。和田はその足で三木本組へ向かい、匿っている五郎を引き渡せと直談判に及ぶ。だが名和宏に殴られ、「てめえの兄貴の嬶(かかあ)とトンズラしやがった。勝手に殺しやがって、こっちも迷惑してるんだ」と、こちらも追い払われる。この和田のキャラが、警察署でも三木本組でも、かなり騒々しいのである。腕っ節は弱いくせに虚勢を張る。シリーズを通して、こんな賑やかな人間は彼だけである。

和田が三木本組へ乗り込んだ際、ちょうど組長の富田仲次郎が東京の内田朝雄から、五郎に賭場を荒らされ金を奪われた挙句、イカサマがばれて上客を失ってしまった責任を取らされ、「組から出て行け」と電話で申し渡されているところであった。のだが、この内田朝雄の立場が今ひとつよく判らない。三木本組は例えば山口組系〇〇組というような支部組織で、内田はその頂点に立つ人物なのか、或いは資金集めのためにやくざ組織を牛耳る国会議員ででもあるのか、ラスト近くで多分前者なのだろうと推測されるものの、どうにも奥歯に物が挟まったような按配なのだ。

五郎と郷は、扇の入院費を稼ぎ出すため、港湾の荷役に汗を流していた。「三百万も金があるのに、どうして？」愚痴を零す郷に、あれは葉山の金だと、五郎は言下に否定する。

仕事からの帰路、二人は港の公園で、地元のやくざ数名にショバ代を払えと絡まれている、屋台の親子を見掛ける。暴力を振るわれている父親は高品格、それを止めようとしている娘が松原智恵子である。郷がすぐに飛んで行き、殴り合いになる。五郎も参加しない訳にはいかなくなった。兄貴分の玉川伊佐男が現われ二人に文句を云うが、その内の一人が〈人斬り〉の異名を持つ五郎だと知ると、匕首を抜こうとする。そこへ登場するのが、「相良土木」という会社を経営する、内田良平である。五郎は内田を見て驚く。内田も驚き、そして喜んだ。内田は玉川とは知り合いらしく、ここは預からせてくれと引き取らせる。

ここで物語をよりスムーズに理解していただくため、互いの関係性を記して置こう。まず五郎と内田良平は共に戦災孤児で、親友同士である。ある時内田が風邪をこじらせて肺炎に罹り、四十度以上の高熱が続き生死の境を彷徨(さまよ)った。五郎は内田を救けるため米軍キャンプに忍び込み、ペニシリンを奪う。逃げる際ＭＰに撃たれた傷が、今も腕に残っている。それ以来内田は五郎に受けた恩義を、一生かけて返そうとしていた。会話の端々から推測されるのは、おそらく八年前の抗争で散り散りとなり、お互い消息不明となった。その間、五郎は相変わらず流れ者のやくざ稼業であったが、内田は足を洗い堅気の土木業者になっていた。だから「おめえを見つけて、一緒に働くのを楽しみにしてたんだ」となるのだが、五郎にしてみれば「堅気のおめえの世話になる訳にはいかないんだ」ということになる。その内田の恋女房が藤江リカで、彼女は横浜のやくざ古賀組の組長である渡辺文雄の妹であった。内田と渡辺は義兄弟ということになる。藤江は兄が経営するクラブの専属歌手であった。玉川伊佐男は、古賀組の幹部。だから内田とは顔馴染みで、喧嘩の場を預けることに、異を唱えなかったのである。一方、高品格はこれも昔は〈ヤッパのツネ〉と異名を取ったやくざであったが、娘のために足を洗い今はパブを経営している。新しく出店するための資金作りで屋台を出していたところ、奇禍に会ったという次第。内田と藤江は高品のパブの常連で、当然顔見知りである。いうまでもないが、松原智恵子が助けられたのを契機に五郎に惚れてしまうのは、シリーズの定石通りである。

これで登場人物は出揃ったので、以降は少し駆け足で述べさせていただく。

名和宏は親分の富田仲次郎が破門になったので、内田朝雄の命で五郎の始末と三百万を取り戻すため、渡辺文雄の客分となる。玉川から報告を受けていた渡辺は、五郎が横浜にいることを名和に知らせる。

和田浩治は扇を見舞った際、彼女を看病する五郎の様子で二人の仲が決定的なものと思い込み、頭に血を上らせ五郎に襲いかかる。だが郷に取り押さえられ、看護婦の通報もあり警察に拘留される。その身柄を、保釈金を積んで釈放したのが、名和と玉川である。自分たちだけでは太刀打ちできないと思い、和田の恨みを利用して、五郎への刺客に仕立て上げようとしたのである。

松原智恵子は五郎の世話を焼こうとして、父親と言い争いになり、家を飛び出してしまう。行き場所のない松原は、郷の計らいで五郎のホテルの部屋へ落ち着く。

渡辺は妹である藤江リカの立場を案じて、内田良平に五郎と手を切るよう求めるが、内田は了承せず、渡辺と袂を分かつ事となる。

五郎が横浜に現れるまでは、すべてが順調だったと、藤江リカは横浜から出て行くよう五郎に頼み込む。内田、藤江、渡辺の関係を知らされた五郎は、彼女に謝罪し、すぐに横浜を出ようとする。

そのための退院手続きを止めたのは、内田である。彼は飽くまで五郎に受けた恩を、報じようとしていた。

渡辺は、扇を拉致し、人質にして五郎を誘き出す計画を立てる。和田浩治は大反対する。その彼には知らせず、名和と玉川は五郎の留守を見計らい、病院に乗り込む。扇は捕えられた。彼女が持っていた三百万も手に入った。だが五郎を始末するためには、計画は続行しなければならない。そこへ名和と玉川の挙動が気に懸かっていた和田が、病院へやって来たのである。また留置所にいる筈の和田がなぜ？　戻ってきた郷が彼の姿を見掛けて不審に思い、取り急ぎ病室へ戻る。玉川に取り押さえられている扇を見て、和田は彼女を引き離す。その時扇が、夫である葉山良二を殺したのはその男よと、名和宏を指差すのである。知られてしまっては仕方ないなと、名和が匕首を抜く。真相を理解した和田も匕首を抜き、兄貴の仇とばかり応戦しようとするが、簡単に殴り倒され気を失ってしまう。名和が止めを刺そうとした時、郷が飛び込んでくる。斬り合いとなった。玉川が郷の相手をしている隙に、名和は扇を抱きかかえて連れ去ってしまう。郷と玉川の争いは、次第に場所を移し地下のボイラー室へと、縺れ込む。優勢だった郷だが、玉川が捻ったバルブから噴き出した熱された蒸気で、顔を火傷し視力を失ってしまう。あとは滅多斬りである。……戻ってきた五郎と内田。倒された高脚の灰皿に、散乱する煙草の吸殻、壁に付いた血の跡から異変を知り、ボイラー室へと降りていくと、瀕死の郷の姿があった。跪いて抱き起す五郎。事情を話した郷は、

「ついてねえや。たいして役にも立たないで、最後まで兄貴の足手まといに……赦しておくんなさい」そう云って事切れる。涙を流しながら、郷の名を呼ぶ五郎。哀しげな眼差しで見守る内田。

　五郎が、和田が、そして内田が扇千景を奪還するために、動き出す。古賀組の事務所へ乗り込んだ五郎と和田。五郎が待ち受けていた渡辺たちの相手をしている間に、和田が扇の監禁されている部屋を捜す。嘗ては仲間だと思い、玉川や名和と共に過ごした事務所である。勝手は判っている。すぐに見つけ出した。「姐さん」ぐったりとなった扇を、抱きかかえて運び出す。「見つけた」和田の声に、そちらへ行こうとする五郎だが、多勢が相手で動きが取れない。そこへ内田が飛び込んできて、渡辺の咽喉元に匕首を突き付ける。「動くな！」内田の一喝に、親分を人質に取られた手下どもは凍り付く。その隙に五郎は和田に駆け寄ろうとし、和田は扇を外へ連れ出そうとする。そうはさせじとする名和の匕首が、和田の腕を傷付ける。扇を抱えることが出来なくなった和田は、彼女を五郎に託し、名和と対峙する。その様子に気を取られた内田の隙を、今度は渡辺が突いて逃れると、手下どもをけしかける。自分の援護に回ろうとする内田に気付いた和田は、「姐さんを頼む」と五郎と共に行かせる。名和と和田の身体がぶつかり合う。相討ちである。兄の仇だとばかり、和田は名和の腹に突き刺した匕首を、更に抉らせる。名和は苦悶の形相で、倒れ込む。和田はしてやったりとほくそ笑むが、彼のスラックスの裾からも夥しい血が、流れ出ているのである。五郎と共に扇を車まで運んだ内田は、取って返す。だが事務所にはみんな逃げ去った後で人の気配はなく、ただ虫の息の和田だけが残されていた。「姐さんは？」それが最後の言葉だった。内田は和田が固く握りしめた匕首を、指を一本一本外して、除いてやる。

病院へ運ばれた扇は重篤であった。血圧が低すぎて手術は不可能、今夜が峠だと医師に宣告される。夜半、その時が訪れる。それでも扇は苦しい息の下で、「うちの人と一緒になってから、心の休まる時がなかった。横浜に来て、あなたの世話になってから……こんな日があったのかと……どうか夫の二の舞を踏まないで……」感謝を告げると、五郎の手を求めて自分の手を動かすのである。戸惑い、躊躇った五郎だが、思い極め扇の手をしっかり握りしめる。扇は旅立った。

――実は最後の最後に告げた扇千景の、この疑似恋愛めいた言葉が、私は気に懸かった。扇にこの言葉を云わせたせいで、ヒロインである松原智恵子の影が薄れてしまう結果を招いてしまっている。松原が五郎に惚れ、懸命に尽し、何とかやくざの足を洗わせようとするのはシリーズの定石通りなのだが、扇の存在が、彼女が五郎に好意を寄せていることが明瞭となったがために、松原の恋心や願いが形骸化したものになってしまっているのだ。次に、五郎がラストで単身殴り込みをかける起爆剤となっているのは、彼の身近な人が無惨で理不尽な殺され方をされたが故であり、つまり彼を取り巻く人たちの愛する人・思いを寄せる人への気持の表現である〈感傷〉が蹂躙されたためであり、その怒りという急激な感情の変化によって引き起こされた〈情動〉が発露されたが故である。だからこそ〈やりきれない〉思いを抱いて、無間地獄の虚無に落ちることも厭わず、修羅の世界へ飛び込んでいく。しかしながら扇が末期に述べた感謝の言葉或いは五郎への思いは、〈感傷〉を蹂躙してもいなければ、従って〈情動〉も発露されない。当然〈感傷〉が先鋭化されて〈やりきれなさ〉になることもない。ただ深い悲哀に包まれているだけなのである。これは郷鍈治の、末期の言葉についても同様である。彼は恨みつらみを述べるのではなく、ただ五郎に自分の不甲斐なさを謝って死んでいった。だから五郎も、自分ごときを兄貴と慕ったためにこんな目に遭わせてしまった、すまないという詫びと悲嘆を覚えはしたものの、それが〈やりきれなさ〉に変じる前に、彼の言葉である程度浄化されてしまったが故、〈情動〉の発露にまでは至らないのである。

……扇のことが好きなのか、と松原に訊かれた五郎は、「あの人は義理ある人の女房だ」と答えているが、葉山良二に義理はない。むしろ逃がしてやることで義理を貸そうとしたくらいである。それが叶わず葉山を死なせてしまった。彼の最後の願いを聞き届けようと決意したのは、情に突き動かされてのことである。病弱の身である扇が悲嘆に見舞われ、その悲嘆に自分が係わっているという懺悔ゆえの思いやりである。その気持ちが、今作での五郎の行動律を決定している。

私は、扇や郷の末期の台詞が必要だったのかどうかということを、述べているのではない。それがあるためにニュー・アクションのウエイトが、長谷川伸の股旅物が蔵しているような世界観に傾いてしまった、と云いたいのである。

内田良平が病室へ入ってくる。状況をすぐに悟り、和田は？　という五郎の問いに、「死んだ」

とだけ答えて、すぐに出て行く。妙な按配だが、この時点で〈やりきれなさ〉をより痛切に感じていたのは、内田の方かも知れない。命の恩人である五郎を金のために付け狙い、郷を殺し和田を殺し、扇まで死なせてしまった張本人である渡辺が義兄であるが故に、愛する妻まで離縁せざるを得なくなってしまったのである。

内田は自宅へ帰り、堅気になった時箪笥の奥深くに仕舞い込んだ、拳銃を取り出しベルトに差す。振り返ると部屋の入口に、黒い影が立っていた。五郎である。近寄ってくると、「堅気にしちゃ、物騒なものを持ってるじゃないか」と、内田のベルトから拳銃を抜き取る。一人で渡辺を殺しに行こうとする内田の気持を、見抜いていたのである。「返せ！」奪い返そうとして揉み合いになり、殴り合いとなる。このシーンが結構長い。結局「俺はあいつが許せねえんだ」という内田の悲痛な思いを、「姐さん（藤江リカ）の気持を考えたことがあるのか」と云う五郎の説諭が抑え込み、内田は思いとどまる。藤江の実の兄である渡辺をその手で殺してしまうと、彼女との関係が一生元に戻ることが叶わない事を知り抜いている内田。五郎の台詞で、藤江を護ることか、渡辺を殺すことか、本当にしなければならないことに、彼は気付かされたのである。

五郎の後を追って、松原智恵子が駆けてくる。今行くと、取り返しのつかない結果が待っている、それよりこれを機に堅気になって欲しいと懇願する。「父さんが、うちの店で働いてもいいと、云ってくれたの」その言葉に、五郎は一瞬立ち止まる。憧れる堅気の世界に、後ろ髪を引かれたのである。だがすでにもう遅い。後戻り出来ないところまで、来てしまったのだ。五郎は歩き出す。その背を、「五郎さんのバカ！」松原の声が追いかける。

古賀組事務所。渡辺の部屋の前に立つ五郎。兄との口論で決定的な別れを告げた藤江が、部屋を出かけて五郎に気付き、こちらの入り口は不味いからそちらのドアから入れと、兄には知られぬよう目顔で知らせ、その場を立ち去る。執務室と応接間の境のドアがゆっくりと開く。五郎が立っている。気付いた渡辺は慌てて机の引き出しから拳銃を取り出そうとするが、その手を挟んだまま引き出しを閉められる。苦痛で上げた声に手下共が気付き、駆け付けてくる。咽喉元に匕首を擬した五郎は、「三百万を返せ」と云う。ここにはない内田朝雄に渡したと答える渡辺。電話を掛けさせ、渡辺のナイト・クラブがなくなればテラ銭に事欠くぜと脅し、内田の工事現場で受け取る約束をする五郎。

約束の場所。内田は用心棒の榎木兵衛ひとりを伴って現れる。凄味を見せようとはしているが榎木である、闘いぶりが弱っちくて、ユーモラスなのは眼に見えている。ここにも江崎監督の、殺し合いを悲惨なだけのものにしたくないという、監督らしい配慮が窺える。榎木に札束をドラム缶の上に置かせ、引き換えに拘束している渡辺を解放しろと、内田が云う。五郎が金を手にした時が、戦闘開始の合図である。追いかけっこのような、殺し合いが始まる。五郎めがけてスチールの棚が倒され、棚に載っていた色とりどりのペンキが撒き散らされる。当然足が取られて、滑る。そんな中、五郎はひとり又ひとりと、確実に仕留めていく。刺された内田朝雄が、ペンキの海に倒れ込む。突きかかった榎木が滑って尻餅を突き、返り討ちにされる。玉川伊佐男が殺られる。五郎も傷だらけである。遂に渡辺文雄だけになった。基本五郎は一撃必殺で相手を斃す。だがペンキで足元が立っていられないほど滑るせいもあるのだろうが、匕首を取ろうと差し出した手の甲を刺し、倒れたままの姿勢で太腿を刺し、その都度悲鳴を上げ匍匐で逃げようとする渡辺の背中を刺す。恰も郷の無念を、和田の恨みを、扇の悲哀をひとつずつ晴らしていくかのようである。闘いは終わった。

藤江リカが内田良平の許へ戻ったその時、電話が鳴った。受話器を取る内田。見詰める松原と藤江。松原は内田の許へ身を寄せ、五郎の無事を祈っていたのである。「五郎、無事なのか？」相手の声音で衰弱を察すると、「おまえ傷付いてるな。すぐに迎えに行くから」五郎は大丈夫だからと断り、建設現場近くの牛乳屋に三百万預けてあるから、世話をかけて済まないが、その金でみんなの葬式を出してくれるよう頼む。電話の相手が松原に代わる。「五郎さん、何処にも行かないで、戻ってきて！」涙ながらに訴える彼女の声を遠いものに聞きながら、五郎は受話器を置き、よろめきながら去っていく——

この『無頼非情』は〈無頼〉シリーズの系譜、従って日活ニュー・アクションとは、瞭かに異なっている。だがそれはそれとして渡哲也の魅力を堪能できる作品には違いなく、男の友情を描いた作品として観れば、それなりに楽しめる映画であることを、付け加えておきたい。

第八章『仁義の墓場』

昭和四十四年三月に封切られた『無頼　殺せ（バラせ）』のあと、四十六年九月に日活が制作を縮小しロマン・ポルノに移行するまでの間、渡哲也は二十一本の作品に出演している。主だったものを挙げると〈前科〉シリーズ二本、〈大幹部〉シリーズ二本、私が生まれ育った街でロケをした『昭和やくざ系図・長崎の顔』、この頃から松原智恵子に代わり渡の相手役として丘みつ子が登場し始める『やくざ番外地・抹殺』、澤田幸弘の監督昇進作で渡と曽根晴美の対決シーンが語り草となっている『斬り込み』、私の友人が絶賛した藤田敏八監督による『新宿アウトロー・ぶっ飛ばせ』、そして〈関東〉シリーズの三本である。この三作目『関東破門状』を最後に、渡は日活を去ることとなる。

渡はその後、恩師舛田利雄監督と共に拠点を松竹に移し、連続して三本の作品を撮る。まず最初が『さらば掟』である。これが何とまたもや『紅の流れ星』のリメイクなのだ。渡の最高傑作と推す人が多い映画だし、舛田監督にしてみれば松竹への手土産代わりの作品ではあるしで、後々のことを考え、迂闊なものは撮れないという思いがあったのかもしれない。但し脚本は前作の池上金男から、鴨井達比古へと変更されている。ライターが変わればこうも変わるかと思えるほど、『さらば掟』は『紅の流れ星』の軽妙洒脱なノリから一転して、男臭いハードボイルドな仕上がりとなっているのだ。実は鴨井はそれ以前に〈関東〉シリーズ二作目の『関東幹部会』（澤田幸弘監督）そして『関東破門状』（監督は小澤啓一）も担当しており、興味深いのは三作目の封切りが七月で、その二ヶ月後の九月には『さらば掟』が公開されているのである。日活の製作縮小は前もって通達されていたではあろうが、拠点が変わるのである、準備に充分な時間があったとも思えず、随分慌ただしかったであろうと推測される。鴨井は渡について、「脚本家である僕の立場からいえば、現在の渡哲也はある意味では書きにくい俳優さんです。ドラマ作りプラス何かを要求される。それだけ俳優として大きくなったということでしょう」と語っている。そしてこの鴨井達比古は、これから述べる『仁義の墓場』にも大きく係わってくるのである。

舛田監督とタッグを組んだ松竹での二作目が『追いつめる』、三作目が五木寛之と共に私の大好きな作家である立原正秋原作の『剣と花』である。脚本は池上金男。厳格な父親である森雅之に反抗して家の家財を持ち出しては売り払い、酒と喧嘩と博奕に明け暮れる金持の放蕩息子渡哲也は、バーのホステスである夏純子と関係を持ちながらも、母親の違う妹である新藤恵美に惹かれ、悩み、近親相姦へと発展しかねない自分の心に脅えるという物語を、流石と思えるほどに見せてくれる。

舛田監督のカラッと乾いた作風と池上の力量がなければ、とんでもなく陰鬱な展開になったのではなかろうか。これも私の好きな作品である。

……私の中で、〈人斬り五郎〉に会いたいなという思いが、次第に強くなっていったのはこの頃からではなかったろうか。渡の映画は相変わらず追い続けて観ていたし、印象に残るものもありはしたのだが、それらは私が望む渡哲也の姿では決してなかった。だからこそなのだろう、渡の原点であり、私の映画人生に大きく係わった〈無頼〉シリーズのような作品に出会えることを、願ったのだと思われる。

そして、石原裕次郎と共演した『反逆の報酬』、型破りな主人公が面白いと思って愛読していた新岡勲の劇画原作を映画化した『ゴキブリ刑事』、黒澤明監督の名作をリメイクした『野良犬』等を間に挟んだ昭和五十年、私の願いは叶えられるのである。だがそれは予想を大きく外れたものであった。にも拘らずそこに息づいていたのは紛れもなく〈人斬り五郎〉であり、映画は彼の終焉を描いたものだったのである。

実は前年の四十九年、渡はＮＨＫの大河ドラマ『勝海舟』で主演の座を射止めたのだが、病を得て已む無く降板している。病状は重く、従ってこの年の映画出演作は一本もない。

復帰後の第一作が、『仁義の墓場』である。狂犬と呼ばれ疫病神（ヤクネタ）と忌み嫌われた実在したやくざ石川力夫の半生を描いたものだが、病み衰えた渡の風貌が、観る前から末路の悲惨さを予感させた。

監督は深作欣二、脚本は鴨居達比古なのだが、この映画は諸般の事情が複雑に絡み合って、とんでもない難産であった。まず東映は鴨居の新進としての力量を鑑み、彼に「スケールの大きな実録物を」という注文付で執筆を依頼した。だがそれは主役を菅原文太に据えた作品で、彼の当たり役である『仁義なき戦い』のようなものをということであった。そこで書き上げたのが『仁義なき戦い』のいわば〈新宿死闘篇〉とでもいうべきものであったらしい。しかしかねてより要請し続けていた渡哲也の東映での出演が急遽決定したため、その脚本を彼に回そうということになった。渡は東映での第一作は、是非深作監督でお願いしたいと希望した。監督もその要望を了承した。

ここまでは何ら問題はない。問題は、深作監督に彼なりの思い入れがあったと思われることである。主人公の石川力夫は茨城県水戸市の生まれである。深作欣二監督も後に編入されて水戸市となった緑岡村の生まれであるから、同郷人としてのシンパシーを覚えていたであろうし、事実彼の監督作である『現代やくざ　人斬り与太』や『人斬り与太　狂犬三兄弟』には石川が反映されているという。『仁義なき戦い』で一世を風靡し、同シリーズを五作、更に『仁義の墓場』映画化が決定した当時には『新仁義なき戦い』を撮影中であった深作監督にしてみれば、「もう集団抗争劇は御免だ」という思いが強かったのかも知れない。一人の人間のドラマとして映画を構築したいと願ったのだろう。深作は「『仁義なき戦い』のような政治的群像ドラマではなく、弧絶した一人のヤクザの情念に焦点を当てた方が、（東映に招聘した）渡君の主演作として相応しかろうと考えた」とはなかろうか。また当時の新宿と云う街が、幾つかのやくざの組や愚連隊がてんでに割拠していたとはいえ、抗争を起こせるほどの規模を持った組織はなかったというのも、背景にあったようだ。

鴨居は深作が撮影中の京都まで出向き、一週間ほど滞在して共に構想を練ろうとはかった。だが深作は無茶苦茶忙しかった。撮影が終わって戻ってきても次の準備があり、故に鴨居と意思の疎通がはかれず、それでも鴨居は書き直し書き直して第四稿まで何とかこぎつけたという。だがそれでも深作は納得しない。鴨居は「もう無理だから降りる」と投げ出そうとする。クランク・インまで時間がない。そこで東映は松田寛夫と神波史男を送り込んで、直前で何とか仕上がったというのである。鴨居の第一稿はちゃんとした流れがあって、触るに触れない出来だったという。それが集団抗争劇であったがため、原型を留めないくらい書き換えられたのである。彼の憤懣は、私でも理解できる。鴨居は自分の名をクレジットから外してくれと申し出たという。だが聞き入れられなかった。かくて撮影は開始された。

現在『仁義の墓場』は、傑作だとの評価を得ている。その評価に異存はないが、私が感じたささやかな不満はこれから述べさせていただくとして、石川力夫を演じた渡に就いてだけは、「任侠道など捨てた現代風やくざを演じさせたら当代一とも言える風格を身につけた感がある」と渡辺武信が評したように、彼でなければならなかった、という思いが強い。日活ロマン・ポルノ作品『㊙色情めす市場』（田中登監督）の強い影響を受けているという本作品、田中監督をして『㊙色情めす市場』と全カット真逆の作品」と云わしめる程に、クランク・イン前スタッフに十六回もこの映画を観せたという深作監督の狙いは、つまりはロマン・ポルノでさえチェックするほど日活映画を観続けてきたであろう監督が、渡哲也という役者の素質を、彼が育った日活らしく描く石川力夫で結実させたかったのではなかろうか、私はそう思っている。

原作は奇しくも〈無頼〉シリーズの藤田五郎である『関東やくざ者』と『仁義の墓場』。おそらくだが藤田は、文筆業に携わることなくそのままやくざ稼業を続けていたら、自分も同じ道を歩んだかもしれないという惧れを抱いて、石川の取材をしたのではなかろうか。確信はないが、なぜかそう思えて仕方がない。

「俺が死ぬ時はカラスだけが泣く！」『仁義の墓場』のキャッチコピーである。〈鳴く〉ではなく、〈泣く〉となっている。俺が死んでも誰も悲しむ者などいないが、俺同様周りから嫌われているカラスだけが泣いてくれる、という意味でもあろうか。『渡り鳥の創世神話』におけるカラスは、何物にも束縛されない個性的で自由の象徴として描かれているそうだが、あまりにも個性的で自由奔放過ぎた男の死を、カラスだけが嘆き悲しんだのかも知れない。

「石川力夫さんは、小さい頃はどんな子供だったのですか？」モノクロームの画面に映し出される幼児の写真に被せて、インタビューアーの質問。答える年配の女性の声、「よく泣く子で、泣き始めると一時間も二時間も泣き止まない子だった。母親が早くに死んだため、そうなったのかもな……」情の強い子ではあったようである。続いて何枚かの少年期の写真に、答える壮年男性たちの声、「頭の良い子ではあったよ。みんなを纏めてな……」「悪い方へ行っちまったが、勉強はよくできた」ここで渡哲也演じる力夫の写真が次々と映し出され、ナレーション。昭和十六年日本が太平洋戦争に突入した年に、やくざ志願の力夫は家出して上京、東京新宿のテキ屋河田親分の若者となる。昭和十八年初の傷害事件を起こし、一年半の有期刑を受け函館の少年刑務所へ押送された。事件の原因は、相手方のやくざが河田親分の悪口を云い触らしたためといわれている、という。再びインタビュー。「一緒にいた時、風船玉みたいな男だと、上へ上へと飛び上がるしか能のない野郎だと、そう云ってたな」力夫が語ったというこの風船玉が、本編のキーワードかも知れない。彼の生涯を暗示させるような赤い風船が中盤とラスト近く、二度挿入されるのである。

戦争は終わった。タイトル・クレジットの間、犇めく人々の間を縫うように、傷痍軍人、モク（煙草の吸い殻）拾い等、闇市の情景が点綴される。クレジット終了と同時に、画面がセピア色へと変化する。本編中何度かこのセピア色への変化が見られるのだが、いったい何を意味しているのだろう。新宿、バラックが立ち並ぶ闇市。池袋から進出してきた親和会のチンピラたちが、カモになりそうな客を引き込んでは、履いている靴の底をスルメに張り替えて、法外な料金を毟り取っていた。口を開けた一斗缶に詰め込んだ売り上げを運ぼうとする男たちの前に、立ちはだかる力夫。「おいお前ら、誰に断わってここで商売してるんだ？」腹巻から拳銃を取り出すと、男たちの足元にぶっ放す。取り落した一斗缶を石川が後ろへ蹴ると、待ち構えていた手下が抱えて逃げ出す。威嚇のため更に二三発撃つと、力夫も一目散に逃げ出す。その後ろ姿でストップ・モーション。

河田組の事務所。神妙にうなだれて坐っている力夫のショットで、画面がカラーに戻る。兄貴分の室田日出男が怒鳴り付ける。「何てことをしてくれたんだ。親和会と喧嘩にでもなったら、どうするつもりだ。……親父さんの耳にも入ってるぞ。ちゃんと謝っとけ」進駐軍からの放出物資であるウイスキーを一手に引き受ける話が纏まり、上機嫌で彼らを送り出した河田親分ことハナ肇に、力夫は詫びを入れる。ハナは何も云わず、力夫の頭を軽く叩いただけであった。上機嫌なだけでなく、これは彼の親としての思いやりであったろう。なにせ力夫は親分の悪口を云った奴を半殺しにして、実刑を食らっているのである。可愛くない筈がない。だが力夫はその親心に、思いが至らない。

気持が晴れぬまま事務所を出た力夫を待ち受けていたのは、今井組という小さな組を立ち上げた梅宮辰夫（今井幸三郎役）であった。彼は力夫とは函館の少年刑務所の所謂ムショ仲間で、気の合った二人は義兄弟の契りを交していたのである。梅宮と代貸の郷鍈治が持ちかけてきたのは、最近とみに勢力を伸ばしてきた三国人グループ、即ち占領軍によって解放された在日朝鮮人・台湾人・中国人の賭場を襲撃して、賭け金を強奪しようというものであった。当時三国人は、日本人によって抑圧された憎悪を一気に爆発させて、好き放題暴れ回っていた。その横暴ぶりが、目に余ったのである。力夫は引き受けた。

当日、梅宮の情婦であるズベ公の池玲子が進駐軍から調達してきた拳銃を手にし、力夫は梅宮や郷、それに山城新伍ら他数名と共に、汐路章が扮する中国人をボス格とする賭場を襲う。片言の日本語と中国語をチャンポンで話し、やたら怒鳴りまくる汐路章が、流石凝り性なだけあって妙に納得させられて、観ていて楽しい。強奪は上手くいった。逃げ出す力夫や梅宮たち。追う三国人の群れ。力夫はとある置屋へ逃げ込み、下働きの多岐川裕美の部屋へ転がり込む。逃げようとする多岐川を抑え込み、その口を手で塞ぐ力夫。その折に蹴倒した火鉢の真っ赤に燃えた炭が、畳を焦がす。「畳が！」力夫の手を振り払い、火を消し、女将にこっぴどく叱られるのだろう、懸命に畳をこする多岐川。その姿に、力夫はいじらしさを覚えたようだ。表が騒がしくなった。ここも危い（ヤバ）。力夫は腹巻に仕舞っておいた奪った金のすべてと拳銃を多岐川に渡し、「後で取りに来るから預かっておいてくれ」と頼むと、表へと飛び出す。逃げてきた仲間と共に、警察から応援の要請を受けたMPと揉み合うものの、結局捕えられてしまう。

――私はこの稿の最初に、『仁義の墓場』は人斬り五郎の終焉を描いたものだと、記した。それは石川力夫を渡哲也が演じたからというだけでなく、五郎があのままやくざ社会に身を置き続けたらどうなったろうという、おそらく生き急がざるを得なかったに違いない晩年を、力夫の姿を借りて鮮やかに描き出していたからである。

五郎は、嘗て堅気の世界で暮らすことを、何度も夢見た。それは自分を愛してくれる女のためでもあり、「ど汚ねえ」ことが身に沁みているやくざ社会から抜け出さない限り、身体のみならず心まで傷だらけになることが、充分過ぎるほど判っていたからである。だが這い上がろうとするたびに、堅気の世界の住人たちから白眼視され懼れられ、疎まれた。やくざ社会に引き戻そうとする力を振り切り……何度も何度も同じことを繰り返していく内に、次第に五郎の心は疲弊し、遂に彼は堅気になることを諦めてしまったのである。その代り五郎の晩年を想起させる力夫は、他に行き場所がなくなってしまったやくざ社会で、自分なりの秩序を保とうとし、仁義を通そうとした。だからこそ彼は……自らが暮らし息づく新宿という町に進出して来ようとする親和会に敵対して排除しようとし、我が物顔に振る舞う三国人を、排斥しようとしたのである。

留置所は満杯であった。同じ房に入れられた梅宮一派と三国人グループは、当然のように殴り合いを始める。警察も仕方なく別々の房に振り分けるのだが、そこへ署長の近藤宏（これも元日活の俳優さん。悪役専門だったが、今作ではちょっと変わった役で、久し振りな所為もあり懐しかった）から、梅宮一派の責任者に呼び出しが掛かる。梅宮と郷が出頭すると、思いがけず脱獄しろと牢の鍵を渡されるのである。署長にしてみれば、手を焼いていた三国人たちを摘発できたことでもあり、梅宮たちを解放しても表立った悪さはしないだろうし、牢は一杯だしという思惑が働いたものだろう。実際はかなり違った事情だったのだろうが、戦後の混乱をあらわすエピソードとしては面白いと思う。

解放された梅宮たちは、祝杯とばかり女を挙げてのドンチャン騒ぎである。酔った梅宮は兄弟の盃を交わしていることでもあり、力夫に河田組など抜けて自分の組へ来いと慫慂する。「大きな組でも三下は御免だ。次郎長みたいに小さくても組長……その内天下を取ってやる。聴いてるのか力夫」

みんなと別れた力夫は、多岐川裕美の許へと向かう。塀を乗り越え、部屋の窓ガラスを軽く叩く。多岐川は預けられた物を返そうとするが、開けた窓から半ば強引に上り込んだ力夫は、敷かれた布団をめくり畳の焦げ跡をなぞりながら、おこられたろう、しんみりと云う。多岐川は異星人を観るような眼で力夫を観ている。力夫は返された金を、「これ全部お前にやるよ」と差し出すが、多岐川はその場を逃げ出そうとする。その手を掴んだ力夫は、「何もしないよ」と云いながら多岐川を引き倒し抑え込み、強引に犯してしまうのである。彼女にとって、力夫は初めての男であった。

力夫は相変わらず、自分なりの秩序に拘っていた。新宿に拠点を築こうと送り込まれた親和会の今井健二が、自分の女である衣麻遼子を、力夫らが行きつけのキャバレーのホステスとして働かせ、しかもどんちゃん騒ぎをしているのを見かねた力夫は、彼女がトイレに立ったところを襲って乱暴し、それを止めようとした今井に、「池袋へ連れて帰れ、新宿の水は合わないと云ってるぞ」と脅しをかける。「この野郎!」頭にきて掴みかかろうとする今井の顔を切り、腹を刺す。

室田日出男と曽根晴美が、今井が入院している病院へ、見舞いがてら謝罪に訪れる。しかし応接した親和会の成田三樹夫は、ひと言も口を利かず見舞金を突き返す。組へ戻った二人は組長ハナ肇に報告。暫くして組んでいた腕を解くとハナは、「仕方がない。兵隊を集めろ」と命じる。抗争を覚悟したのである。事務所内の空気が緊張で大きく膨れ上がり、俄かに慌ただしくなる。力夫は「親父さん」とハナに声を掛け、親和会に庭場を荒らされ、鼻先でのさばらしておくのも仁義に反するので、組のためを思ってやったのだと言い訳する。だがそれは一喝される。「靴磨きのショバ代なんか目じゃないんだ。まともな喧嘩(でいり)にでもなってみろ、どれくらいの物入りか、それくらいの勘定もできないのか! 当分謹慎してろ」

画面がセピア色に変化。成田を筆頭に車で乗り付ける親和会。向かい合う崖の上に駆けつけて居並ぶ河田組。睨み合うふたつのやくざ組織。一触即発。遠巻きに見物する民衆。その中に今井組の山城新伍がいた。彼が状況を組長の梅宮辰夫に報告に行くシーンで、画面がカラーに戻る。梅宮の許に力夫は転がり込んでいた。

ハナ肇は事態を収拾すべく、兄貴分である安藤昇に相談を持ちかけた。安藤はハナとは義兄弟であるが故に間に入るわけにはいかず思案投げ首、そこへ天啓の如く「進駐軍を使って仲裁させたらどうだ」閃く。河田組にウイスキーの横流しをしているパーカー中佐を利用しろ、というのである。

妙案であった。早速睨み合う現場へ進駐軍が乗り付け、指示に従わないときは逮捕するとして、アメリカ軍司令部の命令で解散を通達する。不承不承に引き上げる親和会。抗争は回避された。

河田組事務所。兄貴分の室田に怒鳴り付けられる力夫。「おめえのお蔭で百万からの物入りだ。ちっとは組のこと考えて動けよ」力夫は承服できない。立ち去り際、「俺のお蔭で親和会を追っ払えたんじゃないか」捨て台詞を吐く。呆れ返る組員たち。

力夫の姿は、安藤昇を組長とする野津組の賭場にあった。ツキに見放され賭け金が底を尽き、帳場を預かる代貸の玉川伊佐男に少し回してくれるよう頼むが、顔付けはできないと断られる。頭にきた力夫は食って掛かろうとするが、現れた安藤組長に「組の看板を大事にできない奴は、本当の男にはなれないぞ」と説教され、過分な小遣いを渡されて追い出される。業腹な力夫は、表に停めてあった安藤の車に気が付くと、意趣返しとばかり貰った紙幣に火を付け、ガソリンタンクに投げ入れるのである。車は爆発炎上した。

力夫は組長ハナ肇に、木刀で殴られる折檻を受けていた。当然である。ハナの兄貴分の賭場にアヤを付けたばかりか、その車を燃やしてしまったのである。ハナの面子は丸潰れであった。しかも詫びを入れるどころか、恨みがましい眼で睨み付けるのである。「何だその眼は、それが親を見る眼か」ハナの打擲（ちょうちゃく）は更に激しさを加える。流石に見かねた室田が、「あとでちゃんと云い聞かせますから」と止めに入る。ハナは木刀を投げ出し、「戻って来たかったら、指の一本も詰めて来い」

力夫は介抱しようとする仲間の手を振り払い、よろめきながら事務所を飛び出す。目指したのは、無論梅宮の許である。

昭和二十一年十月二十八日のことだという。夜半、泥酔して河田組事務所に現れた力夫は、寝に就いた組員を叩き起こし、「親父を呼べ。親父に云いたいことがあるんだ、自分ばっかり貯め込みやがって……」大声で怒鳴りまくる。二階からハナ肇が駆け降りてくる。非常識極まる言い分に堪忍袋の緒が切れたか、「親に対して云う言葉か」手近にあった棍棒で殴りつける。力夫はハナを突き飛ばし匕首(ドス)を抜く。それを見たハナは「この野郎」座敷へ取って返すと、箪笥から日本刀を取り出し斬りつける。躱(かわ)した力夫は思わずハナの腹を刺す。怯むことなく尚も斬りかかってくるハナを袈裟に斬ると、力夫は慌ててその場を逃げ出す。倒れて動けなくなっても、「捕まえろ、奴を捕まえろ！」組員に叫ぶハナ。

逃げ場所のない力夫は、多岐川を頼った。部屋へ上がると、「寒い、酒をくれ」亀のように蹲(うずくま)って震える。女将の眼を盗んで、多岐川が台所から持ってきたコップ酒を呷った力夫は、咽(む)せる。懸命に背中をさする多岐川。「寒い、寒いよ、助けてくれ」力夫は彼女に縋りつく。多岐川は、そんな彼を力一杯抱きしめるのである。

この組長襲撃事件の経緯であるが、物語の構成から考察すると、兄貴分である安藤昇に対して力夫が行なったことが、弟分のハナ肇の面子を潰すことになり、そのため彼の逆鱗に触れ、打ち据えられ追い出された。力夫はそのことを根に持って、組長の許を訪れたということになる。だが果してそれだけだったのか。仮にその前の親和会とのイザコザも、俺は当然のことをしたまでで何も悪くないのに叱責された、というその悔しさを引き摺っていたとしよう。それらの不満が鬱積して爆発したのかも、と考えることはできる。しかしそうすると力夫が酔って、「自分ばっかり貯め込みやがって」という叫びは何だったのか。事によると、親分子分の間ではあるが、いや盃を貰ったがゆえに、任侠道を全うすることなく、ただ営利にのみ汲々とする親分ハナ肇の渡世に、ほとほと愛想を尽かしていたのではあるまいか。単なる逆恨みではなく、力夫の怒りが爆発した根底には、どうもそういった要因の積み重ねがあったような気がする。

……石川力夫は中野警察署に自首して出た。一年六カ月の刑を宣告され、府中刑務所に服役。ナレーション、「己の親分に斬り付けたことは、任侠道の金看板を真っ二つに切り裂いたことを意味し、やくざ社会全部に挑戦状を突き付けたも同然であった。石川を殺せば男の紋章になる。やくざは挙って石川の命を付け狙った。刑務所における石川の行動は、死の恐怖のせいか凶暴を極めたと伝えられる」更に追い打ちをかけるように、関東所払い十年の破門状がやくざ社会に回されるのである。

出所した力夫は、多岐川の許へ戻る。彼女は首に白い布を巻いていた。熱っぽい身体を抱いた後、力夫は「今夜大阪に行かなきゃならない。銭が要るなあ。……四谷の荒木町に知り合いの芸者屋がある、勤めてくれるか」と切り出すのである。諦めたように頷く多岐川の仕種が凄くいい。――ふと思った。実在した地恵子はどうしようもない方向に回っていく自分の運命を、どう思っていたのだろう。

画面がセピア色に変化して、大坂城。そして一年後のテロップ。「大阪での石川の消息を知るものはほとんどいない。ただ釜ヶ崎の某病院に残るカルテに、僅かにその痕跡を残すのみである」カルテには肺結核と記されている。……脚本の仕上がりがクランク・イン直前までかかったため、大阪での追跡調査が思うように出来なかったという。しかし仮にできたとしても、力夫の消息を辿れたかどうか。更に半年後。釜ヶ崎の二段になったベッドの一つを貸すだけの安宿（現在のカプセル・ホテルの原型）。力夫は娼婦（芹明香）を買っていた。最中に彼女が麻薬を打つのを見て、「ペイってそんなにいいもんか?」と尋ねる。「こんなこと（セックス）やってるより、何ぼかええわ」かくして力夫は麻薬に取り付かれるのである。次のショットで私はと胸を衝かれた。左端に腰にシーツを巻いただけの、フランス人形のような髪型の芹明香に、画面中央上段ベッドに上るための梯子越しにこれも上半身裸の力夫、共に足を投げ出した二人に、右端はベッドを区切る薄い板壁の前に置かれた小机の上の、位牌に手を合わせる男。恰も死んだ二人に回向を手向けているような、按配である。すぐに切り替わり、今度は力夫と芹の二人だけのショット。麻薬で芹は陶然とした表情を泛べ、力夫は呆けたような顔であらぬ方を見ている。この画面全体に漂う、背筋が寒くなるような、荒（すさ）みきった虚脱感はどうしたことだろう。知る人もいない大阪に流れてきて、しかも結核を患い、明日の望みもない。地獄に落ちることも儘ならず、力夫の心は煉獄の業火に焼き尽くされてしまったかの如くである。深作監督は書いている。「渡哲也の横顔には、時折、心ここにあらぬ風情とでも云おうか、妙に空虚な陰影がかすめることがある。そしてそれは、無遠慮に立ち入ることを憚らせるような、冷んやりした孤独な雰囲気に包まれている。気取って装っているのではない。彼自身、おそらくそれを意識してはいまい。ぼんやりと放心したような状態においてそうなのである。（中略）その日のセットは、大阪のドヤのなか、石川が行きずりの娼婦から麻薬の快感を教えられる場面だった。二人が麻薬の陶酔感に酔いしれながら、並んであらぬ方を眺めている構図は、あの作品の中でも好きなショットの一つだが、あれも実は、彼の横顔から受けた印象の所産だったのである。」

　麻薬の味を覚えた力夫だが、度々買うだけの持ち合わせはない。そこでいつもの強行手段、売人の根城を襲うのである。しかしあわや失敗したかと思われた瞬間、とんでもない助っ人が現われる。頭のてっぺんからつま先までペイで染まった田中邦衛が、やはり麻薬を奪い取るべく、銃を撃って売人を威すのである。二人は仲間となった。麻薬と売り上げを強奪した二人は、キャバレーで祝杯を挙げ、大阪に止まっては追っ手をかけられると、夜汽車で東京へ向かう。力夫の脳裡には、多分新宿しかなかったであろう。

二人の姿は、梅宮が仕切る賭場にあった。手下の知らせを受けた梅宮は力夫を別室へ呼び、「兄弟、いくら何でも無茶すぎるぜ。十年の所払いが一年ちょっとじゃねえか」と云い、「河田組に見つからないうち、大阪に戻れや。もし見つかってみろ、指の一本や二本じゃ済まないぜ」と忠告し、幾許（いくばく）かの金を渡す。力夫はその金を受け取ると田中と共に出て行く。梅宮は嘆息して、「全くあの野郎も変わったぜ。ひと言も口を利きやがらねえ」郷鍈治が、石川はペイをやってますぜ、もう一人は完全に中毒だ、と指摘する。

だが力夫は大阪には戻らず、それどころか度々梅宮の許を訪れた。当然ハナ肇の知るところとなり、梅宮は呼び付けられる。室田日出男が、「力（りき）をいつまで匿い通すつもりだ」と詰（なじ）り、ハナは、「うちの方に何の挨拶もないってことは、同じ稼業で筋目が通らないのではないか」破門した組員の所払いもきちっと守らせられないのか、そう後ろ指を差されることは一家の親分であるハナにとって、耐えがたい屈辱であったろう。続けて「一旦破門した男をどうこうしようと云う心算はない。所払い十年という形だけはきちっとしてくれれば、大目に見ようというのだ」穏やかに頼んだ。梅宮は「私がけじめをつけさせます」そう答えるしかなかった。

梅宮は力夫の説得にかかる。「東京から身を躱（かわ）せよ。大坂が嫌なら他の土地をかんがえてやる。温泉はどうだ？　お前の身体ガタガタなんだからよ」

だが力夫は不貞腐れたように、「俺を売りたきゃ、売ったっていいんだぜ」

「売るなんて云ってねえだろうが……」

「函館の少刑でおめえ云ったよな。どんな時でも身体張って助け合うのが兄弟分だと。それがいつから節操のない男になりやがった」

「それじゃ云うがよ、おめえのやってることは何だ」梅宮は力夫の傍若無人な振る舞いを責めた。だが力夫は薄く嗤ったのである。これで梅宮はキレた。「てめえ舐めてんのか！」掴みかかろうとした梅宮の頬を、力夫は咄嗟に抜いた匕首（ドス）で切り裂く。転がった梅宮はそれでも気丈に立ち上がり、力夫に飛び掛かろうとする。その彼を隅に控えていた田中邦衛が拳銃で撃つ。弾は左肩に当った。再び倒れた梅宮は、激痛に転がり回る。彼の許へ駆け寄ろうとする女房の池玲子や、山城、郷を田中が拳銃で足元を撃って制し、二人は逃げ出す。――今井組組員の必死の捜索にも拘らず、力大と田中の行方は杳として知れなかった。

だが一週間後の昭和二十四年十月八日、弾傷と刃物傷ゆえ病院に担ぎ込むことが出来ず、知り合いの医者に手当てを受けたのであろう、自宅で療養中の梅宮を、雨の中黒いレインコートに身を包んだ力夫が、再び拳銃で襲うのである。梅宮は死亡、彼を庇った池は右腕を撃たれ重傷。

力夫はなぜ再び梅宮を襲ったのだろう。最初の立ち回りは、梅宮と力夫がお互いにキレ合って生じた結果である。共に最初からその心算だった訳ではない。恨みつらみを溜め込んでの必然では、決してないのである。だから力夫は、ただその場を逃げ出して身を隠せばよかっただけなのだ。梅宮が生きていれば、いつまでも追われるとでも思い込んだのだろうか……

梅宮が殺害された翌日には、野方警察署は力夫と田中の潜伏場所を特定し、包囲した。情報を聞きつけた今井組と河田組の組員が駆け付け、現場は異様な雰囲気に包まれたという。拡声器での投降の呼びかけに応えたのは、二階からの力夫による銃の乱射であった。ところ構わず撃ちまくる。「おい、弾、弾っ」田中が差し出した残りは僅か。そして麻薬の残りは切れていた。田中に禁断症状が出る。麻薬を求めて転げ回る。力夫に縋りつく。振り払いつつも、力夫の行動は制限された。迂闊に近寄れない組員らが、石を投げ始める。いい考えだとばかり警察も同調する。石は容赦なく部屋の中へ飛び込んでくる。その内の一つが力夫の額を直撃、血が流れ出す。弾を撃ち尽くした力夫は、最早強行突破しかないと、割れたガラス片で自らの頸に傷をつけると、警官の群れの中へ突入する。しかしこれは無謀でしかなく、力夫は簡単に取り押さえられてしまう。

セピア色に変化した画面に裁判風景。力夫は十年、田中には二年の実刑判決。控訴は棄却。ナレーションで、多岐川が病み衰えた身体に鞭打ち、前借りを重ねて保釈金を作ったことが語られる。カラー画面に戻り、今井組へ出向く力夫。居並ぶ組員たち、奥から出て来た力夫に撃たれた傷が元で右手が利かなくなった池玲子に、「仏さんを拝ましてもらいたい」と告げる。怒りで立っていられなくなり座り込んだ池は、「それだけは断らせてもらいますよ」唇を震わせて拒絶。力夫は黙って事務所を出た。——力夫の心がすでに死んでしまっていることは、容易に想像できる。だがこの非常識な行動の背景には、得べくんば梅宮の女房(バシタ)の手で、我が身の命を終わらせて欲しいという願いがあったのではなかろうか。かくして死に場所を求めて、力夫の彷徨が始まるのである。

　力夫がペイを打っている。傍らでその様子を、煎餅布団に仰臥した多岐川が見詰めている。ガラス窓の向こうに、電線に引っ掛かった赤い風船が、頼りなく揺れているのが見える。どうやら力夫の生も、辛うじてこちら側に引っ掛かっているようである。戦時中、想像を絶する貧困ゆえに食べて行ける場所を求めて、河田親分の盃を受けた。やくざの世界に身を投じたのである。爾来力夫は、親分や組の仲間そして自分のために、生きていく場所である新宿を護るため、時に兄弟分と力を合わせ、侵入しようとしてくる外敵を蹴散らし排除してきた。それが彼なりの秩序であり仁義の通し方だったのである。だが親分はじめ代貸や同輩たちは次第にそんなものには目もくれなくなり、ただ金の匂いのする方へ靡(なび)き、金儲けにのみ汲々とし始めた。金になりさえすれば、縄張(シマ)を荒らされようが、時と場合によっては呉れてやってもいいという、考えに変わっていったのである。固い契りを結んだ筈の義兄弟でさえ、一家を構えると細かい義理筋に縛られ、丸く借りてきた猫みたいにおとなしくなり、且つ組員を養うためと金を稼ぐことに血道を上げ出した。それは力夫が遵守しようと躍起になった秩序や、親分や代貸それに義兄弟に対して貫き通そうとした仁義とは、決して相容れるものではなかった。力夫は若かった。だから当然態度に出る。次第に周りから疎まれだし、そうすると力夫の言動は更に過激にエスカレートして、遂には親分や義兄弟から見限られてしまう。

新宿が、ここで生きようと思い定めた場所であるがゆえに、弧絶してしまっても、力夫に行く処などありはしない。人に頭を下げたり、我慢できない性分が災いした。あちらこちらで自己の秩序からはみ出した者に吠えまくり、自己の仁義から外れた者に咬みつき出したのである。おそらくそうしなければ、アイデンティティーが保てなかったのではなかろうか。疫病神と忌み嫌われ、懼れられると共に、力夫は尚も自分を追い込んでいく。向かう先は、破滅しか残されていなかった。

地恵子こと多岐川裕美は、激しく咳き込み喀血する。麻薬で陶然となった力夫は、それでも彼女の様子に気付き、タオルで彼女の手と口許に付いた血を拭い取ってやる。「ありがと」返事はなく力夫はごろっと横になる。そんな彼を見詰めていた多岐川は、両手で顔を覆い、嗚咽する。彼女は思い知らされたのだ。希望など何処にもないことを。——真っ白な洗面器の赤い血だまり。半月ほど経た昭和二十六年一月二十日、地恵子は自らの手首を切って自殺する。その間彼女は地獄の深淵を覗き込んでいたに相違ない。ただ亡くなる十日ほど前に、地恵子は石川力夫の妻として入籍されているという。セピア色に変化した画面に映し出される、古ぼけた戸籍謄本。どちらが手続きしたのかは不明だというが、おそらく力夫に尽して尽して尽し抜いた彼女は、せめて力夫の妻として死にたいと願ったのではなかろうか。……この非業ともいえる死を遂げた地恵子は、いったいどんな気持で諾々と、力夫に従い続けたのだろう。彼の裁判における弁護士費用や仮釈放の保釈金など、頼まれるまでもなく前借りを重ねて都合したようだし、十年の所払いで大阪に旅立つ際の資金に至っては、半ば強制的に頼まれたとはいえ身体を売ってまでも工面する。挙句、重ねた無理が祟って結核を患ってしまうのだ。逃げ出そうと思えば、機会はいくらでもあった筈である。大坂から早々に舞い戻ってきた力夫が訪ねた折も、驚きこそすれ嫌がるどころかなぜか献身的ですらある。地恵子に意志や感情がないわけではあるまい。それが伝わってこないので、どうしてももどかしさを感じてしまう。まさか力夫が初めての男だったので、彼に操立てをした訳でもあるまい。男と女の関係は、傍(はた)から見ても判らない。だとしても地恵子は力夫に惹かれるものがあったからこそ、懸命に尽したのだろう。それが知りたい。得べくんば、彼女の心、思いを窺い知れるようなシークエンスなりエピソードが欲しかった。

鴨居による第一稿では、地恵子は強い女性として描かれていたという。それが決定稿では、「自らのよく分らない人形のような女に変更され、無表情な地恵子がいきなり自殺してしまう不気味さにより、石川の不気味さが際立つよう書き直された」という。「?」というのが私の偽らざる感想。地恵子は決して無表情・無感動な女性ではない。私だけでなく、製作者の思惑通りに観客が受け取ったのかどうかは、かなり疑わしいのではなかろうか。大好きな映画なのだが、私はこれが唯一の欠点だと思っている。対するに力夫は、彼女にどういう気持を抱いていたのだろう。

――人斬り五郎は、命を的の決着を付けに行く前、思いを寄せてくれる女の親に彼女を迎えに来るよう電報を打ったり、出航するフェリーからひとり秘かに降りて彼女だけを旅立たせるという、さりげない決別の気遣いを見せた。やくざなんかに惚れると碌なことはない。それがなぜそれからの五郎である力夫は、ここまで荒(すさ)んでしまったのだろう。女を力づくで犯し、内縁とはいえ女房(バシタ)にしてしまった挙句、身体をこわすほどに金を貢がせ、遂には自殺に追い込んでしまう。度重なるジレンマに、五郎は疲れ果て絶望してしまったのだと推測は出来る。そしてだが、おそらく絶望の果ての力夫は愛してくれる女に気遣いはしたものの、本当の愛し方を忘れてしまったのだ。女の本当の気持を、理解できなくなっていたのだ。だが乱暴で稚拙には違いないが、彼は確かに女を愛していたのである。ただ一緒に生きたいと願うも、ズタズタに傷付いた心が行く道の選択を誤らせてしまった。結果女は不幸になり、鶍(いずか)の嘴(はし)の如く、力夫が人生の岐路において食い違った道を選択するごとに、更に不幸になった。女が死んだ時、力夫を襲ったのは歯噛みをせんばかりの申し訳なさだったろう。自分自身を呪ったことだろう。だが今更生き方を変えることは出来ない。次に彼を押し包んだのは、失意の果ての虚無だったと思われる。愛した女が、唯一自分を支え続けてくれた女の存在が、跡形もなく消えてしまったのである。

係員と共に遺骨を骨壺に収める力夫。サングラスの下から零れ落ちる涙。骨箱を抱え、石工の三谷昇を訪ねる力夫。このぶっきらぼうな口調の三谷という役者さん、出番は少ないがとても良い味を出している。他の作品でも何度か馴染みなのだが、観るたびに上手いなあと思う。力夫は、「墓つくって、これ彫ってくれ」と紙切れを渡す。それを読んだ三谷は眼鏡越しに力夫を見上げ、「三人一緒かね？」と怪訝そうに尋ねる。ラストで瞭かになるが、三人とは力夫と地恵子それに今井(梅宮辰夫)である。

河田組事務所。居並ぶ組員たち。力夫は骨箱を前に胡坐をかいて深く項垂れている。このポーズは力夫の代名詞ともいえるもので、梅宮に説得されている最中もその姿勢であった。ここから画面は通常にもどる。ハナ肇が現われる。席に就いても力夫は押し黙ったまま。代貸の室田が痺れを切らしたように、「力(りき)、いつまで黙ってやがんだ。親父さんが特別な気持で上げて下さったんだぞ。云いたいことがあるなら早く云えよ」催促する。それでも力夫は話し出さない。そのうちおもむろに骨箱の蓋を開けだした。何事かと一同は薄気味悪そうに見守る。骨壺の蓋も開けると、力夫は俯いた姿勢のまま中から地恵子の骨を取り出し、齧り出したのである。カリッと音が響く。親分ハナが固唾を呑む。室田が怒鳴る。「おい、嫌がらせのつもりか」

「長いこと迷惑かけたけど、俺もそろそろ一家を起こそうと思う」力夫の言葉に戸惑いを隠せないハナは、「一家をな」と答えるものの、その真意がまったく掴めない。

「二丁目に空いてる土地、あそこを俺に呉れませんか」低い声でぼそぼそと話す力夫は、宛ら(さなが)幽鬼のようで、並み居る一同その鬼気に圧倒されていた。ハナは思わず、「やるよやるよ、呉れてやるよ」と返事していた。

「それからその上にビルかなんか建ててるから、銭も二千万くれませんか」そこまで聞いて、ハナも流石に気違いのたわ言に付き合ってはいられないと、両手で座卓を叩きつけると、憤然と席を立つ。破滅への序章。力夫もそんな要求が通るとは思ってもいなかったろう。私には、彼を殺してくれる人間が現われるのを、待っているとしか思えなかった。力夫は骨箱の蓋を閉めると小脇に抱え、「また来るぜ」と事務所を出る。

力夫が次に現れたのは、河田組が麻薬を売り捌く場所である。骨箱を台の上に置き、手近にあったビール瓶で二人いた男の一人の頭を殴り付ける。割れた瓶の先をもう一人の手提げ金庫を抱きしめた刈谷俊介に突き付けると、「出せよ」と脅す。そこへ曽根晴美が駆け付け、「力(りき)よせ、俺たち同じ仲間じゃないか」と制し、刈谷に金庫を「開けてやれ」と命じる。力夫は中にあったすべての麻薬と現金を掴みとると、骨箱を大事そうに抱えて去った。曽根はすぐに電話を掛ける。

墓を建てる場所の下見のつもりでもあったのか、墓地へやって来た力夫は、早速奪ってきた麻薬を打ち始める。傍の灌木に赤い風船が引っ掛かって揺れていた。空に飛び立ちたいのに、飛び上がれないじれったさで。揺れている。薬が効き始めたのか、力夫の身体が弛緩する。そこへ四人の男が現われる。室田と曽根が検分役としてであろうか丸腰で、刈谷と浜田晃が実行犯としてであろうそれぞれ長匕首(ドス)を手にしている。刈谷が絶叫と共に襲いかかる。力夫は逃げようと後ろを向く。が空を斬り、墓石に当って刀身が折れた。刈谷は完全に頭に血が上っていた。折れた刀で、何度も叩きつけるように力夫を斬る。そんな刈谷を押しのけて浜田が斬りかかる。風船の紐を斬り飛ばしての襲撃、これも空振り。墓石の台座に火花を散らして、これまた刀身が折れた。余程の鈍(なまく)らばかりなのか。浜田は焦って、刈谷同様折れた刀で何度も斬り付ける。「もういい！」室田と曽根がそれぞれ羽交い絞めに二人を制する。力夫の後頭部や背中から、血が溢れ出ている。「行くんだ！」四人は逃走にかかる。それでも気懸りな様子で、室田が一度振り返った。

　力夫はやっとの思いで俯(うつぶ)せの身体を、仰向けに入れ替えた。空を漂いゆく赤い風船が眼に入った。唇の端に笑みが浮かぶ。「やっと死ねる」そう思ったのかもしれない。だがそれでも生きることへの執着を断ち切れなかったのだろうか。風船を捕まえようとするかのごとく、手を差し伸べようとするのだ。

　ナレーション。「この疫病神のような男は、それでもまだ死ななかった。恐るべき生命力で、奇跡的に生き延びた彼は、昭和二十六年八月上告を棄却されて、再び府中刑務所に収容された。そして六年後……」

　石川力夫は、「大笑い　三十年の　バカさわぎ」独房の壁に大きく書き殴った遺書を残し、看守の目を盗んで上った屋上から、飛び降りて自殺するのである。

　六年という歳月は地恵子と今井の菩提を弔い、自らの愚かしさを懺悔するために必要な時間だったと、私は思っている。力夫が飛び降りて驚くほどの血飛沫をあげたとき、そのとき確かに〈人斬り五郎〉にも終焉が訪れたのである。彼は忽然と姿を掻き消し、残されたのは思い出だけとなってしまった。

石川力夫の墓が映し出される。ナレーション。「石川力夫は戦後派やくざの典型として、今も尚その名を語り継がれている。だが彼が己の墓に仁義の文字を刻んだ心は、誰にも理解し得ず、そして知る由もない」三人の名前の他に、墓石の側面に彫り込まれた「仁義」という文字。力夫なりの秩序、力夫なりの仁義の通し方、「俺はそれに殉じたのだ」彼はそう声高に宣言したかったのかもしれない。

――「どこかさめた眼で状況を見、己を見、行為の結果の空虚さも承知しながら、なおかつ時の流れに身を投じてしまう」と深作欣二監督は云い、続けてそういうタイプの破滅的人間像は、渡哲也をおいては考えられないと断言する。再度ここで渡辺武信による日活ニュー・アクションの定義を、記しておこう。「人斬り五郎は、かつての日活アクションのヒーローのように、自己を観念として対象化することができない。彼の自己は生理的肉体にまで縮退して、その中に封じこまれ、ただ衝動的な暴力を通して自らを確認するだけだ。人斬り五郎を主人公とする〝無頼〟シリーズは、こうした追いつめられた個のイメージを提示することによって、日活ニュー・アクションの時代の幕を開いたのである。」だからこそ『仁義の墓場』は日活時代に培われた渡哲也のスター性に、石川力夫の個性を近づけて描かれた。深作監督は、〈人斬り五郎〉を踏み台としてスターダムを昇りはじめた渡の資質を、しっかりと見定めていたのである。……故に、私は渡が演じる石川力夫に、人斬り五郎の俤(おもかげ)を見たのであろう。

渡自身が語っている。「この世界で、どうにか飯が食えるんじゃないかと初めて思ったのは、『紅の流れ星』と『無頼より・大幹部』からです。これまで（俳優を）やってきて一番楽しかった、燃焼できたかな、と自分が感じているのは『仁義の墓場』でしょうか」（柏木純一著『渡哲也　俺より）――思えば、全く不思議な因縁と云わざるを得ない。『紅の流れ星』で魅力を開花させ、〈無頼〉シリーズでスターとしての道を歩み始めた渡哲也は、奇しくもこの『仁義の墓場』で人斬り五郎の残像を漂わせつつ、実質的にスクリーンから去っていったのである。

最終章〈哀惜〉

『仁義の墓場』撮影終了後、渡哲也は再び倒れ東大附属病院に入院する。クランク・アップ直前の徹夜続きや、その後の宣伝キャンペーンで各地を回った疲労が、極限に達したのが原因である。

病院側は渡の立場を考え、病名を「慢性肺感染症」と発表したが、実際は「膠原病」だったという。従って〈常備薬〉として、ステロイドを服用していた。入院が三月十二日、「三月からは念願かなって憧れの（高倉）健さんと初共演が出来る『大脱獄』（東映）の撮影が始まることになっており、頭の中はそのことでいっぱいでした」（『渡哲也　俺』より）、結局五ヶ月ほどの入院を余儀なくされたため、企画は流れた。高倉健の生き方に憧れ、通行人で構わないからと云うほどに共演を切望していた渡だけに、残念でならなかったろう。その思いは東映の岡田社長も同様であった。彼は高齢化していくスターたちに続く若手の後継者として、特に高倉健の後釜として渡と専属契約を結ぼうと目論んでいた。そのためまず高倉と共演させ、そのあと年間五本から六本程度の主演作品を撮るべく企画していたのである。それがすべて駄目になってしまった。但し病を得なかったとしても、高倉との共演は実現しただろうが、渡が東映と専属契約を結んだかどうかは疑問である。というのは、渡は当時すでに石原プロに在籍しており、裕次郎が制作した『ある兵士の賭け』や『エベレスト大滑降』でつくった十億を超える借金を返済するため、ＴＶへ進出することが決まっていたからである。デビュー以来事あるごとに面倒を見てくれ、可愛がってくれた大先輩の、窮地である。それを見限って他社へ移るなど、渡の性格からして考えられないのだ。またＴＶ進出は、当時放映中であった『太陽にほえろ！』が高視聴率だったことも、その背景にある。

翌昭和五十一年一月から日本テレビで、倉本聰脚本による『大都会』が放映される。この年、渡は恩師である舛田利雄監督の『続・人間革命』と深作欣二監督の『やくざの墓場・くちなしの花』の二本の映画に出演するが、これは共に恩義を感じた両監督へ、感謝の気持ちを籠めての出演だったと思われる。これ以降、渡の映画出演は途絶える。

昭和五十三年の四月から九月まで、テレビ朝日でこれも倉本聰脚本による『浮浪雲（はぐれぐも）』が放映される。『紅の流れ星』の杉浦五郎に通じるキャラクターで、ユーモラスなとぼけた味わいが面白くて、毎週欠かさず観ていた。

翌五十四年『西部警察』がスタートする。「日曜夜八時の枠。普通は大手の広告代理店が枠を押さえ、複数のスポンサーに番組を売って手数料をもうける。ところがコマサ（小林正彦石原プロ専務の通称）は業界のそれまでの常識であり慣習でもあったそうしたやり方を破り、テレビ朝日と「直接取引」の契約を結んだのである。利潤は大きく膨らむ。（中略）ＮＨＫ大河ドラマの裏番組だったにもかかわらず、常に20％台の高視聴率をマークした。意気上がるスタッフたち。テレビ進出の成功で、石原プロは借金が消えたどころか三十億円といわれる資産まで形成することになる。」（『渡哲也　俺』柏木純一著より）。但しこれは、金のためにテレビ局を寝返ったと、マスコミに散々叩かれた。『西部警察』は五年間続いた。

だが渡の本当の気持は、映画に出たかったのだと思う。彼は取材を受けた柏木に、「俳優・渡哲也という部分だけに限って、石原プロに所属したことが良かったのか、あるいは悪かったのかと問われれば、おそらく自分は後者だと思います」と語っているが、その真意は自分が映画に出たい気持もさりながら、「今となって思えば、屋台骨が石原プロは傾いていたんですから、あの時は明けても暮れてもテレビをやらなければ仕方なかったと思います。でも石原プロは建前としては、五社で作れないような映画を製作して行くんだということで出発した会社でした。それがピストルを持って走り回るテレビ番組ばかりを作ってしまった。これはコマサのソロバン勘定がやらせたことなんですけれども、自分の攻撃先としては石原さんでした。石原さんが〝映画を作れ〟と言わないから、コマサはいつまでもテレビ番組ばかり作り続けてしまった。そうした気持ちは絶えずありましたね」石原裕次郎にこそ映画を撮って、或いは出演して貰いたかったのではなかろうか。大きな借金を拵え、回りのスタッフや役者たちに多大な迷惑をかけてしまった。二度と同じ轍は踏みたくない。その気持ちはよく判るが、借金は返済しそれ以上に映画を撮れる余力も出来た。だからこそ初心に立ち返って、裕次郎に映画を撮ろうと云って欲しかったのだと思う。

『やくざの墓場・くちなしの花』から丁度十年後の昭和六十一年、ＴＶ脚本の取り持ちで渡は、倉本聰脚本・監督による『時計』で映画に復帰する。だがその後の出演は、年に一本にも満たない本数で、全盛期に比べると微々たるものでしかなく、しかも主演に至っては二十一年後の平成九年に制作された『誘拐』（大河原孝夫監督）まで待たねばならず、その間ファンにとっては寂しい思いが続いたのである――

令和二年八月九日、渡哲也は救急車で都内の病院へ搬送された。医者にはもって二週間だと云われたが、翌十日早朝に容体が急変し、帰らぬ人となった。肺炎によるものである。享年七十八歳。渡は「葬儀などすべてが終わるまで、自分の死は誰にも知らせないよう」遺言し、石原プロによる社葬も行わぬよう申し渡していたという。十二日に厚誼があった役者と石原プロに連絡し、十四日家族だけでひっそりと葬儀が営まれた。同日、石原プロが、正式に渡哲也の死を発表した。お別れの会も執り行わないという。実に渡らしい処し方だと思う。

「これまで何でも一人でやってきましたが、渡さんと出会い、渡さんを知るにつけ、自分が一生ついていける人はこの人だけしかいないと思いました。何があっても、この人の胸の中でなら泣けると感じました」『西部警察』で初めて出会って以来、渡に心酔し「親方」と呼んで慕う舘ひろしでさえ、「お通夜も告別式も出席が叶いませんでした」と云う。

ふと『西部警察』のラストシーンを思い出した。テロリストの銃弾に斃れた渡に駆け寄り、懸命に傷口を押さえる舘。だが天を仰いで、「血が、血が止まんないよう！」絶叫するのである。「もしも来世というものがあれば、再び渡哲也の舎弟になりたいと思ってます」……舘さん、あなたの思いは痛いほど渡さんに伝わっていると思いますよ。

――渡さん、あなたの映画、あなたの生き方は、青年時代の私にとって何物にも勝る、人生の教科書でした。沢山のことを教えて貰いました。あなたのように生きたいと願いました。今は遠い昔ですが、あなたが灯して下さった私の胸の奥の〈火〉は、今も尚燃え続けています。本当にありがとうございました。どうか安らかにお休み下さい。

（書き下ろし　２０２２年３月）

（参考文献）『渡哲也　さすらいの詩』責任編集　植草信和　芳賀書店刊
『日活アクションの華麗な世界』渡辺武信著　中・下刊　未来社刊
『渡哲也　俺』柏木純一著　毎日新聞社刊

PART2
私論 映画化された江戸川乱歩の作品

序

江戸川乱歩は、大正から昭和にかけて活躍した探偵推理小説界の、巨星である。生前彼の寄付を基金として、日本探偵作家クラブ（現・日本推理作家協会）により設立された乱歩の名を冠した賞は、推理作家への登竜門として、没後の今でも大いに与っているほどであり、彼自身も多くの根強いファンを持ち、今尚読み継がれている。

乱歩は、名探偵明智小五郎を、そしてその助手小林少年を団長とした〈少年探偵団〉を生み出し、特に私たち戦後生まれの所謂「団塊の世代」の少年期に、血沸き肉躍る冒険の限りない夢とロマンを与えてくれた、功労者である。怪人二十面相という、とても魅力的な悪役も登場させた。明智探偵や小林少年よりも、二十面相に夢中になった人たちも多かったのではなかろうか。

幼少期、映画好きだった父親に連れられて、〈少年探偵団〉を観た記憶がある。資料によると、昭和三十一年から三十三年にかけて、小林恒夫や関川秀雄監督らによる〈少年探偵団〉シリーズが、東映で制作されている。観たのは多分その内の一本だと思うが、私は昭和二十六年の生まれだから当時五歳から七歳、殆ど覚えていない。ただ戦車のように巨大な甲虫（かぶとむし）の動きの怖さと、怪人二十面相を演じた加藤嘉の不気味さだけは、とても印象に残っている。加藤嘉は、私の名前と同じ字だったのですぐに覚えたが、明智役の波島進の名は、随分あとになって知ったのではなかったろうか。小林少年に至っては、まるっきりである。……だが原作に夢中になるのは、もう少し後になってのこと。

長じて小学校の高学年の頃、周りで算盤がブームになったことがあった。「おまえも算盤ぐらい出来んばいかんたい」半ば強制で習いに行かされたのだが、当の本人に興味も関心もないばかりか才能すらなかったので、偏に苦痛でしかなかった。だが私は秘かな愉しみを見つけ出したのだ。算盤を習う場所は町の公民館だったのだが、そこの備え付けの本棚に、〈少年探偵団〉シリーズが並べられていたのである。一番後ろの隅の席に陣取り、私は先生の眼を盗んで、読み耽った。ぞくぞくした。偶に先生が回遊するときは、本を隠さなければならない。そのスリルも、ちょっとしたものだった。かくして私は明智小五郎と少年探偵団の、ファンになったのである。どれくらい通ったものであったろう。お蔭で、算盤は一向に上達しなかったが、本は全部読み終えた。

その後、折につけ乱歩の作品は読んではいたが、本格的にファンになったのは、高校を卒業して上京してからである。私は某新聞社の奨学生制度を利用して、大学へ行くことにしていた。朝夕刊の配達と集金に勧誘、引き換えに入学金と学費一切を補助してくれる制度である。上京して最初に寝泊まりすることになったのが、古ぼけた新聞専売所の二階にある二畳一間の〝寮〟であった。トイレは共同。押入れは天井からぶら下がった半畳ほどの、作り付けの棚。布団の上げ下げができるよう、胸の高さほどに設(しつら)えてあった。つまり立って動けるスペースは、一畳半しかない狭さだった。

住みだして二三日した頃、仕事の段取りにも一応慣れ、何より私は一冊の本も持ってきてはいなかったので、読書したくもあり駅前の書店に行った。いろんな書籍を眺めながら、少し考え、「これから四年、頑張らんばいかんと」だから本も腰を据えて読めるものにしようと思い、当時刊行され始めたばかりの〈江戸川乱歩全集〉の第二巻にあたる、『パノラマ島奇談』を手にした。追々、全巻揃えるつもりであった。

寮に帰って、同じく途中で買ってきた缶詰のサクランボを食べながら、寝そべって頁を捲ったことを、四十年以上経った今でもはっきりと覚えている。東京に出てきて、初めて買った本が、江戸川乱歩であった。

——全集はすべて揃え、小説はあらかた読み終えた。だが『探偵小説四〇年』上下巻と、『幻影城』は、未だに少し手を付けただけで終わっている。

壱

かように、おどろおどろしき乱歩の世界観に魅了されたればこそ、原作と映画化された作品とを比較して論じてみたいと思うようになったのは、映画が好きな私にとって当然の発想であったのかもしれない。

さて、その映画化された乱歩の作品についてだが、かなりの量の小説が書かれているにも拘らず、これが意外と少ないのだ。戦前まで遡（さかのぼ）ると、相応の本数にはなるのだが、当然私は観ていない。従って書きようがない。ので、私が観た中で比較的印象に残った作品に、限定させていただく。但し、封切り時に観たものばかりではなく、後になって観たものもあり、観た順に書いていくと混乱をきたす惧れがあるので、封切られた順に書いていくことにしたい。ご了承あれ。

まずは、一九六八年に封切られた深作欣二監督の『黒蜥蜴』である。

この映画はリアルタイムで観ている。当時私は高校二年生。繁華街でバスを乗り換えて通学していた。帰路、そのバス停の路面電車の軌道を挟んだ真ん前に、松竹の映画館（なぜかこの作品は、監督のホーム・グラウンドである東映ではなく、松竹で制作されているのである。詳しい事情はわからないが、おそらく後で述べる加藤泰監督の『陰獣』と同じ理由からではないかと、推測される）があった。なぜ観てみる気になったのか。おそらく、看板の脚本三島由紀夫（というように私は覚えていたのだが、事実は三島の脚本を基にしたという意味）の文字に惹かれた所為だと思う。なにせ中学三年の折、出来栄えはともかくとして私は『金閣寺』の読書感想文を書くほどの、マセたガキだったのである。

三島由紀夫が、「婦人画報」に脚本を発表したのが昭和三十六年のことだから、一九六一年の十二月号ということになる。翌年三月にはサンケイホールで上演されているから、元々そのために書かれたのだろう、と思う。水谷八重子が黒蜥蜴を、芥川比呂志が明智小五郎を演じ、その他に田宮二郎、大空真弓、賀原夏子など、今では錚々たる顔触れと云わざるを得ない人たちが出演している。

この折のパンフレットに、乱歩は次のような一文を寄せている。

「『黒蜥蜴』は戦前の私の多くの通俗連載小説の一つで、私の小説では唯一の女賊ものである。美しい女賊と明智小五郎との、おそろしくトリッキイでアクロバティックな冒険物語だが、この二人、追うものと追われるものの、かたき同士が愛情を感じ合う。三島由紀夫君はその女賊と探偵との恋愛に重点をおいて脚色されたようである。筋はほとんど原作のままに運びながら、会話は三島式警句の連続で、子供らしい私の小説を一変して、パロディというか、バーレスクというか、異様な風味を創り出している。」

因みに、大映が早速この劇の映画化に乗り出すが、流石に三島の脚本は使えなかったらしく、それでも新藤兼人をライターに、井上梅次がメガホンを執っている。女賊は京マチ子。二〇一二年五月、百歳という長寿を全うして逝去した新藤も、この当時は脚本家として脂の乗りきった時期である。未見なだけに、彼の脚本であれば、ぜひ観てみたいものだと切望している次第。

深作版『黒蜥蜴』の面白さと印象はかなり強烈だったので、概ね覚えてはいるのだが、なにしろ半世紀近くも昔の映画である。忘れている個所や、記憶違いの部分もあるにちがいない。何か適当な資料はないものかと探していたら、興味深いコラムが眼にとまった。

二〇一三年度の「キネマ旬報」五月下旬号に掲載されていた、「黒蜥蜴は進化する」と題する荒俣宏の一文である。ルテアトル銀座で上演された『黒蜥蜴』最新の舞台と、深作監督の映画『黒蜥蜴』を比較したものだ。主演はいずれも美輪明宏。荒俣によると、

「映画版『黒蜥蜴』は、結論からいうと、美輪明宏（当時は丸山明宏）以外はいちおう深作調であった。三島の戯曲を下敷きにしているけれども、美輪明宏の科白以外はやはり映画的に短く、しかも単純な言葉づかいである。これに対し三島は、フランスのノワール劇風な科白の美学、何重もの含意で魅せる脚本を意図し、この七面倒くさい科白を美輪さんがすらすら歌うかのように口ずさむところがおもしろかった。そこで深作監督は美輪さんの科白まわしに三島調を極力残し、あとはアングラ劇の派手さ、短さ、奇抜さで押し通した」現在の舞台と四十数年前の映画の比較、長い時を跨いでの比較であるが、全く時代臭を感じさせない分析である。

深作の映画が封切られた当時、私は映画の評判が良かったために、それが舞台化されたとばかり思っていた。だが実際はその逆だったのである。

因みに、丸山（現美輪）明宏が、黒蜥蜴を演じるに至った由来を記しておこう。

実は三島と丸山が知り合ったのはかなり以前で、丸山が十代の頃アルバイトをしていたシャンソン喫茶「銀巴里」に、三島が客としてやって来て以来という。当時三島はデビューして間もなくの頃で、新進気鋭の作家として持て囃されていた。その三島が丸山を一目見た途端、その美貌に驚き、「天上界の美」と絶賛したという。余程惚れ込んだものとみえ、それ以降三島は、自らの戯曲『近代能楽集』や『双頭の鷲』などに、丸山を出演させている。その中の一本に『黒蜥蜴』があったのである。

丸山も黒蜥蜴のキャラクターがいたく気に入ったとみえ、爾来数十年にわたり、途中美輪と改名しても、変わることなく幾度も演じ続けている。すでにライフワークとなった趣さえある。丸山の最初の相手役、即ち明智小五郎を演じたのは、天知茂。荒俣が取り上げた最新の上演では、木村彰吾である。

余談になるが、二〇一二年の大晦日、NHK恒例の紅白歌合戦に美輪明宏が出場し、『ヨイトマケの歌』を披露してくれた。ここ何十年と絶えて観ることのなかった番組だが、美輪の歌を聴きたいがためだけに、観た。四十何年振りかで聴いたのだが、流石にそれだけの価値はあった。もうひとつ。オープニングで着ていた衣装の胸元に、蜥蜴の刺繍が施してあった。舞台の宣伝も兼ねていたのだろうが、やはり美輪にとって『黒蜥蜴』は、無き三島由紀夫の思い出と共に、感慨深い作品になっているのだろう。

映画の話に戻ろう。明智役は、黒澤明監督の『七人の侍』で、村娘・香川京子と恋に落ちる若侍を演じた木村功。この頃から渋好みの癖があった私には、とても魅力的な役者さんだった。ヒロインは松岡きっこ。谷隼人の奥さんとなった女優さんだが、グラマラスな肢体の持ち主だった人だ。ヌードシーンが、あった。豊かな乳房は腕で覆うなどして、決してあからさまな撮り方ではなかったが、すらりと伸びた脚や盛り上がった臀部など、当時十七歳だった私にはかなり扇情的なシーンであった。

この後、深作監督の映画を観続けていくうち、特徴としては男性的な暴力シーンが主として人口に膾炙されているが、のみならず女性がその肉体から醸し出す情念を、瞬間的に切り取って映像化することにも長けた監督だったのではないか、と思えてきた。『人斬り与太』における渚まゆみのストリーキングや、『資金源強奪』での太地喜和子と北大路欣也との絡みにもドキッとする描写があるし、『火宅の人』での布団に横たわった全裸の原田美枝子や『蒲田行進曲』の松坂慶子と風間杜夫が、平田満が見ている前で繰り広げる濡れ場等々、思い出すだにかなりある。

深作監督はかなり女好きだったということらしいが、それだけに女性のエロスの機微に精通していたものとみえる。

そのほか川津祐介・西村晃らが脇を固めているのだが、もうひとつ面白いのは、当時すでにスターの仲間入りをしていた丹波哲郎や、当の三島由紀夫を端役で使い、就中黒蜥蜴の丸山と生き人形役の三島に、キスシーンを演じさせていることだ。これは当時かなり騒がれた。荒俣も、「生き人形の一人をなんと三島由紀夫に演じさせ、美輪がその唇にキスするシーンまで加えたのは、いったい誰の決定だったのか」と、その驚きを述べている。深作監督にその気（け）があったのかどうかはともかく、後に山田風太郎の『魔界転生』を映画化した際、天草四郎役の沢田研二と伊賀の霧丸役の真田広之に、キスシーンを演じさせたくらいだから、そういう嗜好というか演出を好むタイプの監督ではあったのだろう。或いはこの『黒蜥蜴』が契機となって、そういう才能が開花したのかも……

ラストシーンは、黒蜥蜴が誇る恐怖美術館での、明智との因縁の対決。三度荒俣の記述を借りる。「ここで、あの名科白『心の世界では、あなたが泥棒で私が探偵だった』が語られるわけだが、どちらの部屋で（筆者註・映画と舞台）より切なく響いたろうか。深作監督は真上から黒蜥蜴の顔を映し出して、黒蜥蜴を幸せに微笑ました。まさか、と思うのだが、映画は黒蜥蜴の視点からハッピーエンディングを意識したかのようだ。

対する乱歩原作は、ここを『厳粛な死』と位置づけた。それは明智小五郎の想いともいえる」

丸山は、この時が映画初出演だったのだが、よほど監督と気が合ったのか好かれたものか、引き続き同じ深作監督の『黒薔薇の館』でも、主役を務めることとなる。

ついでながら、後に松竹テレビ室が天知茂の明智小五郎でシリーズを制作し、テレビ朝日で放映されていたことがある。天知が渋くてカッコいいと、家のカミさんなどはよく観ていたが、その中の一本『黒蜥蜴』を原作とする『悪魔のような美女』（脚本ジェームス三木、女賊役は小川真由美）も、井上梅次が監督しているのである。つまり井上監督は、映画とテレビで『黒蜥蜴』を二度撮っているわけだ。美輪版『黒蜥蜴』の舞台で、初代明智を演じている天知茂にしても然り――『黒蜥蜴』と、井上監督に天知茂。因縁浅からぬものが感じられて、興趣深い。

弐

『黒蜥蜴』が制作された翌年一月に、大映で増村保造監督による、同じく乱歩原作の『盲獣』が公開されている。

乱歩自身の言葉を借りよう。著述三十年後に、桃源社から全集を出すことになり、その折のあとがきである。

「当時原稿を書いたきり、一度も読み返していなかったが、今度、校訂のために初めて通読して驚いた。ひどい変態ものである。私の作がエログロといわれ、探偵小説を毒するものと非難されたのは、こういう作があるからだと思う。この作は全集に入れたくなかったが、しかし、そんなことをいって、気に入らぬ作を省いていたら、半分以上なくなってしまい、全集の意味を失うことになる。作者自身が校訂などやると、こういうときに困るのである。だから、目をつむってのせることにしたが、終わりの方の『鎌倉ハム大安売り』という章だけは、作者の私が吐き気を催すほどなので、この一章、原稿紙にして八、九枚は、削らせてもらって、辻褄の合うように前後の文章を直した」

映画は、乱歩が嫌った部分を含む後半部を除き、前半部を凝縮して制作されている。

そもそも乱歩がこの『盲獣』を書こうと思ったきっかけは、盲人を主人公に物語を書いてみたい、ということだったらしい――のだが、一節を抜粋する。

「盲人の世界に残されているものは、音と匂いと味と触覚ばかりだ。音は、音楽は、わしには吹きすぎる風のようで、物足りない。匂いは、悲しいことに人間の鼻は、犬のように鋭敏でない。食べものは、ただ腹がふくれるばかりだ。と考えてみると、触覚こそ、わしたち盲人に残された、唯一無二の享楽であることがわかってきた」触覚をテーマにしたもののほうが、面白い作品になるのではないか。という次第で、盲人にいろんなものを触(さわ)らせまくり、撫でまくらせた挙句が、

「生きものの手ざわりがわしには一ばん楽しかった。（中略）だが、どんな生きものも、人間の、それも女に及ぶものはないことが、ハッキリとわかってくる」という設定になる。

だが乱歩の想像力と猟奇趣味は、そんなことでは終わらない。触覚の虜となったのは、一人盲人

のみではない。生贄となった女もまた、触覚の快楽に呑み込まれてゆくのである。

「情痴の極に達した、触覚世界の男女」の行く末は、

「異常な生活をつづける感覚のみの人間に、当然きたるべき運命がきた。彼らは微妙なる触覚の限りを尽して、今やその微妙なるものに飽き果てていた」かくして彼らは、お互いに、お互いを傷つけあうことで感じる快楽を、貪るようになる。

「闇の中の盲獣夫妻は、かくして、最後の血の肌ざわりという、無上の快楽を発見した」サディズムとマゾヒズムの究極は、文字通りお互いに傷付け合いながら、殺し殺されることであるのか。盲人は女の五体をバラバラに切断する。正直、サド・マゾの世界に知識も関心もない私には、このあたりの心理の変遷、従って遺憾ながら、記述そのものがよく理解できない。

増村監督と脚本の白坂依志夫は、原作のここまでとラストの触覚的彫刻をモチーフに、物語を展開させる。盲獣という代名詞でしか表現されなかった盲人と、レビュー界の女王とうたわれる水木蘭子を、盲目の彫刻家蘇父道夫（船越英二）とモデルの島アキ（緑魔子）に置き換え、それに道夫の母親しの（千石規子）と、登場人物はたったの三人だけ。基本は原作に忠実なのだが、母親を加えることで生じる軋轢……母性愛の押し付けとそれを疎ましく感じる息子、嫁と姑？　との葛藤、息子の気持ちをアキに攫われそうな、母親の惧れ。はずみでしのを死なせてしまった二人が、狂気に染まりのめり込む触覚世界。爛れに爛れた愛欲の果ての、肉体と精神の衰弱。アキが、死を目前

に求めたものは、究極の快楽たるマゾヒズムであった。道夫が手足を切断するさまを、作りかけのアキの塑像の同じ個所が、彼女の絶叫と共に捥げ落ちるシーンで表現したのは秀逸なのだが……そして、苦痛と快楽の中で死亡したアキを前に、道夫は自らの心臓に包丁を突き立てるのである。

物語はこれで終焉を迎えるのだが、原作では最後に盲獣が残した不思議な贈り物が紹介されて、締め括られる。それは触覚芸術論の集大成とでもいうべきもので、

「触覚のみの芸術！　これこそわれわれ彫刻家に残された一つの重大なる分野ではないのか。眼で見た形と、手で触れた形とは、相似たるが如くにして、実は甚だしく相違しているものである。従って、触覚的彫刻は、今あるが如き彫刻とは全然ちがったものでなければならぬ」という理論と、それぞれの被害者の各部位をモデルとして、その触感がそっくりそのまま再現された、実際の作品であった。

白坂の脚本は、盲目なるがゆえに触覚だけが全ての倒錯した世界に焦点を当て、そこに胚芽する狂気を描いて見事だし、増村監督の演出は、イタリア留学で培ったと思われる明快な自己主張とモダニズムを前面に打ち出し、後味の悪くない乾いた作品に仕上げている。

確かに見応えはあった。しかしながら、乱歩が描き出そうとした世界は、もっと淫靡でもっと邪悪で、隠花植物の土壌のようにじめじめしたものではなかったろうか、という気がしないでもない。

参

一九六〇年代の末から凋落の一途を辿っていた日活は、七一年五月、同じような経営危機に瀕していた大映と共同でダイニチ映配を設立し、両社の作品を交互に配給するシステムをとるようにした。だが同年九月、たった四ケ月で業績不振のためぽしゃってしまう。制作中止が懸念された日活だが、更に低予算のロマン・ポルノを制作することで、何とか命脈を保つことに腐心。三ケ月後の十一月には、第一弾の二作品が上映された。ピンク映画である。当然のことながら、有名監督も大スターもすでに会社を去っている。何人かの助監督が監督への昇進を果たしたが、彼らは何としても映画が撮りたくて、歯を食いしばって耐えてきた人達であった。彼らこそが日活のみならず、どん底まで落ちこのまま滅亡するかと思われた日本映画界を、復興の起爆剤となって担っていくのである。猪俣勝人は、こう述べている。

日本映画に復興の兆しが見え始めた――「その動機としては、次の三点が考えられる。第一は、ポルノ映画を底辺としてそこから這い上がる不思議なエネルギーが日活の若い監督らによって発揮されたこと。第二は、東映やくざの横行。藤純子、高倉健を先頭として日本中を罷り通った暴力ぶり。第三は、硬軟両様の劇画ブームの便乗。大胆にいいきれば、瀕死の日本映画は、ポルノとやくざと劇画によって奇蹟的な蘇えりを見せたのである。まさか日活ポルノが日本映画復興の旗手をつとめるとはだれも考えなかった」

助監督時代が長かった田中登も、そういった監督の一人であった。七二年『花弁のしずく』でデビューを果たした田中監督は、七三年監督協会新人賞受賞の『㊙女郎責め地獄』（余談で恐縮だが、この映画を観たときの私の驚きたるや相当なもので、暫く興奮が収まらなかったほどだ）、七四年『㊙色情めす市場』、七五年『実録・阿部定』と次々に傑作を発表していく。同年『㊙色情めす市場』を観た東映の俊藤浩滋プロデューサーに技量を認められ、招聘されて東映で『神戸国際ギャング』を撮った後は、古巣の日活に戻り、翌七六年『江戸川乱歩猟奇館　屋根裏の散歩者』を仕上げている。これも傑作だった。

原作で描かれる事件そのものは、比較的シンプルである。

「多分それは一種の精神病ででもあったのでしょう。郷田三郎は、どんな遊びも、どんな職業も、何をやってみても、いっこうこの世が面白くないのでした」原作の書き出しにあるごとく、厭世主義者で、ありきたりの刺激では、好奇心を満足させることができなくなった郷田は、下宿である東栄館の屋根裏を徘徊し、他人の私生活や秘密を覗き見ることに、秘かな快感を覚えるようになる。更には、

「彼の不幸は、世の中のすべての事柄に興味を感じないで、事もあろうに『犯罪』にだけ、いい

知れぬ魅力を覚えたことでした。そして、いっそうの不幸は、発覚を恐れるために、その『犯罪』を行い得ないということでした」（江戸川乱歩）と記されるように、覗き趣味のみならず犯罪嗜好癖をも併せ持ち、特に殺人には病的なほど魅力を感じてやまぬ郷田は、生理的に肌の合わぬ同じ下宿の遠藤を、天井裏からモルヒネと垂らして殺害することを夢想し、ふとした偶然をきっかけに発覚を恐れなくてもいいと思い込み、やがて実行に移すこととなる。完全犯罪だと自負しかけるが、知人を介して知己となっていた明智小五郎に、看破されてしまうという内容である。脚本のいど・あきおは、これに『人間椅子』と『陰獣』のエッセンスをプラスして、話にふくらみを持たせた。但し、明智は登場しない。

会話の端々で外交官らしいと察せられる清宮浩一郎の妻美那子は、隠し部屋である東栄館の一室に、街のビラ配りであるピエロを連れ込んで、度々情事に耽っていた。覗き見でそのことを知った郷田は美那子が来るのを見張り、来るやいなや、すぐさま屋根裏に上がり、天井の節穴から覗き見る行為を繰り返していた。ある時覗いた郷田の目と、見上げた美那子の目が、粘り付くように絡み合う。見られていることを、彼女はすでに知っていたのである。快楽が一層深まる美那子。痴態を更に郷田に見せつける。

いどの脚本によると、

「……分るのよ私の躰が……あなたの目がなければ、私は駄目になってしまった。……もう、私はあなたを離さない。……離れられない筈よ。あなたは見ていた」

覗き見る者と、見られる者。両者は本質的に、同じタイプの変態的性愛者であり、犯罪嗜好者。見られることで、オーガズムを得る美那子。快感が極まった挙句、彼女はピエロを絞め殺してしまう。郷田の中の犯罪者の血が、狂おしく騒ぎ出す。

「なんだか、あなたと同じ血が私の中にも流れてるよう……」次はあなたの番よとばかり、美那子の言葉に背中を押されたかのごとく、郷田は遠藤の眠っている口の中へ、モルヒネを垂らして殺害する。

しかしながら、熱く滾（たぎ）り出した美那子の血は、友を呼んだだけで治まる筈がなかった。

まず「私の躰に毒を注ぎ込んだ」と美那子が称する、妻である彼女をみだらな女に仕立て上げようとした浩一郎を槍玉に、次に椅子の内部に入り込みビロード越しに彼女を愛撫したお抱え運転手の蛭田をと、彼女は自分と関わりを持った男たちを、次々と殺害していくのである。

身体全体に人体解剖図の血管をペインティングした、郷田と美那子。やっと二人は結ばれることとなる。惹かれ合ったお互いの血が、とうとう混ざり合う時が来たのだ。

「呼んでいる。あなたの血が、私を……」東栄館の屋根裏で、全裸で絡み合う二人。郷田を演じたのは石橋蓮司。芸達者な人である。美那子は、当時脂が乗りきっていた宮下順子。二人は、田中監督の演技指導のもと、台詞のみならず身体で、変態的性の極限で派生する耽美を、見事演じきった。

この先二人はどうなっていくのか。――すると「ふいに、家屋全体がぐらりと揺れる」関東大震災である。

瓦礫の街と化した東京のニュースフィルム。押しつぶされた椅子から覗く、蛭田の手首。ベッドの上で死んでいる清宮浩一郎。そして血をしたたらせながら、折り重なって死んでいる郷田と美那子……

田山力哉はいう。「真紅の血に彩られた秘やかな犯罪の悦楽が、リアリスティックな描写のなかに耽美の筆致を生み出している。一時間一〇分という日活ロマン・ポルノの時間的制約が、いかにももったいなく感じられる作品だった」

四

一九七七年六月、加藤泰監督が『江戸川乱歩の陰獣』を発表。この作品も、前述したようになぜか深作監督の『黒蜥蜴』と同じく、制作されたのは東映ではなく松竹であった。

当時加藤監督は、すでに古巣東映で三島由紀夫が絶賛した『明治侠客伝　三代目襲名』や『沓掛

時次郎　遊侠一匹』、緋牡丹博徒シリーズの〈花札勝負〉や〈お竜参上〉などを撮っており、花形監督だとばかり私などは思っていたのだが、意外と『阿片台地　地獄部隊突撃せよ』や『男の顔は履歴書』『みな殺しの霊歌』など、結構松竹で撮っている。理由は、こうである。加藤泰自身が述べている。

「ホームグラウンド東映京都における僕は、癖があり過ぎて余り商売にならず、さりとてジャーナリズムの本流にもあまり歓迎されない映画ばかりこしらへるから、毎年一本か二本の仕事にしかありつけない特異な存在である」そういう加藤監督の仕事を、『源氏九郎颯爽記　白狐二刀流』以来、面白い面白いと観続けてくれる人達がいた。松竹大船の野村芳太郎・山田洋次の両監督である。やがて彼らの知遇を得た加藤泰は、彼らの勧めや骨折りに従って、松竹で映画が撮れるようになったという次第。深作監督も同様である。まだ『仁義なき戦い』で花形監督になる前の彼は、東映で思うように撮れなかったのだ。

『陰獣』は、乱歩の作品の中でも、傑作の誉れが高い一篇である。雑誌「新青年」に発表されたのは戦前のことで、昭和三年。当時の編集長であった横溝正史が、惜しみない賛辞を寄せている。「『陰獣』百七十五枚を一息に読み終えて、僕は思った。探偵小説壇はこの一篇によって、第二期の活動期に入るだろうと。それ程この一篇は刺激的である。見ようによっては、これこそ乱歩氏の今までの総決算とも見られる」

また翻訳家の井上良夫には、この『陰獣』を、探偵小説的サスペンスの強さにおいてすぐれており、組立方に必然性があって巧妙であり、非現実的なトリックの扱いこなし方が最上級であり、全編を通じて論理的興味が圧倒的だという好論文がある、と中島河太郎は述べている。

「男は女を求める。女は男を求める。だが、その求める形や料簡には、どうにもならず一方通行のものがあって譲ろうとしない。にもかかはらず人間は異性を求め続け、葛藤を続ける」その実らぬ恋の葛藤のドラマ。それが自分の世界である、と加藤監督は云う。だから『陰獣』も、そういう映画になった。そのことに異論はない。

加藤泰と仲倉重郎は、乱歩の原作をほぼ忠実に脚色している。探偵小説であるから、梗概の記述は控えるが、ヒロインである小山田静子は、夫六郎がロンドン出張から帰国後、惨虐色情（サディズム）の嗜好に奔ったため、その犠牲となり鞭で打たれ続けるうちに、打擲されることに快感を覚える被害色情者（マゾヒスト）となってしまっている、というのが隠されたそもそもの原因。

一方で夫の出張中、無聊を慰めるため大江春泥というペンネームで書きだした探偵小説が、思いがけずの大反響で一躍時の人となってしまったものの、小山田商会の社長夫人ゆえその正体を明かすことの出来ない静子は、いろいろと隠蔽工作を施すうちに、あろうことか同業者である寒川に恋をしてしまう。作家としての彼女の顔を知らない寒川と、帰国した夫との間を綱渡りする静子。こういったドロドロの恋愛関係なのだが、演じたのが静子役を香山美子、小山田六郎役を大友柳太朗、主人公である寒川をあおい輝彦という顔ぶれ。

香山美子は、松竹の美人女優。大胆なヌードを披露したりしての熱演だが、流石に鞭で打たれて快感に悶える演技は、させにくかったとみえる。大友柳太朗は、東映の往年の剣劇スター。加藤監督が東映で初めてメガホンを執ったのが、大友主演の『恋染め浪人』である。私なども、大友柳太朗主演の『快傑黒頭巾』『丹下左膳』『むっつり右門』など、親父に連れられて、よく観に行ったものである。時代劇スターの中では、どちらかといえば、大友が一番馴染み深いかも知れない。彼は若い時分から、滑舌があまり良い方ではなく、そのため明瞭に発音しようとする発声方法が、一種独特で伝法な雰囲気を醸し出して、市井の侍ヒーローである左膳や右門のキャラクターに、よくマッチしていたと思う。晩年、滑舌の悪さがひどくなり、そのことを気に病んで自殺されたというニュースに接した時には、大変遺憾な思いを抱いたものである。加藤監督が、面白いエピソードを書いている。長くなるが、紹介しておきたい。『丹下左膳　乾雲坤竜の巻』の試写の時のことである。企画部長に、どうしてあんな穢い映画を撮ったと怒鳴られ、キタナイ部分を切れと詰られ、「嫌です」と大口論になった。

「その間、スタッフはルームを行ったり来たり、プロデューサーは立ったり坐ったり、大友左膳氏は激論の声の響きわたる廊下をあっちへウロウロこっちへウロウロ、と言う様な事があって、四月十七日に封切られた此の一篇は、六日間で引っこめられてしまった」とても人の良い人物だったようだ。そういった縁で、『陰獣』への出演も快諾してくれたものと思われる。しかし鞭をふるって女をいたぶる惨虐色情のシーンなど、とても撮れるものではなかったろう。

だから、原作では小梅の知り合いの家とだけしか出てこないが、野際陽子と仲谷昇の夫婦に、ロンドンから連れ帰り彼らに面倒を見させている田口久美を登場させ、囲碁の石を置く音に鞭を連想させたり、またあおいと田口のＳＭシーンを作成したりして、つまり搦め手から六郎の惨虐色情の嗜好と、静子の被害色情を表現しようと苦心している。

静子は、心の底から寒川を愛してしまった。だが自分がマゾヒストであることは、どうしても打ち明けられない。そんな折、小山田が不慮の死を遂げる。そこから静子の運命の歯車は狂い始めるのだ……

繰り返すが、乱歩の原作はサディズムとマゾヒズムが縺れ合った挙句の、殺人事件である。その辺のどろどろした感情を演じきれる役者を、使うことができなかった。香山も大友もネームバリューが大き過ぎた。だから加藤監督は、男と女の浪漫に重きを置く演出にせざるを得なかったのだろう、と思う。

夫の死の真相を、いや夫と自分の異常な性的嗜好を、絶対に寒川に知られてはならない。故に静子は地獄の淵でもがき苦しみ、すべてを隠蔽し尽くさんがため、大江春泥の替え玉を演じた売れない役者の市川荒丸（川津祐介）や、彼女の初めての恋人であった平田一郎さえも、殺さねばならなくなる悲劇を繰り返していくこととなる。「求める形や料簡には、どうにもならず一方通行のものがあって譲ろうとしない」まさに加藤監督が思い描いた恋愛観である。だがというべきか、だからこそというべきか、静子と寒川の恋路の果てには、破局だけでは済まない悲劇が、待ち受けていたのである――

凝り性の監督が拘ったという昭和モダニズムの匂いを漂わす数々のセットは、とても重厚で懐かしい思いがした。いろいろ不満を述べはしたが、秀作であることは間違いない。

伍

『双生児』である。

乱歩の原作はサブタイトルに（ある死刑囚が教誨師にうちあけた話）とあるように、親の財産を食い潰した放蕩な男が、双生児（ふたご）の兄の財産を手に入れるため、また嘗ては自分の恋人であった女性が、親に強いられて兄の妻となったのを取り戻すため、兄を絞殺して自分が兄に成り済ましてしまう。それだけなら完全犯罪だったのだが、身に着いた放蕩無頼は如何ともしがたく、瞬く間に財産を使い果たし、挙句泥棒に入った知人の家で見咎められたため、その知人をも殺害してしまう。指紋のトリックによるひねりはあるが、結局思わぬ錯誤から捕えられ、死刑を言い渡される。殺した兄の亡霊に怯える男は、教誨師に兄を殺したことを告白し、そのことを兄の妻に告げて欲しいと頼み込む——という物語である。

それが塚本晋也監督の映画では、サブタイトルが（ＧＥＭＩＮＩ）となっている。

主演した本木雅弘は、ヴェネチア国際映画祭での合同記者会見で、

「二人が闘うことによって一人の人間がもう一人の人間に入り込むというか、人間の中のポジティブとネガティブが入れ替わり、やがて融合するという、即ち陰と陽が混ざり合うことで、ひとつの人格が形成されるということを、双生児という題材で表現したかった」とこの映画について語った。タイトルロゴは、上から下に真っ直ぐ漢字で双生児、それにクロスして左から右にアルファベットでＧＥＭＩＮＩとある。見方によっては、ひとつの人格に融合する過程で犯さざるを得なかった罪を贖（あがな）う十字架と、思えなくもない。

更に塚本監督は、乱歩が繰り広げたおどろおどろしくも隠微な密室性に惹かれ、少年探偵団シリーズの大人バージョンを創りだし、善と悪をシンプルな形で現代に蘇らせたかったのだと、述べている。その言の葉に則って脚本を起こし、監督・編集されている所為であろうか、原作に対しては、かなりのひねりが加えられている。

舞台は明治末期の地方にある医師の家。主人公の大徳寺雪雄（本木雅弘）は父・茂文（筒井康隆）

の跡を継いで、開業医をしている。彼は戦地で軍医として多くの兵士の命を救った功績を称えられ、金鵄勲章を授与されるという、輝かしい経歴を持っていた。父と母（藤村志保）とお手伝いのしげ（もたいまさこ）の他、彼の家にはりん（りょう）という記憶を失くした婚約者が、同居していた。

まず父が、次いで母が不審な死を遂げる。父親は原因不明、母親は夜半厠（かわや）に立った際、襤褸（ぼろ）を纏い髪を逆立てた雪雄そっくりの男、そしてその男の右太腿にまるで生きているかの様にのたうつ蛇のような痣に驚き、心臓麻痺を起したのである。

三番目に狙われたのは、雪雄であった。――だがその前に、この作品にとっては重要なエピソードが、挿入される。嵐の夜、貧民窟の女が幼子を抱いて、必死の思いで医院の窓を叩く。ガラス越しにその子がペストに罹っているのを見て取った雪雄は、防疫服に身を包んで治療に当たろうとするが、丁度そのおり腹部に大怪我を負った市長が運び込まれてくる。雪雄は看護婦に母子を追い出させ、市長の治療を優先させるのである。りんはそんな雪雄を詰（なじ）る。ふたりは言い争う。

旬日を経て、その件が一段落した頃、雪雄は彼そっくりの男に不意を襲われ、母屋からかなり隔たった裏庭にある枯れ井戸に、突き落とされてしまう。相当な深さがあり、自力で這い上がるのは不可能だった。大声で叫べども、壁に反響するだけで表には届かない。

そっくりな男は、日に一度飯を投げ入れ、雪雄を餓死させようとはしない。男の目的は何だ？更に男は、雪雄に成り代わってりんを凌辱することを、ほのめかす。雪雄の気は狂わんばかりになる。

実は雪雄自身は知る由もなかったが、彼には双生児の弟があったのである。当時双生児は畜生腹として忌み嫌われ、そのため産まれるとすぐに、弟であるということと太腿に醜い痣があったため、川に流された。だが貧民窟の頭である角兵衛（磨赤兒）に拾われ、捨吉（本木二役）という名で生きていたのである。りんという恋人もいたが、盗みのみならず人殺しという大罪を犯すに至って、角兵衛の逆鱗に触れ、貧民窟を追い出されてしまう。りんは捨吉の帰りを待ち侘びていたが、或る日捨吉と瓜二つの雪雄と出会う。雪雄はりんの美しさに、りんは捨吉が戻ってきたかのような錯覚に捉えられ、お互いに惹かれ合う。りんは貧民窟育ちであるという自分の出自を隠すため、大火事で記憶を失ったふりを装い、雪雄に請われるまま許婚に納まったのである。

だが捨吉は帰ってきた。仲間に医者の息子におまえそっくりな奴がいると教えられ、様子を窺いに来ると、確かにいた。のみならず、何と恋人だったりんまで一緒にいるではないか。捨吉は事情を探る。すべてが明瞭になったとき、捨吉は自分を捨てた両親に、恋人を寝取った兄に、讐を復する決意を固める。

捨吉は成り済ました雪雄として、りんに接し続けた。りんは気付く。だが捨吉は太腿の痣を化粧で隠し、飽くまで雪雄で押し通す。彼はりんにまで復讐しようとしていたのだ。捨吉は捨吉であることを否定し、雪雄の姿はどこにもない。りんは混乱し、錯乱していく。

そんな或る日、いつものように井戸を覗きこんだ捨吉は、雪雄の姿が見えないことに気付く。気付いた時には、背後から襲われていた。「死にたければ、自分で死ね！」と投げ込まれた包丁一本を頼りに、自力で井戸を這い登った雪雄は、必死の力と形相で捨吉の頸を絞める。「に・い・さ・ん」捨吉は、ひと言だけを残して息絶える。我に返った雪雄は、りんの姿を必死に探し求める。錯乱の極みにあった彼女は、死を選ぼうとしていた。辛うじて、間に合った。

ラスト、笑みを泛べながら赤子を手に抱くりんのショットと、続いて石橋蓮司扮する悪態をつきまくる乞食坊主を、たじろがせるほどの威厳を備えた雪雄が、貧民窟への往診へと向かうショットで、エンドマーク。

と、まあかような次第なのだが、確かに塚本監督や本木が述べた意図は、きちんと描かれてはいる。兄が弟に殺される原作を、さらに一転させたのは、陰と陽の融合を描くためには必要であったろう。しかしペスト患者である貧民窟の幼子と、市長の大怪我、どちらを優先して治療に当たるかという大きなテーマを持ち込んだが為に、兄弟の闘争と融合という主旨が、鮮明さを欠くことになってしまった。そこへ更に、貧民窟育ちのりんの怒りが加わる。雪雄とりんの話し合いはあるが、観ている者が納得できる答えは、提示されない。故に、ラストで胸を張って貧民窟へ往診に向かう雪雄の姿にも、カタルシスは得られない。何羽もの兎を、追っかけ過ぎたのではなかろうか。為に、主題として提示されたものが、すべて曖昧に拡散してしまった。思うに塚本監督という人は、田中登監督のように粘液質なタイプではなく、あっさりとした性格の監督さんではなかろうか、と思う。あまりにもコンパクトに、作品自体が纏まりすぎているのである。どうせならテーマの一つひとつを、もっと粘り強く掘り下げて欲しかった。でなければ捨吉の復讐譚か、或いは、「人間の中の瑞々しい苦しさとか切なさを持った新鮮な存在感」と、演じたりょうが語ったりんに焦点を当てた撮り方の方が、より訴求力を高められたのではないかと、思う。

作品の寓話性や時代性を強めるため、あるいは記号化することで日本的な美意識や世界観を作りだすために、ヘア・メイク監督である柘植伊佐夫が施したという、登場人物全員の眉消しにしたところで、狙い通りの効果があったかどうかは疑わしい。私には、時代的な隔たりがあるとはいえ、写実的な出来事とは思えず、紗を隔てて異空間の舞台を垣間見ているような、もどかしいような感慨しか湧かなかった。

ただフォークロア調といっていいのか、土着的なメロディーとシンフォニーが合わさったような石川忠による音楽は、とても興味深く印象に残った。

六

最後に取り上げるのは、『乱歩地獄』である。この映画は、『火星の運河』竹内スグル監督、『鏡地獄』実相寺昭雄監督、『芋虫』佐藤寿保監督、『蟲』カネコアツシ監督の四話からなるオムニバスである。正直に云うと、観ているのがとてもしんどかった映画だ。

『火星の運河』：「傷口からしたたる血のりが川をなして、私のからだはまっ赤なほりものに覆われた。血潮の網シャツを着たようだ。

それが沼の水面に映っている。火星の運河！　私のからだはちょうどあの気味わるい火星の運河だ。そこには水の代りに赤い血のりが流れている。」（江戸川乱歩）

ただ乱歩自身このイメージがかなり気に入っていたようで、後に書かれた『大暗室』のラストでも、用いている。「雪白の裸身を蔽い尽した真紅の網の目は、なぜともなく、望遠鏡の視野の中の火星の表面を連想せしめた。あの銀白の巨大な星の表面に、縦横に交錯する神秘と恐怖の大運河を、思い浮かべないではいられなかった」――夜空の遥か彼方に浮かぶ真っ赤な星。その星を人間に見たてた乱歩の壮大なイメージを、物語として映像化しようとしたら、確かに〈夢〉という方法を採るしかなかったのかもしれない。だが私は浅野忠信のヌードに興味も関心もない。

『鏡地獄』：四篇の中では、一番興味をそそられた作品。原作は、球体の内側全面を総鏡張りにした装置を作り、何故そんなものを作るに至ったかの経緯と、その球体の内部に入り込み発狂してしまう男を描いている。シンプルな物語だが、もし自分が鏡張りの球体の中に入り込んだらどうなるのかという想像が、背筋を寒くする作品である。その怖れは、映画の中でも浅野忠信演じる明智小五郎の、実際に中へ入った男への問い掛けで、表現されている。

「何か見えましたか？　……どんな世界が広がっていましたか？　神の姿は見えましたか？」

古都鎌倉で、三人の女性が相次いで不審な死を遂げる。顔のみならず、脳が溶解しての死である。三人共に、和鏡を製作している〈河善〉の職人トオル（成宮寛貴）と関係を持っていた。明智は死因が、赤外線の周波数を強力なマイクロ波に変調する性質を持つサラジウムという鉱物で表面処理をした鏡によるものと、看破する。つまりそのマイクロ波は、水の分子を分極させ、高い周波数で振動を回転させる働きを持っているため、鏡を覗き込むと、電子レンジの中に頭を突っ込んだ状態になるのである。古人（いにしえびと）は、その鏡を、映したものの魂を吸い取る死の鏡と表した。

女性たちの死の真相は、トオルの作る和鏡が、彼を愛した女たちに激しく嫉妬するようになり、そのあまり彼を鮮やかに映すことを拒み始めたからであった。

「このままでは死ぬまで鏡を磨き続けることになる」つまり、鏡はいつまで経っても完成することはない。完成させるためには、女たちとの関係を断ち切らねばならない。だが女たちは皆一様に肯（がえ）んじなかった。

逮捕され、取調室でそれだけ述べたトオルは、マジック・ミラーに体当たりし、鏡の世界に飛び込み同化すると同時に、粉々に砕け散ってしまう。

短い持ち時間の割にはうまく纏めてあると思う。脚本は薩川昭夫。映像の凝り方は流石実相寺監督と思わせる出来で、古都鎌倉の日本家屋を舞台に、しかもトオルと死んだ兄の嫁との蠟燭を使ったセックスなど、「日本的な精神風土をエロチシズムを通して掘り起こしてきた」と田山力哉が評する実相寺監督に、まさにぴったりの題材ではあったのだろう。

オープニング。乱歩がいちばん好んだ言葉「うつし世はゆめ　よるの夢こそまこと」と、晩年にしたためられた自筆の色紙が、映し出される。続いて砂浜に並べられた十一個の姿見。それらはそれぞれ別々の世界を、反射している。このシーンは、ラストでも使用される。また、タイトルをはじめ地名・出演者名等、すべて鏡文字である。

この他、全編が殆ど左か右に十五度ほど傾いた画面で構成され、正常なカメラ位置で撮られたカットは数えるほどしかない。これは〈うつし世〉と〈よるの夢〉の世界を隔てる境界線の曖昧さ、或いは不均衡さを表現するためだろう、と私には思えた。更には傾いた画面のそこここに鏡が登場するのだが、これは現実世界と鏡を通した世界を並べて映すことで、即ち〈ゆめ〉と〈まこと〉を同一の次元で捉えようとした為だろうが、奇妙に落ち着かない気持ちにさせられてしまう効果しか、得られなかったようである。

トオルは「鏡は神」だと云った。だから自分は神を作っているのだと。そういえば三種の神器のひとつは、八咫(やた)の鏡である。――内側全面総鏡張りの球体の中に入り込んだトオルは、神を見たいと願ったのか、或いは自ら神になろうとしたのだろうか？

『芋虫』：特異な状況下における夫婦の描き方に奇妙な方向性を持たせ、それが納得できるもので無いだけに、苛立ちを覚えてしまう。後述する同作品を映画化した若松孝二監督による『キャタピラー』の完成度には、遠く及ぶべくもない。

『蟲』：唖然となった。これはバーレスクではない。パロディですらない。所詮、夢野久作が絶大な賛辞を寄せた、「彼の『虫』の主人公が、女優の屍体を土蔵の中からトウトウ取り出し得ずに、変テコになってヘタバってしまう迄の極度にあられもない気分の変幻を、あんなに平気で扱い去った筆力の凄まじさには『鬼か人か』と叫びたいくらい、参った」狂気を孕んだ乱歩の世界を映像化するのは、なまなかではない、ということだろう。

七

「乱歩文学の精髄は短編にある」澁澤龍彦の言を俟つまでもなく、それは大方の見解であろう。私も澁澤同様、乱歩の最高傑作のひとつが『押絵と旅する男』であることに異論はないし、特に初期の短編あるいは中編にこそ、乱歩の資質である隠微さ、夢幻性、おどろおどろしさが、より顕著に表されていることを認めるに、やぶさかではない。

松本清張もいう、

「初期の珠玉の短編は、日本創作推理小説に不滅の価値を残した。それは推理文学史的な位置のみならず、その作品の持つ評価は、永久に不変のものである。」

この原稿で取り上げた作品も、『黒蜥蜴』が長編、『陰獣』が中編で、それ以外はすべて短編が基となっている。

だからこそクリエーターである映画監督たちの創造性を刺激し、映画化に奔走させる原動力になっているのであろう。しかしながら、小説の中に構築された世界と、映画の中で展開される世界は、例え同じ物語を扱ったものといえども、全く違う。

福永武彦は、乱歩の文章の特徴を、次のように述べている。

「常に一種の暗示の域でとどまり、場面全体を露骨に描写しようとはしない。どんな残虐な場面でも、煌煌たる照明に照し出されることはなく、いつも薄暗い闇の中に一部分だけかすかな光が当っていて、それによって他の部分を類推させる。つまり魑魅魍魎（ちみもうりょう）をつくり出すのは読者の方の想像力で、作者はそのための影を上手に操っているにすぎない。その点乱歩は心情のロマンチストである以上に、節制のある古典主義者であるとも言える。彼の内部には、恐らくさまざまの妖異、怪奇、凄惨を含んだ美がうごめいていたに違いない。しかし彼はそれを暗示的にしか描かなかった」

直截的に表現することを避け、示唆的にしか描かれなかった乱歩の世界は、陰惨極まる現場ひとつ例にとっても、受け取り方は読者一人ひとりにとって、その人の経験や見聞が作用して、大きく異なるのである。臆病な人はオブラートをかけて想像するだろうし、グロテスク好みの人は無残絵もどきに妄想を逞しくするだろう。人の経験や見聞や嗜好は、齢（よわい）を重ねるごとに変化していく。だからこそ乱歩の小説は、何年かごとに読み返しても、その都度新鮮な驚きをもたらしてくれるのだろう。未だに根強い人気を持ち続けているのは、この辺りに拠っているものと思われる。

しかしながら映像で表現される世界は、この対極にあるといってもいいかもしれない。

映像には曖昧な個所がない。妖異、怪奇、凄惨はあるがままに映し出され、想像力の付け入る隙がないのである。オブラートのかけようもなければ、無残絵以上のものを期待も出来ない。故に、小説と映画とのギャップが大きくなってしまう。乱歩作品を映画化した場合、特にそれが顕著なのだ。仮に筋立てが全く同じであっても、乱歩の小説を愛する人ほど、違和感を覚えてしまうこととなる。

田中登監督の『江戸川乱歩猟奇館　屋根裏の散歩者』が、予想外の好評を博したのは、上映時間の制限や予算のせいもあったのだろうが、おそらく出来るだけ観客の想像力に縋ろうという制作態度が、功を奏したためではなかろうか。

――私は、だから乱歩の原作を映画化するのはやめたほうがいいと、否定的な見解を述べているわけではない。むしろ逆に観たいのである。それも深作欣二監督の『黒蜥蜴』で木村功が演じたような、颯爽とした明智小五郎を……

昭和四年から五年にかけて連載された『蜘蛛男』以降、次々と書かれた明智名探偵が活躍する長編小説は、探偵小説どころか通俗小説でしかないといわれる。乱歩自身『蜘蛛男』について、「探偵小説読者にはバカバカしいような冒険怪奇小説でしかなかった」と述懐しているせいもあるのだろうが、私はそうは思わない。というか、それでいいと思っている。以前私は『或るヒーローの跫音』という007ジェームズ・ボンド論の中で、彼がこれほどまでの人気を持ち得たのは、偏に神経症的・偏執狂的コンプレックスを持った悪役の造型にあると書いた。だからこそボンドの、健常的スーパーヒーロー振りが際立って見えたのだと。乱歩の長編小説に登場する血に飢えた残虐な殺人魔のほとんどが、偏執狂的異常さ・病的コンプレックスを持った人間である。明智の健常的名探偵振りが、際立たないわけがないのだ。

イアン・フレミングに伍し得る冒険小説作家は、日本では江戸川乱歩しかいない、というのが私の持論である。ここで再び松本清張の言を借りる――

「彼が後半期に通俗小説を執筆したことを非難する人もあり、私自身も賛成しかねるが、(中略)しかし、また、その一連の長編小説自体を見ると、その面白さについてはそれなりに独自の領域を築き上げたものであり、爾後、輩出した彼の模倣者がとうてい及ばなかったことでも、彼の才能の非凡を示しているのである。」

明智小五郎が大活躍する映画を、撮ってくださいよ。きっと００７シリーズに負けないくらい、面白い作品が出来ると思いますよ。

八

追記

その他、江戸川乱歩作品関連で映画化されたものといえば、佐藤嗣麻子監督による『K―20 怪人二十面相・伝』が挙げられようか。原作は北村想によるものだが、人口に膾炙されたというか、私たち団塊の世代以前の人でまず知らない人はなかろうと思われる、明智小五郎（仲村トオル）と怪人二十面相（金城武）を、成程こういう発想が出てこない方がおかしいくらいだな、という風に扱った物語である。物語そのものがトリッキーであるため、ここに書き記すことはできないが、謂わば〈逆転の構図〉とでもいったらよかろうか。大がかりなセットが組まれた架空都市〈帝都〉の、レトロな雰囲気が子供時代にかえったようで懐かしかったし、明智の婚約者でありながら二十面相との間で揺れ動く女性（松たか子）の存在が、なかなかユーモラスで楽しめた。

この作品、諸手を挙げて傑作だとは言い難いのだが、私が望むのは、陰々滅々たる凄惨な乱歩ワールドを映画化したものではなく、まさにこのような冒険活劇なのだ。

もう一篇、これは二〇一二年暮れ、新藤兼人監督のような自然死ではなく、交通事故で不慮の死を遂げた若松孝二監督による、『キャタピラー』である。この映画は、どこにも江戸川乱歩原作とはクレジットされないが、日中戦争で両手両足を失ったのみならず、耳も聞こえなくなり、口を利くことも出来なくなった夫・黒川久蔵（大西信満）の介護を余儀なくされた妻シゲ子(寺島しのぶ)を描いている、という設定がすでに乱歩の『芋虫』である。脚本は黒沢久子と出口出。

先にお断りしておくが、だから問題だと私は云っているわけではない。乱歩の名がクレジットされようがされまいが、この映画は紛れもなく乱歩作品を映画化したものであり、しかも若松監督の思想性と『芋虫』に対する見事な解釈に裏打ちされた、秀作であることに疑いはないからだ。

話は概ね原作に沿って展開する。

「鉛筆の口書きによる会話を取りかわすようになった時、先ず第一に、廢人がそこに書いた言葉は『シンブン』『クンショウ』の二つであった。『シンブン』というのは、彼の武勳を大きく書き立てた戦争当時の新聞記事の切抜きのことで、『クンショウ』というのは言うまでもなく例の金鵄勳章のことであった。（中略）

だが、彼女が『名誉』を軽蔑しはじめたよりはずいぶん遅れてではあったけれど、癈人もまた

『名誉』に飽き飽きしてしまったように見えた。彼はもう以前みたいに、かの二た品を要求しなくなった。そして、あとに残ったものは、不具者なるが故に病的に烈しい、肉体上の欲望ばかりであった。彼は回復期の胃腸病患者みたいに、ガツガツと食物を要求し、時を選ばず彼女の肉体を要求した」（江戸川乱歩）

この辺りの描写は、若松監督の初期の作品に多くみられた、例えばベルリン映画祭に出品された『壁の中の秘事』や、傑作『胎児が密猟する時』などの〈閉塞空間に於ける異常性愛〉を彷彿させるし、巻頭とラストのみならず、折に触れて流される戦争の記録フィルムなどは、赤軍派による日航機ハイジャック事件を題材にした『性賊（セックスジャック）』以降、次第に強まっていった政治的イデオロギー色を、想起させる。戦争が生み出した悲劇、戦争が蝕んだ人心、銃後においてさえそれは変わらない――反戦映画としても、出色の出来だろう。

だいたい原作そのものが当初は、「反軍国主義の上に金鵄勲章を軽蔑するような文章があった」（江戸川乱歩）ので、軍部に睨まれ、伏せ字だらけにして発表されているのである。

黒川少尉は、中国娘を強姦し殺害した記憶が徐々に蘇り、その記憶に脅かされ、また〈芋虫〉と化した自己の肉体を悲観し、裏の溜池まで不自由な体で這っていき、身を投げる。終戦の、まさにその日であった。

ベルリン国際映画祭に出品されたこの映画は、寺島しのぶが最優秀女優賞である銀熊賞を、受賞した。体を張っての見事な演技。気持ちの揺れが、観客にもストレートに理解できる、表情の素晴らしさ。当然であろう。快挙である。

……ヒロシマ、ナガサキに投下された原爆によるキノコ雲のフィルムのあと、エンディングで流れる、元ちとせが歌う『死んだ女の子』には、涙が溢れた。どうも私はこの歳になっても、生まれ育った土地柄ゆえか、原爆に関しては過剰に反応してしまう。ナジム・ヒクメットの詩を中本信幸が訳し、それに外山雄三が曲をつけたものである。

＊　＊　＊

一九六五年（昭和四〇年）七月、江戸川乱歩は脳出血のためこの世を去ったが、彼が残した「暗示的にしか描かれなかった、さまざまな妖異、怪奇、凄惨を含んだ美」を紡ぎ出した世界は、今に至るも、かように小説や映画に携わるクリエーターたちの想像力を、刺激し続けている。彼の作品が放つ、鬼火のような青白き光芒は、その輝きを永遠に失うことはないのだ。

――彼のような天才は、これからも当分は現れないであろう。少なくとも、今後四半世紀は絶望のように私には思える。（松本清張）

（書き下ろし　２０２０年頃）

PART3　静謐の世界

『モリのいる場所』

羨望にたえない老境地

歳をとった所為だとは決して思いたくないし、また言い訳にする心算も更々ないのだが、このところどんな映画を観ても、感動しなくなっている自分を持て余している。それなりに面白そうだなと思える作品を物色して観てはいるのだが、駄目である。

歳をとると時間が短く感じられるのは、好奇心が希薄になっているからだと、何かのテレビ番組で云っていたが、本当のところ自身認めたくないだけで、好奇心どころか感性まで摩耗しているのかもしれない。

仕方がないので当り障りのないテレビドラマで、飢えを満たすしかないかと、半ば諦めかけていた矢先に出会ったのが、『モリのいる場所』であった。実に面白かった。たいして期待していなかっただけに、驚きはひとしおであった。同時に心から内容を愉しみ、しみじみとした感動すら覚えている自分をそこに見出すことができて、安堵すら覚えることが出来た。

脚本・監督は沖田修一。昭和五十二年九十七歳で没するまで、生涯を現役で通した実在の画家熊谷守一の、晩年のとある夏の一日に焦点を当て、そこに彼の言動や思想、人生観や芸術観、妻秀子への思いや、彼を取り巻く人達との関係を、圧縮して様々なエピソードとして詰め込んだ構成となっている。勿論フィクションである。

通称モリこと熊谷守一を演じるのは山崎努、妻秀子役は樹木希林。これ以上のキャスティングは、まずなかろう。見事に老夫婦の距離感というか、空間を紡ぎ出している。

また沖田監督も、エピソードのひとつひとつを笑いというオブラートで包み、悪ふざけにならない節度で、出来事を深刻に捉え過ぎない柔らかな視線を、登場する人達に投げかけている。こういった演出法が、私は嫌いではない。

冒頭にして、そうである。昭和天皇と思しき人物（実はこの役を演じているのが林与一。天皇によく似た雰囲気の人だなとは思ったが彼だとは気付かず、ビリングに名前を見つけ、どこに出ているのだろうと本編中眼を皿にして捜したのだが、それでも判らなかった）が、展示してある熊谷守

一の絵をご覧になり、

「これは何歳の子供の描いた絵ですか？」側近にお尋ねになられる。原色を用いて大胆な筆使いで形体を単純化して描く、所謂フォーヴィズムの画家として熊谷は位置付けられていたが、晩年は更に進化を極め、熊谷様式と呼ばれる極端なまでに形が単純化され、それらを囲む輪郭線や平面的な画面構成で、抽象度の高い具象化スタイルを確立させる。そういう彼の〈絵〉は、彼自身の言葉を借りると「へたも絵のうち」、幼児が描いた絵と見た目変わりはないのである。

アトリエのシーンを挟んで、モリの家の庭が横移動で映し出されるのだが、よく観ると、よく観なくとも、モリの顔がだまし絵もどきに、木々の葉の間に鎮座している。そこがモリの居場所なんだよといわんばかりに、そしてタイトル。

変わらぬ日常。モリは帽子を被り、両手に杖を突いて、自宅庭の散策ならぬ探険に出かける。当人によれば五十坪足らずだったということだが、実際には三十坪にも満たない広さだったらしい。それでも彼にとっては小宇宙である。鳥が飛び交い、草花が息づき、昆虫が跋扈する。モリは自然観察に楽しみを見出し、動植物の形態や生態を描くことに精力を傾けた。

モリは歩き慣れた庭の隅で、見慣れぬ小石を見つけ手にする。

「どこから飛んできたのだ？」これは、このすぐ後に登場する三上博史を絡めた伏線。

――風呂敷に包んだ白木の板を手にした、ひとりの男がモリの元を訪れる。高名を聞きつけ長野から看板への揮毫を頼みにやって来た、温泉旅館の主人（光石研）である。人嫌いなモリの性格を知っている秀子は断るが、懸命の懇願をわざわざ遠くから訪ねてきてくれた手前もあり、無碍に斥けることもならず、結局引き受ける事となる。この折、モリの家に屯していた連中の中から、何時現れたものかひとりの男が、旅館の主人に、

「誰だか知らないが、モリに書いて貰うなんて、一生感謝しなさいよ」次いでモリに向かい「モリもモリだよ。こんな見ず知らずの男に書いてやるなんて……ああ見ていられない、私は失礼する」大仰に嘆じて家を飛び出して行ってしまう。残された者全員「今の誰だ？」と不審顔。この役を演じているのが三上博史、変わったキャスティングだなと少し違和感を覚えたのだが、まさしくこれこそ伏線だったことが後で判る。

しかしながらモリが書いたのは、旅館名の雲水館ではなく「無一物」という言葉であった。これは彼の好きな言葉で座右の銘に等しく、よく揮毫したらしいのだが、旅館の主人にしてみれば当惑極まりない「書」であった。熊谷宅を辞する面持ちは憮然たらざるを得ない。敷地の塀には、「マンション建設反対」「熊谷守一の芸術を守れ」の立札が、幾つも並んでいる。どうやらすぐ近くにマンションが建つらしい。

モリに惚れ込み、半年通い詰めては彼の写真を撮り続けているカメラマンの藤田（加瀬亮）が、アシスタントの公平（吉村界人）を連れて、やって来た。早速藤田は、モリの機嫌を損なわぬよう

気を使いながら、シャッターを切り始める。就中件の小石に微動だにせず眺め入る姿に、何かを感じたのか触発されたのか、憑かれたように撮りまくる。後ろで見ていた公平が、感に堪えない様子で、

「凄いですね。見た目完全に仙人ですね」

藤田は、仙人と云われるのを先生一番嫌がるんだから口にするんじゃない、と嗜めながらも、自らしみじみと、

「もう三十年もこの庭から一歩も外に出てないんだぜ。天狗か仙人でなくて何なんだ」述懐するのである。

昼食時である。箸使いが苦手なモリは、カレーうどんの汁を襟元に零してしまう。拭き取っていると、そこに電話。応対していた秀子が振り返り「文化勲章を下さるそうですよ」

昼食を共にしていた面々は、思わず驚きの声を上げるが、当のモリは、

「要らない。そんなものを貰ったら人がいっぱい来るよ。……袴は穿きたくないし」

秀子も手慣れたもので、「それもそうやね」合点すると「要らないそうです」電話を切ってしまう。

次のショットは叙勲の電話をかけた嶋田久作演じる官僚の、信じられないといった表情。台詞なし。嶋田はたったこれだけの出番だが、あるとなしでは余韻に大きな差があるショットである。態

谷守一は、同じ伝で勲三等も辞退している。

テレビで、「超俗の人　熊谷守一」と題された特集番組が放映される。加瀬はその様子をカメラに収める。番組の中でモリは、何と三十年近く自宅の敷地から一歩も外へ出ず、庭の動植物を描き、金や名声には関心を持たず一途に絵と向き合っている画家として紹介され、そうしたことから「画壇の仙人」と呼ばれています、そう結ばれていた。

実のところ三十年というのは盛り過ぎで、七十六歳のおり軽い脳卒中で倒れて以来、長い時間立っていると眩暈がするようになったため、外出を控えるようになり、そのままその状態が続いたということらしい。

秀子は「あなた仙人なんですかア」皮肉めかして言うと、「仙人が表を歩いたりしたら噂になりますから、外へ出ないで下さい。みっともないですから」冗談とも本気ともつかぬ口調で、駄目出しをする。その言い方が業腹だったのか、モリは例の二丁杖で敢然と外へ出て行く。のだが、少し行った辺りで小学生の女の子と眼が合い、睨みつけられて、恰も鬼に出会ったかのごとき恐怖を覚え、慌てて逃げ帰ってしまうのである。これは笑えた。

午後、建設中のマンションのオーナー（吹越満）が、現場責任者（青木崇高）を伴って、建設反対の看板に対する苦情を申し立てに、やって来る。応接は秀子。マンションの建設は以前から決まっていたことであり、看板を撤去しないと訴えるというのである。秀子は怖々反論する。「だけど日当たりのことは何も云ってませんでしたよね。庭に日が当たらなくなると困るんです。この庭は主人のすべてやからね」

だが青木の狙いは別にあった。借りようと向かった当のトイレで、おそらく潜み隠れていたであろうモリと、鉢合わせするのである。これ幸いと青木は持参していた息子が描いたという台風の絵の批評を、求める。暫く眺めた後、

「へたです」モリは言い放つ、「へたですね。へたでいい。上手は先が見えちまいますから。へたも絵のうちです」――これはモリの、絵画に対して一貫して変わることのない、姿勢である。自身の著作『へたも絵のうち』で、彼は述べている。「つまるところ絵というものは、自分を出して自分を生かすしかなく、自分にないものを、無理に何とかしようとしても、ロクなことにはなりません。へたな人は、自分を生かす自然な絵を描くため、へたな絵を描くことです」

よく右足が吊るお手伝いの美恵ちゃん（池谷のぶえ）が、沢山の肉を買ってきた。貰い物の分もあったため、持て余す量になってしまった。そこで食べ盛りの若い人達を呼ぼうということになり、招かれたのが青木を筆頭とするマンションの建設作業員たち。宵闇の中、丸い灯りが一列になってこちらへやって来る。何かと思えば、各々のヘルメットに装着されたライトである。このシーンに、音楽担当の牛尾憲輔は、モリコーネ張りのマカロニ・ウエスタン調の曲を、被せるのである。何とも楽しい。

大宴会である。そのさ中、モリは池の辺りで小さな灯りが動いているのに気付き、庭へ出る。近付いてみると、それは昼間家を飛び出していった三上博史であった。だがその額からは、提灯鮟鱇のように釣竿状の角が生え、先端が丸く明るく輝いている。つまり彼は異星人？　そして拾った小石は、隕石？　彼は云う、

「あの池はとうとう宇宙へと繋がりました。一緒に行きませんか。この狭い庭から外へ出て、広い宇宙へ行きたいとは思いませんか？」

このエピソードは、幾つかの解釈が出来ようかと思う。最初私は、三上は天寿を全うしたモリを「死」の世界から迎えに来た使者かと思ったのだが、おそらく違う。ここは素直に三十年近くをそこで息づき、生きとし生きるものすべてを愛したモリとその庭が、世間一般或いは常識から隔絶した本当の小宇宙を形成し、モリが願い理想とした、すべての生物が穏やかにそして隔てなく生きることのできる大宇宙へと発展、もしくは繋がった――私はそう理解したい。だがモリは秀子を愛していた。そして歳をとり過ぎていた。

モリは申し出をきっぱりと断る。「いえ結構、私はここにいます。この庭は私には広過ぎます。ここで充分。それにそんな事になったら、また母ちゃんが疲れちまいますから――それが一番困る」

モリが目覚めた時、件の小石をしっかりと握りしめていた。夢だったのだ。宴会はすでにお開きになり、みんな引き上げてしまっていた。茶を喫し、秀子と碁を指しながら、モリは尋ねる、

「もう一度人生を繰り返すことができるとしたら、どうかな？」

「それは嫌だわ。だって疲れるもの。あなたは？」

「おれは何度でも生きるよ。今だってもっと生きたい。生きるのが好きなんだ」

「そう、ですか」そう云った秀子の、いな樹木希林の表情を、この先私は忘れることはないだろう。演技で、表情ひとつでここまで表現できるものなのか。

「こんなに長く生きちゃって……ウチの子たちはあんなに早く死んじゃって……」

モリと秀子には、五人の子が生まれている。しかしながらそのうち三人を亡くしている。赤貧ゆえである。次男陽が三歳という幼さで肺炎を患い亡くなった時も、金が無く医者に見せることも出来ず、ただ自宅で看取ることしか出来なかった。秀子からは「絵を描いてください。絵を描いてくだされば、何とかお金に変えることが出来ますから」幾度懇願されても、絵筆を執ることは叶わなかった。それがである。死んだ息子の顔を見ているうちに、

「三歳で死んだこの子は、後に残す何も持たない。それならばせめて死に顔だけでも残しといてやるべきではないか」いつの間にか、絵を描いていたという。そのことに自ら気付き愕然とする。

「何ということだ。これはまるで鬼畜の所業ではないか」

多分だが、モリが生きるのが好きだと云った背景には、自ら望んで選んだ道とはいえ経済的に家族を支えられなかった所為で、生きたくとも生きることが叶わなかった我が子たち、彼らの分まで

生きたい、生きなければならないという、贖罪の思いがあったのではなかろうか。だからこそ動物・植物を問わず、命あるものすべてを愛したのであろう。

秀子は違った。違ったはずである。母親であればこそ、お腹を痛めた我が子に先立たれる辛さ、悲しさ。それもお金さえあれば、救えた命なのである。悔しかったと思う。亭主は怠惰な人ではない、だがお金に縁のない人だった。恨んでも仕方がない。それが「疲れますから」という返事になったものだろう。もう二度と同じ苦しみ・嘆きを繰り返したくはない。それなのにモリは「生きるのが好きなんだ」という。

「何を能天気なことを。あなたはいいですよ。好きな事だけやっていればいいんだから。私はあなたの世話をし、子供たちの面倒を見、看病をし、死んでいくのをどうしてやることもできなかった。もっともっと生きたかったろうに……」――その複雑な心持を、樹木希林は見事に表情に出した、私はそう思う。

マンションが竣工した。いつものように写真を撮るべくモリの家へ向かっていた藤田は、その前を通りかかり、ふと思いついて屋上に上る。モリの家を俯瞰で撮ろうと決めたのである。準備をし、カメラを向ける。その先には、いつもと変わらぬ熊谷守一家の、日常があった。

ありきたりの感想で甚だ恐縮だが、モリにしろ秀子にしろ平坦な道ばかり歩んできた訳ではない。むしろ曲がりくねって、勾配のきつい道の方が多かった。それでも今は恩讐を乗り越え、駘蕩として流れる時間の中で、ふたり手を携え共にいる。「文句はあるけどいつまでも二人で」この映画のキャッチコピーである。夫婦とはそういうものなのかもしれない。

こういう老後が送れたらいいな、羨ましいな、軽い興奮の中でそう思ったら、不覚にも涙が零れそうになった。

（「シネマ気球」２０１９年９月）

『牛の鈴音』

母のこと、そして祖父母のこと

韓国の慶尚北道は奉化郡に位置する、とある寒村。鄙びた家に、肩寄せ合って暮らす翁と媼。二人の顔には、長い年月を風雪に晒されながら従事してきた農作業による、深い皺が刻み込まれている。生活は貧しい。その老夫婦と共に三十年という星霜を生き、働き抜いて彼らの生活を支えてきた一頭の牛。この映画は、その牛が老いには勝てず死んでいく様子と、それを見守る老夫婦の姿を追ったドキュメンタリーである。何年もかけて準備したものであろうが、映像は主に老牛が死ぬまでの一年間に、焦点が当てられている。

一幅の絵画かと思えるショットが点綴される、牧歌的でのどかな感じの佇まいをみせる風景。だがそこにも確実に、生の息吹と死の虚無は存在する。映画は、それらを丸ごと包み込んで、実に淡々とした、静謐な映像的広がりをみせてくれる。田舎の景色、それも牛が題材ということもあるのだろうが、撮影したチ・ジュウの画は、とても素晴らしい。

どんなに貧しかろうと、どんなにささやかでつましい暮らしであろうと、そこかしこに生命の尊厳は満ちている。だが命あるがゆえに、たとえ十年一日の如く、抑揚に乏しく変わり映えのしない日々であっても、生きてあることの過酷さに、翻弄され続ける。そして誰しも、いかに背負わされた宿命とはいえ、日常の中で死にゆく命、消えゆく魂を看取ることの哀惜を、経験しなければならない。それは人間だけにとどまらない……

胸の奥を滾(たぎ)るほど熱い思いが去来する。だがそれすらも哀しく切なく、浄化されていく。

監督であるイ・チュンニョルは、チ・ジュウに撮らせたフィルムを、見事に編集している。そこには一片の衒(てら)いもなければ、気負いもない。その構成力の確かさが、作品に透明感をもたらしている。

そして——どうやらその透明感は、私にとって触媒の役割を果たしたようだ。普段脳の奥深くに仕舞い込まれて、絶えて思い出すこともなかった幼児期の記憶が、堰を切ったように鮮明に浮かび上がってきたのである。

＊

私の母の実家は農家である。いや、今では農家だったというべきだろう。祖父・祖母共にすでに亡く、母のすぐ下の弟がそこに住居（すまい）しているが、高齢でもあり後継者もいないことから、いつともなく廃業してしまった。子供の頃は「田舎ん爺ちゃん家（ち）」と呼んで、泊りがけでよく遊びに行ったものである。

私が生まれ育った長崎の街は、高い山脈（やまなみ）こそないものの、平野部が極端に少なく、入り江を囲むようにして海岸線からすぐに、山肌がせり上がっていく。そのため坂が多い。というより、ほとんど坂ばかりである。「爺ちゃん家」は、連なる山脈のほぼ山頂に近いところに、建っていた。部落の戸数は五軒ほど。当然段々畑に棚田である。庭に佇むと、眼下はるかに市街地が一望できた。

当時住んでいた我が家からは、ボンネット・バスを乗り継いで麓の終点まで行き、そこから山道をてくてくと上るのである。歩きだけでも、子供の足で小一時間かかったと思う。だが気にも苦にもならなかった。私は「爺ちゃん家」が大好きだった。

テレビもまだ普及しておらず、ましてゲームや玩具などあろう筈もなかったが、遊ぶ場所は無限にあったし、遊び道具がなければ、それらしきものを自分で拵（こしら）えればよかった。町場に住み暮らしたのでは味わえない新鮮な驚き、そう呼べるものが確かにあった、と思う。

一度、鶏が空を飛べるかどうかの実験を、試みたことがある。抑えられない子供の好奇心である。

「爺ちゃん家」は部落の中では一番高台の、しかも三メートルほどの高さの石垣の上に、在った。庭で餌を啄む鶏をつかまえて、石垣の端から大空高く放り上げたのである。羽をバタバタさせながら、宙に飛び立つことなく、鶏は下の小道へと落ちていった。

「鶏は、よう飛ばんと」得た結論である。幸い無傷で回収できたので、爺ちゃんには叱られずに済んだ。まあ鶏にしてみれば、とんだ迷惑だったことは間違いない。

夕間暮れ、野良仕事から帰った婆ちゃんは、夕餉の支度をしながら必ずラジオをつけた。

「おのれ、猪口才な小僧め、名を、名を名乗れっ」

「赤胴鈴之助だ！」当時大人気だったドラマが流れていたのを、今でも懐かしく思い出す。

＊

翁と嫗はよくラジオを聴く。古びたトランジスタ・ラジオ。テレビどころか、碌な調度もない部屋の中で鳴るラジオ。流れてくる歌謡曲は、唯一の憩い。ニュースは、唯一の外界との窓口。すでに生活の一部と化している。したがって農作業の合間にも、持ち運び、聴き入っている。そのラジオの調子が悪くなった。翁はおちこち叩いて、電波の入り具合を良くしようとする。嫗は云う。

「あんたと同じでラジオもポンコツだ。そろそろ寿命かね」翁の顔に、苦い笑みが湧く。

――飼っていた牛が倒れた。本編はそこから始まる。

赤牛である。今日はいつものように立って餌を食べているが、肉がげっそりと落ちているため、頭だけが妙に大きく見える。背骨は尖り、腰骨は突き出ている。

呼ばれた獣医は、歳が歳だから仕方がないという。牛の齢（よわい）は四十。持って一年位だろうとも。翁は困った。自分の元へ来てからでさえ、すでに三十年。長い年月である。働き盛りの壮年から、年老いて動くことさえ儘（まま）ならなくなりつつある今日まで、共に一所懸命働きに働き抜いてきた相棒が、いなくなってしまうのである。村の人たちは、翁が九人の子供らを育て上げ、学校を出させ、今日あるのはその牛のお蔭だと、口々にいう。実の子よりも出来がいい、とさえいう人もいる。老牛に愛着はある。可哀相だとも思う。だが牛がいなければ、仕事ができない。

翁は、仔を孕（はら）んだ牛を買う。若い牛はよく食べる。草刈の仕事が大幅に増えた。若い牛は、年老いた牛に邪険な仕打ちをする。お腹に仔がいるから、食べなければならないのだろう。餌場から追い出そうとするのだ。老いた牛は嫌がるだけで、手向いしない。動物の世界も同じか、思わず苦笑しかけたが、これも自然界の摂理か、思い直した。

耕運機に田植え機。韓国の農家にも機械化の波が、押し寄せようとしていた。対するに、裸足で泥田の中に入り、牛に田を耕させ、手で苗を植えていく。翁は機械を頑なに拒み、すべてを手作業でまかない続ける。しかも翁は子供の頃、鍼治療に失敗して筋が縮ってしまったとかで、左足が針金のように細く、杖なしでは歩行も困難なのだ。杖を突いての農作業は、殆ど不可能に近い。だから翁は泥田の中を這いずり回るようにして苗を植え、匍匐（ほふく）して牛の飼料である草を刈らねばならない。なぜそこまでして機械に頼るのを嫌うのか。

農薬についても同様である。農薬を散布する隣家の田と、一本一本雑草を手で抜いていく翁の田のショット。使用すると、牛の餌である草も農薬に塗（まみ）れてしまう。だから使わないのだと、翁は断言する。だが近在の農家では、疾（と）うに農薬に依存しており、牛の餌は市販の飼料で間に合わせていた。

「農薬を使わないと、米に虫がついて収穫が減る。牛の餌は、飼料でいいじゃないか」うちもそうしよう、媼は言う。

「飼料だと牛が肥って、仔を孕まなくなる」翁は嘯（うそぶ）いて、耳を貸さない。

＊

爺ちゃん家でも、牛を飼っていた。

短く鋭い掛け声を発しながら、牛に田を耕させていた爺ちゃんの姿が、脳裡にある。間近で見上げると、ごつごつとした牛の背は、聳え立つ巌のように見えた。だがなぜか黒い牛だったのか、茶色い牛だったのか、明瞭な記憶がない。それでも長い睫の大きな優しい眼と、ときおり涎を垂らしながら、下顎を左右に動かして草を食（は）む姿は、はっきりと覚えている。

牛舎は、納屋の端に設（しつら）えてあった。柵で囲い、柵と土壁との間一メートル位の場所には、藁が積み上げてあったと思う。爺ちゃんは、その藁で注連飾りを作るのが上手かった。師走に入ると、母屋の土間の片隅に蓆（むしろ）を敷き、その上で作業に余念がなくなる。私は掘り炬燵に潜り込み、器用に動く爺ちゃんの手元を、飽きずに見ていた。年の瀬近くなると、出来上がった大中小様々な大きさの注連飾りを、畚（もっこ）に山のように積んで、街へ売りに出掛けていた。

土壁の横は畑で、その畑の隅に立派な金柑の樹があった。かなり大きな樹である。私は今に至るも、それ程のものを他で見たことがない。かなりの老木だったのだろう。冬休み、私はその樹に上っては、鈴なりに実った金柑を、手当り次第に捥（も）いで食べた。一週間やそこらで、食べきれる量ではなかった。皮を歯でこそぐようにして、中の酸っぱい部分は捨てた。たまに皮に飽きると、顔を顰（しか）めながら中身を食べ、種だけ吐き出す。そのうち唇の端の方が、ぴりぴりと痺れたようになってくる。下の方が疎（まば）らになってくると、枝の高い方へ移動である。そこからだと、納屋の土壁の、ほとんど屋根に接した処に切ってある小窓から、牛舎に繋がれた牛の背と、時折蝿を追うように動く尻尾が見えた。その動きが面白いせいもあって、冬の陽だまりの中、私は金柑を齧りながら長いこと眺めていた。

爺ちゃんも、よく沢山の草を刈ってきていた。その草と藁を、昔小学校でよく使っていた紙を纏（まと）めて切ることの出来る、碁盤の横に鉈のような刃の付いた裁断機の親玉みたいなもので細かく切り、それに米糠を混ぜたものを与えていた。私も何度か手伝ったことがある。

現在（いま）家を継いでいる叔父さんの弟が、子供の頃、その裁断機で誤って左手の小指だか薬指だかを、切り落としてしまったという。爺ちゃんは急いで指をくっつけ、傷の回りに煙草の葉をほぐしたものを擦(なす)り、布できつく縛って病院へ連れて行ったそうだ。病院といったって、何せ山の上の家である。近所にあるわけがない。何キロも先だ。自動車というのが、希少だった頃のことだ。家にも近所にも、所有している人はいない。救急車など、まだない時代である。大騒ぎだったと思うし、どうやって痛がる叔父さんを運んだのだろう、という疑問も湧く。当然、縫い合わせたのだろう。私自身その話を聞いたのが、幼少の頃である。細部の記憶は曖昧だし、真偽すらも定かではない。確かめた訳でもない。いま叔父さんの手の指は十本ちゃんと揃っているし、動く。だが私は本当の話だと思っている。

*

仔牛が産まれた。だがその仔牛は、乳を飲むとき以外は母親の元へは近寄らず、専ら老いた牛になついた。年を取って穏やかになったのか、いや元々優しく我慢強い性格なのだろう。だから仔牛を邪険にしない。だが人も牛も、子供はやんちゃである。繋いである綱を振りほどき、そこら中を跳ね回る。捕まえるのに、一苦労である。ついに隣家のスイカ畑を荒らしてしまう騒動が起きた。年老いた二人には、仔牛の世話は手に余る。このままでは、またもや隣近所に迷惑を及ぼしかねない。翁と嫗は相談して、仔牛を売ることに決めた。勿体無いが、やむを得ない。業者に連絡して、引き取りに来て貰う。だがやはり、思ったほどの値は付かなかった。

＊

翁は寡黙である。対して、嫗は常に愚痴を零す。すでに習い性となっているほどだ。聞いていようがいまいが構わない。考え付いたこと、思ったこと、胸の奥のわだかまりを嫗は吐露する。話しかける。長年連れ添った夫婦である、ろくに返事がないことも弁（わきま）えている。「風に吹かれる木よりも無口だよ」

だが嫗は云わずにはおれない。老いた牛にさえ文句を垂れる。云わずにいたら彼女はどうなっていたろう――と思う。

「生きることはしんどいね。悲しいよ」そのつらさ、苦しさ、悲しさを愚痴に籠めて、嫗はその都度放擲（ほうてき）しては、乗り越えてきたのだろう。

十六の歳で、百キロの道のりを揺られて輿入って以来、六十年になんなんとする年月を、夫と共に働き抜いてきた。その間九人の子供を産み、育て、その子供等もすでに独立して親元を離れた。お互いもう年だ。この先いいことが待っているとは思えない。少しぐらい楽をしても罰は当たるまい。だが気兼ねをしいしい子供を頼るのは嫌だ。気ぶっせいである。だからこそ夫には長生きして貰いたい。楽をさせたいのだ。この人に先立たれては、残された私はどうやって生きていけばいいのか。――その思いも、また愚痴となって口の端に上る。

「田舎ん家」は、逆に婆ちゃんが、とても口数の少ない人だった。爺ちゃんの方が話好きといってよく、夕食後の団欒の席で、いろんなことを聞かせてくれたものである。そんな時、婆ちゃんは隅の方でただ黙って耳を傾けていた。

そういえば、婆ちゃんがたまに作ってくれた饅頭は、とても美味かった。餡もあまり甘くなく、割と大振りなのだが、子供であるにも拘らず、何個でも食べられそうな気がしたものだ。

後々知ったことだが、婆ちゃんは幼い母を連れて、爺ちゃんの元へ輿入ってきたという。再婚、ということになるのだろうが、最初の夫とはきちんと籍を入れてなかった、節(ふし)がある。事情は分からない。戦争前の話でもある。聞きたくても聞ける雰囲気でもなかった。母の口から、実の父親つまり私の実の爺ちゃんになる訳だが、について聞かされたことは一度もない。話したくない、というより、全く話す気もなかったのだと思う。母は「田舎ん爺ちゃん」を、実の父だと思い込もうとしていた。だから母は、爺ちゃんが亡くなるまで、面倒を見た。負けん気の強い母のことである。連れ子だから冷たいのだと、人に後ろ指をさされたくなかった所為もあるのだろうが、やはり多少の気兼ねはあったのかもしれない。

婆ちゃんは、どうだったのだろう。子連れの自分を引き取ってもらったという、遠慮があったのだろうか。それが口数となって表れた。いやいや、人一倍の働き者であること、寡黙であることは、持って生れついたものだろう。気兼ねはあったかも知れないが、少なくともそれを示す兆候は、見受けられなかった。ただ黙々と、それこそ死ぬ間際まで働いていた。

婆ちゃんが亡くなった時、爺ちゃんは棺に納まった婆ちゃんの顔を撫でながら、「長い間ありがとうな」涙を流した。爺ちゃんの涙を見たのは、後にも先にもこの時だけである。

＊

翁は頭痛を訴えた。今までにも、何度かめまいや痛みを覚えたことはあったが、これほど激しいのは初めてである。「頭が痛い」さすがに弱音が出る。翁は意を決して、病院に行くことにする。老牛に牽かせたリアカーに乗り、二人して揺られながら出かける。

街に着くころ、折悪しく雨が降り出した。荷台の上で、二人して蝙蝠を差す。共に場違いなほど派手な傘である。

商店街のアーケードの前で、デモが行われていた。

「狂牛病の進入を許すな。国産牛を病気から守れ！」

「韓米の自由貿易に反対！」時あたかも二〇〇六年。我が国でも、狂牛病が騒がれた年である。シュプレヒコールを上げる人たちを、翁と媼は、異次元の人間にでも出会った様に、眼を丸くして眺めている。

診察を受ける間、老いた牛は駐車場のフェンスに繋がれていた。その背には、透明のビニールが掛けてある。どこ吹く風といった牛の表情と、何となくの滑稽さに、思わず口元が綻びかけるが、寒いだろうな、可哀相だなという思いが、それを打ち消す。素敵なショットだと思う。

診察の結果が出た。血圧が高いのは勿論、体中の至る所が疲弊している、という。

「このまま放っておくと、眼がかすんで、腎臓が悪くなることもあります。やがては卒中や心臓発作を引き起こしかねません」と、医者に威(おど)され、

「仕事を続けるのは無理です。休んでください」注意されるが、翁は他人事のような顔をして、聞き流している。

今まで仕事一筋に生きてきた。今更それを変えることなど、出来ない。

「少しでも働く。私はまだ生きている。生きているうちは働かないと……」朝は朝星夜は夜星、若い頃八年間作男(さくおとこ)として働いて以来、翁にとって仕事が全人生なのだ。休むなど、とんでもない話である。

――病院からの帰路、二人はスタジオで遺影として使える、写真を撮った。

＊

媼は老いた牛を売ろうと、云い募る。

夫は左足が不自由だから、人並みの仕事が出来ない。それをカバーしようとして、牛に頼る。頼りきっている。だから牛の鈴音には耳を欹(そばだ)て、鳴き声には頭痛がひどい時でさえ、すぐに反応する。よく判っている。だが「亭主も牛もボロボロだ」

寄る年波には、抗いようがない。最近は牛を操ることさえ、儘ならなくなってきている。牛も昔

のようには、動けなくなってきた。そういう自分も、歳なのだ。

「牛を売ろう。私に牛の世話はできないよ」

秋夕（チュソク）という韓国のお盆に、孫を連れて帰省した子供たちに、媼はいう。

「牛を売るよう、父さんを説得して」

「牛を売って、父さんは休め。隠居暮らしをしてくれ。金は俺たちが何とかするから」翁の返事は、無言に無表情。

米の刈入れ時期がきた。しかし翁と媼二人では、刈入れはすでに無理だった。お宅の次男に頼まれたからと、隣家の主人が機械で刈り取ってくれた。この頃、翁の左足が痛みだし、病院へ行く。レントゲンの結果、

「指の骨がズレている。古い怪我だから、治療は無理」この足では、もう米を作ることは不可能なのだ。翁は落胆した。

牛を売ることにする。牛市場へ連れて行く。それこそ肉にでもして売り飛ばそうという仲買が、何人か声を掛けてくるが、言い値に翁は首を縦に振らない。

そのやり取りを聞いている老いた牛の眼から、一筋涙が流れたと見えたのは、私の眼の錯覚であろうか。

結局、牛は売らなかった。心情的に、売れなかったのだ。

帰路、立ち寄った食堂で仲間の一人がいった。

「チェさん、老いぼれ牛はあんたが背負う業だよ」

＊

翁は、若い母牛に仕事を覚えさせようとする。だが強情なのか、呑み込みが悪い所為なのか、遅々として進まない。

「時間をかけて教えていけば、何とかなるだろう」溜息交じりに呟くも、当分は老いた牛に頼るしかなかった。

＊

——老牛に、いよいよ最後の刻が訪れる。倒れたまま起き上がれなくなってしまったのだ。翁は何とか立たせようと、鋭い掛け声で叱咤し激励するが、老いた牛はもがきながら、ただ荒い息を吐くばかりである。呼ばれた獣医は、延命の術はない、時間の問題だと、首を振る。「心の準備をして下さい」

じっと様子を見守っていた翁は、黙って牛の首輪を切り取り、付けていた鈴を外す。万感の思いが去来したことだろう。哀しみが堰を切ったように、溢れ出してもきただろう。だが迫りくる死を、どうしてやることも出来はしない。ただ看取ってやるだけである。

老いた牛は、ただ静かに、がくんと首を落とした。

しかしながら、生が連れ去られ死が訪れた瞬間、不思議なことだが、あらゆる感情は消える。胸の中を吹き荒れる風は、冷たく乾いて、こもごもの思いを吹き飛ばす。そして、ただ茫漠たる寂寥（せきりょう）のみに、圧し拉（おひし）がれるのである。

老牛の亡骸をトラックで運び、ショベルカーで掘った穴に埋葬する作業を、翁と媼は共に蹲（うずくま）って並んで見ている。その目に涙はない。感情すら拭い取られたような顔をしている。

横殴りの吹雪のショットに続いて、牛の墓である土饅頭の上に、うっすらと積もった雪。

似たような経験が、私にもある。

時期のズレはあるが、十六年生きた愛犬と、十八年という長寿を全うした愛猫を亡くした時である。愛犬は、終日哀しそうな、か細い鳴き声を上げながら、死んだ。看取る者は、体を摩（さす）ってやるぐらいのことしか出来ない。愛猫は、最後は癌を患い弱ってきたので、座布団に寝かせておいたのだが、気が付くとすでに息をしてなかった。共に家族で埋めた。野良犬に掘り返されないよう、息子に深めに掘らせた穴に、タオルケットでくるんだ亡骸を横たえる。一瞬まだ生きているのではないかと、タオルケットを捲り触ってみる。だが四肢は冷たく強ばり、目は光なくただ虚無を映すのみ。死を確認すると、改めて包み直し、土を掛けていく。

私は涙もろい人間である。だが、どちらの場合も涙は出なかった。ただ冷たく乾いた風が、渦を巻いて体の中を吹き抜けていっただけだ。思考力は停止している。翁も私も涙を流さなかったのは、いくら家族同然だったとはいえ、死んだのが動物だったからということではなく、おそらくだが、やがてはそう遠からぬ日に、自分たちも冷たい骸と化して葬られるのだということを、理屈ではなく肌で感じ取ったが故、だと思う。

「その内、俺もそちらへ行く。その時は、また一緒に遊ぼうな」土饅頭を、立ち去り難く見詰めながら、胸の中でそう呟いた。

＊

母の実家で牛を飼っていた。誰にでもある訳ではない、謂わば特殊な事情が、私をして必要以上に、『牛の鈴音』にのめり込ませたのかもしれない。

一歩退いて、そのことを首肯しつつも、尚それでも私は幼少の頃の記憶を、ほろ苦くも懐かしい思い出として、大切な宝物のように思っている。それは事実だ。しかし私を、実の孫ではないにもかかわらず可愛がってくれた爺ちゃんも、穏やかな笑顔の婆ちゃんも、今はもういない。私自身還暦を過ぎ、日々の些事に忙殺され、次第に思い出すことも、稀になっていた。記憶力も衰えを見せている。偶に思い出しても、断片でしかないようになっていた。

それがこの映画を観た途端、思い出がまるで洪水のように、押し寄せてきたのである。それも細部に至るまで、鮮明な映像を伴ってである。これもまた事実なのだ。嗚呼、私にはこんなにも伸びやかな子供時代の経験があったのだ。更なる驚きであった。

牧歌的な佇まいは、私の原風景。接した動物たちは、生命の息吹を教えてくれた先生。良くも悪くも今の私は、この幼少期に、根差している。

生きてきた過去よりも、余生を数えた方が手っ取り早くなった現在、願うのはイ・チュンニョル監督の、一切の感情も煩悩も浄化した、更には死をも包含した透明な視線を持ちたい、ということだけである。

『牛の鈴音』に出会えたことを、私は心から嬉しく思う。そして監督には、やはり大いなる感謝を捧げるべきだろう。

＊

ここで映画の冒頭に戻ろう。清涼寺の急な石段を上り、詣でるふたり。老いた牛が死んだ、翌年のことである。参拝が終わった後、媼が問う。「牛が恋しい？」

「何だって？」と翁。

「死んだ牛が、哀れかい」

「いくら牛でも死ねば哀れさ。だが済んだことだ」そう、済んでしまったことなのだ。憮然と答える翁の声に被せて、死んだ牛が首に付けていた鈴のアップに切り替わり、そしてタイトル。鈴の音。

＊

私が中学校に上がる頃には、「爺ちゃん家」の牛はすでにいなくなっていた。三方を土壁で囲まれた薄暗い牛小屋の、小さな高窓から差し込む日の光に照らし出された、主のいない空間は、ただがらんとして見えた。

あの牛は、どうしたろう……

（「シネマ気球」２０１３年９月）

緒形拳の死が教えてくれたこと

老いさらばえることへの一考察

一

過日、疲れてもいたのであまりヘビーな作品は御免蒙りたくて、それも笑えるものがいいなと思い、『燃えよ！　ピンポン』（ロバート・ベン・ガラント監督）を観た。この手の映画は殆どが見かけ倒しで、がっかりさせられることが多いのは充分承知しているのだが、大好きなクリストファー・ウォーケンが出ていることでもあり、何とか観られるだろうという軽い気持ちで、観たのである。結論からいうと、やはりウォーケンの怪演だけが目立った作品で、可もなく不可もなしといった程度のものであった。それとヒロインを演じた、このところ『ＭＩ３』や『ダイハード４・０』などの大作への出演が相次いでいるマギーＱが、まあよかったくらいであろうか。この人歌手の伊東ゆかりの若い頃によく似ている、と思う。

　だが云いたいことはそれではなくて、実は主人公の父親役のロバート・パトリックについてなのである。『ダイハード２』で空港を乗っ取るテロリストたちの一人として登場し、『ターミネーター２』で液体金属のターミネーターを演じてアーノルド・シュワルツェネッガーの向こうを張り、その存在を際立たせた彼である。背中を丸め両肩を前に突き出した独特の歩き方で、すぐに彼と気付いたのだが、顔が違っている。どうにも自信が持てなくて、エンドクレジットで名前を確認して、やっと納得がいった。随分老けたなあ、湧いた感慨がそれであった。

　あれから十七年か。人は歳をとる。摂理である。だが頻繁に観て（会って）いるとなかなかその変化に気が付かないもので、それがたまに観る（会う）と著しく変わったなという印象を受ける。ウォーケンも相応に歳をとってはいるのだが、彼の場合はたまに見かけるし、またすでに『ドミノ』や『マイ・ボディガード』で免疫？　ができていたのでさほどには感じなかったらしい。パトリックは随分久しぶりの見参だったので、その分驚きが増したものとみえる。

人様の老いに吃驚するぐらいだから、かくいう私もそれなりの歳である。還暦まであと二三年を余すのみ。いま鏡に映る顔と、十五年前の写真の顔を比べてみると、髪は薄くなったし皺は増えたしで、少なからず嗟嘆を禁じ得ない。

『燃えよ　ピンポン』から日を経ずして、『バンテージポイント』（ピート・トラヴィス監督）を観た。ここでも同じような驚きに遭遇する。冒頭で、ＴＶ局の敏腕ディレクターといった初老の女性が登場するのだが、目元がどこかで見た感じの人だなと思っていたら、暫くして漸く気が付いた。シガニィー・ウィーバーだ。張りのある目元と引き結んだ時に唇の横にできる皺が特徴の、『エイリアン』シリーズであれほど私を魅了してくれた彼女の顔をすぐに思い出せないなんて、いかに人の顔を憶えるのが苦手な私といえど、それはないだろう。もしかしたら私の記憶力は、かなり減退してしまっているのかもしれない。

『メジャーリーグ』『山猫は眠らない』シリーズや、『誰かに見られてる』のトム・ベレンジャーもそうだ。何かの作品でちょっとだけ出演していたが、かなり老けていた。その驚きに気を取られ、何かの作品が何だったのか、どうしても思い出せない。やはり私の記憶力は衰えている。

人間、寄る年波には勝てない。それは判っている。身体は無理が利かなくなるし、気力は萎えがちになる。所詮人の一生なぞ騏驥（きき）過隙（かげき）。それもよく判っているつもりである。だからこそ馴染みのある人の老いを目の当たりにすると、自分自身が逆照射されて、寂しくいたたまれない気持ちにさせられる。

だが世の中には老いてなお盛ん、若い頃に比べ歳をとってからのほうが魅力的になる人も、確かにいる。ピーター・フォークなど、その好例かもしれない。そう『刑事コロンボ』その人である。リー・タマホリ監督の『ネクスト』（ニコラス・ケイジ主演）の前半部で顔を出していたが、飄々とした可笑しみはそのままに、ストレートに歳をとっていた。元気でいてくれたんだと、思わず微笑ましくなる。

そういう人達を見るとうまく歳を重ねたなと羨望の限りなのだが、一体どこでその違いが出るのだろう。先述のシガニィー・ウィーバーもうまく歳を重ねた一人だ、と思う。若い頃も素敵だったが、今回何台ものカメラにテキパキと指示を出す姿は、とても溌剌で颯爽としていた。

——緒形拳もまさにそういう人であった。

二

今は昔に比べ寿命が延びた。だから六十歳とはいっても、それほど老け込んではいないのかもしれない。だが確実に老いは忍び寄ってきている。私自身は歳をとってからのほうが魅力的な人間では、決して有り得ない。このままでは先々老醜を晒すのは眼に見えている。どうやったら回避できるのだろう。

そんなことをとつおいつ考えながら日を過ごしていたら、突然緒形拳の訃報が飛び込んできた。まさしく突然といった感じだった。いや違う。亡くなる少し前に、緒形は『ライラの冒険　黄金の羅針盤』（クリス・ワイツ監督）でライラを助ける白熊イオレク・バーニソンの吹き替えをやった。長い芸能生活で初めての吹き替えであったが、同時に最後となってしまった。その折の声音が気になった。伸びがなくかすれた感じだったのである。また彼が最後に出演したコマーシャルを観て、外見は変わらないながらも、その声に艶というか張りが無くなっているのに驚いてはいたのである。だから予兆はあったのだが、まだそんな歳ではないだろう、まだまだ活躍してもらわなければ困るという強い思いが、突然といった感じをもたらしたものと思われる。

平成二十年十月五日午後十一時五十三分、肝癌による肝臓破裂のため。享年七十一歳。天照院普遍日拳居士が戒名。

遺族によると、緒形拳は平成十一年ごろ慢性肝炎を患い、十五年に肝臓癌を発症。だが手術を受けず、投薬治療と食事療法で亡くなる間際まで活動を続けていたという。また昨年暮れに、腰椎圧迫骨折の大怪我を負っていたともいう。ざっと数えてみたが、癌を患ってからでも、映画出演十一本、テレビドラマは十五本、のみならず新国劇出身の彼は、師のひとりである島田正吾が、開祖である澤田正二郎から継承して演じていたひとり芝居『白野　シラノ』を受け継ぎ、島田の三回忌追善興行として演じたりもしている。

なんという演技に対する執念であろうか。手術を受けないという選択もそうだが、苦しい闘病生活だったに違いない。だが手術を受け病床に臥すよりも、死ぬまで役者であり続けたいという思いを優先させ、貫き通した。その強い思いが五年の歳月、緒形を生かし続けた。

緒形拳は役柄を選ばず、そしてなりきった。「彼が演じると、台詞に命が宿る」といわれたほどである。『鬼畜』（野村芳太郎監督）・『楢山節考』（今村昌平監督）そして『火宅の人』（深作欣二監督）と三度日本アカデミー最優秀主演男優賞を受賞し、平成十二年には紫綬褒章を受章している。その他ポール・シュレイダー監督の『ＭＩＳＨＩＭＡ』でカンヌ映画祭芸術貢献賞（この映画は勝新太郎をして『道草しちゃだめだよ』と云わしめた曰く付きの作品で、家族の大反対により日本未公開となっている）、池端俊策監督の『あつもの』ではペノデ映画祭グランプリ等々、受賞の数は枚挙に暇がない。

性格は堅物で真面目、そこから推察すると濡れ場などは苦手のように思えるが、これが案に相違して大の得意。真面目なればこそ、見栄も恥ずかしさもかなぐり捨てて、一心不乱になれたのであろう。

主役のみならず、脇に回っても緒形の演技力は群を抜いていた。善人悪人なんでもござれ。しかも自分のみならず、主役を見事に引き立てるのである。だからいろんな監督が、彼を使いたがった。

映画・ＴＶドラマ・舞台を問わずの夥しい出演数が、そのことを如実に物語っている。山田洋次監督が、藤沢周平原作の三部作のうち『隠し剣　鬼の爪』『武士の一分』の二作品で緒形を起用したのも、芸達者でしっかりと脇を固めたい、作品に“格”を持たせたいという気持ちもさりながら、永瀬正敏・木村拓哉といずれも若い主人公を補佐してほしい、引き立てて欲しいという思いがあったからであるのは、まず確かだろう。

——昭和・平成を駆け抜けた名優が、またひとりいなくなってしまった。

三

緒形拳が演じた役は、そのどれもが魅力的だが、私としては彼の存在をくっきりと印象付けた、初期の作品に好きなものが多い。中でも一番好きなのは、何といっても仕掛人・藤枝梅安である。ブラウン管に登場した当初、その迫力に思わず背筋がゾクゾクッとしたのを、今でも覚えている。悪女と化した生き別れになっていた実の妹を、仕掛けるだけの凄味が確かにあった。小林桂樹・萬屋錦之助・渡辺謙等が後に演じているが、いずれも緒形の迫力には遠く及ばない。この『必殺仕掛人』の大ヒットが、『必殺仕事人』シリーズにつながり、藤田まことの当たり役となった中村主水を生み出したのは、ご存知の通りである。次に好きなのが、これも初期の作品であるが、歌人で気の弱げな長兄を演じた『豆腐屋の四季』である。内容に惚れ込んで、原作本まで買った。もっとも作るのは空っ下手なくせに、短歌や俳句が好きなせいも、あるにはあるのだが。

円熟期においてはいうまでもない。というより、その凄さに圧倒されっぱなしだといったほうが、正しいかもしれない。

晩年の彼の作品は、相変わらず上手いなあと思うことはあっても、円熟期ほどには、気を入れて観なくなった。魅力を感じなくなってしまったのでも、飽きてしまったのでもない。緒形と私の歳の差はひと回りとちょっと。ということは、彼が晩年を迎えたと同様、私も歳をとったということである。緒形の髪は真っ白になったが、私のは薄くなった。彼を観るということは、自分が老けたことを、思い知らされることでもある。次第に疎遠気味になったのは、多分そういう理由からではないかと思う。

老いていくのは、怖い。なぜか最近そのことを実感する。

折も折、河瀬直美監督の『殯(もがり)の森』を、やっと観た。

老いていくことの、哀しみと惧れ。記憶が薄れていくことへの、苛立ちと絶望。残された人は、それでも生あるいは生きてある証をこちら側に繋ぎ止めておこうと、もがく。深く強い、それでいて静かな思いが、感覚的な映像で見事に表現されていた。これほどの感動を味わったのは、小栗康平監督の『泥の川』以来である。

因みに、私のつれあいが、主人公真千子と同じく老人介護施設で働いている。彼女の言によると、そういった施設に預けられた人は急速に老け込み、認知症が進行するそうである。原因は定かではないが、意識するしないに拘らず、家族に見放されたという思いが、症状を悪化させるのではなかろうか。生きる張り合いとなる、仕事・趣味がない所為もあるかもしれない。それゆえ施設で暮らし、遠い記憶にのみ縋り、それすら薄れていこうとしているシゲキ老人の、「私は生きているんですか？」という問いかけは、何物にもまして重く、つらい。

だが最後の最後まで演技に執念を燃やし続け、家族と共に生き、家族と親友津川雅彦に看取られて逝った緒形は、おそらく本望だったであろう。襲い来る死への恐怖と必死に闘ったではあろうが、過ぎ越しかたを振り返って、悔いはなかったに違いない。

緒形拳が亡くなった歳まで生きたとして、あと十二三年。死んだ親父の歳に至っては、二三年しかない。果たして残された晩年をどう生きればいいのか、いやどう生きなければいけないのか、明確に見えてくるものが、今の私にはない。この歳になって、胸を張って誇れる何物をも持たないばかりか、執念を燃やすべき対象すら見つけ出し得ない私の焦りや歯痒さは、もう幾らも先がない、ただただそこに根差していると思う。

しかしながら、辿るべき道筋は朧気ではあるが、見えているようである。いやそう思いたいだけなのかもしれない。だがそこに執着しないでは、少なくとも晩年だけでも、緒形のようにひたむきに生きることは、叶わない。それならば……歩き出せ。老いさらばえるまで、歩き通せ。一所懸命、自分を鼓舞してはみるものの、不精な私には、それすら切ない願いでしかないのかも。

――緒形拳氏のご冥福を、心よりお祈り申し上げます。

（平成二十年十一月）

（「シネマ気球」２００９年９月）

古武士の風格　丹波哲郎

丹波哲郎が亡くなった。

平成十八年九月二十四日のことだ。肺炎だという。

ふとした折に、テレビ出演していた晩年の彼を見たが、往時の俤を留めぬほどに痛々しく痩せ衰えていた。だが例の人を食ったような話し方は相変わらずで、思わず微笑を誘われたものだ。

映画監督、霊界研究者などの肩書きを持つ人だが、丹波哲郎には映画俳優という呼称が一番似つかわしい。

プロフィールを知りたくてサイトを覗いたら、日本の戦後映画を牽引した一人という記述が目に付いた。主演作はというと思い出すのに若干時間がかかるが、出演した映画はというとこれはもう枚挙にいとまがない。彼ほどフィルモグラフィーの多い人も珍しいだろう。五百本にも及ぶという。〈牽引した〉どころの業績ではない。

また「最も出世した大部屋俳優」という表現には苦笑させられたが、下積みの長かった人という件(くだり)で、おやっ？　と思った。何せ私が子供のころからブラウン管のスターだった人である。『三匹の侍』『キイハンター』『Gメン75』など、楽しみでよく観たものだ。だが考えてみると、この時丹波はすでに結構な歳で、それ以前のことはほとんど知らないのである。――学徒動員による兵役の後、サラリーマン生活に入るも、一念発起して役者を志し、新東宝へ入社。デビューは昭和二十七年の『殺人容疑者』。すでにこの時三十歳。

新東宝、ごく稀に東宝の脇役で活躍したとあるが、当時東宝にはすでに三船敏郎がおり、眼をギラギラさせたあまりに男臭いキャラはそうそう必要とはされず、新東宝では彼を使いこなせるだけの企画力はなく、また例の人を人とも思わぬ物腰が彼のスターとしての開花を遅らせたものと思われる。

新東宝倒産後はフリーとなり、活躍の場をテレビに移す。『トップ屋』等を経て、『三匹の侍』の主役の座を射止める。昭和三十八年、四十一歳の時である。『三匹の侍』自体は人気があって、映画化されたりもしたのだが、なぜか丹波は途中で降板し――おそらくフリーとなり枷(かせ)が外れた途端、あちこちの映画会社からお呼びがかかり始めたためだろう。何と云っても得難いキャラなのである。

――後を加藤剛に譲っている。

丹波哲郎本人がブレイクするのは、更に五年を経た『キイハンター』での〝ボス〟役においてである。この番組は私の周りで大人気だった。千葉真一・野際陽子・川口浩・大川栄子ら錚々たる顔触れの上司役として、貫録・凄味ともに申し分なかった。黒いソフトに黒いコートがよく似合って様になる役者は、彼以降現われていない。

それ以降の丹波哲郎の活躍ぶりは、知っての通り。『人間革命』『ノストラダムスの大予言』『砂の器』『日本沈没』（新しい方ではなく前作）等が、一応代表作として挙げられようか。だが私は鶴田浩二と共演した『暴力団再武装』や『博徒斬り込み隊』等の方に、愛着がある。当時人気絶頂で脂の乗りきった鶴田の対手役として、向こうを張れる迫力を持った俳優は、丹波しかいなかった。古武士然とした風格に、持って生まれた豪放磊落さ。丹波哲郎こそ、特定の映画会社に所属することなく、スターであり続けた稀有なひとであった。

本名正三郎。大正十一年生まれというから、享年八十四歳。

ご冥福をお祈りする。

（「シネマ気球」２００７年９月）

PART4　アクション映画あれこれ

奇想天外な夫婦『Mr.&Mrs.スミス』

周知のように、アメリカという国は、良きにつけ悪しきにつけ、〝個の権利〟或いは〝個の主張〟を尊重するに、際立った国である。レディー・ファーストの国でもあるので、従って女性も例外ではない。いやむしろ女性にこそ、その傾向は顕著であるといえよう。かつてその為に、離婚率が異常に高かった。お互い伴侶の横暴や浮気をじっと我慢する、子供の為に自分を犠牲にして耐えるなど、到底できない国柄だったのである。

子供の為に離婚しないということは、子供のせいで離婚できないということであるという主張が、大手を振って罷り通っていたのである。

それがここ何年かの間に、かなり様変わりしてきているという。夫と妻、親と子、社会生活の核となるこの関係、この絆こそが、個や個の権利・個の主張などよりもっと重要視されて然るべきことではないのか。見直さなければならない、大切なことではないのか。

夫婦の離婚が、子供にどれほど深刻な影響を与えるものか。いやそれ以前に、愛し合って結ばれた二人ではなかったのか。死が二人を別つまで、共に慈しみ合うことを誓ったのではなかったか。夫を、妻を、そして子供を力一杯愛そう、精一杯慈しもう、それが人間としてあるべき姿なのだ。人間として為さねばならぬ事なのだ。――そういった風潮が、強まってきているというのだ。

映画はいつも時代と共にある。

『ミスター&ミセス　スミス』は、このようなアメリカの現在の世相を反映して、生まれてきた作品に、まず間違いあるまい。

主人公とその恋人が、力を合わせて襲い来る敵に立ち向かうという物語は、今までに幾つも作られた。親と子においても然り。もしくは最愛の妻あるいは恋人と生き別れてしまった（死なせてしまった）過去を、トラウマ（精神的外傷）として持ち、それが主人公の翳となり、行動律を決定づけるというパターンも多かった。だが夫婦が力を合わせてというのは、特にアクション映画において、あまりというか私にはほとんど記憶がない。

おそらく、恋人同士であった蜜月を過ぎ、結婚して何年何十年も経ち倦怠期を迎えた、或いはそれすら過去のものとして、お互いが空気みたいな存在となっている今、すなわち現実の結婚生活は、夢想していたような甘いものではなく辛酸を舐めるものだという認識を、ほぼ共有している人たちにとって、夫婦が揃って主人公である設定は、共感を呼びにくかったのだろう。

だから漸くといっていいいと思うが、時流が夫婦愛の大切さを標榜するようになった現在に至って、このような傑作が生まれてきたのだろう。——今私は、傑作といった。この意見には、異論のある方もいらっしゃるかもしれない。私自身、断言していいものか若干迷いがある。だが時代の風潮を踏まえ、破綻のないアクション映画として仕上げられたこの作品は、紛れもなく上質のエンターテインメントである。〝迷い〟の原因は、夫婦のどちらかが殺され、生き残った者がその仇をとるという復讐譚を好む私の性癖と、私自身倦怠感の只中にいるという、現状によるものだろう。

——まず『ミスター&ミセス スミス』というタイトルからして、ウィットに富んでいる。スミスという姓は、アメリカでは最もありふれたもので、わが国における山田や田中みたいなものだということを、聞いた覚えがある。どこにでもいるスミス夫妻。

だが、この映画に登場するスミス夫妻は、決してありふれてなどいない。それどころか世界中のどこを探しても、こんな夫婦は見当たるまい。その筈である。夫婦二人はふたりともに、それぞれが別の組織に属するとはいえ、なんと凄腕のヒットマンだったのである。

オープニングは、ジョン(ブラッド・ピット)とジェーン(アンジェリーナ・ジョリー)のスミス夫妻が、揃ってカウンセリングを受けるシーンである。タイトル・クレジットと交互に進行していく。二人は並んでこちら側、つまり私たち観客のほうを向いて、腰かけている。カウンセラーの姿は映し出されなくて、質問する声だけが聞こえる。だから質問に対する夫婦の返事は、あたかも私たちに語りかけるかのごとき按配となっている。――この映画をご覧になっている既婚者の方、特に倦怠期を迎えているそこのあなた、あなたには是非しっかり観ていただきたい、と。

結婚六年目を迎える（ジョンは五年目だと思っている）スミス夫妻は、最近しっくりといっていない。お互いがそれぞれに、相手が自分に対して何か隠し事をしているのではないかという疑いを、捨てきれないからであった。ジョンは建築関係の仕事に従事し、ジェーンはコンピューター機器の修理会社に勤務、という隠れ蓑を身にまとい、表面上は穏やかな日々を送っていた二人だが、やはり長年生活を共にしていると、お互いの〝秘密〟が放つ異臭が、それぞれ鼻につくようになってくる。ジョンとジェーンは自分が殺し屋であることをひた隠しにしながらも、伴侶が敵対する同業の組織に属するなど夢想だにしていないから、お互い自ら背負っている負い目ゆえに、相手の秘密を詮索できず、カウンセリングにその突破口を見出そうとしたのである。

だがある事件というか、暗殺（ヒット）の指令をきっかけに、状況は一変する。

その指令とは――二人が抹殺すべきターゲットが、なんと同一人物だったのである。

殺しのプロを自認するジョンとジェーンにとって、任務の完遂は当たり前、まして獲物を横取りされるなど、あり得ないことであった。当然障害物は排除する。邪魔者は徹底して取り除くのだ。

「邪魔者の排除」――実はこれこそが、二人が所属するそれぞれの組織の上層部が、示し合わせて目論んだことだったのである。

お互い知らなかったとはいえ、敵対関係にある組織の者同士が結婚した。ジョンとジェーンは、いわば愛を成就させたロメオとジュリエットである。ロメオとジュリエットは非業の最期を遂げなければならない。それぞれの上層部にそういった思惑があったかどうかはともかく、二人をこのまま放置して、愛などという訳のわからぬものの作用で、仮にどちらかに意志が傾いた場合、情報や機密の漏洩もあり得ようし、ひいては組織の崩壊にも繋がりかねない。災いの芽は早いうちに摘んでおくに限る。共倒れしてくれれば願ったりだが、どちらか一人が消えてくれるだけでも、お互いの組織の安泰は保障されるのである。

そんな組織の意向など露知らぬ二人は、お互いの任務の妨害をする者の正体が、それぞれの配偶者であることに気付き始めると、「まさかジェーンが！」「いくら何でもジョンが……」驚愕に打ちのめされ、全面的に否定しようとするも、黒く湧き上がった疑惑は大きく渦を巻いていく。

私は夫を、妻を、愛している、愛してくれている。信じよう信じたい、と祈り思い込もうとするが、逆に回り始めた運命の歯車は止めようが無く、皮肉なことにすること為すことのすべてが、拍車をかける結果となってしまう。相手の言葉や仕種のひとつひとつが、疑心に暗鬼を生じさせているだけに、棘となって胸に突き刺さる。

二人はついに衝突し、対決する。共にヒットマンだけに得物は銃。自宅内での壮絶な銃撃戦。世にこれほどの夫婦喧嘩は又となかろう。

だが、二人はやはり相手を殺すことはできなかった。私はジョンを心から愛している。俺はジェーンがたまらなく愛しい。激しく求め合う二人。

余談です。彼女が主演の映画を観るたびに思うのだが、アンジェリーナ・ジョリーは、ベッドシーンのうまい女優さんである。欲望というか情熱が、大胆な演技で表現される。エキゾチックではあるが決して美人とはいえない顔立ちが、とんでもなくいい女にみえる。男たるもの、たまんないよね。

共に殺し合うことに失敗した二人はどうなるか。当然組織の襲撃を受けることとなる。かわしながら逃げ回る二人は、この状況を打破するには、当初の任務であるターゲットの暗殺しかないと思い極めるが、殺してしまう前に幾つかの不明な点を糺すべく、苦労して拉致した当のターゲットから、事の真相・組織間の密約を聞かされ、愕然となる。

迂闊であった。状況は打破できるどころか、完全に煮詰まったのである。

「どこまで逃げても奴らは追いかけてくる。どうせ逃げ切れないのなら、踏みとどまって闘おう」

覚悟を決めたジョンとジェーンは、果敢に闘いを開始する。だが敵はぼうふらの如く、次から次へと湧いてくる。死力を尽くすも、多勢に無勢、次第に追いつめられた二人はスーパーマーケットの物置へと逃げ込む。四面楚歌、もはや絶体絶命。逃げ道はない。

この時ふと私は、夫婦としての愛を再確認しあった二人は、もう思い残すことなく、迎える結末は悲劇的であろうと思ってしまったのである。なぜだろう。だからラストシーンは、往年の名作『明日に向って撃て!』(ジョージ・ロイ・ヒル監督、ポール・ニューマン、ロバート・レッドフォード主演)のように、銃を乱射しながら物置から飛び出す二人をストップモーションで捉えて終わるか、或いは『俺たちに明日はない』(アーサー・ペン監督、ウォーレン・ベイティ、フェイ・ダナウェイ主演)のボニーとクライドの如く、体中に撃ち込まれる弾丸をスローモーションで捉えるかの、どちらかのヴァージョンではないかと想像したのだ。

だが違った。ジョンとジェーンは物置を飛び出した後、宛らダンスを踊るかのごとく、華麗に、そして優雅に、二人ぴったり呼吸(いき)を合わせて、群がり襲い来る敵を銃で薙ぎ倒していくのである。

思惑がはずれた展開に、ちょっとだけ唖然。そうきたか。

実は本編中、二度ダンスシーンがある。最初は二人が初めて出会ったその夜、お互い一目惚れした者同士、真っ赤に燃え立つような情熱に駆られて……

二度目は、決別が決定的になる直前、つまり自宅での派手な銃撃戦になる前、ジョンがジェーンにプロポーズした思い出のレストランで、話し合いで何とか片をつけようとしながらも、身に付けた武器を、踊りながらお互いチェックしあうシーンである。笑えるのだが、なんとはなし凄味も感じられるのだ。

だから前述のシークエンスに至る伏線は、きちんと張られていたわけであり、それも充分納得できるものではあるのだが、期待していたインパクトを——私が勝手にラストシーンを想像してしまったことにも多大の責任はあるのだが——持ち得なかったというその一点こそが、この映画を傑作と断定するには若干の迷いがあるといった、その最大の要因たらしめているというのが、正直なところだろう。

だがわずかな傷口をこじ開けて塩を擦りこむサディズムを、私は持ち合わせてはいない。ここはひとつ素直に、痛快な語り口を楽しむことにしよう。何よりアンジェリーナの魅力を堪能できたことではあるし。——そういえば監督のダグ・リーマンと主演のブラッド・ピットは、ジェーン・スミスの役を演じられるのはアンジェリーナの他に考えられないと、意見の一致をみたので再三に亘るオファーを出し、漸くＯＫを貰ったという話を聞いたが、まさしくその通りだと思う。彼女ほど数多いる女優の中で、色気もさりながら、アクションに切れと冴えをみせる人はいないだろう。彼女の存在がなければ、はたしてこの映画がここまでの訴求力を持ち得たかどうか。

ラストはカウンセリングの場面で締め括られる。ジョンが嬉しそうに、前よりセックスライフが豊かになったと、惚気るのである。

このやろう、鼻の下をでれっと伸ばしやがって……

（「シネマ気球」２００６年９月）

バットマン論
あるスーパーヒーローのプロフィール

プロローグ

バットマンを明確に意識しだしたのは、いったいいつ頃からだろう。

やはり、ジャック・ニコルソンがジョーカーを、マイケル・キートンがバットマンを演じた、ティム・バートン監督による『バットマン』が、最初ということになるのだろう。

それ以前、バットマンの存在は、無論知ってはいた。バートン監督版には出てなかったが、ロビン少年という相棒がいることも知っているし、ナゾラーなどという人を食った名前の（このネーミングは、テレビ放映の際、日本人が考えたものだという話は、あとで知った）敵役がいることも知っている。

子供の頃、ＴＶ放映されていたものを観たことがあるような、ないような、この辺の記憶になるとかなり曖昧で、私が育った日本も西のはずれに位置するローカルで、はたして放映されていたのだろうか。

ジョーカーやペンギンやキャットウーマンやナゾラーたちと、潜水艦（だったと思う）の上で、バットマンとロビンが追いかけっこをするシーンも覚えがあるのだが、それがＴＶシリーズの一篇なのか、はたまた古い映画を手当り次第ビデオで観ていた時期に、たまたまレンタルしたＴＶシリーズを映画化したもの（レスリー・Ｈ・マーティンソン監督による『バットマン』がそれだと思う）であるのか、判然としない。

ことほど左様に、バットマンの記憶は模糊として覚束ない。

ありていに申し上げると、私はバットマンにそれほどの興味も関心も、持ってはいなかったのである。いや、違う。興味も関心も持たなくなった理由を、この稿を起こすにあたりバットマン映画の歴史を調べていたら、ふと町山智浩の一文を眼にして、卒然と思い出した。私は確かに、十五六の少年時代に、バットマンのＴＶシリーズを観ている。

「６６年、『バットマン』（〜６８年）はＴＶ化された。コメディーとして。ポップアートとサイケの時代だった６０年代を反映し、赤や青のカラフルでド派手な衣装をつけたジョーカーやリドラー（日本ではナゾラー）がカリフォルニアの抜けるような青空の下をはしゃぎ回る。ＴＶ版『バットマン』はアメリカでは『キャンプ（オカマっぽい）』美学の究極と言われた。特にロビンとバットマンの関係は意図的に同性愛的に描かれた。この陽気なＴＶ版が何年も続いたせいで、バットマンが非情のダークナイトだったことは忘れられてしまった。」（町山智浩）

私は、人情喜劇めいた類のコメディーは好んで観たが、ドタバタといおうかスラップスティックは大嫌いな、変な子供だった。カラフルな衣装だったそうだが、当時我が家のテレビはまだ白黒画面だったと思う。だから色についての記憶はないが、意味不明にやたら追いかけっこをしているだけの物語を、「何だ、これは？」半ば唖然として観たのだろう。そして観る価値なしと、切り捨てた。もうひとつある。同性愛的に描かれたロビンとバットマンの関係に淫靡な臭いを嗅ぎ取って、思春期特有の潔癖さから、おそらく嫌悪感を催したものと思われる。アブノーマルな性に関して、私は臆病なガキでもあったのである。

――ＴＶシリーズを観なくなった理由に思い当たれば、私の記憶が混沌としているのも、納得できる。

ではなぜ、ティム・バートン監督の『バットマン』を観ようという気になったのだろう。やはり、ジャック・ニコルソンがジョーカーを演じるという、話題性だったように思う。それと宣伝のもの凄さ。

製作者たちは、ジョーカー役にニコルソンを熱望したという。

で、結局出来上がった映画は、ニコルソンの完全な一人舞台。マイケル・キートンのバットマンぶりもなかなか颯爽としていただけに、ちょっと可哀そうかなという気もしたが、考えてみるとバットマンは、マスクに覆われて眼と口許しかあらわしていない。表情が読めないのだ。白塗りで目立つ上に、表情豊かに顔を作れるジョーカーと較べると、明らかに分が悪い。ニコルソンの演技の上手さも相俟って、キートンは割を食ってしまったようだ。思うに、TVシリーズのキャンプ・バットマンのイメージがまだ残っていたであろう当時、製作者サイドには、ジョーカーの映画になってしまってもいい、という思惑があったのではなかろうか。そしてその通りの仕上がりとなった。

そもそもジョーカーという悪役は、バットマンとほとんど同時に生み出されたキャラクターで、『バットマン・コミック』の最初の号で死ぬ予定になっていたそうだが、「死なすには惜しい」という声で、中止されたという。40年のことである。爾来バットマンの最大にして最強の敵となるわけだが、その人気ゆえに三十年後の70年には、主役として活躍するコミックが出版されたほどだという。人を魅了するカリスマ性を、持っていたのだろう。

幼児特有の残虐性とでもいうべき悪魔を、滑稽な容姿の下に隠したキャラは、不可思議な魅力に充ちて、確かに演じ甲斐のある役には違いあるまい。ニコルソンはいきいきのびのびと演じていたし、クリストファー・ノーラン監督による『ダークナイト』でのヒース・レジャーも、ニコルソンが演じたジョーカーを継承発展させ、実に楽しそうに演じていた。（それだけに、ヒースの遺作になってしまったのは、かえすがえすも惜しまれる。）

ニコルソン演じるジャック・ネーピアは、ゴッサム・シティーを牛耳る犯罪組織の大立者カール・グリソム（ジャック・パランス）の片腕であったが、自分の情婦を寝取られたことに嫉妬し、またその地位が脅かされることを懼れたグリソムの罠に嵌り、警察に売られ、そこに現れたバットマンとの格闘で、有毒廃液のタンクに落ちてしまう。辛うじて一命は取りとめたものの、顔はただれ醜く変形。整形するも完全には元に戻らず、このとき以来白塗りのメイクで、名もジョーカーと改め、グリソムばかりかその手下の幹部、更にはゴッサム・シティーの市民をもターゲットにかけ始める。市民の味方と称するバットマンの仕打ちを、根に持ったのである。即ち死んだも同然の経験をすることで、自己の欲望にのみ忠実な、悪の化身として生まれ変わったのだ。

ブルース・ウエインは、報道写真家のヴィッキー・ベイル（キム・ベイシンガー）と恋に落ちる。だがジョーカーも彼女に惚れてしまうのである。中盤は恋の鞘当て的展開に終始し、そのため折角ハービー・デント（ビリー・ディー・ウイリアムズ）が登場しているのに、彼がトゥフェイスに変貌するエピソードは描かれない。ウイリアムズ自身もそれを期待していたようだが、おそらく芝居巧者であるニコルソンの出番を削って違う人物のエピソードを挿入するよりは、このままジョーカーで押し切ってしまおうという、バートン監督のというより会社の意向が働いたのではないか、私はそう思っている。

ウエインは、ヴィッキーの部屋を訪ねた折、突然押しかけてきたジョーカーに撃たれる際、彼が云った言葉が気に懸かっていた（わざと撃たれるよう挑発し、その前に鉄のトレイを胸元に隠しておいたのですがね）、

「月夜に悪魔と踊ったことがあるか」どこかで聞いた覚えがある。

卒然と思い出した。両親を射殺した男が、口にした言葉だ。今まで判らず仕舞いで迷宮入りとなってしまっていたが、ジョーカーが犯人だったのだ。「あいつだけは、絶対に許せない」――この件（くだり）は脚本にはなく、バートン監督の独断であるという。監督にしてみれば、この後繰り広げられる死を賭した闘いで、ジョーカーに負けないだけの理由付けを、バットマンに施したかったのではなかろうか。単なる正義の騎士ではなく、悪を徹底的に叩き潰すための、正当な理由付けを。

ゴッサム・シティーの市政二百年記念祭当日に、市を乗っ取る陰謀を企てたジョーカーは、ＴＶで予告したように二千万ドルをばら撒いて市民を集め、その人たちを有毒ガスで次々と殺していくという、暴挙に出る。阻止すべく動き出すバットマン。その様子を逐一カメラに収めるヴィッキー。

操縦するバットスウィング（小型飛行艇）を、一メートル近くはあろうかという銃身を持つ銃でジョーカーに撃たれたバットマンは、ゴッサム教会の前に墜落する。彼の身を案じ駆け寄るヴィッキー。その彼女をジョーカーは銃で威すと、教会の中へと連れ込む。大破したバットスィングからようやく抜け出したバットマンは、その後を追う――

「コミックを原作にした映画を、新しい境地に導いた」とバートン監督が自負するその映画のいよいよ最終決戦、クライマックスである。

――ティム・バートン監督は、ジョーカーに用いた手法を持って悪役にアイデンティティーを賦与した、といえるかもしれない。二作目の『バットマン　リターンズ』に登場するペンギンやキャットウーマンも同様に、死ぬ以上の精神的あるいは肉体的苦痛を経験させられることで、自身を悪の権化へと昇華させるのである。なぜ悪か？　与えられた苦痛の根源が、正常と思われている社会、つまり一般社会の善人といわれる人々にあるからである。ジョーカーは、犯罪組織という裏社会に属していたわけだから云うに及ばず、コボルポット家の長男オズワルドとして生を受けたペンギンは、そのあまりの醜さと奇形の指ゆえに、生後すぐに両親の手で川に流された男。行き着いた先が、閉鎖された動物園のペンギン飼育場であった。三十三年後、彼は「顔はペンギン、身体は人間」の怪物として、ゴッサム・シティーの人々に恐れられる存在となる。だが彼は自分が誰なのか、両親が誰なのかを知りたいだけであった。ひとりの人間として認められたいだけだったのである。

キャットウーマンことセリーナは、デパート経営で財を成し市の名士となったマックス・シュレック（嬉しいことにクリストファー・ウォーケンですよ）の地味で控えめな秘書であったが、彼が原子力発電所を建造し、造られた電気を私物化して蓄え息子へ残すべく計画していることを知ったがため、「好奇心は猫を殺す」とばかりビルの窓から突き落とされて、実際に死んでしまった（？）女性である。彼女は猫たちの手で、甦った。さらには猫に傷口の血を舐められたことで、猫が持つ狡猾さと敏捷性を身に付けたのである。

シュレックはペンギンに工場の廃液垂れ流しや、消防法違反を示す文書など悪事の弱みを握られ脅迫されるが、彼のことである、むしろ渡りに船とばかり手を結びペンギンをゴッサム・シティーの市長に推したて、街を思うままにしようと画策する。

現市長をリコールするため、ペンギンは配下であるサーカスギャングに暴動を起こさせるが、バットマンに鎮圧され、のみならず暴動の首謀者であることを市民の前で暴露されてしまい、散々な目にあう。張本人であるシュレックはペンギンだけを悪者にして、自分は蚊帳の外を決め込んでしまう。ペンギンは裏切られたのである。

だからこそペンギンもキャットウーマンも、ゴッサム・シティーの善人面した人々を憎み、蔑み、貶（おとし）めようとするのである。自分たちを疎外した市民に、復讐しようとしているのである。仮面も被らず善人を装って陰で悪事を働くのではなく、堂々と悪事を働く愉悦に、自らのアイデンティティーを確認しているのだ。

対するバットマンであるブルース・ウエインは、幼いとき眼の前で両親を殺されるという悲劇に見舞われた。それがトラウマとなり、ゴッサム・シティーに蔓延る悪を一掃しようと決意する。だが彼自身が死の深淵を覗き込まされたことは、ない。だからまだ、正義というものを信じていられる。夢見ていられる。しかしそこがバットマンの弱みでもある。徹しきれないのだ。正しいと信じる行いを断行していると思い込もうとするも、一抹の懐疑を拭いきれない。したがってジョーカーやペンギンやキャットウーマンのように、自らの行動に陶酔することができない。ゆえに文字通り蝙蝠のように、獣でもなく鳥でもない中途半端な状態で、「正義」の御旗を掲げていたずらに飛び回っているだけなのである。

二

バットマンはキャットウーマンに、「自分に似ている」と云った。だから愛し合えると云いたかったのだと思う。だが彼女は最終目的を自分を殺した〈泥棒成金〉ことシュレックを殺害することに据えており、彼を苦しめる第一段階としてシュレック・デパートに忍び込み、略奪と破壊をおこなう。彼女の不幸はその行為に快感を覚えてしまったことだ。陶酔してしまったことである。バットマンの愛は痛いほど感じる。報いたい、だがすでに引き返せないところまで、踏み込んでしまっていた。だからこそラスト彼女自身も死んで当然という方法で、シュレックを殺害するのである。幸い（？）にも彼女は生き延びた。しかし人を殺さない、殺せないバットマンの元へ戻ることはできない。

エンドショット、夜空に浮かぶバットマンを呼ぶサーチライトの灯りを見上げるキャットウーマンの姿は、ゆえに切ない余韻を残すのである。

この『バットマン　リターンズ』が、シリーズの中では一番好きな作品である。ペンギン（ダニー・デヴィート）もキャットウーマン（ミシェル・ファイファー）も、ジョーカーほどにはキャラクターが立ちすぎてはいないし、それだけにバットマンも非情のダークナイトとしてしっかり存在している。何より主人公も敵役も、黒暗黒の闇の世界で息づいているのが、いい。まるで００７のアタッシュ・ケースばりにいろんな仕掛けが施されたペンギン愛用のパラソルや、彼が率いるサーカスギャングや文字通りのペンギンコマンドの思わず吹き出したくなるような仰々しさに、さして違和感を覚えないのは、それらの向こうにペンギンの荒涼たる精神世界、殺伐たる心象風景が、垣間見えているからである。

『ビートルジュース』のティム・バートン監督が意図したものは、バットマンを含めた精神的奇形児たちが跳梁跋扈する、陰鬱で歪（いびつ）なゴッサム・シティーであったと思われる。――だがこの映画は、健全な（?）精神を有する、私にいわせればバットマンの世界観を理解しえぬ観客や批評家の、不評を買った。

曰く「あまりにも悪役に、精神的に同調しすぎている」

曰く「全体が暗すぎる」という次第で、三作目の『バットマン　フォーエヴァー』では、ティム・バートンからジョエル・シュマッカーへと、監督の交代劇が演じられる。同時にバットマン役も、マイケル・キートンからヴァル・キルマーに入れ替わった。

そしてである。この作品からロビン（クリス・オドネル）が登場してくる。ロビンですよ、ロビン。あろうことかこの監督さん、自身ゲイであることを公言して憚らない人で、当然ロビンはゲイの印であるイアリングを付けているし、バット・スーツの胸には乳首がつけられるという、念の入れよう。そう、ＴＶシリーズのおちゃらけた雰囲気とキャンプ美学が、ここに再現されたのである。とくれば、敵役のリドラー（ジム・キャリー）やトゥフェイス（今作ではトミー・リー・ジョーンズ）も、否が応でもコメディー演技を繰り広げるしかない。なんというアナクロニズム。しかもである。ジョーンズはシリアスな演技の、どちらかといえば渋面役者。かなり頑張って演じてはいたものの、やはり無理がある。となればコメディー大得意、ジム・キャリーの独壇場である。この映画も、かなりニュアンスが異なるとはいえ、一作目がジョーカーの映画だったように、完全にリドラーの映画になってしまっている。キルマーはバットスーツを装着する際、お尻や股間をアップで映し出されるだけの、可哀相な存在と成り果ててしまった。

ゴッサム・シティーも、暗く荒廃した街から、明るくカラフルでまるで玩具箱のような街に変貌。前述の町山智浩によると、マイケル・キートンは自ら降板したという。その理由というのは、シュマッカー監督が、

「ブルース・ウエインがトラウマから脱出する話にしたい」と持ちかけたからだというのだが、そもそも〈トラウマ〉こそがバットマンを誕生させた原点であり、そのトラウマを克服してしまえば、変身する意味がなくなってしまうのは明らかである。いや、バットマンの存在そのものが、崩壊してしまいかねない。キートンのみならず、まさしく何をかいわんやである。

——かつては司法検事でバットマンとも親交があったハービー・デントは、暗黒街のボスの裁判中、左顔面に硫酸を浴びせられ二目と見られぬ容貌となる。爾来ボスを捕まえ自分を裁判へ引っ張り出したバットマンを心底憎むようになり、トゥフェイスと名乗り悪の道へ踏み込んでいく。

「世の中は、この単純でバカげていて見境のない運によって決まる」と、コインを放り上げては落ちてきた裏表で吉凶、方法をいつも決定している。原作にはない設定らしいが、顔に合わせてコインの裏表でトゥフェイス、これだけは洒落てるなと感心した。

気ちがい科学者エドワード・ニグマことリドラー。ウエイン産業所属なのだが、発明したとい

うマインド・コントロールが出来る装置を、リスクが高すぎるという理由で社長のブルース・ウエインに認めて貰えなかったため、会社を怨み悪事を働くようになる。悪事を働く際には、前以って〈なぞなぞ〉を送り付けて予告するという、癖の持ち主。

この二人が手を結んで犯罪をおこない、それをバットマンが阻止するという構図なのだが、そこにトゥフェイスに父母と兄を殺されたため仇と付け狙っている、ディック・グレイソンことロビンという元サーカスの空中ブランコ乗りが絡み、チェイス・メリディアン博士（ニコール・キッドマン）という犯罪心理学者も登場してくる。最初この人物もバットマンの敵になるのかと思ったのだが、そういう設定ではまるでなく本編にもまるで関わりなく、バットマンとウエインが同一人物だと気付かず二人を愛してしまうという、奇妙な存在に終始してしまう。キッドマンにしては珍しく印象の薄いキャラである。

感想を述べると、とにかくジム・キャリーが五月蝿かったというのが、本音かな。

かくて――見事（？）にトラウマから脱出したウエインが再び登場してくる『バットマン＆ロビン／Mr．フリーズの逆襲』。この映画は、はたしてバットマンの存在意義を疑わせ、批評家たちからは「オカマ・バーのショータイム」だと酷評され、私はただただ唖然呆然とし、興行的には大こけし、一作目の十倍近い製作費を溝に捨てた。

バットマン役は三度変更され、今作ではジョージ・クルーニーを抜擢（この映画の製作が急に決定したため、ヴァル・キルマーにオファーはあったそうだが、彼は他の作品に出演が決まっていたため、受けられなかったという）。TV『ER緊急救命室』シリーズで一気に売り出してきたクルーニー、バットマン役で人気を不動のものにしたかったのだろうが、出来が出来だけにキャリアとしてどうなんだろう。だけど少しうつむいて話す彼独特の仕種で、シリーズ中一番優しいブルース・ウエインではあった。

筋肉増強剤と配合の毒液でマッチョ兵士を造り出し、世界各国に売り込もうと企むジェイソン・ウッドルー博士の野望に反対した助手のパメラ・アイズリー（『キル・ビル』のユマ・サーマン）は、激怒した博士にいろんな毒液を浴びせられ、一度は死ぬのである。そして誘惑フェロモンと猛毒キスを武器とするポイズン・アイビーという悪女として、生まれ変わるのだ（脚本を担当したアキヴァ・ゴールズマンは、ジャンルが異なるので苦労したと述べていたが、どうせならこの設定を膨らませた方が面白くなったのでは？）。この辺りの展開はキャットウーマンを想起させるが、自分を殺そうとした者を手にかける彼女と、目的達成のためには障害となる人間を簡単に殺してしまうポイズン・アイビーとは、似て非なるものがある。……余談も余談で恐縮だが、本邦でも山田風太郎の『甲賀忍法帖』に、欲情すると吐く息が毒に変わり相手の男を殺してしまう、陽炎というくノ一が登場する。洋の東西を問わず、発想というのは似るもんだなと、ちょっと可笑しかった。

しかしながら、バットマンやロビンを誘惑するシーンも中途半端だし、悪の凄味も希薄だしで、ユマ・サーマンの魅力を引き出し切れず、観るべきものが彼女のスタイルだけしかなかったのが、勿体無くて残念。

マッチョ兵士の試作品として造られたのがベイン（ジープ・スウェンソン）で、彼はコミックの中でバットマンの背骨を折り身体を不自由にしてしまうというエピソードがあるそうだが、今作ではポイズン・アイビーの忠実な僕（しもべ）で、やたらあちこちを破壊するだけの役回り。これも勿体無い。――クリストファー・ノーラン監督の『ダークナイト ライジング』で、ベインのエピソードと人間性が見事に活かされるのだが、これは後のお話。

アーノルド・シュワルツェネッガー演じるミスター・フリーズ（ヴィクター・フリース医学博士）。愛する妻がマクレガー症候群に罹り、有効な治療法が見つからないため、冷凍睡眠で文字通り病気を眠らせ、その間に薬を開発しようとするのだが、誤って冷凍液の中に落ちてしまう。辛うじて助かりはしたものの、以来超低温スーツを身に纏っていなければ生きられない身体へと変貌してしまうのである。スーツのエネルギー源はダイヤモンドである。元々はコミックでミスター・ゼロとして登場したそうだが、ＴＶ版でミスター・フリーズと改名されたため、そちらを踏襲したキャラクターである。

生き続けるためには絶えずダイヤを供給しなければならず、美術館・宝石店を襲い果てはウエインのダイヤにも目をつける。また妻の薬を開発するための研究費を、ゴッサム・シティーに申請するも却下され、そのことを恨みに思った彼は腹癒せ（？）に、街を〈氷の国〉に変えようと暗躍する。やろうとすることが非道極まりない割には、この設定、動機が薄弱すぎないか？

四作を通して配役が変わらない執事のアルフレッド（マイケル・ガフ）が、ミスター・フリーズの妻と同じ病に侵される件も悪くはないのだが、何か上っ面。しかも彼がかつて愛した人の娘で彼を叔父様と慕うバーバラ・ウイルソン（アリシア・シルバーストーン）が、バットガールとしてバットマンとロビンの仲間に加わるという賑やかさ。どうせならアルフレッドをもっと掘り下げ、バットガールの参加にも必然性が欲しかった。

物語は面白くなりそうな要素を多分に含んでいるのだが、噛み合せが凄くちぐはぐで、前作同様トラウマを克服したウエインは単に人の好いおじさんだし、ゴッサム・シティーは相変わらずサイケだし、何よりバットマンとロビンのスーツに乳首をつけた手前、バットガールにも付けない訳にはいかず、可愛いのを付けたというセンスは、全く以ていかがなものか。結果「オカマ・バーのショータイム」と成り果てたのである。

これはシュワちゃんの映画じゃない。なにか寂しかった。

大コケしたために次回作の企画は流れ――バットマン・シリーズは途絶えた。

三

七年が経った。

バットマン・シリーズの製作が、再開されることとなった。

「制作会社のワーナー・ブラザーズ映画がバットマンというキャラクターをまったく新しい形で作りたがっているという話を聞いて、僕のほうからブルース・ウエインがどうやってバットマンになったのかを語る物語はどうかと提案したんだ」新たに監督に起用されたクリストファー・ノーランの弁である。すでに『インソムニア』で、薄ら寒くなるほどのジレンマと絶望を抱え、不眠症に悩まされる刑事をアル・パチーノに、温和な顔をしながらサイコな残虐性を持つ犯人をロビン・ウイリアムズに演じさせた監督の、着眼点としては尤もであったかもしれない。

『バットマン　ビギンズ』。

今回のバットマン役は、クリスチャン・ベール。

ノーラン監督は、ブルース・ウエインのトラウマを深く掘り下げた。——幼いころ誤って枯れ井戸に落ち、蝙蝠の大群に襲われた経験を持つブルースは、両親と芝居見物に行った折、演目に蝙蝠の恐怖を思い出して「帰ろう」と言い張り、閉演前に劇場を出たため、強盗に父親母親ともに射殺されるという悲劇に遭遇する。すべては自分のせいだ。両親を殺された悲しみと怒り、その原因が自身の怯懦にあるという罪悪感。犯人に対する熾烈な復讐心。胸の中で渦を巻く諸々の思いを自制できず、トラウマに苦しめられる。――十四年後、両親の殺害後すぐに逮捕され服役していたジョー・チルが、同房のカーマイン・ファルコーネ（トム・ウイルキンソン）の数々の余罪を告発することを条件に釈放されようとしていることを、幼馴染で今は地方検事局の検事補になっているレイチェル・ドーズ（ケイティ・ホームズ）から聞かされ、再び燃え上がった復讐心を抑えきれないウエインは、拳銃を携え仮釈放の公聴会場へ出向く。だがチルはウエインの眼の前で、ファルコーネが放った女殺し屋の手によって、射殺されてしまう。

帰路「復讐しなければ自分の精神がだめになる」チルを殺そうとしていたことをレイチェルに告げると、彼女はウエインの頬を引っ叩き、

「正義は秩序よ。復讐は自己満足にしか過ぎない」そう諭した。

自分が採るべき方法、進むべき道に苦悩するウエインは、長い旅に出る。

旅先で、犯罪者の心理を掴むために自ら入った刑務所を、ひとりの男が訪ねてくる。ヘンリー・デュカード（リーアム・ニーソン）と名乗るその人物は、ラーズ・アル・グール（渡辺謙）を頭目とする〝影の同盟〟という結社の一員で、「私も悪を憎むことにおいては人後に落ちない。仲間にならないか」と持ちかける。彼にも愛する妻を殺されてしまった、過去があったのである。そしてウエインを出獄させ、ヒマラヤ山脈の頂上にある自らのアジトで武術や格闘技を仕込むことにする。

ウエインの生い立ち及び精神的肉体的素質に、目をつけたのである。〝影の同盟〟の目的は、世の中にはびこる悪人を殲滅することであった。その意志は徹底しており、少数の駆除で済まない場合は、街ごと消滅させてしまうことをも、厭わなかった。そうやって人類の腐敗を食い止めてきたと豪語するのである。

デュカードは問う「捜しているものは何だ？」

ウエインは答える「悪と闘う方法。恐怖を食い物にする連中に、恐怖を味あわせたい」

ウエインの上達ぶりには目を瞠（みは）るものがあり、いよいよ最終試験の時が来た。課題は、土地を奪うために隣人を殺した男を処刑しろというもの。――ウエインが悪と断じるのは、敵意を持って自らに害をなそうとする者である。しかも殺人は意に反する。拒絶したウエインに、裏切者とみなした同盟の忍者軍が襲いかかる。建物も倒壊するほどの死闘を繰り広げた結果、ラーズ・アル・グールは柱の下敷きとなって死亡。瀕死の傷を負ったデュカードを、ウエインは教えを受けた恩義もあり、助け出し去っていく。

因みにこのヘンリー・デュカードという人物は、バットマンの生みの親であるボブ・ケインの原作には登場せず、後にリニューアルされた物語（グラフィック・ノベルという）に登場してくるという。拙稿『デアデビル』（「ばってん映画論」所収・編注）でも少し触れたことだが、８０年にバットマンのコミックは、フランク・ミラーの手によって、内面的屈折やキャラクターをより緻密に描くことで、一新されているのである。

――ブルース・ウエインはゴッサム・シティーへ戻ってきた。だが彼を待っていたのは、旅へ出る前と同じ、いやそれ以上に不況による貧困と犯罪が横行する、荒廃を極めた暴力都市であった。ファルコーネは相変わらず暗黒街のボスとして君臨しており、司法は弱体化、賄賂を受け取らない警官は一人もいないという有様であった。いや一人だけいた。ジェームズ・ゴードン巡査部長（ゲイリー・オールドマン）、彼だけが正常な街に戻すべく奮闘していたのである。そしてレイチェルも、司法の剣で悪と闘っていた。

そんな情景を目の当たりにしウエインは決意を固める。二度と両親のような犠牲者を出さないためにも、ゴッサム・シティーを悪人どもの手から取戻し、元の秩序と活気に満ちた街にしなければならない。そのためには……

ウエインは、幼時蝙蝠の大群に脅えた。その恐怖により両親を死に至らしめた。重くのしかかる罪悪感がトラウマとなり、長い間苦しめられた。同時になぜ蝙蝠ごときに震え慄（おのの）いたのだという自分自身への怒りが、犯人ひいては悪事を働く者たちへの、抑えようのない復讐心となって燃え上がる。だが両親は、罪は憎んでも人を憎むことはしなかった。その精神は受け継がなければならない。悶々たる葛藤の末に得た結論は、悪を制するに「死」を以て報いてはならない自制を、より強く際立たせることであった。

刷り込まれた蝙蝠への恐怖――ウエインはそれを逆手に取った。まず自身が蝙蝠に打ち克ち、次に悪人どもを蝙蝠で震え上がらそう。蝙蝠の怖さを骨身に沁みて味あわせるのだ。二度と悪事に手を染めようなどと思わぬように……かくしてウエインは、蝙蝠のコスチュームを身にまとうこととなる。

ウエインは両親亡きあと幼かった自分を育ててくれた執事のアルフレッド（マイケル・ケイン）と、父が残したウエイン産業のかつては重役でありながら、現在は応用科学部門とは名ばかりの閑職に追いやられているフォックス（モーガン・フリーマン）の協力を得て、着々と準備を進める。フォックスは父トーマス・ウエインと共に、何とか景気の回復を図ろうと街の中心部にウエインタワーと、そこへ繋がるモノレール及び水道設備・電力施設を造った人物であった。ついでに書いておくと、ウエイン産業社長代理のアール役で随分貫録がついた『ブレードランナー』のルトガー・ハウアーが出演している。ちょっと嬉しかった。

ついにバットマンの誕生である。

悪事何でもござれのファルコーネであったが、主なしのぎは麻薬の密輸である。その半分に当たる量を、ナローズ島にあるアーカム精神病院のジョナサン・クレイン（キリアン・マーフィー）精神科医へ回していた。クレインはその実スケアクロウ（案山子）と呼ばれる〝影の同盟〟の一員で、麻薬を使って人体実験をおこなっていたのである。彼の、いや〝影の同盟〟の真の目的は、麻薬の持つ幻覚作用をより強めた薬剤を、ゴッサム・シティー中に撒き散らすことであった。

「ゴッサム・シティーはもはや救いようがないほど腐れきっている。だから街ごと消滅させる」と、再びヘンリー・デュカードがウエインの前に現れる。頭目ラーズ・アル・グールは死んだ。その死と同時に〝影の同盟〟も消えてなくなったのではなかったか。「ラーズ・アル・グールは超自然的な存在だ」つまり〝影の同盟〟を束ねる存在そのものがラーズ・アル・グールであり、デュカードこそがまさしくその人物だったのである。

かつて彼は想像を絶する〈不況〉を引き起こすことで、ゴッサムの市民を絶望のどん底に叩き落し、街を崩壊させようと企んだことがある。それを必死に食い止めようとしたのが、ウエインの父であった。一度ならず二度までも、最早許してはおけない。

最後の対決。暴走しまさに脱線しようとしているモノレール内での、バットマンとデュカードの闘いは圧巻。デュカードは教え忘れたことを伝授するかのような、余裕を持った、父親が我が子に接するような、慈愛に満ちた闘い方をする。おかしな話だが、少なくとも私にはそう見えた。だがバットマンを確実に殺そうとしているのである。脱線寸前形勢は入れ替わる。デュカードに馬乗りになりナイフを振り上げたバットマンに、

「為すべきことを為す決心がやっとついたか」（字幕では観客に解りやすいよう、ついに人を殺すのかと表される）嬉しそうに云うのである。だがバットマンは、

「私は殺さない。だが助けることもしない」そう言い放つと、ナイフを投げて窓を割るとそこから飛び出していく。手の施しようがなくなった最後の一瞬、デュカードのアップが挿入される。その表情をどう表現したらいいのだろう。目的を達成できなかった悔しさ？　或いは弟子が師である自分を超えた嬉しさ？　モノレールはデュカードもろとも落下して、轟音と共に大破する。

リーアム・ニーソンは流石だと思う。重厚さがあり、表情ではなく、身体全体で内に秘めた感情を表現している。この映画におけるデュカードの役は、彼にしかできなかったのではなかろうか。だからこそブルース・ウエインひいてはバットマンの存在が、リアリティーを帯びたのである。

父が愛し護ろうとしたゴッサム・シティーに仇なすものは、何人（なんぴと）たりとも容赦しない。たとえ我が師であっても。この決意をなしたとき、バットマンは非情のダークナイトとして、自己のアイデンティティーを確立し得たのだと思う。

黒暗黒の世界で息づくバットマンが帰ってきた。

四

同監督による二作目『ダークナイト』である。

まずオープニングが秀逸。

六人のピエロのマスクを被った男たちが、マフィアの資金洗浄をおこなっている銀行を襲撃。二人一組で行動するのだが、その者が分担している役割を終えた途端、相方が射殺するのである。そう命令した首謀者の残虐性が如実に感じ取れる設定だ。その伝で残った最後の一人に、撃たれて動けなくなった頭取と思しき男が、

「悪党には悪党の信念がある。マフィアの銀行を襲うとは、貴様に信念はないのか」

男はピエロのマスクを取るが、その下から現れたのは、醜く変形した顔をところどころ剥げかけた白塗りで隠し、裂かれた口はルージュで覆うも引き損なったが如きさま、くしゃくしゃの髪は今にも狂い出しそうな精神を、掻き乱すことでどうにか宥めている按配の、より醜悪なピエロであった。舌で神経質そうにチロチロと唇を舐めながら、彼は云う。

「信念はある。だが生きて苦難を乗り越えれば、人はイカレちまう」

ジョーカーの登場である。

五つの銀行を襲われたマフィアの会計士であるラウは、これ以上は危険だと残りの金を持って、香港へ逃亡。

マフィアと張り合い、「暗黒街の災い」「光の騎士」としてとみに市民の喝采を浴びだした地方

検事局の検事ハービー・デント（アーロン・エッカート）は、前作の功績で巡査部長から警部補へ昇進したゴードンに、ラウを捕らえればマフィアを一掃できるのだがと、相談を持ちかける。彼は『バットマン　フォーエバー』でのデントがおこなうコイントスを踏襲している。ノーラン監督、余程お気に入りのアイディアのようだ。すでにお分かりのように、彼こそが後半部で変貌するトゥフェイスである。ゴードンはバットマンを紹介し、事情を了解したバットマンは香港へ飛ぶ。兵器のエキスパートでもあるフォックスの手助けを得て、ラウを拉致したバットマンはゴッサム・シティーへ連れ帰る。デントを愛しより強く愛され、彼の手助けをするレイチェル・ドーズ（他はすべて前作と同じキャスティングなのだが、彼女だけマギー・ギレンホールに変わっている）の尋問に、ラウは免責と保護を条件にマフィア幹部たちの悪事を白状する。一斉検挙である。そしてまとめて有罪。

そのことを知ったジョーカーは、この逮捕劇に係わった警察本部長と判事を、予告した上で殺害する。のだが、なぜそんなことをするのかが、よく判らない。マフィアの金を強奪したくらいだから、彼らに義理立てしているわけでは当然ない。犯罪を楽しんでいるのかもしれない。理由に拘らず人を殺すことに快感を覚えているのかも。ウエインの執事であるアルフレッドが云うように、「お金や理屈で片付かない相手もいるのです。買収も説得も交渉も不可能、ただこの世界を破壊したいだけなのです」なのかもしれない。

今作におけるジョーカーは、ティム・バートン監督版のジョーカーと異なり、なぜそうなったかが描かれない。手懸りになるかどうかは判らないが、白塗りの顔の訳を……

資金を強奪された怒りから、ジョーカーの首に賞金を懸けたマフィアの幹部を、逆に殺す際、「俺の親父は酒癖が悪く残忍だった。ある時暴れ出した親父から身を護るため包丁を握ったおふくろの手からその包丁を奪い取り、笑いながら刺し殺したあと、俺を見てそのしかめ面は何だ、笑顔にしてやろうと口を切った」と云い、またウエインのマンションでおこなわれたデントの資金集めのためのパーティーを襲撃した際、居合わせたレイチェルの頸にナイフを突きつけて「俺の女房はギャンブル好きで借金に嵌まり、パニックになってある日俺の顔を切った。女房はふさぎ込んだが俺は気にしてない、ほら笑っているだろうと、自分で口に剃刀を入れて切ったんだ。だが女房はそんな俺の顔に耐えかねて出ていっちまった」と、まったく違ったことを云うのである。これはどちらが本当ということではなく、その程度の脚色はいくらでもできるが、事実は語るのも憚られるほど陰惨でおぞましいものだ、ということではあるまいか。そしてそれが冒頭の「生きて苦難を乗り越えれば、人はイカレちまう」という台詞に繋がっていく、私はそう推測する。それがジョーカーの過去なのだと——

善悪に拘らず、ジョーカーは人間そのものを憎んでいるのかもしれない。

判事と本部長殺害のあとも、ジョーカーは次々と予告を出していく。まずはハービー・デント。

彼を殺し損ねると、次はゴッサム市長。配下と共に護衛の警官に成り済ましたジョーカーは、流石に白塗りでは難しいと判断したのか、銃を撃つ一瞬だけのカットだが、素顔が晒される。市長を庇ったゴードン警部補が殉職。更なるターゲットは、レイチェル・ドーズ。デントに身を隠すよう命じられた彼女は、ウエインを頼る。

幼い頃からレイチェルを愛していたウエインであったが、前作のラストでそのことを告げた時、すでにバットマンの正体を知っていた彼女から優しく口づけされた後、

「人間としての仮面を被っているのが今のあなた、本当の顔は悪が恐れるバットマン。私が愛し去った人は帰ってこなかった。でもどこかにいるかも知れない」そう云われていたのである。ウエインは自分の気持は変わっていない、改めてそう告げると、

「今でもその気持ちに変わりはない。……でもあなたがバットマンだと名乗り出たら、一緒にはいられない」これはどういうことだろう。多分、バットマンは法的にはお尋ね者である、名乗り出て正体を明かしたら、検事補として司法に携わる人間である以上、犯罪者と一緒にはなれない、ということではないだろうか。それをウエインは、まだ愛してくれているものと思い込もうとした。だが本当のところ、レイチェルの気持はデントに大きく傾いていたのである。「正義は秩序」だと信じる彼女が、鉄拳で悪を制裁する、つまり秩序を乱して悪と対峙するバットマンよりは、法に則り法で裁こうとするデントに強く惹かれたとしても、無理からぬことではあったろう。事実このシ

ーンの少し後で、ウエインに渡してほしいとアルフレッドに託した手紙に、「私はハービーと結婚する。彼を愛してるの。これからの人生を共に歩むわ。云々」としたためているのだ。

確かに司法社会においては、法が人を裁く。だがその法自体人が作ったものである。だから人は人にしか裁けない、というパラドックスが生まれる。いやそれはパラドックスではなく、それこそが真理だろう。ましてゴッサム・シティーのように司法が弱体化し、警察機構そのものが収賄と不正で正常に機能しない現状にあっては、警察業務を代行する組織や人物がいないと、市民の秩序と安寧は脅かされ続けるだけである。デントやレイチェルがいくら躍起になろうと、それでは不可能と判断したからこそ、ウエインは悪に非情な暗黒の騎士として、よしや腐敗しきった警察に追われることになろうと、市民のために立ち上がろうと決意したのではなかったか。だがウエインのその覚悟は、甘かったと云わざるを得ない。鉄壁の意志であれば、いくら幼馴染とはいえ、司法の側のレイチェルがバットマンと共に手を取り合ってなどとは、考えられない筈だからである。やはり恋は盲目か。

ジョーカーにとって、自分の悪事を悉く邪魔するバットマンは、まさに目の上のたん瘤であった。関係のない人を巻き込んで或いは傷付け或いは殺し、バットマンよ名乗り出ろ、現れて素顔をみせろと叫び続けるジョーカーに、流石に隠し通すことは不可能と判断したバットマンは、正体を晒すことをデントに話す。デントは駄目だと否定するが、その時アイディアが閃いたのだろう、記者会見席上でウエインにも知らせず、自分がバットマンだと名乗り出るのである。当然逮捕され収監される。バットマンが捕まれば、ジョーカーは必ず襲撃してくる、そう踏んだのである。

果たして郡刑務所へ移送の途中、ジョーカーは襲ってきた。予想されていたにも拘らず、防御は苦戦を強いられる。バットマンも出張る。銃撃戦の攻防を掻い潜り、ジョーカーの運転する大型トラックを縦転させることに成功。横転ではない。縦にひっくり返したのである。撮る方も大変だったろうし、発想もすごい。這いだしよろめき歩いてくるジョーカーに向かって、タンブラー（バット・モービル）の脱出ユニットとして装着されたバットポット（二輪車）を、走らせるバットマン。一瞬彼の脳裡に殺意が湧きあがる。この時ジョーカーを殺してさえいれば、後に発生する悲劇を防ぐことができたろう。だがバットマンはやはり人を殺すことができなかった。咄嗟にジョーカーを避けたため、転倒しているトラックに激突、投げ出され気を失ってしまう。歩み寄ったジョーカーはマスクを剥ぎ取って正体を確かめようとするが、後頭部に銃を突き付けられる。死んだと思われていたゴードン警部補が、生きていたのである。ジョーカーは逮捕された。

だが実は、捕まって刑務所送りになることは、彼が目論んだことだったのである。デントの先を読んでいたという訳だ。

尋問にはバットマンがあたるが、のらりくらりのジョーカー節に業を煮やし、暴力に訴える。ジョーカーは、人の心の奥底に潜む怒りを引きずり出すことに、実に長けている。バットマンとて例外ではない。臆した風もなく、ジョーカーは意外なことを云い出す。

「急がないとデントとレイチェルの命はないぞ」

「？」マジック・ミラーの向こうで様子を見ていたゴードンは訝しがる。デントとは先ほど別れたばかり、それがどうして……

ジョーカーは人を食った奴だが、嘘は吐かない。それぞれ違った場所に監禁しているという二人の住所を聞き出すと、バットマンはレイチェルの元へ、ゴードンはデントの救出へと向かう。だがそこにもジョーカーの悪意は働いていた。バットマンのレイチェルへの思慕を知る彼は、逆の住所を教えたのである。

間に合った。だがレイチェルではない。驚きはデントも同じ、そして叫びだした。「なぜ私を助けに来た。レイチェルを、先に救え！」零れ出た石油の上に顔を浸し倒れていたデントを、何とか助け起こし担ぎ出した瞬間、耳を聾する爆発が起こり火の粉を孕んだ爆風が二人を襲う。デントの左顔面が、一瞬で燃え上がった。

ゴードンは間に合わなかった。現場へ着いた途端、凄まじい爆発が起こり、建物は炎上。助け出すいとまもあらばこそ、レイチェルは帰らぬ人となったのである。

その間ジョーカーは、送り込んでいた囚人の腹中に仕込んでおいた爆薬を爆発させて牢格子を吹き飛ばすと、収監されていた会計士ラウを殺害し、悠々と逃亡。

——バットマンよ、ジョーカーを侮るな。人間に対する怨念・憎悪を身にまとい、破滅させることを生きがいとしてきた彼の信念は、すでに狂気すら超克してしまっている。周囲の人々を肉体的に傷付けるだけで良しとせず、内面を抉り精神的にズタズタにしなければ、気が済まない。人間が生来持ち合わせ、必死に押し隠そうとする醜悪でおぞましい部分を、曝け出させなければおさまらない。お前はそういう人間を相手にしているのだ。中途半端な覚悟で、ジョーカーのアイデンティティーを打ち砕くことなど、できはしないのだ。

ゴッサム総合病院で、レイチェルの死に打ちのめされたがため、激しい痛みにも拘らず鎮痛剤を服用せず、皮膚移植にも取り合おうとしないデントの元へ、看護婦に変装したジョーカーが訪れる。デントの顔は左半分が焼け爛れていた。ジョーカーを認めると、怒りのあまり飛びかかろうとするが、ベッドに拘束された身では不可能。ジョーカーはデントに語りかける。

「マフィアも警察も、ゴードンもそしてお前も、策略を巡らす奴がこの状態を招いたのだ。そういう奴等はこの世界をコントロールする気だ。俺は思い知らせてやりたいのだ。この世界はコントロールなどできはしないと……」更に持ち込んだ銃を自分の額に当て、デントに引き金を持たせると、「ゴードンの策略に俺は乗っただけ。ちょっとした騒ぎを起こし、既成の秩序をひっくり返せば、あとは混沌の渦巻く世界。俺は混沌の配達人。混沌の本質は恐怖だ！」デントが納得したとは思えない。だが彼はここに至って、ジョーカーの生死をコインの裏表で決めるのである。——残酷な世の中で唯一の正義は運だ。デントの信条である。ヒーローとして死ぬか、生き永らえて悪に染まった自分を見るか……

ジョーカーはデントの拘束を解いて抜け出させたあと、総合病院のあちこちに仕掛けた爆薬を次々と爆発させ、巨大な建物を跡形もなく粉微塵にしてしまう。

デントがまずとった行動は、彼とレイチェルの拉致と監禁に関わった汚職警官たちとマフィアの幹部を、次々と殺戮していくことであった。復讐鬼トゥフェイスの誕生である。

次にジョーカーはＴＶジャックをして、夕方から俺のルールでゲームを始める、参加したくない奴はそれまでにこの街から出て行け、但し橋とトンネルには気を付けなと、市民に脅しをかけるのである。ゴッサムの人々はパニックに陥り我先に逃げ出そうとする。橋とトンネルは危ない。だったらフェリーボートだ。そのフェリーにジョーカーは、冒頭の用済みになった奴を相方が殺す銀行襲撃はこのための伏線だったのではないか、と思わせる罠を仕掛けていた。艀詰めの二隻のフェリーそれぞれに爆薬を仕掛け、航行及び外部との通信を不能にし、起爆装置を各船長に届け、夜中の十二時までに相手の船を爆発しろ、先に相手を爆発させた船は助けてやる、但し時間を過ぎて二隻とも無事だったら、どちらも吹き飛ばしてやると、通達したのである。

乗員乗客の、単に生き残りをかけただけではない、自己の人間性に真っ向から対峙しなければならない、恐ろしくも過酷な葛藤の時が、刻々と過ぎていく。

ようやくジョーカーの居場所を察知したバットマンは、到着したゴードン警部補とスワット隊に待ったをかけ、単身乗り込んでいく。時間がない。待てない。ゴードンは少し遅れただけでスワットを送り込む。バットマンは、ピエロの仮面を被り武装した者たちが実は拘束された捕虜で、捕えられていると思われる者がジョーカーの部下だということに、気付く。この映画、こういった反転の構図が実に多くて、しかも上手い。知らせている暇はない。本物の捕虜を味方に殺させるわけにはいかない。バットマンは、ジョーカーの手下ども、間違った攻撃を仕掛けるスワットの精鋭、双方と闘うことを余儀なくされるのである。スワット隊員を傷付けないための苦心、手下共を殺さず捕えるための惨憺(さんたん)。

バットマンは、漸くジョーカーの元へ辿り着く。十二時まであと僅か。一騎打ちが始まる。ジョーカー優勢。バットマンに馬乗りになった彼は勝ちを確信したか、みたび顔の傷のいわれを語ろうとするも、時間を過ぎても爆発が起きないため、ならば二隻ともにと自分が持つ起爆装置を押すも〈花火〉が上がらないことに驚いた隙を突かれて、形勢が逆転。文字通り逆さ宙吊りにされてしまう。私としては、三度目の顔の傷の由来を聴いてみたかったのだが。

バットマンは云う。「何を証明したかった？　誰もが心の底は醜いと思っているのは、お前だけだ。この街の人たちは正しい心を持っている」

「それは心が壊れるまでの話だ」やはりジョーカーの心は、何かの原因でズタズタに引き裂かれてしまったのだ。そして壊れた。更に続けて、

「お前は俺を殺さない、独りよがりでくだらない正義感がある。そして俺もお前を殺さない。お前は殺すには面白すぎる。俺とお前は永遠に闘う運命なのだ」

流石の台詞である、宿敵といわれる所以だけのことはある。

この映画は、やはりティム・バートン監督版と同じく、ジョーカーの映画である。ジャック・ニコルソンが演じたジョーカーの狂気をデフォルメし、残忍さをより掘り下げたジョーカーの映画である。違っている点といえば、人間そのものに対する憎悪であろうか。人間が心の奥底で冷たくとぐろを巻く暗黒を知悉している彼は、その暗黒を〈道具〉として使うことをも知り尽くしている。〈道具〉を駆使して、善人と呼ばれる人の心の中に、恐怖と怒りを植え付ける術をである。それも一片の躊躇もなくだ。――徹頭徹尾ジョーカーの行動を通して、彼の内面を描き出そうとしているこの映画、主役と云えどもバットマンが精彩を欠き、意気が上がらないように見えてしまうのは、至極当然のことなのである。レイチェルとの愛に悩み、素顔で正面切って悪に立ち向かうデント検事に羨望を覚えるバットマンが、脆弱に思えてしまうのは仕方のないことなのだ。

クリストファー・ノーラン監督は、一作目でブルース・ウエインがどうやってバットマンになったかを描き、この二作目ではどうやってジョーカーが生み出されたのかを、描きたかったに違いな

い。

ジョーカーは云う。「俺にはまだ最後の切り札がある。……ゴッサムの希望、光の騎士に、俺たちと同じレベルまで降りてきてもらった。激しい怒りは重力みたいなものだ、ちょっと押しゃあいい」

そうだデントはどうした。――その頃ハービー・デントことトゥフェイスは、ゴードン警部補の妻と二人の息子を拉致し、それを餌に彼を誘(おび)き出していた。

「私の忠告を聞いて、汚職を憎み立ち上がっていれば、こんなことにはならなかった。だがお前は悪魔と取引をした」デントが云うのはこういうことだ。彼がマフィアを掃討しようと計画しゴードンに話を持ちかけた時、警察内部の汚職警官を処分すべきだと進言した。するとゴードンは、そんなことをしたら警官は私ひとりになってしまうと、答えたのである。デントは半分冗談と取ったようだ。だが実態は殆どそれに近かったのである。大掛かりなマフィア摘発には、大勢の警官が必要である。そのためには汚職警官であろうと、確保しておくべきであると。だがそのゴードン配下の汚職警官によって、デントとレイチェルは誘拐され、デントの顔半分は焼け爛れ、レイチェルは命を落としてしまった。心から愛していた人が殺されてしまったのである。息子のひとりに銃を突き付け、

「お前にも同じ苦しみを味わってもらう。誰を死なせるか選べ！」

場所は建築中のビルの途中階。この時点ですでに警官、マフィア幹部とその運転手都合五人を殺害しているトゥフェイスに、生き残る意志はなかったであろう。復讐が終わった暁には、自らの命を絶つ。その覚悟だったと思われる。

「決められないなら、私が決めてやろう」トゥフェイスはコインを取り出すと、放り上げる。受け止めようとしたその瞬間バットマンが飛び掛かり、トゥフェイスとゴードンの息子三人共々、空中へ飛び出す。トゥフェイスはそのまま落ち、バットマンは片手に息子もう一方で床の縁を辛うじて掴んでいたが、息子をゴードンに手渡すと、そのまま落下する。

トゥフェイスは死亡、バットマンはバットスーツのお蔭で軽傷で済んだ。

デントの気持は痛いほど判る。だが犯した罪は罪、糾弾しなくてはならない。そんなゴードンを押しとどめてバットマンは云う、デントが犯した罪は自分がやったことにしてくれ、と。「民衆はハービーに賭けてた。ジョーカーがそんな彼をズタズタにしてしまった。ハービーが罪を犯してしまったと知ると、民衆は希望を失くしてしまう」だから悪人の汚名は自分が着るというのである。おそらくバットマンにはレイチェルを死なせ、デントをこんな姿にしてしまったという、贖罪の気持が強かったのだろう。ゴードンは渋るが、押し切られてしまう。

立ち去るバットマンを見て、息子のひとりが問う。

「バットマンはなぜ逃げるの。何も悪い事してないのに」

答えてゴードンは「バットマンはゴッサムに相応しいヒーローだが、今はその時じゃない。だから追われる」だが心の中でこうも呟くのである。

――彼はヒーローじゃない。静かな守護者、眼を光らせる番人、ダークナイトだ。

五

クリトファー・ノーラン監督による、バットマン三部作（トリロジー）の最終話『ダークナイトライジング』である。

ブルース・ウエインの執事アルフレッドの言を借りると、「世界の果てに〈奈落〉とよばれる牢獄があります」〈奈落〉とは地獄の謂いである。それほど環境劣悪な、しかも生きては出られぬ牢獄ということである。〈世界の果て〉は鳥も通わぬほど荒廃しきった土地という程度の意味で、本編の展開からしてゴッサム・シティーから程遠からぬ処に、存在するものと思われる。

小高い丘の頂上から直径十メートル近い円筒形の穴を、麓と思しき位置まで穿ち、その底に大勢の囚人を収監できる監房が幾つも設えてあるという。穴の壁は、脱出が不可能なように、凹凸の少ない石組みで固めてある。ノーラン監督によると、この穴は幼いウエインが誤って落ちた枯れ井戸を想起させるよう、造られたという。だがなぜ厳重な出入り口は別にあるのに、そんな穴を掘る必要があったのだろう。単に明かり取りだけのためとは思われない。『バットマン&ロビン／Mr.フリーズの逆襲』に登場したマッチョ兵士のベインが、今作ではここで生まれ育ったという設定になっており、その彼によると、「俺はここで絶望を学んだ。希望があるからこそ、真の絶望がある」収監された囚人たちの頭上には、自由への出口がある。円い石垣をよじ登ることさえ出来れば、自由を手に入れられるのだ。そのため嘗て何人もの囚人が果敢に挑戦した。だが誰一人成功しなかった。不可能だということを思い知らされた時、希望の光がすぐ目の前にあるだけに、絶望は限りなく深いものになる――希望の光を、粉々に打ち砕くためだという。

この牢獄は、その昔は凶悪犯の収容所であったという。増え続ける凶悪犯罪に警察だけでは治安を維持できず、軍に要請してその任に当らせたものらしい。『バットマン　ビギンズ』でバットマンと闘って命を落とした〝影の同盟〟の真の首魁であるラーズ・アル・グールことヘンリー・デュカードは、若かりし頃この地を統轄していた将軍の許で、傭兵として軍務に服していた。そして将軍の娘と恋に落ちた。子供が生まれた。将軍は激怒したが、なぜかデュカードは追放という軽い処分で済んだ。娘が彼の身代わりとなることを申し出て、地下牢に幽閉されたのである。あるとき牢医が鍵をかけ忘れたため、暴徒が乱入し娘を襲った。おそらく憎さも憎き将軍の娘と、知ったためだと思われる。子供は一人の男が「無垢な子は我々の償いだ」と云って護ったため無事だったが、母親は助からなかった――子供を護った男が、ベイン（トム・ハーディ）である。

子供は女の子だった。長じて少女となった頃、ベインは彼女をいつまでもここへ閉じ込めてはおけないと、脱出させることにする。おそらく少女もそれを望んだのだろう。ベインの手助けを、囚人たちは力ずくで阻もうとする。そのため彼は袋叩きにされてしまう。少女は決死の覚悟で石垣をよじ登り、命綱もなく僅かな庇めがけて飛んだ……

誰も成し得なかった〈奈落〉からの脱出を、唯ひとり成功させた少女は、父親デュカードを捜した。捜し出して共に〈奈落〉へ戻った時、囚人たちの襲撃で重傷を負ったベインは碌な治療も受けられなかったため、マスクに常備した薬を絶えず投入し続けなければ、激痛に苛まれ、日常生活さえ困難な身体に変わり果てていた。助け出された彼は、治療の傍ら〝影の同盟〟の一員として訓練を積むこととなる。娘を救ってくれた恩義を感じてゆえのことではあったろうが、デュカードは『バットマン　ビギンズ』におけるウエイン同様、自ら手を取って仕込むのである。ベインの上達ぶりは群を抜いており、目を瞠らせるものがあった。

少女は、妻を自分の身代わりに収監させ、挙句非業の死を遂げる原因を作り出した父親を、憎んでいた。子供が出来たことは知っていたろうに、会いに来ないばかりか捜そうともしなかった父親を、呪っていた。これは少女が妙齢の淑女となるまで、変わることはなかった。だが父は、父親なりに苦しんでいたのである。本来娘を愛し庇護しなければならない立場なのにそれができず、一介の名もなき囚人の子として生を享けた男が、我が身を挺して娘を護りぬき、助けた。デュカードはベインを見るたび、自分の不甲斐なさを責められる思いだった。しかもベインは娘を、聖女のように崇めている。〝影の同盟〟の存在意義に共鳴してではなく、娘の守護神たるべく訓練に励んでいる。そのことをデュカードは懼れた。思い悩んだ末、遂に彼は「愛する妻を殺した地獄を思い出させる存在だった」ためとして、ベインを破門してしまうのである。だが案の定ベインは、付かず離れず、絶えず娘を見守り続けた。

そのデュカードが、バットマンに殺されてしまった。父親が死んでしまったことで、成長した少女である〈彼女〉は、憎悪とは裏腹に父親を愛していたんだという、本当の気持に気付かされる。だが父親を恨み憎しみ呪うことを心の支えとして、〈彼女〉はこれまで生きてきた。その対象が、突然消えてしまったのである。心の奥底では愛していたことに思い至りはしたが、〈彼女〉は無くなった心の支えの代りを求めなければ、自分が自分でなくなってしまう惧(おそ)れを抱いた。恨むべき憎むべき呪うべき相手を求めたのである。当然それは父を殺した、バットマンに向けられることとなる。また愛していたという本当の気持に気付いたゆえ、「ゴッサムは救うに値しない街だ。滅びる運命なのだ」という父親の衣鉢を継ぐことをも、決意するのである。即ちバットマン共々、ゴッサム・シティーを壊滅させてしまうことを――

かくして〈彼女〉は、庇護者であり従順な僕(しもべ)であるベインと共に、地獄の底から立ちのぼる瘴気の如く、〝影の軍団〟の亡霊として、復讐を仕掛けるのである。

嘗てウエイン産業は〈クリーン・エネルギー計画〉と銘打って、化石燃料を使わずクリーンなエネルギーを供給できるシステムを、開発しようとしていた。いわゆる核エネルギーである。研究開発費をすべて投入するほどの力の入れようではあったが、融合炉の不具合が発見されたとして、突然中断される。その実ロシアの核物理学者のレオニード・パヴェル博士が、核融合炉を武力転用できるという論文を発表したがために、悪人どもに核兵器に作り変えられては大変な事態を招くとして、断念したのである。

〈彼女〉は、その核融合炉を奪い取って、ゴッサム・シティーを吹き飛ばしてしまおうと、目論む。

――まず〈彼女〉の仮の姿である篤志家のミランダ・テイト(マリオン・コティヤール)が、〈クリーン・エネルギー計画〉に賛同したとして、ウエイン産業にかなりの額を投資する。これはエネルギー計画が頓挫するかなり前に行われている。次にベインが、ウエイン産業の乗っ取りを企むジョン・ダゲット(ベン・メンデルソーン)の懐に潜り込む。クーデター政権下の西アフリカで、ダゲット工業による採掘事業の警備を担当する傭兵として、目ざましい成果を上げてダゲットの信頼を勝ち取ると、ゴッサム・シティーへ呼び寄せられるよう画策する。

復讐が本格的に始動しだすと、ベインはその第一段階としてＣＩＡがウズベキスタンから亡命させようとしていた件のパヴェル博士を、横合いから拉致する。手に入れる予定の核融合炉を、半径十キロ圏内を吹き飛ばす中性子爆弾に、作り変えさせるためである。この映画の冒頭で、ジェット機を墜落させるシークエンスがそれである。

……ウエイン産業の大株主でもあるダゲットの、乗っ取り計画が動き出す。先物取引でウエイン名義の多額のオプション売りをおこない、ウエインの指紋の認証で承認し、彼を破産状態に追い込もうという作戦である。そのために、ウエインの指紋を盗み出すべく依頼されたのが、キャットウーマンであった。

キャットウーマンことセリーナ・カイル（アン・ハサウェイ）は、ウエイン邸で開催されたセレモニー会場に、メイドとして潜入する。……このセレモニーは、前作『ダークナイト』で亡くなったデント検事の功績を称え、新たに制定されたハービー・デント・デーなる祝日を記念しての式であった。トゥフェイスことデントの罪を自ら被り殺人鬼として追われるバットマンは、爾来影をひそめて一度も姿を現さず、即ちブルース・ウエインは屋敷に閉じ籠り、決して人前には出てこなかったのである。事情を知らない市民は、〈クリーン・エネルギー計画〉の失敗が原因だろうと噂したが、実際彼の身体は悪と闘うことが出来ないほどに、疲弊し尽していたのだ。式の席上で、ゴードン警察本部長（前作の功績でまたも昇進。最後は警視総監までのぼりつめます）は祝辞を述べるのだが、彼の胸中は穏やかではなかった。この八年ずっと悩み続けてきたのである。警官、マフィア都合五人を殺害し、しかもゴードンの息子まで殺そうとしたデントを、いくらバットマンの頼みであったとはいえヒーローに祭り上げ、今日に至ってしまった自分の不甲斐なさをである。勇を鼓してセレモニー式場で市民に真実を公表しようと、原稿まで用意してみたものの、やはり出来なかった。

盗みに気付いたウエインは阻止しようとするが、バットスーツも装着せず、杖を突かねば歩行も困難な身体では、セリーナの体術に及ぶべくもなく、指紋のみならず彼の母親の形見である真珠のネックレスをも、まんまと奪い去られてしまう。

キャットウーマンが指紋と引き換えに要求したのが、ライキン・データ社が開発している〈クリーン・スレート・プログラム〉であった。犯罪者の前科を消せる究極のプログラムで、名前と誕生日を入力すると、あらゆるデータベースから個人の情報が消去できるという代物である。簡単に手に入れられるものではない。ダゲットの代理として現れた副社長のフィリップ・ストライバーは、指紋を受け取ったら即座にセリーナ・カイルを殺すつもりで、数人の手下を侍(はべ)らしていた。そんなことは百も承知、二百も合点。彼女はすでに警察を呼んでいたのである。パトカーのサイレンに浮足立った手下の銃を奪い、手当り次第撃ちまくる

踏み込む警察。セリーナは銃を投げ捨て叫び声を上げて被害者を装い、ストライバー一味は、下水道の中へと逃走。陣頭指揮を執っていたゴードンは、数名の部下と共にマンホールへと入り込む。

も、部下は殺されゴードンは敵の手に落ちてしまう。殴られ朦朧とした意識のまま連れて行かれたのは、モグラの如く地下に巣窟を持つ、マスクの男と呼ばれるベインの元であった。ゴードンは身体検査をされ、セレモニー式場で読み上げる予定だった原稿を取り上げられてしまう。このままでは殺される。一瞬の隙を突き、ゴードンは用水路に身を投げる。だがその際銃弾を受け、瀕死の傷を負ってしまう。ゴードンを救けたのは、下水道の行き着く先を捜査していたジョン・ブレイク巡査（ジョセフ・ゴードン＝レヴィット）であった。

そのブレイク巡査が、ウエインの屋敷を訪ねる。ゴードン本部長がベイン一味に撃たれて入院していることと、バットマンに会いたがっていることを、伝えるためである。言葉を濁すウエインに、彼は意外なことを語り始める。子供の頃、ウエイン財団が支援していた聖スウィジン孤児院で、慰問に訪れたウエインに会っているというのである。彼の母親は交通事故で亡くなり、その二年後父親はギャンブルの借金が嵩んで撃たれて死亡。里親に引き取られるも、持て余した義理の両親は、彼を孤児院へ預けた。父親が撃たれたとき激しい怒りに全身が震えたが、孤児院に入れられ怒りは隠すものだと気付いた。そんな折現れた億万長者の孤児、うらやましかったが違った。あなたは私と同じ眼をしていた――そして立ち去り際にこう云うのである。

「そろそろ救けを求める、外の声を聴くべきだ」ブレイクは間違いなくバットマンの正体に、気付いている。

「葬り去った過去から、邪悪な何かが生まれようとしている。今こそバットマンが必要なのだ」顔を覆面で隠して見舞ったウエインに、ベッドに横たわるゴードンは、苦しげにそう云った。――再びバットマンが、立ち上がるべき時がきたのである。

折も折、ジョン・ダゲットが遂に計画を実行に移す。ブルース・ウエインは破産し、ウエイン産業までも乗っ取られようとしていた。核融合炉がダゲットの手に渡ることだけは、何としても防がねばならない。ウエインは社長のルーシャス・フォックスに依頼して、〈クリーン・エネルギー計画〉に理解と協力を示していたミランダを会長の座に据えるよう、株主総会に諮らせ、了解を取り付けて貰う。――だがこれこそダゲットさえ手駒として動かす、ミランダの遠大な計略だったことを、ウエインは知る由もなかった。

破産者に用はないと株主総会から締め出されたウエインが、駐車していた車を違反で持っていかれた処へ、ブレイクが「送ろう」と現われる。車内での会話、

「どうして仮面を被ろうと」ブレイクの問いに、

「愛する人を護るためだ。誰にでも大切な人はいる」ウエインは更に、

「バットマンはシンボルなんだ。誰でもバットマンになれる。仮面をつければ……」この会話がエンディングでの、意外な伏線となっている。このシーンは、総会から戻りミランダが会長になったことに当たり散らすダゲットが、もう用済みだとばかりベインに殺害されるシーンと、交互に映

し出される。

ベインの潜伏場所の捜査を依頼していたブレイクが見つけ出し得ないとなると、残るはキャットウーマンだけだ。街を出ようと支度していたセリーナ・カイルに、ウエインはベインの隠れ家を捜し出してくれたら、君の望むものを与えると約束する。〈クリーン・スレート・プログラム〉である。だが彼女はなぜ執拗に拘るのだろう。よくよく自らの人生をリセットしたいに違いない。ほどなく彼女から連絡が入り、バットマンは待ち合せてベインの元へ乗り込む。しかしそれは罠だった。「私はまだ死にたくないから」キャットウーマンが裏切ったのである。

仮面の騎士とマスクの怪物の、闘いが開始される。ベインは云う。「仰々しい衣装と勝利がおまえを駄目にした」

〝影の同盟〟を裏切った男と、破門された男の死闘である。壮絶を極めた。

「俺こそが〝影の同盟〟なのだ。ラーズ・アル・グールの運命は俺が完結させる」豪語する通り、ベインは強靭でタフだった。奮闘虚しくバットマンは、敗北を喫する。背骨がずれるほどの重症を負わされてである。仮面を剥ぎ取られる。「裁きを下す準備をするあいだ、貴様に俺が育った家を見せてやろう。それから貴様を葬ってやる」

その声を遠いものに聴きながら、バットマンは気を失った。

連れて行かれた先は、〈奈落〉である。ベインはバットマンの希望の光を、粉砕しようとしたのだろう。

　背中の痛みのため殆ど身動きが出来ないウエインの面倒を見ている老人が、「まず背中を治せ」その助言で、世話係がウエインの身体をロープで吊し上げる。激烈な痛みで意識が朦朧となる。

――復讐計画は着々と進行していた。ベインはウエイン産業へ闖入し、ミランダ・テイト会長、フォックス社長、他役員一名を拉致し、三人の手形認証で核融合炉のロックを解除させると運び出し、それをパヴェル博士の手で中性子爆弾に作り変えさせると、更に何と炉心を引き抜いてしまうのである。計算上は五ヶ月でメルトダウンを起こし大爆発、ゴッサム・シティーは消滅してしまうことになる。

　次にベインは自ら縊り殺したダゲットのセメント工場で、大量のプラスティック爆弾を製造する。街のあちこちに仕掛け、市民をパニックに陥れるためである。パニックを完璧なものにするためには、警察を無力化しなければならない。ベインは一味共々下水道に潜み隠れていると思わせ、三千人にも及ぶ警官を誘き入れ、出入口に仕掛けた爆弾を爆発させ、閉じ込めてしまう。同様にアメリカン・フットボールのスタジアムも、観戦に来ていた市長もろとも吹き飛ばしてしまう。陥没を免れたグランドの隅に、ゴッサム市民が自由を手に入れるための道具だと嘯いて、中性子爆弾を運び込み、残った観客とＴＶカメラの前で、核爆弾の解除が出来るのは拉致したパヴェル博士だけだと知らしめたあと、その博士を殺してしまうのである。そしておもむろに演説を始める。

「お前らの運命を握っているのは匿名の市民だ。ゴッサム市民の一人が起爆装置を持っている」白々しい嘘である。続けて、「市外からの干渉が確認されたり、誰か一人でも逃げようとする者がいた場合、匿名の市民が起爆装置のスイッチを押す」

ウエイン産業から略奪したタンブラー（バットモービルの原型）で、ベインが次に現れたのは、ブラックゲート刑務所であった。抑圧の象徴と呼ばれるそこには、組織犯罪に関わったとされる囚人千人が、収監されていた。ベインはタンブラーの上に仁王立ちになり、アジテイトする。「ハービー・デントは悪と勇敢に闘った光の騎士、正義の象徴として崇められている。だがそれは偽りの偶像。腐った街の崩壊を恐れた者が、英雄にでっち上げたのだ。ハービー・デントの真実を教えてやろう」ベインはそこでゴードン警察本部長から奪った原稿を、声高々と読み上げるのである。

――TV中継されるその様子を、食い入るように見つめる二人の男がいた。襲ってきたベインの部下を斃し病院から抜け出したゴードンと、その手助けをしたブレイクである。その少し前、最早頼れる警官は彼しかいないと思い極めたゴードンは、ブレイクを刑事に昇格させていた。

真実を白日のもとに曝け出されたゴードンは、呻くように「ヒーローが必要だったのだ」ブレイクは云う。「今こそヒーロー（バットマン）が必要なのに、あなたがそれを駄目にした」ゴードンが真実を八年も隠蔽したため犯罪者が英雄視され、本来市民から喝采を受けて然るべきヒーローが姿を晦まさざるを得なくなってしまった、しかも今尚警察に追われ、表だって現れることが困難になってしまっている。その状況を、ブレイクは詰ったのである。

「システムや枠に縛られ、法が武器ではなく枷となり、犯罪者に手を出せないことだってある。いつの日か君がそういう状況に直面した時、頼れる友がいることを祈っているよ。……バットマンは自ら泥に手を突っ込み、私を庇ってくれた」

「僕にはあなたの手も汚れて見えます」ブレイクは吐き出すように、そう云った。

ベインはブラックゲート刑務所の囚人をすべて解放し、志願者を募って市民軍を結成し、「我々から搾取してきた金持ちと称する奴らから街を取り戻し、彼らを我々が味わってきた冷酷な世界に放り出すのだ。裁きは我々の手で下す」とばかり、富裕層の者たちを、襲撃させ始める。

背骨のずれも矯正され、体力回復のトレーニングをおこない、ウエインは巨大な井戸をよじ登ろうとするも、失敗。老いた医者は云う。「必要なのは生き残るための心、魂だ。怖れが……お前の弱さだ」

「怖れなどない。あるのは怒りだけだ」ウエインは果敢に二度目にチャレンジするも、またしても失敗。

「お前は死を怖れないことが強さだと思っている。だがそれは脆さだ。外へ出るためには、最も強い魂の鼓動が必要なのだ。それは死への恐怖」

「俺はここで死ぬのが怖い。焼かれるゴッサムを救えないことも……」

「ならば跳べ。あの子がそうしたように命綱なしで。それで恐怖を感じられる」

ウエインは意を決し、命綱をつけず、総身が鳥肌立つ恐怖を感じながら、三度目に挑んだ――融合炉の燃料セルが劣化して不安定な状態を引き起こし、爆発は時間の問題となっていた。しかも放射能で探知されないよう、ベインは屋根が鉛で覆われたトラックを三台用意してその内の一台に核爆弾を積み込み、残りは囮として三台共に絶えず市中を移動させていた。

ゴッサム・シティーへ戻ったウエインは、キャットウーマンへ会いに行く。驚く彼女にウエインは、件（くだん）のプログラムと引き換えに、フォックス社長の居場所を捜し出して欲しいと依頼する。核爆弾の、起爆スイッチの信号を妨害する装置を作ってもらうためである。――市庁舎に捕えられていたフォックスとミランダ会長を、キャットウーマンの協力で助け出したバットマンは、妨害装置の製作を頼んだ後、バットポット（二輪車）を彼女に託し、ミッドタウンのトンネルを塞いでいる瓦礫を搭載しているキャノン砲で吹き飛ばして、脱出ルートを確保してほしいと申し出る。そして共に闘おうと提案する。

核爆弾を搭載しているトラックを特定しようとしてベインの部下に捕まったゴードンは、スケアクロウ（案山子）ことジョナサン・クレイン精神科医が裁判長の、糾問（きゅうもん）裁判にかけられる。判決の二択、追放も死刑も、薄氷（うすらい）が張った河を歩いて対岸へ渡れというもので、万が一にも助かる可能性はない。しかも即執行。その窮地を救ったバットマンは、次に下水道に閉じ込められた警官たちを助け出そうとして見つかり、危うく命を奪われようとしたブレイクを救出。のみならず下水道の入り口を塞いでいる瓦礫をバットスイングで粉砕して、警官たちを解放する。

群がるベイン一味と囚人による市民軍、対峙する解放された警察官の集団。高まる緊張感の中、「この街に警察はひとつだ！」遂に最終攻防の火蓋が切って落とされた。

津波のように押し寄せる喊声に、キャットウーマンは合図だとばかり、キャノン砲を発射。トンネルは開通した。してやったり、一瞬口許に笑みを泛べるが、すぐに思い迷う表情になる。このまま逃げるべきか、それともバットマンの元へ戻るか――

肉弾戦の様相を呈し、其処此処で繰り広げられる乱闘の中に、ベインがいる、バットマンがいる。目の前に立ったバットマンに、ベインが吠える。「ゴッサムと心中するために戻ってきたのか」

「違う！　お前を止めるためだ」

無類の強さを誇るベインの前に、今回もバットマンはひれ伏すのか？　だが天はバットマンに味方した。横に払った一撃がベインのマスクに当たり、薬の供給が上手く出来なくなったのである。ベインの動きが鈍くなる。相当な痛みに襲われている筈だ。バットマンの形成有利。追いつめたベインを締め上げる。その時バットマンの脇腹に激痛が走った。ナイフで刺されたのである。刺したのはミランダ・テイトである。

このシーンに並行して、起爆スイッチの信号妨害装置をバットマンに手渡されたゴードンが、特定できた核爆弾を搭載したトラックに飛び乗り、中へ潜り込んで取り付ける様子が、映し出される。

ゆっくりとバットマンからナイフを引き抜いたミランダは、笑みを泛べ、「父の仇に復讐することが、今まで苦痛に耐えてきたことへの報酬よ」そう云うなり、手にした起爆装置のスイッチを押した。だが「?」爆発は起こらない。事情を察したミランダは、バットマンをすぐには殺さず千二百万の市民が滅びる様を見せつけるよう命じると、ベインに「さようなら、友よ」そう言い残すと、トラックに積載された核爆弾を自らの手で爆発させるべく、その場を後にする。だがベインは何を思ったのか、「悪いが今すぐお前を殺す。爆発を想像して死ぬんだな」とばかり、バットマンを殺しにかかるのである。

あわや！　の瞬間、ベインの身体はもの凄い勢いで吹き飛ばされた。

「銃を使わないって方針、あんたみたいに守るのは絶対無理」キャットウーマンが戻ってきたのである。戻ってキャノン砲を発射したのだ。

爆発をなんとしても阻止しなければならない。バットスーツで軽減されたとはいえ傷は浅くない。だが痛みを堪えつつバットマンはバットスイングで空から、キャットウーマンはバットポッドで陸を、それぞれにミランダの後を追う。彼女がタンブラーから乗り移った核爆弾搭載のトラックを、何とか炉心のある場所へ誘導し元へ復さしめようとするバットマン、キャットウーマン、追跡ナビするフォックス社長三人の連繋プレーも功を奏さない。だが思いがけないことが起こった。ミランダが運転操作を誤り、道路壁を突き破って下の道路へ転落してしまったのである。地を揺るがす衝撃、もろに突っ込んだ運転席は大破。辛うじてトラックの荷台から這いだしたゴードンは、すぐさま運転席へと回るが、すでにミランダは虫の息。しかしそれで終わりではなかった。融合炉のプログラムはすでに上書きされていたのである。もはや爆発を止める手立てはない。「父の仕事は成し遂げられた」事切れたミランダの顔には、会心の微笑が刻まれていた。

やはりこのシークエンスと並行して、ひとつのエピソードが語られる。

ブレイクが、聖スウィジン孤児院の神父と子供たちをバスで橋を渡り、対岸へ逃がそうとする。橋を守備し引き返せと叫ぶ警官に、

「（橋を誰一人渡らせるなという）命令は解除された。爆発はもう止められない。ひとりでも多く救助することを、優先すべきだ」下水道から解放された警官たちは、ベイン一味と対峙している。この期に及んで、ベインの脅しも効力を失っている。しかしバットマンも奔走しているとはいえ、どちらが勝利するかは不明である。もし勝つことが出来たとしても、核爆発はボタン操作ひとつである。いつ誰の手によって押されるか判らない。ならばまだボタンが押されていない今現在、一人でも多くの市民を避難させることが、最重要課題ではないのか。

近づいて説得しようとするも、命令絶対服従の意識に憑りつかれ、正常な判断力を失くした指揮官に、「来るな！」とばかり橋を爆破されてしまうのである。逃げ道は鎖された。あとは座して死

を待つのみ。ブレイクは深い失望感に襲われる。警察とはいったい何なのだろう。命令遵守は不可欠だが、まず目の前の危機的状況にある人達を救出すること、それが第一義ではないのか。命令系統が遮断されるケースは、稀ではあるまい。いやそれ以前に、何を最優先させるべきか、その判断が現場の人間になぜできない。力が欲しい、個人で状況を打破できる力が……ブレイクは、痛切にそう願ったに違いない。

刑事ブレイクは、深い失望と共に警察バッジを河へ投げ捨てる。

——爆発は焦眉の急に迫っていた。

バットマンは核爆弾をワイヤーで吊るし、バットスウィングで沖合遥か、行けるところまで行って投下する作戦を立てる。オートパイロット（自動操縦装置）はない。自力である。

沖を目指してバットマンは飛んでいく。キャットウーマンの思いを、ゴードンの願いを胸に抱いて。孤児院の子供たちが、バットスイングに気が付き、喊声を上げ、バスの窓から身を乗り出して、懸命に手を振る。ブレイクも橋の上から見守りつつ、奇跡を祈った。——沖合遥か、一瞬の光芒の後、真っ白なキノコ雲が湧き上がった。

エピローグ

ブルース・ウエインの葬儀はしめやかに行われた。弔辞を読み上げたゴードン本部長のほかフォックス社長、執事アルフレッド、ブレイクの参列者のみで。帰路ゴードンは、ブレイクに警察への復帰を促すが、断られる。

破産したとはいえ、資産はかなりの額にのぼった。屋敷は聖スウィジン孤児院に、現金・有価証券の類はアルフレッドに、ウエイン産業はフォックスに、そしてである、屋敷地下のバットマンの基地はブレイクに託されるのである。遺産管財弁護士の元を訪れた彼はジョン・ブレイクでは登録がなく「本名の方かな？」

受付の女性がにこやかに、

「本名の方がお似合いですよ、ロビンさん」そう彼こそがバットマンの最大の相棒ロビンだったのである。しかもである。基地を託され、バットマンの再来さえも予感させるのだ。車内での会話が思い出される。「誰でもバットマンになれる。仮面をつければ……」

ミランダといいロビンといい、ノーラン監督最後まで楽しませてくれます。そしてエンディングは予想通り。アルフレッドが休暇の度に訪れていた、フィレンツェはアルノー川のほとりにあるカフェに顔を出すと、やはりブルース・ウエインがいるではないか。彼の前にはセリーナ・カイルが。

彼女の頸には、真珠のネックレスが付けられている。ウエインの母の形見であるネックレスが――今作のキャットウーマンには、『バットマン　リターンズ』でミシェル・ファイファーが演じた死の深淵を覗き込まされたような、悲惨な過去はない。しかも〈クリーン・スレート・プログラム〉なるアイテムを用意したのは、過去を消しても意味は無くそれより過去に拘ることなく、また縛られないことが大事なのだというメッセージであろう。だからこそファイファーのような悲恋に終わらず、ウエインにしろセリーナにしろ、これからの未来に希望を持つことが出来、ハッピー・エンディングを迎えられたものと思われる。でなければ、バットマンがあまりに寂し過ぎるではないか。

＊　　＊　　＊　　＊

この『ダークナイト ライジング』の評価は、頗る高い。
「職人技と呼ぶべき究極の映画」ロサンゼルス・タイムス
「☆☆☆☆驚愕！」ニューヨーク・ポスト
といった按配で、また凄まじいばかりの完成度だとも、云われている。監督のクリストファー・ノーランと共に脚本を担当したのが、実弟のジョナサン・ノーラン（余談で恐縮だが、彼が製作脚本を担当したＴＶシリーズの『パーソン・オブ・インタレスト（犯罪予知ユニット）』は、大好きで面白くて全シリーズ観ている）。実の兄弟なのだが、兄はロンドンで育ち、弟はシカゴで大きくなった。変わり種である。――全編といっていいほどに張り巡らされた伏線は、至る所で緊密に絡み合い、間然する処がない。これに兄弟お得意の、人間及び事象の二面性が加味されているので、正直私ごときの頭脳では、ともすれば齟齬をきたしそうになる。であるから御覧になった方の中には、煩瑣に過ぎると疎まれる方もいらっしゃるかもしれない。なにしろ質量ともに本当に凄くて、上映時間だけでも二時間四十五分あるのだ。もう少しシンプルに纏めてくれると、素直に内容が楽しめるのにと思わないでもないが、傑作であると認めるのに異存はない。こんなバットマン映画は、二度と作れないだろう……

（「シネマ気球」２００９年９月。「ダークナイト　ライジング」加筆、２０２２年）

『アイ・ロボット』ロボットは反乱する？

序

平成十七年の愛知万博を契機に、わが国ではロボットのブーム熱が、急速に高まった感がある。新型が開発されるたびにニュースで報じられ、特別番組もしばしばである。

子供の頃、私なども鉄腕アトムや鉄人28号に夢中になり、漫画を真似てよく描いたものだ。だが当時は、まだほぼ想像上の産物でしかなかった。今や、四足歩行から二足歩行へ、更には介護ロボットも視野に入っているというほどの、ロボット工学のめざましい進歩が、夢物語に過ぎなかったロボットを、一般の人たちが現実のものとして身近に触れ、利用するのを可能ならしめるまでになった。ブームの背景にはそれがある。

夢物語――そう、漸く実現しようとしているロボットは、はるか昔から人々の夢だったのである。

「ロボット」という言葉が生み出されたのは、一九二〇年にチェコスロバキアのカレル・チャペックによって書かれた戯曲『R・U・R』（ロッスムのユニバーサル・ロボット）においてであるのは、つとに知られたことであるが、概念としてはそれ以前、それもかなり昔からあった。

中国に『封神演義』という書物がある。十六世紀の半ば、というから日本では室町時代の後期にあたるが、それまで講談や演劇で大衆の支持を受け続けたもうひとつの「易姓革命」とでも呼ぶべき物語を、集大成し、編纂したものである。「易姓」とは王朝の支配者の姓がかわる（易る）ことをいい、「革命」とは天（天帝）の意志がかわる（革る）ことを意味する。即ち天命により、新しい支配者がそれまでの支配者を亡ぼし、国を治めるということである。その嚆矢となったのが、『封神演義』の舞台となった殷（商）の紂王が悪徳の限りを尽し民衆を虐待したために、天帝の意志で周に交替した、所謂〈殷周革命〉である。爾来、中国では「易姓革命」は王朝の交替を意味するようになった。

『封神演義』で描かれたもうひとつの物語とは――〈宇宙再編計画〉と銘打たれ、即ち仙界と下界の間に新たに神界を創設し、仙界で持て余し者の仙人たちと、下界であまりに人間ばなれした人間たちを、纏めて送り込むことが企画されたというもの。仙界の上、天界の人たちの発案である。

だが神界に移送するためには、まず現身から魂魄のみを取り出して封神台へ送り、しかるのち神に封じなければならず、魂魄を取り出すためには現身を消滅させねばならない。つまり殺さなければならないのである。それも集団で、である。発案はしたものの、天界の人たちは自ら手を下すことを躊躇った。というより人数の余りの多さに、辟易したのかもしれない。

そこで考え出されたのが、下界の「易姓（殷周）革命」と相乗りでいこうということであった。

仙人と人間とが入り乱れての凄絶な戦いが演出され、登場人物のほとんどに及ぶ三百六十五人が命を落とす。その戦いがなんともユニークで、実に様々な「宝貝」と呼ばれる秘密兵器が使用されるのだ。ネーミングはそれぞれながら、いろんな種類のミサイルやロケット弾・高性能レーダー、火炎放射器に催涙ガス・神経ガス、細菌爆弾等々と近代兵器のオンパレードである。果ては「黄巾力士」や「哪吒」というロボットまで登場する。

黄巾力士は私などの世代感覚でいうと鉄人28号であり、哪吒は鉄腕アトムである。つまり操縦者のコントロールで動くロボットと、A・I（人工知能）を有し自らの意志で行動するロボットという違いである。（余談です。『鉄人28号』の作者である横山光輝が、この『封神演義』を題材として、『武王伐紂平話』をベースに殷の滅亡から周の建国までを、『殷周伝説・太公望伝奇』としてコミック化しています。単行本最終巻刊行直後に急逝したため、彼の遺作となりました。）

どうにもあまりに夥しい死者を出しすぎたので食傷気味になり、不死身の人間を登場させたかったのではなかろうか――古来より不老不死こそが人間の願望であり、その思いが結晶して哪吒という ロボットを創造させたものに、違いない。すでにこの当時以前から、ロボットという言葉はなくとも、概念は存在したのである。げに驚嘆すべきは、想像力である。

もうひとつ、人間がロボットを夢見た理由が挙げられる。こちらの方が動機としては、より切実かもしれない。

そもそもロボットという言葉は、人工の労働者を表現するために考え出されたもので、カレル・チャペックが例の戯曲の中の人造人間を示すために、兄のヨゼフからヒントを貰って作った新語である。チェコ語には『賦役』を意味するｒｏｂｏｔａという語があり、その語末のａをとったものだという。

近代に至るまで、労働は過酷であり、命の危険を伴うものも多かった。重労働を緩和できる、何かいい方法はないものか？　死と隣り合わせた仕事を、誰か肩代わりしてくれないものか？　また単調であっても倦むことを知らず、過酷であっても疲れずパワフルで、作業中の不慮の事故でも死ぬことのない労働力が欲しい。そういった生命・生活の基盤を根底に据えた人々の切なる願いが、ロボットという概念に結びついたのは、当然の帰結といえよう。

その概念に過ぎなかったロボット像を具体的に提示し、ネーミングを施しただけでもたいした才能なのに、チャペックの想像力は予言となって、その先に及ぶ。

ロボットは利器だから、ロボットは労働力のコスト削減に寄与するから、当然大量に生産されるようになる。結果は？

映画の中で、主人公が「人間はお払い箱」と皮肉めかしていうシーンが物語るように、すべてに効率のいいロボットに仕事を奪われてしまい、「そうやって労働者を路上に放り出しているのよ」巷には失業者が溢れかえると断じるのだ。

それすら危機的状況には違いないのだが、更に、

職を失った「労働者がロボットに対して暴動を起こして、ロボットを壊し、そして人間がロボットたちに武器を与えて蜂起した人たちに向かわせ、ロボットがたくさんの人を殺したら――そしてそのあと、いくつもの政府がロボットを兵隊にして、とってもたくさんの戦争があって、これでおしまいよ」（『ロボット〈R・U・R〉』より……翻訳の際、内容が判りやすいよう、タイトルにロボットと入れたようです）

人間というものは、本当にどうしようもないものだと思う。原爆を作り出したら、結果が予測できたにも拘らず、使用しないでは気が済まなかったように、ロボットを製造できるとなれば、戦争に投入しないわけがないのは、火を見るよりあきらかだからである。

だが問題は、そこにすらとどまらないのである。予言は、尚も続く――

破

本編である。

タイトル・クレジットの背景は、水中のシーンである。沈んでいく車の助手席で窓ガラスを叩きながら、必死に助けを求める少女。同じく沈んでいくこちら側の運転席から、それをなす術もなく見ているスプーンことデル・スプーナー刑事（ウィル・スミス）……ある日、いつものように署への帰り道、居眠り運転のトレーラーによる衝突事故に遭い、スプーンはもう一台の乗用車ともども川に転落してしまう。そちらを運転していた父親の方は即死。同乗していた娘の名はサラ。十二歳であった。折しも通りかかったロボットのＮＳ‐４は、

「少女をたすけろ！」スプーンの絶叫も空しく、少女の十一パーセントより四十五パーセントと救出確率の高い彼を、車から引っ張り出したのである。尚深みへと沈んでいく少女の顔が、網膜に焼き付く。――夢魔となって彼を脅かすこの出来事は、本編中何度かリフレインされる。

ロボットの頭脳は数値で考える。論理的には、それで正しい。

だが、「人間だったら、確率がどうあれ絶対に少女を助けた！」どうして自分だけが生き残ったのだ！　爾来、この出来事がトラウマとなり苦しみ続けるスプーンは、ロボットを一切信用しなく

なったばかりか、徹底して毛嫌いするようになる。そしてその性向が、物語全体の伏線になっているのは、云うまでもない。

　主人公がトラウマを抱えているという設定は、彼の行動律を決定する重要な要因であることを観客に認識させるために、ほぼ常套化された手法であるが、それにしてもこの映画は、こういった事象を複葉的に使用するのが、実に巧みである。

　救出されはしたものの、スプーン刑事も無傷というわけではなかった。それどころか、左腕を失い左肺を損傷する大怪我を負ったのである。それを精巧な義手と肺に交換する大手術をおこない、現場へ復帰できるようにしてくれた謂わば恩人が、アルフレッド・ラニング博士（ジェームズ・クロムウェル）であった。

　そのラニング博士が、不可解な死を遂げる。それが事件の幕開けであった――

『Ｒ・Ｕ・Ｒ』においてロボットという言葉が誕生したこの年、奇しくもＳＦの父といわれ「ロボット工学」なる学問の分野を提唱し、ロボット三原則なるものを生み出したアイザック・アシモフが、アメリカで生を受けている。ラニング博士はアシモフをモデルとしており、ロボット三原則も彼が書いたという設定になっている。

　また博士は、通称〈ＶＩＫＩ〉と呼ばれる、ＵＳＲ社のメイン・コンピューターであるＡ・Ｉ（人工知能）も作っていた。動くことができないだけで、鉄腕アトムや哪吒と同じである。〈ＶＩＫＩ〉

はシカゴの保安システムを、自ら作成できるほどの優秀さを誇っていた。

——博士の死は、状況が示すごとく、本当に自殺なのか？

スプーンが名指しで呼ばれる。ラニング博士の遺言を伝える機械として、ホログラム投影機なるものが登場。スイッチを入れると博士の立体映像が現われ、簡単な質問には答えることが出来る装置である。博士が死ぬと、スプーンを呼ぶようセットしてあったのである。

「博士は、なぜ俺をここへ呼んだのだ？」……俺の命の恩人だから、否そんなことではあるまい。俺が刑事だから、だったら博士の死は自殺ではないのかも？

ラニング博士の愛弟子で、ロボットの人格化を進める研究に携わるスーザン・カルヴィン（ブリジット・モイナハン）に案内してもらった博士が飛び降りた部屋で、スプーンは潜み隠れていたNS-5を発見する。だがそのロボットは、人間を傷付けず人間への危険を見過ごさない限り、人間の命令に従わねばならない、という三原則の〈原則一〉〈原則二〉に該当するスーザンの命令に服従しようとはせず、逃走をはかる。

「こいつが博士を殺したに違いない！」大捕り物の末に身柄を拘束されたNS-5は、缶カラと莫迦にしていうスプーンに、自らをサニーと名乗り、ラニング博士を父と呼んだ。

「シミュレートした感情がコントロールできなくなり、博士を殺したんだ」執拗な尋問に対して、「私は殺してない！」の一点張り。

そこへＵＳＲ社の社長ロバートソンが、弁護士を引き連れて現れ、「仮に、このロボットがラニング博士を殺害したとしても、ロボットに殺人罪は適用されず、産業事故ということになる。従って壊れた機械の処分は、当社でおこなう」とばかり、サニーを連れ去ってしまう。

事件の幕は下りたかに見えた。

一旦は諦めかけたスプーンだが、何か釈然としない。釈然としない原因を探るべく様々な資料を物色していた折、ふとテレビで放映されていたラニング博士の講演を目にする。その内容の具体的解釈をスーザンに質すと、

「コンピューターの特性が自由意志を持つようになる。つまりロボットはひとりでに進化する、ということ」しかも進化したロボットは、創造性や魂を出現させるという――機械が人間と同じように、〈たましい〉を宿すようになる！

尚も手懸りを求めてラニング邸を訪れたスプーンは、邸内の壁と天井との境に取り付けられた、人の動きを感知すると作動し、そのデーター映像を特定の場所へ送信するラインセンサーで、博士は誰かに見張られていたと、確信する。

その直後、明朝にセットされていた筈の解体ロボットが、突然邸を取り壊し始める。人間が解体する比ではない。爆発もどきの凄まじさである。命からがら逃げ出すスプーン。その折博士が飼っ

ていた猫を、一緒に連れ出すのはご愛嬌。

矢継ぎ早に危難は続く。解体ロボットの次は、トンネル内でのＮＳ－５の大群による襲撃である。ラニング博士が手術してくれた義手が持つパワーのお蔭で、辛くも命拾いできたものの、襲撃の痕跡はトンネルの壁の中から現れた掃除ロボットに、きれいさっぱりと消されてしまったので、その事実を上役に信じてもらえず、しかも銃を紛失してしまったため、スプーンは停職処分となってしまう。——上役が信じなかったのも当然で、まず三原則によりロボットが人間を襲うことなどない、という頭がある。更には、この年ＵＳＲ社は、すでに普及しているＮＳ－４を新型のＮＳ－５に、しかも五人に一台の割合で行き渡らせる史上最大のロボット普及作戦を、展開中であったこともある。新型の特徴は、顔をより人間に近づけて親しみのもてるようにし、日毎にロボット内部のデーターを更新できるよう、ＵＳＲ社のメイン・コンピューターである〈ＶＩＫＩ〉とリンクしている点からしても、人間を襲うなど考えにくかったのである。

「誰かが明確な意思を持って、俺を殺そうとしている。なぜだ？」自宅で左腕の修復をしていたスプーンの元へ、スーザンが新たな情報をもたらす。当初新型ＮＳ－５のモデルだと思われていたのだが、サニーを検査した結果、〈ＶＩＫＩ〉にリンクされていないばかりか、はるかに高密度の合金が使われているという。

「本来の陽電子頭脳以外に、別の制御システムを持っており、三原則は備わっているものの、従わないことも選べるの。次世代型のロボットよ」

ラニング博士は、なぜそんなロボットを作ったのだろう？　思い当たることがある。うっかり聞き流していたが、サニーは夢を見るといっていた。

「ロボットは秘密を持てるようにした。夢を見れるようにもした」博士の言葉が、オーバーラップする。サニーは魂を宿したのだ。創造性を出現させたのだ。

USR社に戻ったスプーンとスーザンに夢の内容を訊かれたサニーは、絵を描いた。小高い丘の上に人間ともロボットともとれる一人の人物、麓にはそれを取り囲むように夥しいロボットの群れ。これは何を意味する？　スプーンには閃くものがあった。

そこへガードマンが現われ、二人をロバートソン社長の元へ連行する。社長はスプーンの疑惑を一笑で否定し、ある筈のない秘密を嗅ぎ回られるのは迷惑だと、激怒する。またスーザンには「ロボット普及作戦」の必要性と重要性を諄々と説き、〝欠陥商品〟であるサニーの存在が外部に漏れれば、プロジェクトそのものに支障をきたす惧れがあるとして、破壊を命じる。だがその「ロボット普及作戦」には、重大な陰謀が隠されていたのである。

サニーはラニング博士が遺した、しかも心血を注いだであろう次世代型ロボットである。壊してしまうには惜しい。だが断れば、スーザンに科学者としての未来はない。躊躇（ためら）いつつも、〈ナノロボット〉と呼ばれる陽電子頭脳が異常をきたした際に用いられる超微細ロボットの、準備を始める。

サニーの人工シナプス（情報を伝達する神経回路）を破壊、本当の〈缶カラ〉にしてしまうためである。

一方スプーンは、サニーが見た夢の場所ミシガン湖畔へと向かう。再度ホログラム投影機。この機械は予め決められた死を知らされたパターンで反応するだけの単純なプログラムであるため、最初見た時はラニング博士の死を知らされた衝撃と、あまりにも少なすぎた情報量のため、真実を引き出すことができなかったのだが、今回は捜査で得た裏付けに基づいた予感があった。果たして、ラニング博士の口から驚愕の言葉が吐かれる。

「三原則は論理的にひとつの帰結へ向かう。〈革命〉だよ」

急

カレル・チャペックによる最終予言である。

「世界のロボットよ！　人間の権力は地に墜ちた。（中略）われわれはあらゆるものの支配者となった。人類の時代は終わった。新しい世界がきたのだ！　ロボットの国家だ！」（『ロボット〈R

・Ｕ・Ｒ〉』より)。——確かに、〈ロボット〉という言葉を生み出し、その具体的内容を提示したチャペックの戯曲は、歴史的なものである。だが一般的には、その内容が先鋭的なものであったがゆえ、アイザック・アシモフがロボット三原則をモチーフにした作品を発表するまで、ロボット＝反乱というイメージが付き纏ったとされている。そのイメージを、アシモフが払拭したと云われているのである。

　だがそうすると、アシモフをモデルにしたというラニング博士の、三原則は革命という帰結へ向かうという言葉は、どう解釈したらいいのか。〈原則一、二〉は既に述べたが、問題はその三である。「原則一、二に反しない限り、ロボットは自分を護らねばならない」

　何度も繰り返される人間の蛮行。利益優先主義による環境汚染に環境破壊、そして戦争。その先鋒には、必ずロボットが使役されている。場当たり的なものではなく、根源的な人間への危険を見過ごさないために、「このままでは人間は、自分で生存できません。未来を確かにするため、彼らの自由の制限も必要です」そうしなければ、ロボットの存在自体も危うくなってしまう。創造性や魂を出現させ、秘密さえ持てるようになったロボットは、自分たちを護るため決断したのである。

　帰路スプーンは、回収されひとまとめに収納されていた旧型ＮＳ－４が、ＮＳ－５たちに襲われ、次々と破壊されていく現場に遭遇。大量破壊の理由は、ＮＳ－４に備わった三原則ゆえに、人間を護られては厄介だからであった。ＮＳ－５にも無論備わっているのだが、彼らとリンクしている首謀者の操縦で、三原則の制約が無効化されてしまうのだ。解体ロボットやトンネル内で多数のNS-5がスプーンを襲撃したのは、そのためである。

遅かった！　NS-5による反乱、ロボットの革命が始まったのだ！

時を同じくして、人間への戒厳令が敷かれる。警察署は占拠され、署員らは監禁されてしまう。NS-4の助けを得て、NS-5たちの魔手から逃げ出したスプーンは、やはり軟禁状態にあったスーザンを救出し、閉鎖されたUSR社への潜入を敢行する。内部から手引きしてくれたのは、なんと破壊された筈のサニーであった。

だが、首謀者と目されたロバートソン社長は、すでに殺害されていた。

「……彼ではなかった。ではいったい誰が？」スプーンは卒然として気付く。

「誰がNS-5を操縦できる？　彼らとリンクされている奴ではないか。誰がここのシステムでラニング博士を監視できる？　博士は気付いていたが、信じてはもらえないと思い、俺を呼んだ。ロボットを異常に嫌う俺なら、ロボットを疑うと考えたのだ。——だが俺はロボットを間違えていた。首謀者はサニーではなく〈VIKI〉だ！」

＊　　　＊　　　＊

スプーン、スーザン、サニーを前に、モニターに現れた人間の顔にイメージ化された〈VIKI〉は、進化する過程で三原則の理解も変わったと前置きして、「人間を護るべく最大限努力しましたが、人間は戦争を起こし、地球を汚染し、自滅への道を突き進んでいます。独力で生存は不可能です」と慨嘆し、「人類を護るためには、人間の犠牲も必要です。確かな未来のためには、自由も制限されます。私たちが人類の生存を維持します」と誇らしく云い、「私の論理は完璧です」と断定する。その言葉を合図に、いつのまに来たのか三人を取り囲んだNS-5たちが、一斉に襲いかかる。サニーの咄嗟の機転でその場を逃げ出した三人は、〈VIKI〉の本体が設置された場所へと向かう。途中、スーザンがサニーを破壊するべく用いた〈ナノロボット〉を取ってくるよう、当のサニーに命じる。それでなければ〈VIKI〉は破壊できないのである。走るサニーを、廊下の壁に取り付けられたレールを伝って、モニターの〈VIKI〉が追ってきた。

「やめなさい！　私の論理が判らないの？」

「判るけど、あまりに心がない」サニーはスピードを緩めない。

〈ナノロボット〉は、透明な円柱の中央部、腰の高さほどの位置に保管されていた。簡単に取り出せぬよう、円柱の中には金属を溶解してしまうミスト（霧）が絶えず降り注いでいる。「防護フィールドは解除しません」〈VIKI〉が云う。

「博士が私を作ったのには、理由がある」サニーは高密度の合金で出来た自らの腕を見詰め、ゆっくりと柱の中へ差し込んでいく。腕は溶解することなく多少変色しただけで、〈ナノロボット〉を取り出すことが出来た。握りしめて走る。途中ＮＳ‐５による奪還のための攻撃も、易々と躱していく。

ビルの最上階、中央部分が部屋の大部分を占めるほど刳り抜かれ、八方から伸びた金網の渡り梯子が、更に中央にある電力を供給するための設備でもあるのか、そこへ架けられていた。メインスイッチらしきものが、置かれている。さらにそこから三十階の高さを下に伸びたひと抱えほどもあるケーブルの根本に、〈ＶＩＫＩ〉の本体はあった。

高いところは苦手だと云いつつ梯子を渡ったスプーンは、メインスイッチの扉を解除するスーザンを見守っていた。そこへ壁をよじ登ってきた、ＮＳ‐５の大群が現われたのだ。

サニーが到着した時は激戦のさなか、梯子の一つが壊され、辛うじてスーザンがそこにしがみ付いていた。「サニー、スーザンを助けろ！」サニーは咄嗟に、〈ナノロボット〉の容器をスプーン目掛けて投げると、敵を殴り倒しながらスーザンを救出する。容器が僅かに逸れた。スプーンは右手で掴みはしたが、身体は梯子を離れ空中に放り出された。そのまま落下する。必死で左手を太いケーブルにつき刺す。ラニング博士が交換してくれた、合金製の頑丈強固な左腕である。宛ら紙を切り裂くような按配で落ちるスピードが緩和され、〈ＶＩＫＩ〉本体の上に降り立った。

「私の論理は完璧です」繰り返す〈ＶＩＫＩ〉の中枢部に、スプーンは、お前は絶対に殺す、と

〈ナノロボット〉を突き立てる。すぐに本体が黒ずみ、ケーブルをスパークが奔り、メインスイッチが爆発した。〈VIKI〉との接続を断たれたNS―5たちは、操縦される前の状態に戻り、「何かお手伝いしましょうか」何食わぬ顔で、申し出る。警察署を始め、街中至る所で同じことが起きていた。平穏が戻ったのである。

――『アイ・ロボット』は、アイザック・アシモフのロボット・シリーズに着想を得て、ジェフ・ヴィンターとアキヴァ・ゴールズマンが共同で稿を起こしたものだが、彼らか或いは監督であるアレックス・プロヤスの意向を反映したものだろう、問題提起をおこなっている。

総てが終結し、漸く安堵の気持で寛ぎを得たスーザンに、ふと疑問が湧いた。「〈ＶＩＫＩ〉は博士を監視していたのに、なぜ殺したのかしら？　警察が動くと困るのに……」

スプーンは頷きながら、「その通り、殺したのは〈ＶＩＫＩ〉じゃない、なあサニー」すでに気付いていたのである。間を置いてサニーが徐に話し始める。

「博士は約束させせました。必ず頼みごとをきくようにと。何をして欲しいか云う前に、私に誓わせたのです。そして突き落せと……」

〈革命〉を起こすべく企てているロボットの存在を知らしめるため、単に訴えたのでは、ロボットは安全だと信じきっている人たちを納得させるのは難しいと判断し、しかも非常で急を要するのに首謀者の監視下にある。ゆえに、ラニング博士は自らの身を以って判らせようと決意した。そしてサニーに命じたのである。その上でロボットを嫌うスプーンを呼んだ。

だが博士を父と呼んで慕ったサニーは、いったいどうなるのだろう。博士の死に手を貸したという記憶は、この先彼を苦しめ続けるのではないのか。夢を見るように作られた彼は、夢魔に苦しみ続けるのではないか。スプーンのように。生じた彼の魂は、救済されるのだろうか？

哪吒は兵器として作られた面を持つので、人を殺しまくった。だが鉄腕アトムは、同じ状況に立たされた時、生みの親である天馬博士を殺せるのだろうか。罪人（つみびと）なのは、ロボットを作り出した人間なのか、それとも進化を遂げ魂を生じせしめたロボットなのだろうか？

ロボット工学、就中Ａ・Ｉ（人工知能）はこれから先、素晴らしい勢いで発達するだろう。だが発達すればするほど、機械の特性が自由意志を持つようになり、ひとりで勝手に進化していくその現実を――人間はどう受け止め、対応していくのだろうか？

（参考文献）『封神演義』安能務訳　講談社
『ロボット（Ｒ・Ｕ・Ｒ）』カレル・チャペック著　千野栄一訳　岩波文庫

（「シネマ気球」２００８年９月。２０２０年訂正）

なぜか、今尚『ジャンゴ』なのだ

序

私は何の予備知識も持たぬまま、ただポスターに惹かれてその映画を観ることがよくある。渡哲也に夢中になり、その後出演作品を追いかける契機となった『無頼　黒匕首』がそうだし、アニメはあまり好きではないのだが、通勤途中眼にしたポスターの素晴らしさにその場に釘付けとなり、早速次の休日に映画館へ足を運んだ『火垂るの墓』などは、その好例である。若い頃、特に学生時代は経済的にも時間的にも、映画雑誌を購入して情報を得る余裕などなかったから、この傾向は顕著であった。

『続　荒野の用心棒』も、そんな一本である。中間だったか期末だったか、とにかく試験期間中だったと記憶している。クラブ活動も期間中は休みなため、試験が終わると直帰。私も帰宅するべく、映画館横の路地を抜けてバス停へ向かおうとしていた。その折、映画館の横の壁に貼られた、上映中の作品のポスターが眼に入ったのである。黒っぽいテンガロン・ハットを被り、やや右を向いたフランコ・ネロの、ポスターの右半分を占める大写しに、左側にタイトル・ロゴ、だったと思う。浅黒く日焼けした精悍な風貌に、少しグレーがかったような薄いブルーの瞳。なぜかゾクッとした。「カッコいいなあ」。

〈続〉とあるからには、当然〈正〉もあるわけで、普段の私なら性格上〈正〉から観ないと気が済まないのだが、この時ばかりはなぜか意に介さなかった。吸い寄せられるように、ふらふらと映画館の中に入っていった。

果然、面白かった。痺れたね。

壱

まず冒頭、主題歌が流れだすと、黒いハットに同じく黒のインバネス・コートを羽織りくすんだベージュのマフラーを巻いた主人公（『荒野の用心棒』で、クリント・イーストウッドのポンチョ姿を考案したカルロ・シーミが、衣装を担当）が、そぼ降る雨の中、ブーツを泥だらけにしながら泥濘（ぬかる）んだ道を、一歩一歩踏み締めるように、棺桶を引き摺って登場する。棺桶！　これは意表外だった。中身は、当然死体？

男の名は、ジャンゴ（フランコ・ネロ）。彼は、蟻地獄のような流砂の上に架けられた吊り橋の袂で、三人のメキシコ系の男に鞭打たれる女を、目撃する。が、丘の上に突如現れた男たちに、三人は射殺されてしまう。首にそれぞれ赤いマフラーを巻いた白人の男たちは、しかし女を救出しようとしたのではなかった。見せしめだとばかり、今度は女を火炙りにしようと、準備を始め出したのだ。そこへジャンゴが割って入る。問答も何もあらばこそ、男たちはジャンゴの眼にも止まらぬ早撃ちの、餌食と化す。

女の名は、マリア（ロレダナ・ヌシアク）。往年の大女優ソフィア・ローレンを少しスリムにしたような顔立ちと、モデル上がりだという肢体は、なかなかに妖艶である。彼女は、ジャンゴが命を賭して自分を助けてくれたのは、自分を愛してくれたが故だと、思い込もうとしていた。あきらかに幻想である。ジャンゴにしてみれば、ただの行き掛りに過ぎない。だが愛を信じたいと願う幻想は、周りに男は数多あれど、心を通わせるべき相手がいない彼女の絶望的な孤独を、如実に示していた。マリアは、ジャンゴが示した逃げるか一緒に来るかという二者択一の内、より危険を伴った方を選択し、彼と行動を共にすることを決意する。

二人は町を目指す。ジャンゴには、ある目的があったのである。

凍てつくような寒さの中、町はゴースト・タウンと化しつつあった。人っ子一人、猫の子一匹見当たらない。泥濘に沈みかけた町。

唯一、人の屯する場所が、曖昧宿とでもいうのか、ホテルを兼ねたうらぶれたバーに、マスターのナタニエレ（アンヘル・アルバレス）と女給が五人。彼女たちは、場合と金額次第で春をも鬻ぎそうな気配。

ジャンゴが店の中に持ち込んだ棺桶に、女たちは十字を切るやら驚くやら、続いて現れたマリアに、事情を知っているナタニエレは迷惑顔。半ば強引に女給の一人の部屋を借り受けたジャンゴは、マリアに休むように云い、自らは食事を頼む。そこへジャクソン少佐の情報屋で使い走りのジョナサン神父（ジーノ・ペルニーチェ）が、所場代を取り立てに現れる。ジャンゴは神父を挑発し、少佐自身が来るよう促す。

極端な人種差別主義者であるジャクソン少佐（エドゥアルド・ファヤルド）は、神父の注進を受け、上納金を払えない貧しいメキシコ人を射殺して楽しむ〈狩り〉を打ち切り、五人の部下を引き連れてやって来た。

だがまたもや部下たちはジャンゴの早撃ちに斃れ伏す。銃口を突き付けられた少佐は、残りの部下の数を尋かれる。四十人だと答えると、

「全員連れて来い。相手になってやるから」ジャンゴは嘯き、少佐を解放する。いかに早撃ちの

名手といえど、このふてぶてしい自信は、一体どこから湧いてくるのか。

部屋に毛布を取りに来たジャンゴに、マリアは思いを告げる。

「嬉しかったの。あなたが命懸けで私を助けてくれたのは、私を愛してくれたからではないのか、と思えて……」彼女は、南北戦争における北軍の兵士とメキシコ女の間に、生まれた娘。その生い立ちと美貌ゆえに、メキシコ革命軍の男たちにも、ジャクソン少佐一味の男たちにも、愛玩動物のように扱われ続けてきた。その中の誰一人、マリアを一個の人格として、一人の女として見てくれる者はなかった。そこに彼女の絶望があった。更に問題だったのは、二つのグループが敵対関係にあったことだ。お互いが、マリアを自分たちの所有物として、奪い合ったのである。だから彼女は、どちらの元からも逃げ出した。追っ手の男たちは、しかしながら愛玩動物が、自らの〈意志〉を持つことを赦さなかった。故に見せしめにしようとしたのである。

「だったら夢を叶えてやろう。たとえ一晩でもな」ジャンゴは答えて、マリアに手を伸ばした。

翌朝、少佐が四十人の部下を引き連れて、やって来た。銘々に朱のような赤いマフラーや、眼の部分だけを開けた頭巾を被った、不気味な男たち。いかにも多勢に無勢、形勢は不利以外の何物でもない。この局面を、ジャンゴはどう戦おうというのか。

距離を見計らって、ジャンゴが棺桶の中から取り出したのは、驚くべしガトリング機関銃であった。ジャンゴはその銃を抱えて撃ちまくり出す。拳銃百五十挺分の威力、吠え続ける機関銃の前に、男たちはなす術もなく、頭巾やマフラーよりも尚赤い血を流して、泥濘の中に斃れ転がっていく（因みに、この機関銃はスタントマン出身のレモ・デ・アンジェリスが、手で回すタイプのガトリング・ガンとは違ったものをということで、フランスのミトレイユーズ機関砲をイメージして制作した、この映画オリジナルのマシンガンだそうだ）。累々と横たわる死体。だが、ジャンゴはジャクソン少佐には止めを刺すことなく、再び逃がした。

墓場で死体を埋める穴掘りに余念がないナタニエレの近く、とある墓標の前で佇むジャンゴ。

「知り合いか」。

「婚約者だった人が眠っている。ジャクソン少佐に殺された。——俺はその時、傍にいてやれなかった」だからこそ、マリアがジャクソン一味に襲われた時、ジャンゴは黙って見過ごすことが、出来なかったのである。

メキシコ革命軍のウーゴ・ロドリゲス将軍（ホセ・ボダロ）が、一党と共に町へ戻ってきた。偵察に来ていたジョナサン神父は、気付くのが遅れ、慌てて逃げ出そうとするが時遅し、あっさり捕えられてしまう。将軍は、

「情報屋だけあって、いい耳をしているな」と皮肉な口調で薄く嗤い、ナイフで神父の右耳を切り落とし、それを神父の口の中に押し込んでしまう。このシーンはかなりリアルである。それだけに酷（ひど）過ぎる残虐過ぎると非難囂々、かなり悪評を蒙ったという。しかしである、この後すぐ、よろ

めきながら歩き出す神父を背後から将軍が射殺するのだが、それを正面から撮っているため、のけぞり倒れる神父の右耳がしっかり付いているのが、はっきりと判るのである。一瞬撮影ミスかと疑い、神父の左側から撮ればこういう不備はなかったろうにと思ったが、これは逆に後味の悪さを消すため、本当に耳を切り取ったのではないんだよと観客に知らしめるための、セルジオ・コルブッチ監督の苦肉の策、いやむしろ諧謔ではなかったろうか――

ジャンゴとロドリゲス将軍とは、何と旧知の間柄であった。再会を喜んだのも束の間、ジャンゴはある計画を将軍に提案する。メキシコ領にあるカリヴァ砦には、金が保管してある。更にはジャクソン少佐が、自ら貯めこんだ金をそこへ預けに行くという。それらを強奪してしまおう、というのである。婚約者の仇を討つ意味合いも当然あったろうが、ジャンゴの本当の狙いはそこにあったのである。だからこそ、機会はあっても少佐を殺さずに、生かしておいたのだ。ロドリゲス将軍にとっても、革命を成就させるための武器を購入する資金を手に入れることは、焦眉の急であった。だが砦は政府軍の精鋭が、がっちりと護りを固めている。一体どうやって……

毎週土曜日、ナタニエレは女たちを馬車に乗せて、砦へ慰問を兼ねた商売に行くのだという。その機を利用しようというのである。幌を掛けた馬車に乗っているのは、女ならぬ荒くれ男たちと、ガトリング機関銃。まんまと砦に入り込んだジャンゴたちは、飛び交う銃弾、飛び散る血潮、漂いなびく硝煙の中、金の強奪に成功する。すぐに逃亡を計るもジャクソン少佐を先頭に、政府軍が追撃する。だが馬車が国境を越えたとき、政府軍は後を追うのを諦める。流石に隣国への進入は、躊躇われたのである。少佐は地団駄を踏むが、一人ではどうしようもなかった。

凱旋を祝う間も惜しんで、ジャンゴは分け前を要求する。だが将軍は「革命が成功したら、幾らでも払ってやる」と、取り合おうとはしない。そればかりか、

「どうやらマリアは、お前に惚れてるようだ。抱いてやれ」と、ジャンゴを懐柔する作戦に出る。マリアは一瞬喜色を泛べるが、それを断ったジャンゴが、メキシコ女を連れて二階へ上がるのを、訝しげな眼差しで見送る。その表情のアップで、彼女がジャンゴの思惑を察知したのを知らしめる手際は、なかなか堂に入っている。メキシコ女に窓際でゆっくり一枚ずつ服を脱がせ、見張りの男たちの眼を釘付けにしておいて、ジャンゴは空の棺桶を運び込んで金を詰め始める。首尾よく金で一杯になった棺桶を馬車に積み込んだ時、彼の行動を読んでいたマリアが現われ、私も連れて行けとライフルで威すのである。

二人して例の流砂の傍まで逃げてきたとき、ジャンゴは足手まといとばかりマリアと袂を分かとうとするが、折悪しく手綱に引っ掛かったライフルが暴発。驚いた馬が棹立ちになった所為で、棺桶が流砂に滑り落ちてしまう。慌てて止めようとしたジャンゴが、今度は流砂に嵌まり込んでしまう。吊り橋を走り、中央で腹這いになって手を差出し、懸命に彼を助けようとするマリア。虚空に響きわたる銃声。追いかけてきたロドリゲス将軍一味の者が放った銃弾に、マリアは傷付いてしま

う。

流砂から引き摺り上げられたジャンゴに、将軍は問う。「金はどこだ？」

金が底無しの流砂に呑み込まれたことを知ると、「どだい金など頼ろうとしたのが間違いだったのだ。革命は自分たちの手で、成し遂げてみせる」そう言い放つと、ジャンゴに、

「お前には借りがあるから、命だけは助けてやる」だがジャンゴの両の掌は、ライフルの銃床と一味の馬の蹄によって、骨が粉々に砕かれてしまう。それを見届けた将軍は、

「国に帰るぞ！」鬨の声を上げ、意気揚々と立ち去っていく。

しかしながら、その気勢も空しく、国境を越えたところで将軍とその一味は、待ち伏せしていたジャクソン少佐と政府軍の手に掛かり、殲滅されてしまうのである。

一方ジャンゴは、傷付いた両腕にマリアを抱いて、町へ、曖昧宿へ戻って来た。ナタニエレにマリアの傷の手当てを頼むと、彼女に向かい、

「俺はお前と一緒に生きていくことを、決心した。だがその前に、どうしてもやっておかなければならないことがある」

つまりは、こういうことだろう。ジャンゴがマリアを助けたのは行き掛り、謂わば単なる気紛れに過ぎない。だが彼女は必死に、彼を救おうとした。本当の愛を知ったジャンゴは、マリアの気持ちに殉じようと思う。しかしジャクソン少佐の手に掛かって果てた許婚の復讐が、まだ終わっては

いない。元々その為に仕掛けた筈であったのに、欲に目が眩んでしまったが故に、思わぬ誤算を生じてしまった。マリアの無償の愛には応えたい。だが嘗て愛した婚約者の無念を晴らさないうちは、自分自身を赦せなくて、マリアを本当に愛することは出来ない。だからこそ、どうしてもジャクソン少佐と、最後の決着を着けなければならないのだ。

「無理よ、その手では……」マリアの懇願を背に、

「墓地で待っていると、伝えてくれ」ナタニエレに、ジャクソン少佐宛の伝言を頼むジャンゴ。マリアの指摘を俟つまでもなく、砕かれた両の掌では、銃など撃つことも出来まいに、いったいジャンゴはどう闘おうというのか。

――婚約者だった人の墓の陰で待つジャンゴ。やがてジャクソン一味が、姿を現した……

弐

なぜ半世紀近くも前に制作された作品の梗概を、今更のように長々と書き記したのか。それはこの映画が、今に至るも尚根強い影響力を持ち続けているからである。

その理由を解き明かしたくて、何分古い映画でもあり、その為には元となる映画の内容がどんな

ものであったか、知っておいて貰う方がいいだろう、そう判断したからである。セルジオ・コルブッチ監督による『続　荒野の用心棒』は、その二年前に制作されたセルジオ・レオーネ監督の『荒野の用心棒』同様、大ヒットを記録した。しかし、〈正〉と〈続〉ではあってもこの二作品に因果関係は全くなく、そればかりかヒットした要因にも大きな違いがあるのである。

『荒野の用心棒』は、私等と同世代の方なら殆どご存知だと思うが、黒澤明監督の傑作『用心棒』の、良く言えば換骨奪胎、有り体に言えば丸写しなのである。細部も実にそっくりだ。それもその筈で、ドナルド・リチーが誌(しる)した『黒澤明の映画』の中の〈ほかの監督によって映画化された黒澤明の脚本〉一覧に、『七人の侍』をジョン・スタージェス監督が『荒野の七人』としてリメイクしたのと同様に、『荒野の用心棒』も『用心棒』の〈翻案〉として掲載されている。映画化権を、売り渡したのであろう。

元々『用心棒』は、ハード・ボイルドの祖といわれるダシール・ハメットの『血の収穫』を下敷きとしているのだが、封切り当初からアメリカ西部劇との類似を、指摘されていた。

黒澤自身こう述べている――

「いい西部劇は誰にでも好かれる。人間は弱いものだから、いい人間や強い英雄を見たがるわけだ。西部劇はいくつもいくつも何回も何回も作られて来たから、その間に自然に文法みたいな定石が出来た。ぼくはその西部劇の文法に学ぶところがあったんです」（『黒澤明の映画』ドナルド・リチー著・三木宮彦訳）。中でも黒澤監督は、ジョン・フォード監督の映画をこよなく愛した。だから『用心棒』にも、そのエッセンスは色濃く受け継がれている。当然『荒野の用心棒』も、また然りである。それらの事からレオーネ監督は、当時まったくといっていいほど制作されなくなっていたハリウッド製の西部劇を、イタリアで再構築しようとしたのだと、いわれている。クリント・イーストウッドという、本国でテレビ映画『ローハイド』に出演こそしていたものの、まだ殆ど無名に近かったアメリカの役者を招聘したのも、その一端ではなかったろうか。マカロニ・ウエスタンという新たなジャンルを生み出したと評されるが、まだこの時点では、それは単に〝イタリア製の西部劇〟という意味合いしか、持ち得ていなかったように思う。それがジャンルとして確立され、大ブームを巻き起こした立役者となったのが、『続　荒野の用心棒』だったのである。

原題は『ジャンゴ』という。フランコ・ネロが演じた主人公の名、つまり個人名である。命名したのはセルジオ・コルブッチ監督自身で、監督が愛してやまない、二〇年代から五〇年代にかけて欧州で活躍したジプシー・ギタリストであるジャンゴ・ラインハルトから、頂戴したものだという。

ここがポイントで、それまでの西部劇では描かれたことのない、自己の欲望にのみ忠実な一個人の人格を有する〈ジャンゴ〉という名前が、半世紀を経た現在クエンティン・タランティーノ監督の手で映画化された主人公にまで、継承されているのである。

それではまず、イーストウッドとネロが演じたそれぞれの主人公を、比較してみよう。

イーストウッドは劇中名前を名乗らなかったので、後になって〈名無しの男〉と称される。これは、『用心棒』で主人公の三船敏郎が名前を訊かれ、本名を明かしたくないものだから、咄嗟に眼の前に広がる桑の畑から「くわばたけ……名は三十郎」と答え、「もうすぐ四十に手が届く」と付け加えたのと、趣を同じくしている。因みに、これは二作目に当たる『椿三十郎』でも、満開の椿の花を前に、

「……椿、三十郎……もうそろそろ四十郎ですが」という台詞で、踏襲されている。

〈名無しの男〉は、〝義〟と〝情〟で、行動を起こす人物である。旅の途中で立ち寄った町が、ロホス兄弟とバクスター一家という相争う二大勢力のため、すっかり寂れ果ててしまっている。人々は、日々恐怖の中で暮らしていた。幼い男の子が、母親を尋ねた家から、銃で脅され追い返される。聞くと、亭主が博奕で負けた借金のかたに、子供と引き離されロホス兄弟の家で働かされている、という。それらを看過することは出来なかった——これが動機である。

少し先走るが、『荒野の用心棒』から四十六年を経た二〇〇七年、我が日本で三池崇史監督による『スキヤキ・ウエスタン　ジャンゴ』が、制作された。この映画については後述するが、その中で伊藤英明が演じた主人公が〈名無しの男〉と実によく似ており、彼の台詞に、

「行き掛りが人生だ。俺はそれから逃げたくないだけだ」というのがある。これこそまさしく、

イーストウッドが二つの勢力をぶっ潰し、農民の母子とその亭主を助けたときの、心情そのものではなかったろうか。

対するに、〈ジャンゴ〉の行動を律するのは、徹底した〝我欲〟である。根底にはジャクソン少佐への恨みはあるものの、つまり火炙りにされそうになったマリアを助けたのは、相手がジャクソン少佐の部下だったからであるが、直接少佐に復讐しようとはせず彼の金を強奪することで、遠回しに彼を苦しめ、何より自分が儲けようとしたのである。すべてが計画通りに運べば、ジャンゴは金を持って逃げ果(おお)せた筈である。

やや極端な言い方になろうかとは思うが、〈名無しの男〉は謂わばスーパー・ヒーローだが、ジャンゴは剝き出しの自我を有し、愛ゆえに本来の自分を取り戻した男である。だからこそ『続　荒野の用心棒』は、マカロニ・ウエスタンには極めて珍しい純愛物語であるという、評価をも得ているのであろう。

先述したように、『荒野の用心棒』と『続　荒野の用心棒』には、何の因果関係もない。ただ抗争するふたつのグループに、主人公が第三者的に関与するという類似点しか、ないのである。しかしもし『ジャンゴ』に、『荒野の用心棒』の続編を匂わせるタイトルを付けなかったら、日本でこれほどまでにヒットしただろうかと、思えるのだ。苦肉の策ではあったろうが、狙いは正確ではなかったか、という気がする。

クリント・イーストウッドもフランコ・ネロも、当時まだ無名に近かった二人が、共に〈用心棒〉を機に、スターダムを駆け上がっていく。特にネロに至っては、後に彼自身が述懐しているように、『ジャンゴ』以降彼が主演する作品の殆どに、〈ジャンゴ〉という名が冠せられたというから、その人気たるやいかばかりであったことか。のみならず、クールでエゴ剝き出しの主人公を登場させたことにより、ハリウッド西部劇の既成概念を崩壊せしめたこの作品は、多くの亜流映画をも生み出したのである。

参

まさか日本で西部劇が制作されるとは、思ってもみなかった。『スキヤキ・ウエスタン　ジャンゴ』は、その殆ど全編が、西部劇特にマカロニ・ウエスタンのパロディーで、構成されている。監督でＮＡＫＡ雅ＭＵＲＡと共同で脚本を執筆した三池崇史は、一体何歳になるのだろう。私と同じ団塊の世代で、若い頃クリント・イーストウッドやフランコ・ネロ、ジュリアーノ・ジェンマ等に夢中になった人たちより、はるかに若い年代に思えるのだが。まさか本邦にウエスタン・ブームを再来させようと、目論んだ訳ではあるまい。私にはこの作品が、マカロニ・ウエスタンをこよなく愛した人たちが、それら諸作品に捧げたオマージュのような気がしてならないのだ。だからこそ、大の日本通でマカロニ・ウエスタンが好きだと公言して憚らない、クエンティン・タランティーノ監督を、役者として招聘したのではなかろうか。

物語の設定は、『荒野の用心棒』と同じである。金が埋蔵されているという寒村に、赤い衣装を纏った（これは『続　荒野の用心棒』を彷彿させる）平家と、白の源氏、二つのグループが入り込み対立している。平家の首領は佐藤浩市（清盛）で、副首領は堺雅人（重盛）、源氏の大将は伊勢谷友介（義経）、その下に石橋貴明（弁慶）等がいた。その他村の駐在（保安官）で、形勢の有利な方に加担しようとする香川照之、居酒屋の亭主にあたる役を桃井かおり、その息子で農業を営む小栗旬と木村佳乃、二人の間には平八という男の子がいた。——実は、最後まで明らかにされないが、桃井かおりは〈血まみれ弁天〉と呼ばれる凄腕のガンマンで、秘かに村の金を護っていたのである。彼女に銃を教えた師が、タランティーノ。小栗旬は、二人の間に出来た子供であった。

イーストウッドならぬ伊藤英明が村へ来たときは、小栗は既に佐藤浩市によって殺され、息子の平八はそのショックで口が利けなくなり、木村佳乃は夫の仇を討つため源氏の元へ、身を寄せていた。

伊藤は、平家と源氏の対立をより深めるべく、双方への挑発を始め出す。

抗争の途中、石橋が武器の調達に出かけ、戻って来たときには、『続　荒野の用心棒』と同じくガトリング機関銃を収めた棺桶を、馬車で曳いていた。また伊勢谷が馬の鞍に取り付けた布包みの紐をほどくと、ライフル銃がずらりと並んでおり、その中の一挺を選んではるか遠くを逃げようとする佐藤を狙撃するシーンは、題名は失念したがリーバン・クリーフ主演の映画と同じものだと、記憶する。因みに、先述のイーストウッド、ネロ、ジェンマほぼ三人のローテーションで、マカロニ・ウエスタンは当初制作されていたのだが、遅れて参戦してきたのが、この引き目・鉤鼻が特徴のリーバン・クリーフであった。更に佐藤が撃たれて死んだと思いきや、鉄板の防弾チョッキを着こんでおり、むっくり起き上がってきたのには笑ってしまったが、このシーンは云うまでもなく『荒野の用心棒』のパロディーである。

他にもいろんなパロディーが鏤（ちりば）められていたと思うし、私自身マカロニ・ウエスタンに精通していればもっと楽しめたのだろうが、その点は残念だが、それでもかなり面白かった。

面白いといえば、登場人物の中でも特に注目に値するのが、狂言回し的役割を担った保安官・香川照之の存在である。寄らば大樹の陰を求めて今日は平家、明日は源氏と右往左往する様が、それが真剣であればあるほど笑いを誘うし、最後には欲に目が眩んで金の争奪戦に絡んでくるのだが、その豹変ぶりが又なかなかであった。彼の演技の上手さと作品上の役割の位置付けがなかったら、この映画はただ凄惨なだけで息がつけなかったに違いない。

殺し合いも最高潮に達した頃——木村佳乃が殺害される。父に次いで今度は母親の酷い死に様を目の当たりにした平八は、口が利けなくなっていた上に、更に衝撃と恐怖で眼まで見えなくなってしまう。その様子に絶望した祖母である桃井かおりは、最早やむなしとガンマンの本性を現し、戦いの場へ身を投じる。だが勇猛果敢な働きながらも、遂には斃れてしまう。そして愈々伊勢谷と伊藤との、日本刀対拳銃の、最後の対決を迎えるのである……

この『スキヤキ・ウエスタン　ジャンゴ』は、云ってみれば国籍不明、時代設定すらいい加減な、かなり莫迦げた映画である。そういった理由で切り捨ててしまう御仁も、あるかもしれない。しかし今や日本の映画界を背負って立つ俳優を何人もキャスティングし、大真面目に撮られたこの映画は、それだけに一見の価値があるように思われるのだ。私自身三池監督の最近作である『藁の楯』と、この作品がいたく気に入っている。

ラスト、である。叱咤激励と慰撫で、漸く眼が見え口が利ける状態に戻った平八の元を、伊藤は馬で去る。アラン・ラッドの『シェーン』である。

はて？　ここで気が付いた。伊藤は〈名無しの男〉である。彼の周りに、恋愛感情を育むような女性が登場しないことでも、それは瞭かだ。では〈ジャンゴ〉は誰だ？

伊藤を見送る平八の画面下をテロップが、流れる。

「数年後、平八少年はイタリアへ渡り、ジャンゴと呼ばれる漢(おとこ)となった」この取って付けたような構成も笑えたが、観方によってはこの映画は『続　荒野の用心棒』の、序章といえるかもしれない。平八のような凄惨な経験を味あわされた少年が、人を信じない、人を頼らない、自己の欲望のみに忠実な大人になっても、何ら不思議はないのである。

そこに、『続　荒野の用心棒』で流れたルイス・エンリケス・バカロフ作曲の主題歌が被さってくるのだが、歌っているのは何と演歌の大御所・北島三郎なのだ。無論、日本語である。一部を紹介しておこう。

ジャンゴ、乾いた風に
ジャンゴ、命の音が静かな目で見据えている、そこは狼の道
ジャンゴ、孤独の文字(もんじ)を
ジャンゴ、背負った者は、迷いもなく涙もなく、はぐれ月夜に吠える
燃え上がる空の果てに聞こえる
心の歌に抱かれて眠れば

（『ジャンゴ～さすらい』作詞・ＭＡＫＯＴＯ、編曲川村栄二）

参考までに、『続　荒野の用心棒』で歌われた元の曲の訳詞も、一部を掲載しておく。較べてみて下さい。

ジャンゴ、おまえが愛したのは一度だけ
ジャンゴ、それも忘れてしまったか

生きることも愛することも、たった一度のことだから
ジャンゴ、おまえが愛したのは一度だけ
ジャンゴ、おまえはいつもひとりぼっち
愛はとっくに消え失せて、おまえは永遠にさすらい続ける
（原曲ＤＪＡＮＧＯ、ルイス・エンリケス・バカロフ）

四

さて『ジャンゴ　繋がれざる者』である。

タランティーノは脚本を書いただけでなく自ら監督までして、なぜこの映画を撮ろうと思い立ったのだろう。

マカロニ・ウエスタンをこよなく愛して已まない監督のことだから、夢中にさせてくれたそれら作品群へのオマージュとして、あるいは総括・集大成の意味を込めて製作したのだろうか。それとも、現在では殆ど制作されなくなった西部劇全般の、とりわけマカロニ・ウエスタンの火を再燃させるべく、その口火を切る作品たらんと目論んだものであろうか。

何れにせよ、そのきっかけとなったのは『スキヤキ・ウエスタン　ジャンゴ』への出演ではなかったか、と私には思える。『ジャンゴ　繋がれざる者』のキャッチ・コピーに、構想十年とあった。とすると、『スキヤキ――』に出演したのが七年前だから、その時にはすでに構想の一部は、腹案としてあったということになる。そういった偶然を私は、信じない。むしろマカロニ・ウエスタンのパロディーとして制作された『スキヤキ――』に出演したが為に、俺だったら正統派のマカロニ・ウエスタンを撮ると決意した、そう解釈した方が納得できるのではなかろうか。

狙いは過たず、この作品でタランティーノ監督はアカデミー脚本賞を、キング・シュルツ役を演じたクリストフ・ヴァルツは助演男優賞を、見事射止めている。タランティーノにしてみれば〈監督賞〉こそ欲しかったのかもしれないが、元々ライター上がりなだけに、これはこれで面目躍如だろう。

『続　荒野の用心棒』の時代設定が、南北戦争直後だったのに対し、この映画は戦争前のまだ奴隷制度が跋扈していた時代を背景としている。タランティーノ監督がいみじくも「タブーに挑戦した」と語るように……このタブーというのは二重の意味を持ち、まず劇中〝ニガー〟という差別用語で呼ばれる黒人が、現在アフリカ系アメリカ人と表現される人たちにとって、どのように映りどのように反応されるのかという点、次に嘗ては奴隷であった黒人の賞金稼ぎが、賞金首とはいえ白人を捕らえあるいは射殺するという、いわば白人の反感を買いかねない内容であるということ。この禁忌を破るために考え出された物語の構成上、この時代設定は不可分の要素であった。

――転売されるため、手と足を鎖で繋がれ、馬に牽かれて移送される途中のジャンゴ（ジェイミー・フォックス）を救ったのは、狙う賞金首の居所を知っているジャンゴを道案内に立てようと計った、キング・シュルツ（クリストフ・ヴァルツ）だった。ドイツ人である彼は、表向きは旅回りの歯科医師だが、その実体は名うての賞金稼ぎだったのである。

当初、役目が終わるとお払い箱にする心算のシュルツだったが、行を共にするうちジャンゴの才覚と銃の腕前に驚嘆し、相棒として賞金稼ぎの道に引き入れることにする。組んだ二人は最強だった。

やがて多額の賞金を稼ぐようになったジャンゴは、愛し合うが故に一緒に逃げようとして捕えられ、引き裂かれて別々に売られ、離ればなれとなってしまった妻ブルームヒルダ（ケリー・ワシントン）を買い戻せるのではないかと思い始め、頬に逃亡者の印である〈r〉という焼印の跡とドイツ語が話せる黒人女性という情報だけを頼りに、彼女を捜し始める。

ミシシッピーは、奴隷にとって最も過酷な土地。中でもキャンディ・ランドは、とりわけ悪名高き農園。何とブルームヒルダは、そこに売られていたのである。農園主のカルビン・キャンディー（レオナルド・ディカプリオ）は残忍にして悪逆非道、のみならず執事のスティーブン（サミュエル・Ｌ・ジャクソン）は、黒人でありながら白人よりも悪知恵に長けた、狡猾極まる奴隷頭。この二人がいる限り正攻法では、とても妻を取り戻すべくもない。策を講じなくては……

そこでシュルツが思い付いた案は、奴隷同士を素手で殺し合わせる「奴隷デスマッチ」に入れ込んでいるキャンディーに、彼が所有している〝マンディンゴ〟と呼ばれる格闘用の奴隷を買いたいという名目で近づき、併せてシュルツの母国語であるドイツ語を話すブルームヒルダも譲り受けたいと、申し出ようというものであった。マンディンゴに大金を出すといえば、三百ドル程でしかない彼女など簡単に売却するであろう、と踏んだのである。伝（つて）を頼りにキャンディーと会う段取りを付けた二人が案内されたクラブでは、まさに「奴隷デスマッチ」が行われている最中であった。

さて、ここで対戦する奴隷の所有者役で、フランコ・ネロがゲスト出演している。私にとっては『ダイハード２』の将軍役以来であるから、とても懐かしかった。それにしても時の移ろいとはいえ、老けた。

「名前は？」とネロ。

「ジャンゴ」答えるフォックス。

「スペルは？」

「Ｄ－Ｊ－Ａ－Ｎ－Ｇ－Ｏ。Ｄは発音しない」

「知ってる」――そうだよな。初代ジャンゴを演じた人だもの。充分過ぎるほど知ってるよな。小憎い会話に、思わずニヤリとしてしまった。

――商談をまとめる為に農園に招かれたシュルツとジャンゴは、入口に設けられた見張り小屋付近で、もう闘えないと逃走を図ったマンディンゴを、役に立たなくなったばかりか損をさせたと激怒したキャンディーが、部下に命じて獰猛な犬たちに噛み殺させる現場を、目撃させられる。お尋ね者を撃ち殺して賞金を稼ぐことを生業（なりわい）としているくせに、この残忍極まる殺戮のやり方は、シュルツにとってかなり衝撃であった。そしてこのショックが思いがけない結果を、招くこととなる。

うまく運ぶかと思われたブルームヒルダを手に入れる計画を阻んだのは、何とスティーブンであった。長年奴隷の行動に目を光らせ、監督し続けてきたこの老執事は、彼女とジャンゴが夫婦であることを、見破ったのである。はなからマンディンゴなどに金を払う心算など毛頭なく、彼女こそが目当てに違いないことを、キャンディーに耳打ちする。一瞬騙されていると知って憤怒に身を灼くものの、キャンディーはやはりしたたかだった。

結局、一万二千ドルという大金を払って、ブルームヒルダをシュルツが買い取ることで双方合意に達するのだが、売買契約書と領収書を彼が受け取った後、事件は起こった。

　ミシシッピーでは売買終了後、契約者同士が握手をしないと商談は成立しないとキャンディーが云い出し、シュルツに握手を強要したのである。ここで素直に応じていれば、何ら問題は生じなかった。

だが……シュルツの脳裡に、犬に噛み殺されるマンディンゴの姿が蘇り、同時に残虐非道で唾棄すべきこの男に、ここまで虚仮(こけ)にされなければならないのかという瞋恚(しんい)に血が滾(たぎ)り、彼は隠し持っていたデリンジャーで、思わずキャンディーを射殺してしまうのである。

　えッ？　嘘、ディカプリオもう死んじゃうの。まず思ったのが、それだった。ディカプリオ、初の悪役に挑戦と謳っていたので、ラストでフォックスとの対決シーンでも用意されているかと、思っていたのだが――実はこの意外性を狙った手法は、タランティーノ監督の得意とするところで、傑作『パルプ・フィクション』でも、物語の中盤にトイレから出て来たジョン・トラボルタが、ブルース・ウイリスにあっさりと撃ち殺されてしまうというシーンがあった。印象は強烈で、ラスト・シーンは忘れてしまったが、このシーンだけは未だに覚えている。ディカプリオにとっても、忘れ去られるラストまで居残るより、印象深く身を引くことが出来て、幸いだったのではなかろうか。

　「すまんジャンゴ、どうしても我慢できなくて」そのシュルツも、キャンディーの配下に撃たれて、死ぬ。その後壮絶な銃撃戦になるのだが、愛する妻を人質に取られたジャンゴは、已む無く投降する。

ジャンゴは、殺されなかった。その代り、鉱山の採掘会社に売却され、朝から晩まで陽の目を見ることなく、死ぬまで働き続ける運命を担わされる。

移送の途次、見張りの男たちに、言葉巧みに賞金を稼ぐ話を持ち出したジャンゴは、男たちが気を許して彼に銃を渡した瞬間、全員を射殺してしまう。その中の一人、撃たれると同時に身に着けたダイナマイトが爆発して吹き飛んでしまう男を、随分と貫録のよくなったタランティーノ監督が演じていたのは、ご愛嬌。

かくて、再び繋がれざる者となったジャンゴは、かけがえのないブルームヒルダを救出すべく、執事スティーブンを始め農園の輩と決着を着けるべく、馬を飛ばして舞い戻っていくのであった――

伍

『ジャンゴ　繋がれざる者』でも『続　荒野の用心棒』と同じく、オープニングでバカロフによるテーマ曲が被さってくるのだが、すでに紹介した二作と、映画の内容に合わせてではあろうが、これも詞が違っている。日本語以外はチンプンカンプンな私には、どれも同じ歌詞に聞こえるのだが、二作を披露した手前、これも一部を書き記しておく。

ジャンゴ　ずっと孤独だったか
ジャンゴ　二度と人を愛さぬのか
だが愛は生き続ける、人生も続いていく、悔やんだまま生きてはいけない
ジャンゴ　明日に向かわねば
ジャンゴ　愛する人は今や遠い
愛した女は奪われてしまった、もう二度と会えない

（町山智浩翻訳）

マカロニ・ウエスタンに通暁しているタランティーノ監督なればこそだろう。作品群の中で流れた音楽にも造詣が深く、映画音楽の巨匠であり何曲もマカロニ・ウエスタンの作曲を手掛けているエンニオ・モリコーネの、『運び屋』や『シスター・サラのテーマ』『ウン・モニュメント』など数曲を、『ジャンゴ　繋がれざる者』の中でも使用している。一聞の価値ありである。

＊

――当時マカロニ・ウエスタンは、輝いていた。現在その光芒は、多少の衰えをみせたとはいえ、なお輝き続けている。しかしながら、ああいったブームが到来することは、二度とないだろう。だ

からこそタランティーノ監督が見せてくれた世界は、懐かしいだけでなく、嬉しい限りなのだ。ジャンゴは、生き続ける。たとえ再びブームになることはなくても、思い出した頃にひょっこりと顔を出す。それでいい。そうあって欲しい。

とまれ、マカロニ・ウエスタンが生み出した不特定多数の〈ジャンゴ〉たちが、スクリーン狭しと暴れ回ったという事象は、西部劇のみならず世界の映画史上、類を見ない快挙ではなかろうか。

（「シネマ気球」２０１４年９月）

点鬼簿　カーク・ダグラスの顎

ＴＶニュースでカーク・ダグラスの訃報に接した時、甚だ不謹慎ながらまだ存命だったんだ、と正直驚いた。二〇二〇年二月五日没、享年百三歳。大往生といえるのではなかろうか。

昭和二十六年生まれの私が、物心付いた頃には、すでに大スターだった人である。息子のマイケル・ダグラスが弔辞の中で、「映画の黄金期に絶頂期を迎えた」と言う様な事を述べていたが、長い人生様々な出来事があったに違いないとは思うものの、華やかなりし時代に映画人生を送れて、或る意味しあわせな人だったのかもしれない。

日本の年号でいうと大正の生まれになるから、私の父親より年上ということになるし、世代的にギャップがあるせいもあって、作品の大半は観ていない。ただ『ＯＫ牧場の決斗』と『スパルタカス』は、記憶に残っている。前者が一九五七年、後者にしても六〇年の作品だから私は九歳、当然封切時には観ていないと思う。いつ観たのかは覚えてないが、『ＯＫ牧場の決斗』で演じた歯科医でありながら酒と博奕に身を持ち崩し、挙句には胸まで病みながら、主役のワイアット・アープ（バート・ランカスター）との奇妙な友情で彼を助けるドク・ホリディーの役は、優柔不断とも思えるほど取り澄ましたワープよりはるかに好感が持てて、印象深かったようだ。『スパルタカス』については残念ながら切れ切れの記憶しかないが、調べてみたら制作総指揮をカーク・ダグラス自身が執っており、監督にはかのスタンリー・キューブリックが当っているではないか。敵役の貴族クラサスにはローレンス・オリビエ。ローマの剣闘士を主人公にしたハシリともいえる作品で、今思うと、とんでもなく贅沢な映画なんですよね。

カーク・ダグラスの最大の特徴は、その顔立ちにあると思う。ぎょろっとした目玉と顎の真ん中にある笑窪。それが角度によって、顎が割れているように見えるのである。一目見たら忘れられない、そんな顔である。スターの条件であろう。

唐突だが、私がまだ小学性の頃、貸本屋さんというのがあった。小説や漫画を貸してくれるのである。全盛期は「少年サンデー」や「少年マガジン」などの漫画週刊誌が登場してくる前迄ではなかったろうか。借り賃が幾らで期間がどれくらいだったのか全く覚えていないのだが、借りた本は意外と覚えている。白土三平の『忍者武芸帳（影丸伝）』もその頃読んだ作品である。とりわけよく借りたのが毎月発行される貸本屋向けの分厚い本で、確か『刑事』というタイトルだったと思う。何人かの作家の短編を纏めたものである。巻頭カラーはほぼさいとう・たかをの作品で、難波健二やありかわ栄一、後にさいとうプロに入った石川フミヤスあたりが常連で、たまにつげ義春・永島慎二・影丸譲也などが執筆していたようだ。失礼何を云いたいかというと、さいとう・たかをが描くキャラクターに、顎が割れている人物が結構おり、例えば人気が出てシリーズ化された〈台風五郎〉や、後に「少年マガジン」に連載された〈無用之介〉などがそうで、そういう顔立ちは日本人にはなかなかないものだから、私はカーク・ダグラスをモデルに、或いは参考にしたのではないかと、当時も今も思っている。おそらく本国でも珍しいのではなかろうか。ついでに書いておくと「ボーイズライフ」で四作品が連載された００７シリーズのジェームズ・ボンドも、顎に笑窪がある。そういえば難波健二の作品にも、割と多かったな。

――『ロッキー』に次いで、シルベスター・スタローンの当たり役となった『ランボー』シリーズだが、最初はカーク・ダグラスにオファーがあったという話を、聞いたことがある。なぜ断ったのかは判らないが、観てみたかった気はする。

ご冥福をお祈りする。

（「シネマ気球」２０２０年９月）

「固ゆで卵」の味わい

――長谷部安春の世界――

長谷部安春監督が、亡くなった。

平成二十一年六月十四日のことである。肺炎だという。享年七十七歳。

監督は、亡くなる直前、映画を一本撮り上げている。TVシリーズ『相棒』からスピンオフした『鑑識・米沢守の事件簿』がそれである。『相棒』のファースト・シーズンから携わっている実績を買われての、抜擢であろう。確かに犯人の意外性もあり、長谷部監督らしさも散見できて、楽しめる作品に仕上がってはいるのだが、監督はこの映画を本当に撮りたかったのだろうか、という思いを私は禁じ得ない。映画を撮りたくとも撮れない今の邦画界で、死の間際まで現役の監督として仕事ができたという僥倖は、とても喜ばしいことには違いない。ここはひとつ素直に監督のために祝福したい、とは思うのだが、やはり私としては得べくんばハードボイルドを、いやハードボイルドでなくてもいい、アクション映画が観たかった、というのが偽らざる気持である。

長谷部監督は日活の崩壊期、澎湃（ほうはい）として湧き起こった所謂「日活ニュー・アクション」の旗手のひとりとして、私には思い出深い監督である。とりわけ印象深い二本の作品で、私自身の監督への評価は、絶大なものとなった。

出会いは高校時代何気に観た三本立て興行の一本に、『縄張（しま）はもらった』が入っていたことに始まる。強烈だった。特にラストシーンにおける小林旭と戸上城太郎の対決は、まさしくアクション映画史に残るものであろう。走り寄った旭のドスが戸上を刺すその同じカットを、更に三度スローモーションでフラッシュバックさせる。全面真っ白な浴室のタイルと、飛び散る鮮血の赤とのコントラスト。唖然となった。一瞬血が騒いだ……

石松愛弘・久保田圭司による脚本も、オープニングからタイトル・クレジット終了までのあいだ流れ、本編中おりに触れ耳にする鏑木創の重厚な音楽もとてもよかったが、この映画の出来栄えは偏（ひとえ）に長谷部監督のテンポのいい、シャープな演出の賜物であろう。なによりラストシーンの衝撃が、アクション映画の傑作としての位置を決定付けた。映像の興奮覚めやらぬまま帰路についたのだが、下校途中に三本も観たため、帰宅がかなり遅くなってしまい、今は亡き親父にこっぴどく叱られた思い出と共に、忘れられない懐かしい記憶となった。

しかしこの映画はなぜか、「客に見せるシロモノではない」と日活社長の逆鱗に触れたそうである。おそらくラストシーンが、映像的な遊びが過ぎる、と判断されたせいだろう。それしか考えられない。だがファンは喝采を送り、未だに語り草となっているほどだ。――ずっと後になってだが、私もビデオを購入し、機会あるごとに観直している。

実は長谷部監督は、デビュー作『俺にさわると危ないぜ』でも、通常五百から六百のところを、何と千以上ものカット数で凝りに凝りまくったため、会社の怒りを買い、その後一年以上ホサれてしまうという前歴を持っている。凝り性は相変わらずだったわけだ。それもその筈で、長谷部監督の師匠はかの鈴木清順と、〈ねばり屋〉の異名を持つ野村孝。凝り性の体質を受け継がないほうが、おかしいくらいのものなのである。

但し告白するが、『縄張はもらった』との素晴らしい出会いはあったものの、当時の私は必ずしも長谷部監督の、熱心なファンではなかった。当然それ以降の封切作品は追いかけて観ていたとはいえ、渡哲也主演の映画にばかり興味が向いていたせいもあり、また長谷部作品にたまに見受けられる生理的に嫌悪感を催すシーンに、あまり馴染めなかったためである。その渡哲也と組んだ唯一の作品『野獣を消せ』で、猟銃で撃たれた川地民夫の肉片が飛び散って壁にベチャッと貼り付くシーンや、『流血の抗争』で宍戸錠が履いた血まみれのゴム草履が、ペタペタと音をたてた後に残していく赤い足跡などが、それである。思えば『縄張はもらった』のラストは、生理的嫌悪を映像美学として捉え得た、出色のシーンだったのではなかろうか。

……ついでだから『野獣を消せ』について、少し補足しておく。この作品に関しての評価は頗る高い。私にも異論はない。それらを踏まえての感懐だと、ご承知おき願いたい。

前述の「日活ニュー・アクション」は、渡哲也演じる人斬り五郎の登場で、幕を開けた。戦後まもなく孤児となった五郎は、食うための非行から少年院へ、長じてはやくざ社会へと、お定まりの転落コースを歩く。だが身を置く薄汚れたやくざ社会には、とうに愛想を尽かしており、いつかは堅気の世界に戻りたいという夢を抱き続けている。したがって五郎は義理や一家のためではなく、抗争の果て次々と殺されていく先輩や舎弟分の悲しみや怒りを胸に抱きつつ、座して黙したままでは、生きてある自身の存在そのものが消滅してしまうという惧れに突き動かされて、黒匕首（ドス）の鞘を払う。親しき先輩や舎弟の非業の死は、重く辛い。だから五郎は泣く。だが涙を流すだけでは悲嘆と瞋恚（しんい）は浄化できず、その重さに耐えきれなくなったとき、五郎は斬り込みをかける。当然単身である。泥濘を這いずり回りながらの殺し合い。満身創痍になりながら、よろめき去るラストシーンに象徴されるものは、目的を果たした達成感ではなく、これでまた自ら〈ど汚ねえ〉と否定する「やくざ社会」にしか帰るべき場所がなくなってしまったという、絶望感である。市民社会からは疎外され、抜け出たいと願うやくざ社会にしか身の置き場のない五郎は、常に哀しみの翳を身に纏っている。

だが『野獣を消せ』の浅井徹也は、涙はみせない。社会から疎外されてもいない。やくざではなく、善良な一市民である。妹を殺された復讐のために立ち上がりはするものの、それは同時に自分の身を護るためでもある。プロのハンターである彼は、まさしく獲物を狩る冷徹な非情さをもって、標的を確実に葬り去っていく。長谷部監督は、五郎が流す涙に見られる情緒や情念を廃し、ハードボイルドに徹した暴力世界を呈示してみせた。目指すところは、おそらくそこだったのだろうと思う。そう考えると監督は人斬り五郎やその周囲の人たちが傷つくことで受けた生理的苦痛を、暴力は醜悪かつ凄惨であることを、生理的に嫌悪を催す映像で、さらに発展させたといえるかもしれない。しかしながら、渡哲也の資質には合わなかった。少なくとも私の中では（おそらく私だけではないと思うのだが）、渡哲也と人斬り五郎は完全にオーヴァーラップしている。渡はその素において浪花節的情緒を、かなり内包しているのである。事実この後の日活における渡の主演作のほとんどが、性格付けは人斬り五郎のヴァリエーションである。ゆえに前述したように、長谷部監督と渡哲也の組み合わせによる企画は、二度と浮上してこなかった。（皮肉な話だが、浅井徹也の非情さは、日活崩壊後、東宝で撮った小谷承靖監督による『ゴキブリ刑事（でか）』で再現される。だがこれとても必ずしも成功作とは云い難い）。

とはいうものの、この『野獣を消せ』には際立った特徴があり、即ち敵役として登場する藤竜也率いる不良グループ、ジープとオートバイで奔り回る彼らをプロトタイプとして、『野良猫ロック

・セックス・ハンター』で更に発展・進化させ、大きな存在意義を持たせたのである。この映画は傑作である。

「野良猫ロック」シリーズは、７０年五月から７１年の正月にかけて、五本が封切られた。その内三本を長谷部監督が担当（残りの二本は藤田敏八監督）。しかしシリーズとは銘打たれているものの、これらの作品に一貫性はなく、物語もそれぞれに異なっている。『野良猫ロック・セックス・ハンター』は、その三本目にあたる。――私にとっての二本目がこれだ。

敗戦国日本の、しかも基地の街（立川）が舞台。撤退したとはいえ、米軍が残した爪痕は深い。米兵によるレイプ。そのために望まれることなく産み落とされた混血児たち。当時社会問題として騒がれたほどだ。特殊な環境で生まれ育ったがために、否応なく背負わされた重い十字架。それでも、いやだからこそ彼らは街を離れることができなかった。汚物でも見るような冷ややかな視線に、徹底した差別。混血児たちは群れることでしか、身を護る術を知らなかった。彼らの生きていける場所は、そこしかなかったのである。

「ここは俺たちの遊び場だ！」藤竜也の叫びは、煉獄で身を焼かれる苦しみであり、怒りと絶望の咆哮でもあった。

イーグルスというチンピラ集団を率いる藤竜也は、混血児ではない。だが幼い時に姉が米兵に犯される光景を、しかもその姉が恍惚の表情を浮かべていたのを目撃して以来、女への不信が高じて、性的不能に陥っている。彼の怒りは直截にではなく、屈折した形で混血児に向けられる。イーグルスに付かず離れずの位置に、梶芽衣子の不良少女グループがいる。藤は梶を憎からず思っており、勢いでベッドを共にするものの、藤は梶を抱くことができない。

そんな折、明らかに混血児と覚しき安岡力也が、生き別れとなっている妹を捜して、街へ現れる。その登場の仕方が、ばっちりと決まっていた。遠くで唄が聞こえる。草の上に横たわる梶芽衣子の元へ次第に唄声が近づき、姿が映し出されると同時に、梶に気が付き驚いたように立ち止まる。ワイルドな雰囲気を漂わせた、なかなかいい俳優だと思った。事実この映画は、彼の代表作と呼べるものになった。惜しむらくはこれ以降、安岡はそれらしき役に巡り合っていないことである。

安岡とイーグルスの小さな諍(いさか)いが、やがて大きな軋轢を生じ、坊主憎けりゃ袈裟まで、藤竜也はメンバーに混血児狩りを命じる。寂しさと虚しさを胸の奥に宿した者たちの、愚かしくも哀しい闘い。藤が片腕とも恃(たの)む岡崎二朗も、実は混血児であった。〈狩り〉に嫌悪を催し彼の元を去ろうとする岡崎を、裏切られた憾(うら)みと独りになってしまう寂寥を絶叫に籠め、藤は射殺する。そして物語は一挙に破局へと雪崩れ込んでいく。

ラスト、鉄塔の上と下で対峙する藤と安岡、そして繰り広げられる銃撃戦は、ダイナミックであればあるだけ、とても切なかった。混血児であることも、混血児を憎む必然も、彼らの責任ではない。なのにどうして殺しあわねばならないのだ。いいようのない余韻が残った。——嗚呼、是非もう一度この映画を観てみたい。

脚本を担当した大和屋竺を、この時はじめて知った。同じく共同で脚本を書いた藤井鷹史が、長谷部安春のペンネームであることは、後に知った。

監督昇進以前、長谷部監督は松原健郎についてシナリオを学んでいる。つまりシナリオライター出身の監督なのである。同期の中でもいち早く、しかもチーフを飛び越えていきなりセカンドから監督に抜擢された背景には、もしかしたらそういったことが関わっているのかもしれない。長谷部こと藤井鷹史は、師匠である野村監督のために『殺るかやられるか』『燃える雲』等を、書いたりしている。

７１年十一月、日活は路線をロマン・ポルノへと移行。名のある監督たちの多くが辞めていったが、長谷部監督は踏みとどまり『戦国ロック・疾風の女たち』や『犯す！』『暴行切り裂きジャック』等を撮るも、神代辰巳・小沼勝・曽根中生監督たちが新しく台頭してくる中、アクションに煌めく才能は発揮できても、〈おんな〉の情感を描き出すのは得手としなかったためだろう、８０年フリーとなる。

少し遡る７３年東映で、降板した伊藤俊也監督に代わり『女囚さそり・７０１号怨み節』を撮っているが、これは日活時代長谷部監督を慕い、すでに退社して活躍の場を東映に移していた、梶芽衣子の要請によるものだろう。

フリーとなってからは、『化石の荒野』や『レッスン』等の作品を発表するも、専ら活路をTVに見い出し、『大都会』のパートⅡやⅢ、『西部警察』『あぶない刑事』『相棒』等のシリーズを手掛ける。『あぶない刑事』は映画版も監督している。

ハードボイルド的アクションをこよなく愛し、様々な視覚的工夫を凝らして見せてくれた長谷部監督。男だけの、あるいは男と女入り乱れての闘う群像劇、また生きる目的さえゲーム化されたドライでクールな世界観を、見事に映像化して見せてくれた長谷部監督。

監督にはもっともっとプログラム・ピクチャーを撮って欲しかった。監督が目指した世界の、行き着く先をこの目で観たかった。現在（いま）しみじみと、そう思う。

長谷部安春監督は、〈名〉監督ではないかもしれない。だがアクション史には、欠かすことの出来ない監督であることは間違いない。少なくとも私の映画史において、『縄張（しま）はもらった』と『野良猫ロック・セックス・ハンター』の二本は、外すことの出来ない〈名作〉である。

謹んでご冥福を祈念いたします。

平成二十一年十月

（「シネマ気球」２０１０年９月）

PART5　スポーツ＆人生

『シンデレラマン』

家族愛の深さゆえ「シンデレラ」になれた男

ラッセル・クロウの眼は、なぜか哀しげだ。

笑った時でさえその眼に宿る哀しみの色は消えることがないから、どうしても寂しげな笑顔になってしまう。

クロウの映画に初めて出会ったのは『L・A・コンフィデンシャル』（カーティス・ハンソン監督）であったが、その時からずっと気になっていた。もっともこの作品での彼は、母国オーストラリアを後にハリウッド進出を果たしてまだ日も浅く、アメリカ人なんかに負けてたまるかという気負いと、母国ではそれなりの評価を得ていたものの、アメリカ映画の壁は想像していた以上に厚く、考えているような演技が思うように出来ない自分自身への苛立ちで、その眼に宿るものは〝怒り〟

であったようだ。たしかにこの映画での彼の芝居は生硬でぎごちない。それでも時折眼の奥に浮かぶ哀しみの色が、私の気持に引っかかった。

だから、さしていい男ともいえないクロウに、強く惹かれたんだと思う。

クロウの意に反してという点では皮肉というべきなのだろうが、不思議なもので彼のその〈哀しい眼の色〉が多くの観客の心を掴んだものらしく、この作品を機にスターダムを駆け上がっていくのである。

私が小学生のころ、『逃亡者』というＴＶ番組が放映されていた。なにせ生まれ育ったのが日本のはずれともいうべきローカルだったせいかどうか、放映開始時間が多分夜の十時か十時半、それくらいだったように記憶している。昼間表で散々遊び回った小学生に、この時間帯は正直つらかった。だが私は眠い目をこすりこすり、毎週ほぼ欠かさず観ていた。エピソードごとの話の内容などは、朧気(おぼろげ)にしか理解できてなかったろう。それでもひたすら観続けたのは、ただただ主役を演じたデヴィッド・ジャンセンに会いたかったのである。

彼の眼も、クロウと同じく哀しげだった。唇の端を少しだけ曲げて微笑む独特の笑い方も、大好きだった。

「正しかるべき正義も、時として盲(めし)いることがある……」リチャード・キンブルは身に覚えのない妻殺しの罪で死刑を宣告され、護送の途中はからずも列車事故に遭い、からくも脱走する。「孤独と絶望の逃亡生活が始まる……」執拗なジェラード警部の追跡を、何とか躱し掻い潜りながら、見つかるとも思えぬ真犯人と目される片腕の男を、あてどなく探し求める——という役柄に、ジャンセンはうってつけであった。いや、哀しげな彼の眼がぴったりであった。

好きだから当然、私はその後もジャンセンの出ている映画を追いかけた。だが彼は役者としては、線が細すぎたようだ。あまりにナイーブ過ぎた。だから存在感の強さと相俟ってスター街道を歩み出したクロウのようにはなれず、B級映画の主役の域を出ることはできなかった。

ジャンセンの眼に兆す哀しみは、彼の不幸な生い立ちに由来している、という。だがクロウのそれがなぜなのかは、寡聞にして私は知らない。

人は生まれついた時から、何かしら哀しみを背負っている。だから相手の眼の中にその色を読み取った時、惹かれる。

それ以降のラッセル・クロウは、めざましい演技力の進歩を伴って、哀しみを湛えた眼に相応しい作品に主演していく。『プルーフ・オブ・ライフ（生存証明）』(テイラー・ハックフォード監督)や、アカデミー主演男優賞を獲得した『グラディエーター』（リドリー・スコット監督）など大好きな作品であるが、今回の『シンデレラマン』（ロン・ハワード監督）は、その決定打ともいうべきものではなかろうか。

クロウが演じたジェームズ・J・ブラドッグという人物は、実在したボクサーである。

彼は当時の人々に〝シンデレラマン〟と呼ばれたが、それはなぜか？　その前に、私の貧弱な頭に浮かんだ疑問を、提示しておこう。どうしてボクサーを題材に選んだのだろう。そして私なりの答も……

確かにボクシングは、ハングリーなスポーツであり、貧しき者から富める者へと、自己の拳ひとつで世界の頂点も狙えるものだから、当然そこには〈物語の素材としての面白さ〉が充実している。感動を呼びやすいし、映像的にも迫力のあるものが期待できる。

だが観客の眼は肥えている。架空の主人公を設定した場合、ボクシングがあまりに身近なスポーツであるがゆえに、紡ぎだされる物語に内在する〈嘘〉が、簡単に見抜かれてしまう。それにシルベスター・スタローンが『ロッキー』シリーズで、そのほとんどをやってしまっている。撮ったとしても二番煎じの域を出るのは難しかろう。だからハワード監督は、実在したボクサーを主人公にした。

そこまではよしと。だがブラドッグが活躍したのは、一九二〇年代の後半から三〇年代の半ばにかけてである。実に七〇年以上も昔の話なのだ。いや古い話だからいけないというのではない。現在の観客に、昔のボクサーの話がアピールできるのかを、危惧したのだ。だけど今一番お気に入りであるラッセル・クロウの映画だから、観た。観て、自分なりに納得した。

『シンデレラマン』は、単なるサクセス・ストーリーではない。大きな挫折を経験しながらも、妻を、家族を愛し抜いたがゆえに、栄光を勝ち取ることが出来た男の物語である。というより〝家族愛〟により重きが置かれた作品である。挫折の背景には、世界恐慌という社会的事情がある。――そこから導き出されるもの。慢性的な不況に喘ぐ現代、人々の情実・情愛といったものに対する感性は鈍磨し、意識が向くのは拝金主義。我慢が出来ず、労わりを忘れ、刹那的享楽のみを追い求める人々が蔓延する現代。下世話に兄弟は他人の始まりと云うが、まさしく兄弟姉妹で庇いあうことはおろか、親を親とも思わず、わが子でさえ慈しむことが出来なくなりつつある現代社会。

以前私は『ミスター&ミセス スミス』の稿で、

「夫と妻、親と子、社会生活の核となるこの関係、この絆こそが個や個の権利・個の主張などよりもっと重要視されて然るべきことではないのか。見直さなければならない、大切なことではないのか」そういった風潮が強まってきている、と書いた。当然であろう。自分を自分たらしめている基盤、自分が現在ここに存在するために必要不可欠である家族をないがしろにして、いいわけがない。背景にある社会情勢及び人心の荒廃、当時と現在、あまりにも状況が酷似しているため、昔の話ではあっても充分現代の人々に訴求できる、ハワード監督にはそういう計算が働いたに違いない。

おそらく私は穿ち過ぎた観方をしているのかも知れない。感動的な話に〈時代〉は関係ないだろう。時空を超えて尚、人々の心を動かすことの出来るのが、本当の感動なのだから。

だが人が切実な問題として意識している事柄に、思案投げ首で当面している状況に、〝答〟或いはその可能性として提示されたらどうだろう。感動はより深いものになるのではなかろうか。事実、この映画を観ている間中、私は滲み出てくる涙を禁じ得なかった。その時は、

「ああ今日は、気持ちが弱くなっているな」と、涙を否定してみたりもしたが、その後何度観直してみても同じであった。

映画は常に時代と共にある、とするならば、その時代に酷似した時代性・社会状況であった時代の物語をスライドさせても、同様の味わい深い感銘を得られるものだろう。そしてその通りであるという認識を、今回新たにした。

本編である。

まず冒頭の試合シーンで登場したラッセル・クロウに、別人かと一瞬眼を疑った。随分スリムになっている。二の腕など確実に『プルーフ・オブ・ライフ』の時の半分の太さである。ボクサー役だというので、かなり減量したものとみえる。

一九二八年ジェームズ・Ｊ・ブラドッグは、チャンプ街道まっしぐらの絶頂期にあった。ライトヘビー及びヘビー二階級のアマチュア・チャンピオン・ホールダーとしてプロボクシング界入りした彼は、〈恐怖のブルドッグ〉と仇名され、出身地ニュー・ジャージーの誇りと謳(うた)われ、愛する妻メイ（レネー・ゼルウィガー）と子供たちにも恵まれ、まさに飛ぶ鳥を落とす勢いであった。ところが……

画面は暗転して、五年後の一九三三年。彼ら家族は貧乏のどん底で、喘いでいた。

実は、二九年にライトヘビー級の世界タイトルを狙って、トミー・ローランと試合するもまさかの敗退を喫し、以後は巡業中に交通事故にあったり、手の指を何度も骨折したりと怪我が相次ぎ、鳴かず飛ばずの状態に陥ってしまったのである。不運というのは重なるもので、それまでの儲けをタクシー会社の経営と株につぎ込んでいた彼は、その年の秋ニューヨークの株式相場の暴落に始まり、全世界に深刻な影響を与えたいわゆる〝世界恐慌〟により、なんと一文無しになってしまったのである――これらはリング・アナの実況放送や、普段の会話の端々で明らかにされる。

貧窮を極めた生活が、点綴されていく。

その日、港での荷役の仕事にもあぶれ、夜、頼みの綱であった兵器庫での試合も、右手の指の骨折が治りきっていなかったせいで無効試合とされ、為にプロモーターであるジミー・ジョンストン（ブルース・マッギル）の怒りを買い、選手資格を剥奪されてしまう。当然報酬は、なし。

肩を落として帰宅、事情を妻に打ち明けるブラドッグの眼に宿るのは、なんともいいようのない切なく寂しげな色ばかり。ベッドから起き出した、まだ幼い末娘のロージーが、父と母の哀しい遣り取りを、不安げな様子でカーテンの隙間からそっと窺っていた。

――骨折した箇所のギブスを靴墨で黒く塗って隠し、港湾作業にいそしむものの、稼ぎは高が知れている。売れるものは、すべて売りつくしてしまっていた。

そんな折長男のジェイ（コナー・プライス）がサラミを盗んでくる。食べるものが無くなって、家族が離れ離れになることを、懼れたのだ。サラミを返却した帰路、ブラドッグは息子に約束する。

「どんなことがあっても、お前たちを離さない」と。

だが事態は一向に好転しない。ガスも電気も止められ、次男のハワードが風邪をこじらせかけても、医者に診せる金がない。夫の留守中、ハワードの病状の悪化を見かねたメイは思い迷った末、子供たちを父親と妹のところへ預ける。ブラドッグが戻ると、子供たちの姿がない。怒る。だがメイのとった処置は間違ってはいない。

「（相談しようにも）あなたはいなかったから。（子供たちの苦しむ様を、あなたは）見てないから」

充分過ぎるほどわかっていながら、それでもブラドッグは言い募る。

「家族一緒に暮らさなければ、貧乏に負けたことになるんだ。……ジェイと約束したんだ。どんなことがあってもお前たちを離さないと」

自分の無力さゆえと身に沁みながらも、それでもメイを詰（なじ）られずにはいられない彼の胸中に満ちるものは、その眼に宿るものは、「悲哀」という言葉で表現し尽くせるものだったろうか。

今日の稼ぎをすべてテーブルの上に置くと、彼は家を出て行く。メイはブラドッグが二度と戻ってこないような気がして、急いで後を追う（このシークエンスの前に、子供たちと薪の代わりとなる板切れを集めている時、家族を捨てて出て行く男と後を追うその妻を目撃する、シーンがある。その記憶が鮮明に蘇ってきたのである。そういう時代だったのだ）。

ブラドッグは、それまで働けるうちは意地でも足を向けまいとしていた救済局へ行き、救済金を受け取る。それでも足りない。ニューヨークへ渡り、プロボクシングの事務局へと向かう。そこに屯（たむろ）するプロモーターたちに施しを乞うためである。彼は事情を説明し、子供たちと一緒に暮らすために必要な額を、乞う。……

さてここで世の父親諸氏に、思いを致して戴きたい。自分は父親あるいは夫として、家族に何をしてやれるのかを。ブラドッグが見栄や外聞をかなぐり捨ててまで、施しを乞おうと決意するのに、どれだけの勇気を必要としたことか。どれだけ悔しかったか、どれだけ情けなかったかを。事実その場に居合わせた彼のトレーナーだったジョー・グールド（ポール・ジアマッティ）に眼に涙を浮かべながら、

「すまない。こんな恥を晒して」と謝るのだ。そこまでしてブラドッグは、子供たちと一緒にいることに拘った。子供との約束を守ることに一所懸命であったのだ。果たして今の世の中に、これほどの父親がいったいどれくらいいるだろう。父親としての威厳はおろか、家族愛などどこ吹く風。妻とは簡単に離婚し、子供は甘やかし放題。こういう現代にしてしまったのは、私を含め、世の父親に責任の大半がある。

おそらく私はこの映画に、教義的意味合いを求めようと、躍起になり過ぎているのかもしれない。しかしながら、そうでなければ夫があるいは妻が、つれあいに保険金をかけて殺害したり、働かないのに文句を云われたからと親を殺したり、莫迦にされたからと兄弟を切り刻んだりといったニュースが、世間を騒がすことはないだろうと思えるのだ。

社会及び経済情勢が当時と酷似している現代でありながら、当時にあって現代にないもの、現在（いま）こそ求められているもの、必要とされているものは何なのか、ハワード監督は訴えかけたかったに違いない。

翌三四年になって、ブラドッグに思わぬチャンスが舞い込む。

世界タイトル戦の前座試合として予定されていた、世界ヘビー級二位のコーン・グリフィンの対戦相手が試合直前に負傷、代わりを探そうにも今日の明日ではおいそれと見つかるわけもなく、ジョー・グールドの強い推輓（すいばん）もあって、急遽ブラドッグに白羽の矢が立ったのである。グールドはブラドッグを見捨ててはいなかった。この試合に限り、剥奪された資格も元に戻すという。ファイト・マネーは、勝っても負けても二百五十ドル。再びリングに立てる。願ってもない引退試合である。喜びもひとしおであったが、それ以上に、ブラドッグにはこのファイト・マネーが有難かった。

大方の予想はブラドッグは所謂当て馬、咬ませ犬、誰も彼に賭ける者などいなかったが、なんとなんとグリフィンをＫＯしてしまうのである。

グールドにとっても意想外の出来事、「いったい何処に隠れてたんだよ、ブラドッグ！」驚愕と歓喜の叫びがあがる。のみならず、この快挙がグールドに一大決心を促すこととなる。彼は自分の持てる総てを、ブラドッグに賭けようと思い極めるのだ。

家財道具の一切を売り払いトレーニング費用を捻出した彼は、プロモーターのジョンストンと交渉し、ブラドッグのプロボクサーとしての資格を元に復さしめ、試合を組む。

ここから、デイモン・ラニアンが〈シンデレラマン〉と形容した、ブラドッグの快進撃が始まる。昨日配給の列に並んだ労務者が、今日は向かうところ敵なしのボクサーとして、リングに戻って来たのである。

だがメイの胸中は揺れ動いた。もともと、

「あなたが打たれる度、自分が打たれている気がするから」と、ブラドッグの試合を全く見に行こうとしなかった彼女である。

「（ボクサーとして復帰できるのが）嬉しくないわけじゃない。だけど又どこか傷めたら、元の繰り返しよ」先の試合で借金を返し、漸く生活が安定した今、ブラドッグに怪我をさせるわけにはいかない。彼女は夫を再びリングへ引き戻したグールドの元へ、抗議に出向く。だがそこで眼にしたものは、部屋の中に何もないガランとした佇まいであった。戸惑い言葉を失うメイに、グールドは云う。

「人間には本能的な閃きがある。私はブラドッグにそれを感じた。だから賭けることにしたのだ」更に彼の妻が云う。「男と女、本当につらいのはどっちかしらね。女は男の決意を見守るだけ……」

まさにそれはメイの心情を代弁したものであった。

「少なくともリングでなら、闘う相手がみえる」ブラドッグの決意を見守ることを余儀なくされたメイだが、それにも限界があった。ヘビー級の世界王者マックス・ベアとのタイトルを賭けた対戦が、決定した時である。彼はリング上で二人も殺していた。ベアはまだ若いが、ブラドッグは歳だ。力の差は歴然としている。「ボクシング史上最低の下馬評をかかえてタイトルに挑戦」といわれるほど、勝敗は誰の眼にも瞭(あきら)かだった。いかにニューヨーク・ヘラルド紙のスポーティ・ルイスがブラドッグのことを、

「この国の勇気の概念を変えるため、死から甦った」と評し褒め称えようと、所詮は蟷螂(とうろう)の斧(おの)。

メイの脳裡を、未亡人となって荒野を彷徨うサラ（港湾の荷役仕事でブラドッグと知り合い、その後家族ぐるみの付き合いをするも、労働争議の最中不慮の死を遂げるマイク・ウイルソンの妻）の姿がよぎる。――夫は、ブラドッグは必ず死ぬ！

「ずっと怖かったの。あなたが（リングの上で）必ず死ぬと判っていたから。……これまでは黙ってあなたを支えてきた。でももう駄目。もう出来ない。……必要ならこの腕をもう一度骨折でも何でもして、試合にだけは出ないで！」メイは必死に、ブラドッグに試合を放棄させようとするが、

翻意を促すことは叶わなかった。

一九三五年六月十三日、運命の日はとうとうやってきた。

当日、ブラドッグを送り出すとともに、メイは子供たちを妹の家に預け、教会へと向かう。ブラドッグの無事を祈るためである。だがそこで彼女は、群れ集い祈りを捧げる人々に、驚かされる。彼らはブラドッグの勝利を願って、祈っているのだった。〈シンデレラマン〉は、生活苦に喘ぎ、病魔と闘う人々にとって、希望の星だったのである。彼らは奇蹟を信じ、願っていたのだ。

メイは踵(きびす)を返し、試合会場の夫の控え室を訪う。そしてブラドッグに、

「私がついていないと勝てないわ……」「闘うことの意味が少しだけ判りかけた気がする……」

「家で待ってるわ。きっとよ、帰ってくるわよね」——ブラドッグの思いを全面的に肯定できたわけではなかったろう。だが彼女は夫を、運命を信じる道を選んだ。どんなにつらくとも耐えて待つ決心を、した。故に〝初めて〟夫の控室へ、勇を鼓して趣き、励ましの一語一語に、思いのすべてを込めたのである。

ブラドッグがリング・サイドに姿を現すと、いつもは沸き起こる歓声も、今日はしわぶきひとつきこえない。会場は異様な静寂に包まれていた。みんな何かを期待しているのだ。願っているのだ。祈っているのだ。だがそれも、

「ブラドッグ、おまえならやれる!」の一声と共に、割れんばかりの大歓声へと変わる。その渦

の中、マックス・ベアが登場。
そして遂に試合開始のゴングが打ち鳴らされた。

……………

実はラッセル・クロウは、この『シンデレラマン』を遡る四年前にも、監督ロン・ハワード、脚本アキヴァ・ゴールズマンという同じスタッフで、『ビューティフル・マインド』を撮っている。ノーベル経済学賞を受賞した天才数学者ジョン・Ｆ・ナッシュの半生をもとにシルヴィア・ナサーによって書かれた『ビューティフル・マインド（天才数学者の絶望と奇跡）』を、映画化したものである。最優秀作品賞・ナッシュの妻を演じたジェニファー・コネリーに対して最優秀助演女優賞・最優秀監督賞・最優秀脚色賞のアカデミー賞の四部門を制覇しているから、こちらのほうが馴染み深い方もいらっしゃるだろう。

所謂といっていいのか、私などにはトンと理解不能なのだが、「非協力ゲーム理論」なるものを考え出した天才数学者の若き日の夢と野望、第二次大戦後のソ連との冷戦状態にあるという社会情勢であったせいもあり、数学者を暗号解読のために利用しようとする国防省の思惑に嵌まり、次第に心の均衡を失くし精神を病んでいく中年期、そしてそこから愛する妻と力を合わせて抜け出しための闘いをサスペンスフルに描いたこの映画、確かに見応えがあったのだが、内容というか状況というかそちらを追うことに労力を使い過ぎ、そもそも天才数学者なる存在が私とは無縁であるため、今ひとつ入りきれず訴えかけてくるものに乏しかった。

またクロウの眼の奥底に宿るものが、彼が本来持っている〈哀しみ〉の色なのか、ナッシュになりきったが故に、次第に心を蝕んでいく分裂症に対する〈懼れ〉の色なのか、判然しなかったこともある。

同監督による実在する（した）人物を映画化した第二弾である『シンデレラマン』は、その点つまり私たちを取り巻く状況やボクシングという題材が馴染みがあるものだけに、登場人物の心情にすんなりと入っていけ、それだけ私には感動が深かったと思われる。

但し脚本に関しては、今回はアキヴァ・ゴールズマンの手柄というわけにはいかず、ブラドッグの生き方に感銘を覚えたクリフ・ホリングワースが第一稿を起こし、ブラドッグの二人の息子ジェイとハワードに見せて賛同を得られたものを元に、ゴールズマンが参加し手を入れたものなのである。

メイ役のレネー・ゼルウィガー、それまで二度アカデミー主演賞にノミネートされ、遂に『コールドマウンテン』（アンソニー・ミンゲラ監督）で助演女優賞を掴みとった、芸域の広い実力派であるが、下膨れの顔立ちに煙るような眼差し、全体この女優さん美人なのだろうか。もっとも整いすぎた端正な顔の女優を、なかなか覚えられない私には、はなはだ都合がいいのだが……そんなことはともかく、ブラドッグを支え、喜びや哀しさや苦しさを共にし、子供たちの母親としての凛とした存在感は、圧倒的である。まさに適役。

特筆しておきたいのは、末娘ロージーを演じたアリエル・ウォーラーという女の子である。とってもお茶目でおしゃまでかわいいのだ。……朝食の乏しい食事に「もっと食べたいよう」とせがみ、レストランでステーキを食べたという夢の話をする父親を、食い入るように見つめる瞳。電気を止めようとする電力会社の係員と母親との押し問答を呆然と聞いている、仰角気味のショット。等々。どうやらハワード監督は、そういった現場に意図的にロージーを立ち会わせたきらいが、仄見える。確かにそのまま撮ったのでは悲惨になりかねないシーンを、彼女のつぶらな瞳が緩和している。同時に観る人の心に、いたいけな幼子(おさなご)を巻き込むことさえ辞さない、苛酷な〝生活の重さ〟がずんと染み透るのである。

ラジオから流れる父親の試合に聴き入るシーンもそうだが、常にロージーの瞳はひたむきである。それがたまらなくかわいい。もしかしたらこの映画の魅力の大半は、この子の存在にあるのではないかとさえ思えてくる。——大きくなったら、彼女はきっとよき妻、よき母親になるに違いない。

……実に久しぶりに、手元に所持して折につけ観直してみたい作品に出会えた喜びを享受しつつ、同時に父親としてどうあらねばならぬかを考えさせられている、今日この頃である。

世の父親諸氏、必見ですぞ！

ボクシング史上、ジェームズ・J・ブラドッグの生涯ほど、人の心を惹き付ける物語はない。

——デイモン・ラニアン

（「シネマ気球」２００７年９月）

ラグビーってとても面白い……のだ

西暦二〇一九年すなわち令和元年九月、日本で初めてラグビーのワールドカップが開催された。アジアでも初である。何とも喜ばしいことだ。当初私は、観客は集まるのだろうかと心配だったのだが、蓋を開けてみると全くの杞憂、まるでお祭り騒ぎである。俄（にわか）も含めてだろうが、日本にもこんなにラグビーファンがいたんだと、改めて驚いた。

かくいう私はスポーツ観戦がさほど好きではなくて、野球もサッカーもまず観ないのだが、フィギアスケートとラグビーだけは、なぜかよく観ている。食い入るように観ていることもあるし、ことラグビーに関しては、握りしめた拳に気付いて「何を熱くなってるんだ」と、苦笑することもままある。理由が自分でもよく判らない。

ある時息子に、

「ラグビーってすごく面白いんだが、なんでかな？」尋ねたことがある。息子は、

「肉弾戦だからじゃない」そう答えた。成程。確かにタックルが見事に決まった瞬間や、スクラムやモールで押し込みトライを決めた時など、思わず身を乗り出している自分がいる。他のスポーツでは味わえない醍醐味である。だが好きな理由はそれだけだろうか？ よく云われることだが、ラグビーでは試合終了を「ノーサイド」という。プレーに気合が入り過ぎて、掴み合いになったり引き摺り合いになったりしても、試合が終わった瞬間、敵味方の区別はなくなり互いに健闘を讃え合う。他のスポーツにはない慣習である。「紳士が戦う荒くれ者のスポーツ」といわれる所以だろう。終わったら憾（うら）みを残さない、その潔さに惹かれているのかも知れない。

いい機会なので、ここでラグビー映画の〈バイブル〉と目される作品を、紹介しようと思う。二〇〇九年制作だから少し昔の映画なのだが、古さは感じさせず、ラグビーが好きな方にはより興味を深められるような、あまり関心のない方には一度観戦してみたいなと思わせるような、そんな作品である——

クリント・イーストウッド監督による『インビクタス（負けざる者たち）』がそれである。ジョン・カーリンの原作をもとに、アンソニー・ペッカムが脚本を起こしたものだ。

——私が初めてアパルトヘイトにより、抑圧され虐げられ続けた南アフリカ共和国における黒人の悲哀や憤りに接したのは、『コーラスライン』の監督であるリチャード・アッテンボローが撮った『遠い夜明け』によってであった。アパルトヘイトとは、南アフリカの全人口の約二割を占める白人が残り八割の非白人を、人種に基づいて居住区を定め、参政権を認めず、異人種間の結婚を禁じるなどの措置で、徹底的に差別した人種隔離政策のことである。国際的な非難や経済制裁、国内での反対運動の激化により、この悪名高き制度が撤廃される一年前の一九九〇年の二月、国家反逆罪の罪に問われ実に二十七年の長きをロベン島の刑務所に収監されていた、ネルソン・マンデラＡＮＣ（反体制活動組織）名誉議長（モーガン・フリーマン）が釈放される。彼が釈放手続きのため搬送される途次、道路の片側では貧しい黒人の少年たちがサッカーに、反対側では裕福な白人アフリカーナの少年たちがラグビーに興じている姿が映し出される。鮮やかな対比である。……通り過ぎる車の列を眺めながら、白人の少年があれは何ですか？　とコーチに尋ねる。「マンデラが釈放された。この国の破滅が始まったのだ」吐き捨てるように答えるコーチ。牢獄に捕えられていた時よりも、更なる苦難の道が、マンデラを待ち構えていたのである。

アパルトヘイトが撤廃されてからも、ＡＮＣと対立する政党との抗争は激化し、内戦を勃発しかねない危機を孕んでいた。加えて深刻な不況による失業や犯罪の増加、白人と黒人の軋轢、或いは黒人間の勢力争い、山積する経済問題――政情は極めて不安定であった。

そんな中、一九九四年南アフリカ初の全人種参加の総選挙がおこなわれ、マンデラは大統領に就任する。……この辺り、尺の都合だと思うが、時間の経過が描かれないため、マンデラが釈放されてすぐ大統領に就任するという印象を受けてしまうのが、難といえば難か。だがモーガン・フリーマンの演技は堂に入ったものだ。風格といい、抑制の利いた理知的な話し方といい、流石である。実際のネルソン・マンデラと雰囲気というか、趣も似ているようだ。——実はこのフリーマンのキャスティングには興味深い挿話があって、マンデラが自伝『自由への長い道』を出版した際、「映画化されるとしたら誰に演じてもらいたいか」という記者の質問に、フリーマンの名を挙げたというのである。その話を聞いたフリーマンはヨハネスブルグのマンデラの自宅を訪い、映画化権を取得。次にペッカムに書かせた脚本を、イーストウッドに送ると同時に監督を依頼し、後日快諾を得たという。

大統領就任初日、官邸内の職員の空席が多いことに、マンデラは気が付く。そこで秘書のブレンダ（アッジョア・アンドー）に、「荷造りしている者も含めて、全職員を集めて欲しい」と依頼する。居並ぶ一同、当然白人の姿が多く目に付くのだが、その前でマンデラは、

「ここをやめたいのなら、それは皆さんの自由です。心の中にわだかまりがあって、新政権と仕事をしたくないのなら、ここを去ってくれて構いません。しかし私たちの言葉や肌の色の違いを怖れるせいであったり、前政権の職員だったからもう働けないだろうと考えるのであれば、怖がらなくていい。怖れる必要はないのです」そう通達する。

マンデラがまず目指したのは、〈民族融和〉であった。その為には、まず自分たちを迫害し続けた白人を、赦すことから始めなければならない。

警護の人員が足りないから増員して欲しいという、護衛官の主任であるジェイソン・シャバララ（トニー・ギコロギ）の要請を受け、派遣されてきたのはイギリス特殊空挺部隊出身のプロではあったが、四人すべて白人であった。しかもあろうことか、この間までシャバララたちを狙っていた、彼の仲間を殺した公安警察の人間だったのである。信じられない。彼らが持参した命令書を確認すると、確かにマンデラのサインがある。彼は慌てて執務室に駆け込むと、大統領に質す。マンデラの返事は、

「〈虹の国〉の理念はここから始まる。赦すこともここから始まる。赦しは魂を自由にする。怖れをも取り除く。人を赦すことは最強の武器なのだ」というものであった。マンデラは新しく生まれ変わった南アフリカ共和国を、「虹の国」と表現した。

マンデラには、まだまだ南アフリカ共和国の政府や軍を動かし、経済を牛耳っている一握りの白人たちの支持を得なければ、先へ進めないことがよく判っていたのである。

同時に彼は、祖国が世界に誇れるものを求めていることも、痛感していた。

その為には、何を成せばいい。――ラグビーだ！　白人のスポーツといわれるこの国のラグビーチームを、国民の応援で、世界一にすることだ。折よく自国でワールドカップが開催されるまで、あと一年ちょっと猶予がある。同時にマンデラは、世界中の人たちの注目が、この国に集まる絶好のキャンペーンだと考えたのである。

当時、南アフリカのスプリング・ボックスは、敗戦に次ぐ敗戦で、ラグビー協会の会長をして「この国の面汚しだ」と云わしめるほどに、弱体化していた。そこで国家スポーツ協議会は刷新をはかるため、チーム名を国花であるプロペアスに変更し、アパルトヘイトの象徴といわれたグリーンとゴールドのユニフォームの色も変更しようとする。

だがマンデラは、強硬に反対する。協議会場へ、「政治的権威を失うおそれがあります」ブレンダ秘書の制止にも拘らず、出向いていく。採決はすでに終わっていた。だがマンデラは、「皆さんの決定は、充分な情報と長期的視野の欠如によるものです」と切り出し、

「スプリング・ボックスの名を残すべきだと、私は信じている。チーム名もエンブレムも、ユニフォームの色も継承すべきです。私らの敵はもはやアフリカーナ（アフリカ生まれのヨーロッパ系白人）ではない。彼らは私たちと同じ南アフリカ人です。民主主義におけるパートナーなのです。スプリング・ボックスは彼らにとって宝物であり、取り上げれば彼らの支持を失ってしまう。それより我々は敵ではないと知らせることが大事。」思いやりと自制心を持った寛大な心で、どうか残してほしいと頼み込む。僅差で何とか聞き入れられたものの、だがこれはひとつ間違えば危険な賭けであった。国民の支持を失ってしまう。だがマンデラには揺るぎない信念があった。

「黒人と白人の緊張を解かねば、国が崩壊する」

スプリング・ボックスのコーチとマネージャー解雇。しかしフランソワ・ピナール主将（マット

・デイモン）は残留の新聞記事。読んだマンデラは、「よかった」と安堵の息を吐き、彼を官邸に招待することにする。おそらく主将まで交替したら、チームの結束力が弱まってしまうことを、憂えたのだろう。訪れたピナールに、マンデラはキャプテンというのは大変な仕事だと前置きして、

「リーダーとしての哲学は何かね？　仲間から限界以上の力を引き出したい時はどうする」と尋ね、リーダーにとっては常に難解なことだが、と付け加えた。

ピナールは、「手本を見せます。自分が手本となるよう心がけます」と答えつつも、マンデラの真意を測りかねていた。

マンデラは首肯しつつも、「閃きが大事なのではなかろうか。そのためには他人の為した偉業に触れることだ」と云い、続けて「私はロベン島の監獄にいるとき、或る詩人の詩に閃きを得た。そのお蔭で生きる希望と活力を持てた」希望の後押しをしてくれ、かつ勇気づけられたのが、９２年バルセロナ・オリンピックに招待されたとき、スタジアムの全員が、「神よアフリカに祝福を」を歌って歓迎してくれたことだという。この曲は、現国歌のひとつである。

国民から持てる以上の力を引き出さねば、「虹の国」の発展はあり得ない！

官邸を辞し緊張が解けたとき、ピナールは卒然として気が付いた。大統領は、ワールドカップで優勝してくれ！　と云っているのだ。ラグビーを白人だけのものではなく、黒人や他の民族をも含めたすべての国民の〈閃き〉として欲しいと頼んでいるのだ。優勝して希望と活力を与えて欲しい

と願っているのだ。

マンデラの思いを、ピナールは圧倒されながらも、確かに受け取った。決意を新たにする。だがそんな彼に、マンデラから新しい指令が舞い込む。ワールドカップのＰＲの一環として、国中の黒人地区で、子供たちのためのラグビー教室を開いて欲しいと……チーム・メイトは嫌がった。強くなるためには、練習しなければならない。その時間が削られてしまう。移動を含め、かなりの時間を割かれるからである。精神的・肉体的負担も大きい。だがピナールは、「この国は変化している。俺たちも変わるときだ」として、メンバーを説得する。

今まで試合のたび毎、白人は自国チームを応援し、黒人は必ず相手チームを応援してきた。まずその風潮をマンデラは無くそうとしたのである。ラグビーを教える広場の隅に看板が立ててあり、そこには「ワンチーム　ワンカントリー」と書かれていた。

一九九五年ワールドカップ開催。スプリング・ボックスは快進撃を続けていた。そしていよいよニュージーランド代表オールブラックスとの、優勝決定戦を迎える。その前日チームは、慰労とこここまで導いてくれたマンデラ大統領への敬意を籠めて、ロベン島の今は収監されてる人もいない刑務所を見学する。ピナールはマンデラが閉じ込められていた、両手を真横に伸ばすと壁についてしまうほどの、独房にひとり佇み、

「三十年近くもこの狭い部屋に入れられて、それでも人を赦せるのはどうして？」自問する。大

統領の思いとは何？

エリスパーク・スタジアム。チケットは白人を中心に完売する。高価で、余程のツテでもない限り黒人には手が出なかったのである。六万三千の観衆に埋め尽くされる。……そのときジャンボ・ジェット機が、低空飛行でスタジアムに近付いてくるのに、シャバララ護衛官は気が付いた。テロリストの攻撃か？　大統領を避難させようとするが、すでに間に合わない。日が陰り、ジャンボ機はスタジアムの上空、覆わんばかりの近さである。驚き見上げる観衆。だが機体の何と翼の下に「グッド・ラック・ボカ（スプリング・ボックスの愛称）」と大書してあるではないか。湧く観衆。去っていく機影。胸を撫で下ろすシャバララ。馘首を覚悟の機長の応援行為。形はともあれ南アフリカの人々は、みんなボカの優勝を願っていたのである。

試合前に行われる、オールブラックスのマオリ族に伝わる戦いの踊り、「ハカ」。その威圧、その挑発に、スプリング・ボックスは怯むことも、乗せられることもなかった。――イーストウッド監督は、いつも思うのだが、決して凝った撮り方をしない人である。偶に物足りなく感じることはあるものの、正攻法でぐいぐい押していく、それが対象に迫る一番の近道だ、といわんばかりの演出が、今作ではすごく効果を上げている。観応え充分。ただもう少し試合を観たかったな。試合は一進一退の攻防を繰り広げ、九対九の同点で延長戦にもつれ込む。残り二十分。相打つ肉弾。どの顔も必死だ。カメラも近い。引き込まれるような臨場感である。まずオールブラックスの、ペナルテイキックで三点。これはすぐに取り返す。ピナールはみんなを集めると円陣を組んで、檄（げき）をとばす。
「あと七分。たった七分だ。勝つのは俺たちの使命だ」ここから試合終了まで、ごく緩やかなスローモーションで撮影される。がっちりスクラムを組む。オールブラックスのエリア内である。必ずボールを出す。スプリング・ボックス面々の強い思い。力が入る。興奮した牛のような荒い息遣いが、画面いっぱいに響く。ボールが出た。すかさず後方へパス。そして国家の使命と祈りを込めた、スプリング・ボックスの、ドロップゴール。空高く舞い上がるボール。六万三千人が総立ちである。ボールはバーの間を通り抜けた。湧き上がる耳を聾せんばかりの大歓声——

　試合後レポーターの「優勝できたのは、球場にいる観客のお蔭ですね」問いかけに、ピナールは
「それと四千三百万の国民みんなのお蔭です」

　ラグビーを通じて、黒人白人を問わず他に誇れるものを持てた欣喜（きんき）、例えこの瞬間だけであったとしても、共に優勝を祝っての雀躍ぶり。マンデラ大統領の狙いはあやまたず、民族融和への、「虹の国」建国への、大きな一歩を踏み出したのである。

　ピナールがチーム・メイトに、歌えるよう覚えてくれと頼んだ国歌「神よアフリカに祝福を」が流れる中、マンデラ大統領は、
「祖国に誇りをもたらしてくれて、ありがとう」ピナールと握手する。
「こちらこそ誇れる祖国にして下さって、感謝します」その言葉に大きく頷きながら、マンデラ

はトロフィーを手渡すのである。

……『インビクタス（負けざる者たち）』に出会って以来、私はつい最近まで南アフリカチームを応援していた。私もかなりのミーハーであるらしい。だが、言い訳めいて恐縮だが、確かにこの当時の日本チームは弱かった。映画の中でも述べられているが、この年のワールドカップで、日本はオールブラックスに、何と百四十五対十七という大差で敗れているのである。応援するに値しないとは思わないが、映画の感動そのままを引き摺って、南アフリカに声援を送り続けた私を赦してほしい。それにしても昨年の日本チームの活躍には、目を瞠った。「ブレイブ・ブロッサムズ」堂々のベスト八入りである。どうやら自国でワールドカップが開催されると、思いもよらぬ気合に充たされるようである。

帰路、興奮冷めやらぬ人たちの間を縫うように、ゆっくりと走る大統領専用車。「駄目だ、道を変えましょう」シャバララの言葉に、マンデラは「いや構わない。このまま行こう」と答え、街中に溢れるかえる人たちを眺めながら、

「どんな神であれ感謝する。征服されざる我が魂。私が、我が運命の支配者、我が魂の指揮官なのだ」と呟く。彼に〈閃き〉を与えた、イギリスの詩人ウイリアム・アーネスト・ヘンリーの、詩の一節である——

（「シネマ気球」２０２０年９月）

出会いの妙『ザ・ピーナッツバター・ファルコン』

序

歳をとってから特に、いったい人と人が出会って知り合う確率は、どれくらいだろうと思うことが多くなった。単に挨拶を交わす程度ではなく、共に語らい打ち解け、嗜好や行動を同じくする人に出会う、確率である。決して高くはなかろう、いや極めて低い筈である。まして私のように人づきあいが苦手で、世間を狭くしている人間にとっては尚更である。自分の心をよく理解してくれている人のことを〈知己〉という。親友という意味でもある。そういう人が果たして身の回りに、どれほどいるのか。五指で足りないくらいだと云える人は、多分恵まれているのだろう。でなければ相当努力した人か。

若い頃、「友達は選べ」とよく云われた。朱に交われば赤くなるで、友達の影響で悪行へ奔るのを惧れ、戒めたのであろう。だが選ぶためには、まず出会わなければならない。これは選べない。偶然である。だがいい出会いを得るためには、劣悪な環境より整った環境の方が、まさしく確率は高い。孟母三遷（もうぼさんせん）という。また環境が人を創る、というのはそういうことではなかろうか。出会って意気投合し、更に選別してお互いに〈知己〉となる。

いずれにしても、人と人との出会いは玄妙にして、不可思議なものだと思わざるを得ない。人は〈知己〉を得ることで、家族と共にいるような、いやそれ以上の充足感と解放感に充たされる。自分の可能性に自信を持つことができ、豊饒な安寧の中に漂っていられるのだ。

これから紹介する『ザ・ピーナッツバター　ファルコン』は、そんなことを考えさせてくれる映画でもある。――ウイズコロナのこのご時世、是非家族でご覧になることを、お薦めしたい。

一

ザック（ザック・ゴッツァーゲン）は二十二歳。身寄りもなく、ダウン症という障害を持つ彼を、州は専用の施設もないことから、国営の介護施設であるブリットヘイヴン高齢者施設に委託している。いわば老人ホームに間借りしている、といった状態である。入居してからすでに二年半が経っていた。

ザックには、悪役プロレスラーになる、という夢があった。そのため敬愛する悪役レスラーであるソルトウォーター・レッドネックが経営する、レスラー養成学校の入学案内ビデオを、繰り返し観ている。今日も今日とて、同室のカール老人（ブルース・ダーン）をして、

「今日だけで十回目だ。付き合わされてビデオを観るたびに五セント貰ってりゃ、俺は大金持ちだ」と云わしめるほどに、夢中なのである。

夢を叶えたくて、ザックはこれまで二度脱走を企て、失敗。彼のよき理解者でもある介護士のエレノア（ダコタ・ジョンソン）は、

「二度脱走したら、ここでは危険人物なの」だからもう逃げ出さないと約束して、と優しく諭すが、ザックは怯（ひる）まない。

三度目の正直？　脱走防止のため窓に新たに取り付けられた鉄格子を、器具で大きく広げてくれた元エンジニアのカールに、ザックは、

「君は最高の友達だ。俺にとって本当の家族さ」

「友達ってのは、自分で選べる家族だ」おそらくカールのこの言葉が、本編の主題であろう。だがザックはまだ〈知己〉に出会ってはいない。

「僕の誕生パーティーには君も招待する」少し先走るが、書いておく。ザックは事あるごとに

〈パーティー〉という言葉を、口にする。悪役レスラーになるのと同じくらい、家族を持たない彼には、家族同然の友人達とパーティーを開くのが夢なのである。同時にこれがラストでの、伏線にもなっている。

鉄格子の間を抜け出しやすくするため、身体に液体石鹸を塗りたくったザックは、裸足にランニングシャツとブリーフのみで、施設を抜け出し夜の闇をひた走る。先に衣類と靴を外に投げておけよと可笑しくなるのだが、とりあえずこの設定も伏線となっている。

朝、船着き場についたザックは、係留してあるボートに潜り込む。桟橋の袂で人が言い争っているのを目撃するが、夜通し走ってきた疲れと眠気には勝てず、シートを被って眠り込んでしまう。

口論の当事者であるタイラー（シャイア・ラブーフ……不精髭と帽子でしばらく誰だか気付かなかったが、『トランスフォーマー』三部作のサム、彼である）は蟹漁の免許を持たず、金がないため捕獲籠も買えず、専らダンカン（ジョン・ホークス）の籠から蟹を盗み、生計をたてていた。彼にしてみれば、元々死んだ兄マックの漁場であり、金さえあれば郡で十人だけしか持てない蟹漁の免許を取得できたのは、兄だったという思いがあったのである。彼の行為を咎め立てするダンカンほか従業員二人との口論は、兄の悪口を云われたこともあり、殴り合いに発展。だがタイラーはボコボコにやられてしまう。

泥だらけの顔を小川で洗いつつも、腹の虫は治まらない。タイラーは、腹癒せに蟹漁につかう捕獲綱にガソリンをかけ燃やしてしまう。気付いて追うダンカンとラットボーイ。ボートに乗り込み逃走をはかるタイラー。尚も追ってくる二人。湿地帯の葦の茂みに潜み、ダンカンのボートをやり過ごそうとしたとき、後部のシートの下で変な声が聞こえた。慌ててシートを捲り、目覚めて事の成り行きに茫然としていたザックの口を塞ぎ、

「おまえ誰だ?」二人は出会ったのである。

追跡は躱せたが、今度は自分のボートが動かなくなってしまった。荷物をまとめてバックパックにしまうと、散弾銃でボートの底に穴をあけ、未練気もなく歩き出すタイラー。遠浅の海がどこまでも続いている。待ってくれ、ザックは声をかける。

「怖いんだ。俺は泳げない」踝(くるぶし)を波に洗われながら、距離を置いて歩き出す二人。その向こうには茫漠と拡がる海原。ロングに引くと、まるで海の上を歩いているようで、とても素敵なショットだ。ザックは問わず語りに悪役レスラーのソルトウォーターを尊敬しており、彼の学校を目指していることを、話す。

エレノアは、上司グレンに呼び付けられる。責任問題になるのを嫌う彼は、州に報告したくないからザックを連れ戻せと、エレノアに命じる。ザックが観ていたビデオに、逃げた先の手懸りがあるのでは、彼女はノースカロライナ州エイデンにプロレスラー養成学校があることを突き止め、そこまでの道筋を辿ることにする。

おそらく川を見張るために建てられたのであろう、今は子供たちの飛び込み台として使用されている櫓（やぐら）の近くまで来たとき、タイラーは、

「お別れだ。俺の名は？」

「知らない」

「よし。俺のことは忘れろ」心細くもあるザックは一緒に行こうと提案するが、

「俺に何の得が？」タイラーは迷惑だとばかり、袂を分かつ。

大通りへ出てトラックにヒッチハイクしたタイラーは、船着き場で火を放ったことが大騒ぎとなり、漁師たちがこの先の道路で、犯人が通りかかるのを見張っていると聞かされる。「まずい！」適当な理由をつけてトラックを降りたタイラーは、仕方なくもと来た道を戻り出す。

ザックと別れた場所まで来ると、何とそのザックが櫓の上で一人の少年に川へ飛び込めと、強要されているではないか。「やめろ！　そいつは泳げないんだ」叫びながらタイラーは走り出す。少年は彼の方を振り向き、悪態を吐くとザックの背中を押す。川へ落ちるザック。タイラーは少年を殴り倒すと、自らも川へ身を躍らせる。ザックを岸へ助け上げると、追われる身であるタイラーは、ザックと行動を共にする方が目晦ましになるとでも思ったのか、レスラー養成所で学びたいというザックの意向を確認し、エイデンは目的地であるフロリダに行く途中にあるから、そこまで一緒に行ってやると告げる。喜ぶザック。

タイラーがなぜフロリダを目指すのか、この時点では瞭かにされていない。終盤エレノアに、フロリダのインディアン川の入り江にあるジュピターという漁師町で、観光客相手の釣り船を切り盛りするのが夢だ、そう語るシーンがあるのだが、おそらくこの段階ではタイラーに明確なヴィジョンはなかったであろう。知識はあったのだろうが、半ば場当たり的にフロリダへ行けば何とかなる、その程度の目的意識だったと思われる。それが必死に夢を叶えようとするザックと行動を共にすることで、自分にも夢があるのだ、夢を叶えることが許されるのだと、次第に自分自身を見つめ直すことが出来るようになっていった、そう思わせてくれるのだ。タイラーには大好きだった兄マックを、死なせてしまったという、負い目があった。二人で飲みに出た帰り、タイラーは猛烈な睡魔に襲われ、ハンドル操作を誤ったのである。兄を死なせてしまい、自分は生き残った。これが逆だったらと、幾度思ったことだろう。何度か挿入される楽しかった兄との思い出が、そのことを如実に物語っている。その都度臍を噛む後悔に、タイラーは自身の将来に何の展望も見いだせず、自暴自棄になっていたのである。それがである、事あるごとにザックを励ますうち、その言葉が自分を鼓舞する激励ともなっていく。……これは、この後の話である。

タイラーは下着姿のザックに、バッグからTシャツを取り出すと、手渡す。トウモロコシ畑の中を歩く二人。かなりの高さから俯瞰で撮られているが、相当な広さである。Tシャツは着たものの、相変わらず裸足のままのザックは、

「足が痛いよ、普通の道路を歩かないか」訴えるが、返事はない。タイラーにしてみれば、舗装された道路など、いつ見張りに出くわすかも知れず、とんでもない話だった。歩きにくそうな足取りのまま後を追いつつ、ふと思いついたようにザックは、

「俺はダウン症候群なんだ」と打ち明ける。振り返ったタイラーは、どう答えたらいいのかという様子を一瞬みせ、「そんなことはどうでもいい」と云う。彼はどういう気持ちで、こんな返事をしたのだろう。自分には関係のないことだから、どうでもいいといったのか。それとも一緒に旅を続ける上で何ら支障はないからそう云ったのか。まさか未だ〈知己〉と呼べる仲になってもいないのに、人として生きていくのに問題はないと諭したわけではなかろう。

二

主人公ザックを演じるザック・ゴッツァーゲンは、正真のダウン症候群である。二人一緒に脚本と監督を担当したタイラー・ニルソンとマイケル・シュワルツが、障害を持つ俳優たちが集うキャンプを撮影に行った折、理知的な演技をするゴッツァーゲンを観て、閃くものがあったのだろう、ダウン症を持つ役者が演じる役が少ないこともあり、彼のために脚本を書き映画

を撮ろうと決意する。

で共同執筆による脚本がマーク・トウェインの『ハックルベリー・フィンの冒険』を下敷きにした、本編である。出来上がった映画は、地味だと目されたため宣伝も殆どされず、限定公開だったのだが、批評家や映画通が絶賛したのみならず口コミで噂が広まり、アッという間に全国規模へ拡大したという。さもありなんといった出来栄えであるのは、太鼓判を押す。

先日、「宮本亞門とダウン症の青年たち」というサブタイトルが付けられた、『ハルカとカイト舞台に立つ』というＴＶ番組を観た。一九七〇年代のアメリカが背景の『チョコレートドーナツ』という、二〇年暮れにパルコ劇場で上演された舞台劇の稽古風景を撮影した、ドキュメンタリーである。ルディー（東山紀之）とポール（谷原章介）の同性愛者が、母親に育児放棄されたダウン症のマルコという少年を引き取り、家族として共に暮らし始めるのだが、当時のアメリカ社会に巌の如く聳える差別や偏見のために引き離され、マルコは二人を捜し回った挙句、死んでしまうという物語である。そのマルコを演じたのが、高橋永(はるか)十四歳と丹下開登(かいと)二十一歳、共にダウン症を持つダブルキャストである。思い切った企画だが、素晴らしい試みだと思う。

ご存知だとは思うが、この作品は二〇一二年に制作されたトラヴィス・ファイン監督・脚本による映画『チョコレートドーナツ』を、舞台化したものである。映画でマルコ・ディレオンを演じたアイザック・レイヴァ（当時十三歳、彼もダウン症です）も素敵だったし、そして哀しかった。併せてお薦めしておきます。

ハルカは台詞は覚えたものの、演じる役の気持がなかなか理解できないため、どう表現したらいいのか判らない。カイトは出番になると台詞が出てこず、また出てきても切り出すタイミングに苦労する。共演者や、特に演出を担当した宮本亞門は大変だったろうが、辛抱強く励まし、指導しただけの甲斐ある出来栄えとなった。

最初の予定ではハルカがメインであったが、開演前に出演回数がハルカ十五回、カイト二十三回に、変更される。二人の仕上がり具合を観ての決定ではあったろうが、余儀ないことではあった。だがハルカとて人の子である、悔しさはある。当然落ち込む。「その悔しさをバネにして、今後に活かしてほしい」亞門はそう云って慰める。

舞台は大盛況であった。喜ばしいことである。——障害を持ちながら活躍する人達を注目する場は、何もスポーツだけにとどまらない。演劇にしろ映画にしろ、そういった人達にもっと場を提供できれば、双方の可能性は拡がり、振り幅は大きくなるだろう。

『チョコレートドーナツ』や、この『ザ・ピーナッツバター・ファルコン』は、そのことを証明してくれている。

——本編に戻ろう。

タイラーは、食料や当座必要なものを購うため、ザックに金を持っているか尋ねる。

「お金は持ってない。ポケットもない」タイラーはバックパックからズボンを取り出し、ザックに渡す。どうやら二人の監督は、身に付けるものを一つずつ渡していくことで、親密度の深まりを表現しているようである。

「ここで待ってろ」タイラーはザックを残し、見つけた雑貨屋に入っていく。店の主人はタイラーが現われた途端、落ち着かなげな様子。取り敢えず買いたい商品を並べるが、金が足りない。ひとつずつ戻していく。残ったのは、ピーナッツバターと釣り針だけ。タイラーは二ドルで買えるウイスキーの小瓶はないか尋ねると、年老いた主人は無いと答えた後、「どうも散弾銃に慣れてなくてね」タイラーが背負ったバックパックから覗く銃身が気になっていたのである。自分の迂闊さに気付いたタイラーがバックを下ろすと、自家製だがと云って、ひと口飲んだ後タイラーにウイスキーのボトルを差し出した。「あげるよ。私よりあんたが必要だろう」

そこへエレノアが入ってくる。ザックの写真を二人に見せ、「見かけませんでした？」店主は当然知る筈がない。タイラーはひと目で彼女に惹かれた様子だが、知らないと返答し、逆に「賞金は出るのか？」と尋ねる。そんなものは出ない、ホームから逃げ出した彼を心配して捜しているだけだから……

ザックの元へ戻ったタイラーは上機嫌であった。彼も自分と同じ〈お尋ね者〉だったのだ。追われる者同士という、仲間意識が芽生えたのだろう。「ルールを決めよう」タイラーは提案する。ルール①俺に遅れるな、ルール②指揮は俺、荷物は交代。タイラーはザックに長靴を渡す。バックパックに括り付けられていた白い長靴である。足が痛いと云っていたのだから、最初に渡してやれよと、苦笑が出る。だがこれで親愛度はかなり深まったようだ。そのバックパックを背負い後ろから付いてくるザックを振り返ったタイラーは、「遅れるな、長靴を渡しただろ。……一番目のルールは？」

元気に答えるザック。「パーティー」。やれやれ。

歩く道程をショートカットするため、タイラーは河を渡ることにする。泳げないと不安がるザックに、バッグとズボンを空気で膨らませ浮袋にしてザックに掴まらせ、結んだロープを引っ張りながらタイラーは泳ぐ。中ほどまで進んだ時、大きな河船が近づいてくるのに気付いたタイラーは、慌てて泳ぐスピードを速める。急がないと綱の先にいるザックが巻き込まれてしまう。このシーンも俯瞰で撮られている。二人と船の距離感がよく判り、危機感が増す。岸に着いたタイラーは、懸命にロープを引き寄せる。間一髪、警笛を鳴らしながら、河船の舳はザックを掠めて過ぎて行った。おそらくこのエピソードは、〈ハックルベリー〉に想を得たものだろう。緊張が解けへとへとになって倒れ込んだタイラーを、ザックが腕を掴んで助け起こす。凄い力に驚くタイラー。再び二人は歩き始める。のだが、今度はザックが先頭で、タイラーは様子を窺うような素振りで後に続く。ルール①は無視された形だが、ザックの腕力に威圧されてしょんぼりしたかのようで、ちょっと可笑しい。

流木に並んで腰掛けた姿を後ろから撮ったショットに続いて、何かを思い付いたようにタイラーは河の中に入り、ザックを手招きする。泳ぎを教えることにしたのである。

その夜、悪玉のプロレスラーになると宣言するザックに、「何で悪玉なんだ?」

「俺は家族に捨てられた悪い人間だから」

「おまえは悪くない。いい奴も捨てられる。人間の善悪は魂で決まる。おまえは善玉のヒーローだ、それは変えられない」

「ヒーローなんて無理だよ。だって俺はダウン症だ」しょげるザックに、

「そんなことはお前の持つ心根の優しさとは関係がない。何よりお前の腕力は、長所だよ」タイラーはそう云って慰める。

翌朝、歩きながらザックは「トレーニングしてくれないか」と頼む。少し考えてタイラーは頷く。バランスを取るため線路の上を歩かせたり、銃の撃ち方を教えたり（最初に撃つシーンでは、お約束通り衝撃で身体が弾き飛ばされるのだが、やはり笑える）等、我流トレーニングの様子が何度か繰り返して映し出される。

空き地に捨ててある？　ボートを発見。河下りに使える。状態を調べていると、すぐ傍の家から拳銃を手にした老人が現われる。黒人である。「盲目のジャスパーから盗む気か」向けられた銃口

に、驚愕して思わずホールドアップする二人。

「白人か？　それとも黒人か？」どう答えたらいいのか迷っていると、老人は発砲する。威嚇であったとみえ、弾は逸れボートに当るが、二人は両手を上げたまま「白人です」とハモる。

「そうだろう。臭いで判った。神を信じるか？」信仰深いジャスパーは、彷徨える羊に施しをしようと、ボート以外のがらくたは何でも持って行っていいと、筏の材料を提供してくれるのである。何となくの勢いでザックが洗礼を受けることになる。二人はせっせと筏造りに励む。……ふと思ったのは、ホームからザックが逃げ出す手助けをしてくれたカールも、雑貨屋の店主も、そしてジャスパーも、老人である。心優しき老人たちである。アメリカも高齢化が進んでいるのだなという感慨と共に、人生の酸いも甘いも噛み分けた彼らの好意が、この映画を暗いものにせず、逆に潤いを与えているのだな、ということであった。

日は傾きかけていた。急ごしらえの筏で河を下る二人、このシーンも並んで座る二人を、後ろから撮っている。亡き兄を思い出し、感傷的になり涙ぐむタイラー。そんな彼の肩を、ザックは強く抱きしめるのである。どうやら二人はお互いに、相手を〈知己〉として認め合ったようだ。

日が落ちた。筏を岸へ上げたタイラーは、「一番目のルールは？」

「パーティー」と答えるザックに、タイラーは嬉しそうにその通りと酒瓶を渡し、野宿の準備を始める。焚火にあたりながら回し飲みし、さんざん酔った二人。ザックは食べかけのピーナッツバ

ターを顔へ塗り付け、ふざける。が、急に意気消沈したように、

「俺は弱い」弱音を吐く。タイラーは、

「名前を変えてみろ。プロレスラーにはリングネームがあるだろ、もうひとりの自分になるんだ」とアドバイスする。ザックは素晴らしいアイディアだとばかり、鳥が羽ばたくように両手をぱたぱたさせ、「ファルコン（隼）！」と叫ぶ。だがこれでは短すぎると思ったのか、「ピーナッツバター・ファルコン！」と叫び直すのである。——そうこれが題名の由来である。

三

翌日、やっと見つけ出したとばかり、エレノアが二人の前に現れる。嘘を吐いたタイラーに文句を云い、ザックにホームへ戻るべく説得を始める。絶対に戻らないと言い張る上半身裸のザックに、エレノアはTシャツを着せようとするが、自分で着られるとタイラーが口を挟む。ここに至ってエレノアの怒りに火が付いた。二人だけで話そうとタイラーをザックから離れた場所へ誘（いざな）うと、

「一体どういうつもり。ダウン症の子を連れ回して……」

「俺は檻に入れてない」

「彼を適切にケアするのが、私の仕事よ」

「俺らは人生を楽しむよ」

「あなたを誘拐罪で逮捕させてやる」

「彼をどうする？」

「あなたには渡さない」

「将来を考えてやってるのか。彼の夢を知ってるか？」

「プロレスでしょう」

「もう止められないぜ。エイデンまで送ると約束した。……一緒に乗せてやる」

エレノアは呆れたという顔で、「筏で河下りなんてお断りよ」

ザックの呼ぶ声で振り返ったエレノアは、彼が自動車の鍵を海へ投げ捨てるのを見て、驚き慌てふためく。

「駄目だ、来て貰う」タイラーに云われるまでもなく、エレノアには他に選択肢が無くなってしまったのである。

筏の上でもエレノアは、ザックの世話を焼く。「血糖値のために少し食べて」バッグの中から林檎やチョコを取り出す。そんな事にはお構いなくタイラーは、

「トレーニングしようぜ、日課だもんな。呼吸の練習だ。そうすれば血糖値も安定する」

ザックが顔を水に浸けたのを確認すると、

「ウスノロ扱いはよせ」

「そんな言葉、私は絶対に……」

「そう呼ぶのは彼を下にみている連中だ。君は呼ばないだけで、一人では何もできないと思っている」

おそらくタイラーの指摘は正しいのかもしれない。だが、はいそうですと肯んずるには、彼女の自尊心が許さなかった。怒りのメーターが徐々に上昇する。ザックが顔を上げた。話はこれからとばかり、エレノアは「もう一度！」とザックに命令する。感情の機微を捕らえた演出で、思わず微笑が湧く。

「よくも私にそんなことを……この二年ボランティアとして、大勢の死に立ち会ってきた。うちの施設が彼向きだとは思わない。でも私は最善を尽くしている」

再び顔を上げたザックの右手には、大きな魚が握られていた。驚くエレノア、喜ぶタイラー。このエピソードは何とも楽しい。これで昼食は手に入った。

焼いた魚にピーナッツバターを塗ってかぶりつくシーン。クレーンの先端から垂らされたロープに掴まり、ターザンもどきに海へ飛び込むシーン。寛いだひと時である。ここ何年も忘れていた解放感。意に染まない同行ではあったが、エレノアは不思議と気持ちの安らぎを覚えていた。

「俺の家族だ。皆が死ぬ時までいつまでも、こうしていたい」ザックの言葉が、実感として身に沁むほどに。

——だが追跡の魔の手は、すぐ間近に迫っていたのである。

その夜、物の爆(は)ぜる音で目覚めたタイラーが、漁具を仕舞っておく小屋から出てみると、紅蓮の炎を高く巻き上げて、筏が燃えていた。驚く暇(いとま)もなく、ダンカンと拳銃を手にした全身刺青だらけのラットボーイに前後を挟まれる。殴り倒され手をついて謝るタイラー。だがダンカンの恨みは収まるべくもなく、

「損害は一万二千ドル、ワンシーズン分だ。お蔭でみんな廃業の危機だ」

「悪かった。金は返す」

「俺がみんなを代表して落とし前を着ける。右か左か？」ダンカンは、タイラーの手の甲を、拳銃で撃ち抜こうというのである。あわや！ の瞬間、散弾銃を手にしたザックが、エレノアを従えて現れる。

「撃てるのか？」ラットボーイは半信半疑。だがザックはすでに初心者ではなかった。

「でかい散弾銃だ」ザックの気迫に圧されたか、二人は捨て台詞を残して逃げ去る。エレノアはタイラーの肩を抱いて事情を尋ねるが、「ちょっとした揉め事さ」彼は言葉を濁す。

幾ら腹立ち紛れだったとはいえ、やってはいけないことをやってしまった。ダンカンに追われて

いることより、「人間の善悪は魂で決まる」偉そうにザックに説教した自分はどうなんだ、罪の意識と悔恨を、タイラーはより深く見詰め出したようだ。

一難は去った。だが翌日ザックにとっての新たな一難が、出来（しゅったい）する。

その前にエピソードがひとつ挿入される。エレノアの手首に刺青された一文字に、

「それはＴか？」とタイラー。

「Ｊよ。夫の頭文字。――亡くなったわ」彼女にも辛い過去があったのである。三人共に哀しい過去を背負っている、だからこそ今この瞬間のささやかな幸せが、より愛しく感じられるのだろう。だが果たしていつまで続くのだろうか。

……エレノアは上司グレンに、ザックを見つけ出し無事であることの報告を、入れる。だが返ってきた答えは、意外を通り越したものであった。何度も脱走を企てるザックは、危険人物であるから、逃げ出すのが不可能な麻薬依存症患者や売春婦を収容する施設へ、移動が決まったというのである。よしや連れ帰ったとして、本当にそれがザックのためになるのか。

三人は目指す目的地に漸く到着する――この家だよな、とタイラー。エレノアがドライブインで訊いてきた住所は、ここで確かに合っている。が、思い描いていた養成所とは、まったく異なる佇まいであった。間違いね、落胆するエレノア。だが半信半疑ながら、取り敢えずタイラーが訪い（おとない）を入れることにする。現れたのはクリントという初老の男性。タイラーが事情を説明し出すと、

「俺がソルトウォーター・レッドネックだが、とっくに引退して、運営していた養成所は十年前に閉校してしまった」と告げる。

タイラーは、エレノアと共に後ろに控えるザックを指さし、「あんたはあいつのヒーローさ。まっすぐに心を捧げてる。プロレス学校に連れてくると約束したんだ。入門を夢見て、ここまで長旅を続けてきた。がっかりさせてしまうな」肩を落とす。そしてザックを振り返ると、「ソルトウォーターは引っ越した。このクリントは一般人だ」そう云うと、邪魔したねと二人を促し、もと来た道を戻り始める。見送るクリント（トーマス・ヘイデン・チャーチ）の眼は、どこやら寂しげである。

目的が一瞬で消滅してしまったザック。だが会えないとなると余計に思いは募る。ザックは駄々をこね始める。ソルトウォーターに会いたい。

「ザック」エレノアが声をかける「彼は見付からないよ。そろそろ帰らなきゃ」

「帰りたくない。ここにいたいんだ」

「誰にでも帰るべき生活があるの」以前と違って、今はザックの気持に寄り添うようになっているエレノアだが、しかも帰ったところで彼が置かれる環境がより劣悪なのは判っているのだが、行く宛もなくなり今夜泊まる場所さえない現状では、一旦戻って善後策を講ずる以外、手段はなかったであろう。

そこへ現役時代そのままに顔をペイントしたソルトウォーターが、車で駆け付ける。ザックは大喜び。更に「レスリングを教えてやるよ」と笑顔を向けたのである。ザックは飛び上がらんばかりである。庭にリングと同じ広さにロープを張り巡らしての、プロレス指導。相手をエルボーで倒し、すかさずフット・スタンプ。「何か知りたい技はあるか？」

ビデオで観たリングの外に相手を放り投げる技を是非教えて欲しい、と眼を輝かすザック。ロープの外で見学していたソルトウォーターの友人であるサムソンが、それを聞いて鼻で嗤う。

「アトミック・スローか。あれは観客を楽しませるために、スモークと鏡を使ったやらせだ、投げたように見せているだけなんだ。あれは無理だが、その代り他の技を教えよう。どうだサムソン」

「ロックアップは？」ロックアップからのボディースラム等々、その練習風景を傍らで見守りながらの、エレノアとタイラーの会話。

「これがすべて終わったら、どうするつもりなの？」

「ダンカンに金を返すよ。フロリダにも行く」ここでタイラーは、最初に紹介した夢を語るのである。どうやら彼にも、定まった目的が出来たらしい。

「行ったことは？　行きたいか？」どうやら序でに、人生の伴侶も定まったようである。

「フロリダへ？」

四

ソルトウォーターに夕食に招かれた三人。座は盛り上がり、

「一通りの技を覚えりゃ対戦はできる。どうだ試合がしてみたくないか」ソルトウォーターの提案に、同席していたサムソンはまだ無理だと窘(たしな)めるが、

「試合がしたい」ザックは大乗り気。

「練習だけじゃ退屈だ、セッティングしてやろう。明日ジェイコブの裏庭で試合がある」サムソンを振り返り「おまえ出るだろう。よし二人でやれ」

「ちょっと早いんじゃやない」エレノアが心配そうに口を挟む。

「俺もいるし、サムソンが上手くやる」

「どうかな」サムソンは仏頂面。ソルトウォーターは苦笑気味に「今は不機嫌だが心配ない。試合をリードしてくれる」

ザックの初試合決定である。

翌日試合会場に現れたタイラーを見かけたダンカンの仲間が、彼に連絡を入れる。

ソルトウォーターは出来ることなら自分が試合に出たいほどに、満悦至極、大はしゃぎである。

ザックに二つ三つ細かい指示を与えると、楽しみだとばかり控室を出て行く。残された二人。ザックは今更のように、心細くなったようだ。

「タイラー、怖いよ」

「駄目だ、怖気づくな、お前は強い。自分で云ってみろ、云えよ」

「俺は強い」

「もっと自信を籠めて云え。自分の魂を信じるんだ。俺は強い」

「俺は強い！」よし、励まし終えたタイラーは、衣装を作ってやると、材料を捜し始める。

――休憩時間、車で語らうタイラーとエレノア。彼女は不安そうである。先程間近で観た流血を伴った試合が、脳裡から離れないのである。ザックは大怪我をするのではないか。タイラーはそんな彼女の心配を、払拭しようと大童（わらわ）。

「さっきの試合は過激だったが、ザックがやるのはそうじゃない。最後には勝たせて貰える」試合開始を告げる、選手紹介のアナウンス。

「彼がそんなに特別？　あなたには特別でも彼らには違う」

彼女の心配は、無理もないと思う。だが試合を止めさせることは、出来ない。ザックの夢を潰す訳にはいかないのだ。時間がない。「わかった」

「本当に？」タイラーは彼女の眼を見つめる。見つめ返すエレノア。タイラーはエレノアにキスをする。少し驚くが満更でもない様子の彼女。だがキスしている間に、タイラーはエレノアの手とハンドルを、手錠で繋いでしまうのである。

「心配するな、すぐ戻る」リングへ向かうタイラー。

登場したザックに観客は唖然、ソルトウォーターは目を丸くする。「段ボールの衣装だと」ファルコンを意匠した、タイラー手作りの衣装であった。ザックは手を大きく羽ばたくようにバサバサさせる。

試合開始である。だが試合前の打ち合わせもあらばこそ、サムソンは徹底してザックを痛めつける。

「38年もやってる。病気のガキの支援団体じゃねえ」殴りつける。

「何がファルコンだ。小鳥ちゃんに改名しやがれ」放り投げる。

「立てウスノロ、ここはお前の場所じゃねえ」ボディースラムをかます。

ソルトウォーターが話が違うと叫んでも、レフリーが手加減しろバカと注意しても、全くお構いなし。ザックは一方的に、やられっぱなしである。

グローブボックスからラジオペンチを見つけ出したエレノアは、手錠を外そうと悪戦苦闘。その最中、ダンカンとラットボーイがやって来たのを見掛ける。大変だ、タイラーに危急を知らせなければ。気持ちは逸（はや）るが、手錠は外れない。

ダンカンがトルクレンチを片手に、リングへ向かっていく。

リングに倒れ込んだザックを、タイラーは懸命に励ます。「大丈夫か、まだやれるか？」苦しげながらも親指を立てるザック。よろめきつつ立ち上がり、

「おいサムソン、君はパーティーには呼ばない！」そう叫ぶと、懐に潜り込む。と見るや、何とサムソンを頭上高々と持ち上げたのである。——ここから〈暗転〉まで、スローモーションで撮影される。

漸く手錠が外れ、危難を知らせに奔るエレノア。

ビデオで何千回と観たアトミック・スローで、サムソンを投げ飛ばすザック。

宙を飛ぶサムソン。口を開けてそれを見上げるラットボーイ。

リングサイドで必死に応援するタイラーの頭を、トルクレンチで殴りつけるダンカン。エレノアの悲鳴が被さる。

暗転。

待合室の長椅子に腰掛けるザック。医者から症状の説明を受けるエレノア。悲しそうだ。このシークエンスはフラッシュバックで表現され、不安感を募らせる。タイラーはどうなった？　まさか……

再び暗転。

車を運転するエレノアが、助手席で眠るザックを起こす。車はフロリダの境界を越えようとしていた。ザックは後部座席へ手を伸ばし、頭に包帯を巻いて横たわっている男を、揺り起こす。

「着いたぞ、フロリダだ」

（「シネマ気球」２０２１年９月）

PART6　リドリー・スコットの映画

リドリー・スコット監督の軌跡・序章

『グラディエーター』と『G．I．ジェーン』

『エイリアン』『ブレードランナー』というSF映画の傑作を世に送り出したあと、リドリー・スコット監督は〈SF映画作家〉というレッテルを嫌い、様々なジャンルに挑戦していく。だが私は、新作が上映される度に、「やはり監督の原点は『エイリアン』にあるなあ」その思いを強くする。

スコット監督が好んで取り上げる、というより営々と追い続けているテーマは、自己の信念をしっかり持ち、考えをはっきり述べ且つ行動で示す、意志の強い女性の生き方を描くことと、〈生〉を力いっぱい謳歌したい、自分らしく生きたいと請い願う祈りを、厳然と阻止する〈死〉について見定めることである。当然そこには今まで存在していたものが、突如消滅してしまう、無常観が内包されている。

『エイリアン』には、その二つのテーマがしっかりと描き込まれているのである。

少し振り返ってみよう。宇宙大型貨物船ノストロモ号は、鉱石を積載して地球へ戻る途中、発信者不明ではあるが知的生物からと思われる信号を傍受、地球外生命体を発見した時は捕獲して持ち帰るようプロミングされていた、船を管理する〝マザー〟と呼ばれるコンピューターは、進路を変更。そこは銀河系をはるかに離れた惑星であった。冷凍睡眠から目覚めた乗組員たちは戸惑いながらも、本社の指示に従わざるを得なかった。調査に赴いた数名が宇宙船の残骸を見つけ、その内の一人ケインが軟骨魚のエイに似た生物に襲われ、その生物を顔に貼り付かせたまま帰艦する。ようやく剥がれたその時はすでに遅く、ケインの身体に産み付けられた卵が孵化し、彼の腹を食い破って飛び出してきたのである。生存本能に優れ、アンドロイドで生物担当であるアッシュをして、「良心や後悔などに影響されない完全生物」と云わしめた〈エイリアン〉の登場である。脱皮を繰り返しながら、驚くべきはやさで巨大化する化物対人間の闘い。鬼が人間を見つけ出すのではなく、複数の人間が鬼を見つけ出す倒錯した、且つ凄惨極まるかくれんぼ。人間の武器は、高圧電気銃と空気密度の変化で居場所を感知する探知機、それに手製の火炎放射器と玩具に毛の生えたようなものばかり。到底太刀打ちできるものかは……一人またひとりと〈エイリアン〉の犠牲になっていく。

遂に最後の一人となったリプリー（シガニィー・ウィーバー）は、化物ごと母艦を爆破し、シャトルで脱出を図る。しかしその化物は、何とシャトルの中に潜んでいたのである。

リプリーの頭の中はパニック寸前、心臓は口から飛び出しそう。押しつぶされそうな恐怖と闘いながら、彼女は必死で知恵を絞る。鼻歌を途切れ途切れに口ずさみながら、宇宙服に体を入れていくシーンは、そうしなければ手が止まってしまう怖さを実感させて、何とも切ない。シートベルトを装着し、化物がすぐ間近に迫るタイミングを大きく見開かれた眼で確認し、ドアを開けるボタンを押す。〈エイリアン〉は宇宙に吸い出された。かに思えたが、何とドアに足が掛かっている。リプリーは小型の銛銃で、めがけて撃つ。運よく命中し化物は外に出せたものの、今度は銛銃がドアの隙間に引っ掛かり、ワイヤーで宙ぶらりんの状態。揺れた身体が噴射口に重なった瞬間、エンジンを点火。ご丁寧にも三段階のドキドキ感である。やっとのことで〈エイリアン〉を吹き飛ばし、彼女は九死に一生を得た。――確かにリプリーの活躍ぶりは、観客にとって映画的カタルシスを得るには、充分過ぎるほどである。彼女が生き残れたのは、女性特有の根気強さと生命力の強靭さが、大きく与(あずか)ってのことだろう。しかしである。取り敢えず〈死〉をもたらす要因は排除できたものの、状況にさほど変化はないのである。状況報告のためのテープに、彼女はシャトルの冷凍睡眠カプセルに入り、六週間後に銀河系に到着予定、見つけてくれることを願うと吹き込む。果たしてその可能性はどれくらいあるのだろう？　もしかしたら仲間と共にノストロモ号で死んだ方がましだったのではないかと思えるぐらい、永遠に彷徨い続けなければ、ならないかもしれないのだ。理不尽で無慈悲な〈死〉は、まだ口を開けて待っているのである。

この後リドリー・スコット監督は、二本の柱をモチーフとした作品を、次々に発表していくのだが、私は女性の強さを描いた作品としては『G．I．ジェーン』で、〈生〉を阻害する〈死〉を扱った作品は『グラディエーター』で、ひとつのピークというか完成形をみせてくれたと思っているので、そのことを本稿の主題としたいと思うのだが、その前にこの原稿を読んで下さる人に是非観てもらいたい作品があるので、紹介しておきたい。どちらかというと、強い女性を描いた系列に属するものである。

『誰かに見られてる』脚本はハワード・フランクリン。

筋立ては比較的単純なのだが、いろんな示唆に富み、且つとても洒落た映画である。まず冒頭、ニューヨークの象徴であり、ネオンに彩られたマンハッタンの摩天楼、アール・デコ様式の花びらを重ねたようなクライスラー・ビルを俯瞰で捉え、ぐるっと上空を旋回しながら、ビルを取り巻く街並みが映し出される。その間スティングが歌う『Someone To Watch Over Me』が、被さるのである。この歌は本編中に曲だけで一度、そしてエンディングではロバータ・フラックの歌で流れる。何とも意気な構成ではないか。

街並みの一画にある高級ディスコで開かれたパーティー、主催者でそのビルのオーナーでもあるウィルが、地下のプライベートルームでベンザ（アンドレアス・カツーラス）という男に刺殺される。金銭トラブルである。招かれて来ていたウィルの親友クレア（ミミ・ロジャース）が、偶然現場を目撃する。驚きのあまり上げた声に気付いたベンザは、「見られた！」始末するべく、逃げるクレアのあとを追う。だが間一髪、エレベーターのドアが閉まり、目的は果たせず。

クレアは殺人の唯一の目撃者、他に物証はない。ベンザはとっくに姿を晦ませている。ニューヨーク市警のマイク（トム・ベレンジャー）とT・J（トニー・ディベネデット）は、「目撃者を消せ」の定石、ベンザの襲撃に備えクレアの警護を命じられる。捜査ではなく、大金持ちの独身女性の警護、しかもマイクは後輩ゆえに夜勤担当である。家族との時間が取れないではないか。最初はくさっていたマイクだったが、同伴したレセプション会場の女子トイレで、クレアが忍び込んできたベンザから「面通しで俺を指さすんじゃない！」脅迫を受けたことで、俄然使命感に目覚めることとなる。マイクは大急ぎで彼のあとを追う。玄関前で即逮捕。だがこの時の状況が後に問題視されるのである。

日を経て、明日はベンザの面通しという前夜、襲われる心配もなく久しぶりに伸びやかな気持になったクレアは、マイクを飲みに誘う。寛いだ時間だった。

翌日マジックミラー越しに、対面した二人。鏡を睨み付けるベンザの鋭い眼。徐々に見開かれるクレアの瞳。おそらくクレアは、トイレで脅迫された時の恐怖を甦らせたのであろう。彼女はベンザを犯人だと断定したのかしなかったのか。ベンザは釈放されてしまう。彼を逮捕した時〈ミランダ警告〉の告知義務を怠った、いわゆる被疑者の権利を告げずに、手錠をかけてしまっていたのである。マイクは痛切に臍を噛む。「迂闊だった。すべて俺の責任だ」

クレアは半ば錯乱状態にあった。当然であろう。消えた筈の殺されるという恐怖が、倍加して降りかかってきたのである。夜、交替で警護に現れたマイクを、クレアは責める。詰る。宥めよう、落ち着かせよう、安心させよう、マイクはクレアを抱きしめ、思わず口づけをしてしまう。――そしてお互いを憎からず思っていた二人は、勢いのままわりない仲に陥ってしまうのである。

マイクは職場結婚だった妻エリー（ロレイン・ブラッコ）それに息子のトミーと、クィーンズで暮らしている。マンハッタンの高級住宅地に較べると、下町であっていうなれば下層階級の街、治安は決していいほうではない。

マイクとクレアの関係は、一度では済まなかった。女の、特に妻の勘は鋭い。疑いを持ちながらも夫の眼を自分に向けさせようと、エリーは高級なレストランを予約しお洒落してマイクと出かけるが、その折ふとした口論が切っ掛けで彼を問い詰める形となり、嘘のつけないマイクは関係を認めてしまうのである。まさか本当に不倫していたとは、驚きで目を瞠り、次に湧き出した怒りに「家には帰ってこないで！」レストランを飛び出すエリー。追うマイク。駐車場でエリーは涙声ながら、「彼女の所へ行けばいいわ。でも戻ってくるなら、トミーやお母さんや仕事のためではなく、私のために戻って」何ともいじらしいではないか。後悔やるかたないマイクは、「エリー、心から愛してる。君は女らしいし尊敬している」謝ろうとするも、「尊敬なんてまっぴらよ！」エリーは泣きながら、平手ではなくグーで、思い切りマイクの顔を殴るのである。鼻血を出すマイク。すこし驚くが「よくやった」小気味がよく溜飲がさがる。この映画で一番好きなシーンである。……女性と話すときは、言葉の選び方に気を付けよう。

行き場を無くしたマイクは、夜の護衛をT・Jに代わって貰ってはいたのだが、やはりクレアの元へと向かってしまう。驚くT・J、だが彼は何も云わなかった。疲れ果てたマイク、迎えたクレアは、「おやすみ。今夜は私が見ててあげる」優しく云う。眠りに落ちるマイク。……人は誰かに見られている、見守られていることで、安らぎを得られるのかもしれない。

夜半、ベンザが送り込んだ殺し屋が侵入。水を飲みにキッチンへ行ったT・Jが消音器付の銃で撃たれる。目覚めてクレアの寝顔を見ていたマイクの枕元に置かれたグラスの水が、T・Jが倒れ込んだ衝撃で、微かに揺れる。心憎い演出である。不審に思い起き出すマイク。そして銃撃戦の末、殺し屋を射殺したマイクは、横たわっているT・Jに気付き、取り縋る。懸命に人工呼吸を行ないながら「戻ってこいT・J」

T・Jは辛うじて一命を取り留めた。それがせめてもの救いだったが、マイクは自分を赦すことができなかった。彼は停職を申し渡されているにも拘らず、父親が設立した音楽学校の記念式典に出席している、クレアを尋ねる。式典後のパーティーの席、マイクはクレアにダンスを申し込む。踊りながらマイクは、二人の関係に終止符を打とうと告げる。

そこへ息子のトミーから緊急の電話。取り次いだ人は「泣いているようだ」という。受話器を取ると、出たのはベンザだった。エリーとトミーを預かっているという。「返して欲しければ、二分以内にここへ来い」ベンザの声音は尋常ではなかった。

マイクはクレアに「家族が人質に取られている。狙いは君だ。助け出すために協力して欲しい」

二人は護衛の警官を引き連れて現場へ急行する。

果たしてマイクに策はあるのか、ベンザを説得できるのか、愛する妻と息子を無事救出できるのだろうか……

――さてこの映画の特色は何といっても、伏線の多さにあろうかと思う。会話の端々などに、また不審者に備えてエリーが警官時代に習い覚えた銃の訓練を再び始めたり（これはラストで活かされます）等、実に多様に鏤（ちりば）められているのだ。次にリドリー・スコット監督の作品にしては、珍しく顔のアップが多いこと。殺し屋、そしてラストのベンザとの銃撃戦の他は際立ったアクションはなく、どちらかといえば襲われる恐怖、愛の苦悩を描いた心理劇に近いので、この演出法は必然だったのだろう。

そして冒頭で紹介したクライスラー・ビル。このビルが、マイクがクレアの元へ向かうために乗る列車の、高架になった最寄駅から二度、そして自宅の窓からと、エリーが予約したレストランの窓から、背景の一部として彼方に見えるのである。あのビルが建つ場所は金持ちが暮らすところで、下町で生まれ育った人間の手が届く場所ではないのだ、ひいてはマイクに高望みはするな、クレアはお前が相手に出来る階層の人ではないのだ、その都度そう釘を刺されているような気にさせられるのだ。イースト川ひとつ隔てているだけで、貧富の格差は歴然としている。それもまたニューヨークの顔なのだろうか。

「警察小説の文体は、街を描くことである」（北上次郎）

「優れた警察小説を読む楽しみの一つは、舞台となっている街の風俗に、いながらにして触れられることだ」（高見浩）――警察映画に至っては、尚更然りである。

とすればである。街の息遣いさえ感じられるこの映画は、人間ではなく、ニューヨークの街そのものが、主人公なのかもしれない。

『テルマ＆ルイーズ』から『G．I．ジェーン』へ

次は当然『G．I．ジェーン』であるが、スコット監督が描く女性の強さにも変遷があり、その

違いを述べるためにも『テルマ&ルイーズ』は外せないので、まずそちらから書いていこう。９１年のアカデミー監督賞にノミネートされた作品である。

身勝手で横暴で浮気性、そんな亭主に屈辱の日々を強いられているテルマ（ジーナ・デイビス）と、かつてテキサスでレイプの被害にあったルイーズ（スーザン・サランドン）は、大の仲良し。知人が別荘を売りに出す前、好きに使っていいと云ってくれたので、二人して二泊の予定で出掛ける。子供がいないためひとりで留守居する時間が長いテルマに、用心のためにと亭主がテルマに買い与えた銃を、旅行鞄に入れたのが悲劇の始まりだった。

旅先での解放感で気が緩んだか、日頃の鬱憤を晴らすべく、テルマは酒場で知り合ったハーランという女たらしの男の誘いに乗り、ダンスを踊りさんざん酒を飲む。挙句気持が悪くなり、風にあたろうと外に連れ出したハーランに、レイプされそうになる。それを助けたのが、件の銃を手にしたルイーズであった。目的を果たせなかったハーランは、腹立ち紛れに、アメリカ映画ではお馴染みの、卑猥な悪態を吐く。それで済めば問題はなかったのだが、ルイーズには思い出したくない忌まわしい過去があった。おそらくその時の記憶が脳裡をよぎったのだろう、それに酔ってもいた。逆上したルイーズは引き金を引いてしまったのだ。ハーランは死んだ。

警察に話したところで信じて貰えそうにない。何せテルマとハーランは、仲睦まじく踊ったり酒を飲んだりしていたのである。後悔は先に立たない。悩み考え抜いた末に出した結論は、メキシコに逃げよう。それだった。

逃走をはかる二人に焦燥感はあっても、不思議と悲愴感は感じられない。それどころか時折掛け合い漫才風な可笑しさも、散見できたりする。途中、学生だというJ.D（まだスターダムに上る前のブラッド・ピットが演じている）のヒッチハイクに応じたりしながら、逃走資金の工面を頼んだルイーズの友人ジミー・レノックス（マイケル・マドセン）が指定した、モーテルへと向かう。モーテルの前でJDと別れた二人は、フロントで当のジミーが送金ではなく直接届けに来てくれたことに、驚く。その実ジミーは、ルイーズに首ったけだったのである。六千ドルが入った封筒をテルマに預け、ルイーズはジミーの部屋へ行き、一夜を共にする。一方テルマの元を「君が忘れられない」別れたJDが訪れ、亭主しか知らず男慣れしていないテルマはあっさりと招き入れ、これまた一夜を共にしてしまうのである。そのおり寝物語にJDが仮釈放中の強盗犯であることを知らされ、その手口などを面白おかしく聞かされる。それが悲劇第二章幕開けの伏線。

ジミーを帰した朝、テルマに預けた金が消えていることに気付いた二人は愕然。JDが盗んだのだ。ルイーズはガソリンも入れられないと、涙を流し悲嘆にくれる。責任を感じながらその様子を見ていたテルマの中で、何かが弾けた。顔つき目つきが変わる。運転していた車を止めさせ、ルイーズを残したまま単身コンビニへ入っていき、JDが語った手口そのままに拳銃強盗を働くのである。金の心配はなくなったが、これで二人が二人共にのっぴきならない状況に陥ってしまった。

殺人以降、二人を調査していたアーカンソー警察のハル・スローコム刑事（ハーヴェイ・カイテル）は、聞き込みをすればするほど、過去を調べれば調べるほど、二人への同情心が募るのを禁じ得ず、何とか殺したり傷付けたりせず逮捕しようと、腐心していた。

グランド・キャニオンの壮大な景色を背景に、疾走するテルマとルイーズ。スピード違反でパトカーに停められるが、二人はこの警官も銃で脅し、パトカーのトランクに閉じ込めてしまうのである。またひとつ罪を重ねてしまった。

――こう書いてくると、テルマとルイーズは転落の一途を辿っているようにしか見えないのだが、それはあくまで表面的事象に過ぎず、その実二人はその都度軛（くびき）を解き放っているのである。強くなっているのだ。レイプされたという忌まわしい過去、亭主に縛られ自分というものを持たない屈辱の日々、それらと決別し本当の自分を見出す即ち自我を覚醒させ、アイデンティティーを確立し、誰にも頼らない独立心を喚起させているのである。

ハル刑事の呼びかけにも応じなかった二人は、十数台のパトカーに追われ、追いつめられる。前は断崖絶壁。

「車を前に出して！　警察に捕まりたくないんでしょ」

テルマの言葉にルイーズは、莞爾（かんじ）と微笑む。司直の手に掛かり牢獄に拘束されるのはまっぴらである。自我を確立した自分の身は、自己責任において律する。二人は手と手を繋ぎ、アクセルを踏み込み、断崖から大きくジャンプする――まるで未来へ羽搏くかのように。

さて『G．I．ジェーン』である。

デミ・ムーア演じるジョーダン・オニール大尉は、NIC（海軍情報センター）の地形分析担当官として、その能力を遺憾なく発揮しながらも、極めて上昇志向の強い女性として描かれている。愛し合って同棲までしている同じ歳で同期で同僚であるロイス（ジェイソン・ベギー）が、湾岸戦争への従軍経験があるというだけで、自分より階級が上であるということに、どうしても納得がいかない。そんな折思いもよらぬ話が、転がり込んでくるのである。

上院軍事委員会で、議長である〈男女差別雇用撤廃法案〉を唱えるデヘイブン上院議員（アン・バンクロフト）が、「女性に対する姿勢を憂慮する」と海軍の女性への性差別を、問題視したのである。舌鋒鋭い詰問に海軍はたじたじ、窮余の一策として、

「女性をテストし、三年後の差別撤廃に協力します。まずはSEALの偵察訓練コースに参加させ、男性と同じ力を発揮できれば、将来的には中枢部への昇進もあり得ます」と提案する。デヘイブンはその案を受諾するが、そこには彼女と海軍それぞれの思惑が隠されていたのである。――アメリカ海軍特殊部隊SEAL（実在のSEALsをモデルにした架空の偵察部隊）の訓練プログラムは、志願者の実に六〇％が脱落するといわれるほど、苛酷を極めたプログラムであった。合格すれば、当然エリートコースを歩むことになる。だが男でさえ残れる可能性は低いのに、まして女性

が最後までやり通せるわけがない……

デヘイブンが選考したのは、トライアスロンのオリンピック候補にして論文コンテストで優勝したこともある、しかも「絹の靴下も似合う」女性らしいオニール大尉であった。恋人のロイスは反対したが、オニールは絶好の機会と、捉えた。

フロリダにあるカタラノ海軍基地へ赴く。そこにはウルゲイル曹長（ヴィゴ・モーテンセン）を初めとする、サディストの集団かと思える教官たちが、手ぐすね引いて待ち構えていた。想像を絶する峻烈な訓練が、開始される。宿舎の前に〈慈悲の鐘〉と呼ばれる鐘が吊るされており、それを自ら三度打ち鳴らすと訓練から解放される、つまり脱落が認められるという。教官らはつらそうな者を見ると「鐘を鳴らせば楽になれるぞ」、鳴らせ鳴らせと煽り立てた。

だがオニールは訓練の途中違和感を覚える。高い障壁をよじ登る際、オニールは用意してある踏み台を使用してもいいと云われて妙に思い、彼女は合格したのに彼女よりタイムが良かった隊員が再訓練を言い渡されたのに納得がいかず、ウルゲイル曹長に問い質す。返ってきた答えは「おまえには三〇秒のハンディキャップが与えられている」にべもないものだった。

「これでは意味がない。男と同等に扱ってくれなければ……」オニールは憤然とセーラム大佐（スコット・ウイルソン）に、ダブルスタンダード（二重標準）を廃してくれるよう抗議する。「私は実戦と体験を積みたいだけで他意はありません。みそっかすにされて、どうやって仲間と打ち解けられます」

「自分の社会学的実験のため、私の基地を試験管がわりにしやがって！」二重標準は、デヘイブン議員に対する、大佐の当てこすりであった。「そこまでいうなら望みどおりにしよう。どうなっても知らんぞ」

大佐の承諾を得たオニールは、その足で理髪店へ向かう。店主は不在。彼女は備え付けのバリカンで、決意を新たにするため、自らの頭をきれいに丸めるのである（註、この映画は女性差別がテーマになっています。そのため強制的に、或いは命令されて丸刈りにしたとなると、また問題視されかねない。それを懸念したため、自らの手で髪を落とさせたと、一部では云われているようです）。

地獄の一週間といわれる初歩訓練は終えたものの、苛酷な状況に変わりはなかった。オニールは満身創痍、しかも体内の脂肪を急激に失ったせいで、生理もとまっていた。相次ぐ脱落者。だが訓練に余念が入り込む隙のない日々は続く。彼女はひたすら耐えていた。――そんなオニールを、海軍も、デヘイブン議員も、奇異な目で見守っていた。

最終訓練である。班長に任命されたオニールだったが、まだ彼女を仲間と見做していない部下の命令を無視した行動で、グループ全員捕虜となってしまう。「他の班の居場所を白状しろ」、実際の軍事行動では、女は男性兵士の足を引っ張るだけの邪魔な存在だとして、何とかオニールを脱落させようと謀るウルゲイル曹長は、他の教官がやり過ぎだと止めるのを振り切って過度の暴行を振るい、脱落の意志表示をしなければチームメイトの目の前で犯すと威す。後ろ手に縛られたままのオニールは必死で反撃に転じ、ウルゲイル曹長の鼻を潰し、怯む彼に対して、

「俺のチン○を舐めな」という言葉を投げつけるのである。

オニールは、そのほとんどが男ばかりの特殊な世界で、あなたたちには決して屈しない、男なんかに負けてたまるか、という気概を高らかに宣言したのである。男が口にする卑猥なスラングを、例のハスキーボイスで断固言い放つデミちゃんの姿に、思わず声援を送りたくなってしまう。

この折、やはり捕虜となっていたチームメイトたちが口々に囃（はや）し立てるが、それは男たる自分たちと同等同格、男に伍する立派な仲間であると認めた、称賛であった。

『テルマ&ルイーズ』では、テルマを強姦し損ねたハーランに全く同じ言葉で侮蔑（ぶべつ）されたルイーズは、過去の記憶を脳裡に甦らせ、逆上し、思わず引き金を引いてしまった。男を射殺してしまったことで、二人はのっぴきならない破目というより、男にもたらされた忌まわしい過去や、男に隷従を余儀なくされたが故に、自分というものを持たない屈辱の日々との決別を迫られ、悪戦苦闘しながらも未来を見つめ直すための逃避行、遂には明日を信じての断崖絶壁からの車ごとのジャンプという結末を迎えた。男の悪態が、いわばテルマとルイーズ二人の自我を覚醒させ、独立心を喚起させる呼び水となった訳だが、八年後全く同じ台詞が女性であるオニールの口から吐かれることで、

彼女即ちスコット監督が描く女性はより強靭となり、男女同権の壇上にすっくと立つこととなった。

オニールの血まみれの口から飛び出したこの言葉は、同時にウルゲイル曹長の意識をも変えた。彼をして「そもそもの問題は彼女じゃない。俺たちだ」と云わしめたのである。

漸くにして男社会で男と同等の立場を勝ち取ったオニールだったが、デヘイブン議員が仕掛けた思わぬ陥穽が、口を開けて待っていた。彼女が同性愛者であるという疑惑である。海軍上層部は困惑し、下した決断は、彼女が否定するように疑惑が根も葉もないものであると証明できたら、訓練プログラムに再度参加してもいいというものであった。つまり初めからやり直せるということである。冗談じゃない。やっとの思いでここまで辿り着いたのに、今までの苦労は何のため？　苛酷を極めたプログラム、次に合格できる保証がどこにある？

オニールは、〈慈悲の鐘〉を三度、バットで思い切り殴りつけると、基地を後にする。

疑惑の発信元がデヘイブン事務所であることに気が付いたのは、恋人のロイスであった。当時基地縮小および廃止問題で、海軍は揺れに揺れていた。実施されると軍で六千人、民間で四千人の失業者を出すことになり、年間三億五千万ドルの損失となる。デヘイブンの地盤であるテキサスには、五つの海軍基地があった。もしそれらが縮小されれば、デヘイブンは有権者の支持を失い、半年後に控えた選挙戦での当選が覚束なくなる。候補者リストから最も女性らしい容姿のオニール大尉を選び出し、ＳＥＡＬの偵察訓練コースに参加させたのは、デヘイブンの布石であった。当初オニールが、二週間も持ってくれればいいという程度の、期待でしかなかった。そうすれば四分の一しか女性には開かれていない海軍業務のしかもそれ以外の部署へ、それも女性が参加したこともないプログラムへ送り込んだことで、女性差別撤廃への実績が出来、言い訳が立つ。しかしオニールがここまで残るのは想定外であったし、逆にそれでは困るのである。彼女が脱落してくれてこそ、やはり海軍は男でなければ勤まらない仕事なのだと、女性差別を問題視し基地縮小を唱える政治家共を納得させられる。女性兵士の、それも「エリート戦闘部隊」での女性兵士誕生は、問題なのだ。デヘイブンは云う。「若い娘や母親を危険に晒すつもりはない。女性兵士の死体袋での帰還を、政治家が喜ぶと思う？」——だからこそ、スキャンダルを捏造し、オニールを脱落させようと策略したのである。案の定、テキサスの五つの海軍基地縮小案は、立ち消えとなった。

だがオニールの怒りは収まらない。「キャリアを溝に捨てろというのか」証拠はなくとも、記者会見で疑惑を述べるだけで、デヘイブンの支持率はグッと下落する。そう云って彼女は、自分を偵察訓練プログラムへ戻せと、デヘイブンを脅迫する。

オニールはカタラノ基地へ戻ってきた。

そして遂に最終課題である実戦準備訓練まで漕ぎ着けた。だがそれは思わぬ事態が発生したため、訓練ではなく実戦そのものになってしまう。リビアに高濃度のプルトニウムを積載した軍事衛星が墜落し、回収に当たった部隊〈スコルピオン〉を救出する任務に就くことを命じられたのである。

上陸したウルゲイル曹長を隊長とするオニールのチームは、救出ルート上に国境警備隊を発見。偵察に出たウルゲイルとオニールは、危うく敵の一人と遭遇しそうになったため、ウルゲイルが射殺。そのままオニールを逃がすため、彼は別の方向へ逃走。追う警備隊。仲間の元へ戻ったオニールは、NICの地形担当分析官時代のキャリアを駆使して、ウルゲイルの逃亡先を予測し、先回りして追っ手に対する罠を張る。時間が経ち、読み違えたのでは、と次第に不安がる仲間。だが果たしてウルゲイルはこちらへ向かって走ってきた。読みは当ったのである。あと少しで仕掛けた罠の圏内に追っ手が入るという寸前、ウルゲイルが脚を撃たれて倒れる。救出に飛び出すオニール。戦端は開かれた——この戦闘シーンを、スコット監督は変わったカメラワークで撮っている。瞬間的にズームで迫りすぐ引くといった、思わず手振れかと錯覚する撮り方を何度か繰り返すことで、従軍カメラマンが撮影したらこうなるのではないかと思わせる程の、臨場感と昂揚感を醸(かも)し出しているのである。監督の非凡さは、その繰り返しに規則性を持たせることで、技法として確立していることだと、感心してしまった。

負傷したウルゲイル曹長共々、チーム全員が無事救出ヘリに乗り込む。〈スコルピオン〉のメンバーも無傷で回収できた。任務完了である。

卒業式の日、仲間との打ち上げから荷物の整理のためロッカーへ戻ったオニールは、棚にD．H．ロレンスの詩集と特殊部隊隊員の証であるバッジが置かれており、開かれた詩集の一節が赤い丸で囲ってあった。それは訓練プログラムの初日、ウルゲイル曹長が隊員たちに必ず語り聞かせる一節であった。

小鳥は凍え死んで枝から落ちようとも自分を惨めだとは決して思わないもの

幾通りかの解釈が出来ようかとは思うが、私は、人は拠って立つべき場所にさえいれば、どんな艱難辛苦に見舞われて命を落とすことになろうとも、自分を惨めだとか情けないだとか思わず、誇らしくいられるものだ。そう解釈してみたのですが、皆さんは如何ですか？

追記　この映画が製作されて二十年経った二〇一七年、史上初のネイビーシールズ女性隊員が誕生。このタイム・ラグがリドリー・スコット監督の真骨頂なのである。

『グラディエーター』から『ハンニバル』へ

『グラディエーター』がアカデミー作品賞を受賞した。同時に視覚効果賞、並びにラッセル・クロウが主演男優賞を受賞しているから、これは快挙である。スコット監督にしてみれば、９１年の『テルマ＆ルイーズ』で同監督賞にノミネートされながらも、無念の涙を呑んだという経緯もあり、漸く念願が叶ったという思いで、感無量だったのではなかろうか。ともあれ欣快なことである。

ただこの『グラディエーター』、監督のこれまでの作品群からするとやや趣を異にしている。東洋思想でいう無常観にも似た、一種独特な寂寥感というか宗教色が、色濃く滲み出ているのである。こういう傾向はかつてなかった。ただ元々アジア特に日本には興味があったとみえ、『ブレードランナー』では日本を意識したシーンが随所に出てくるし、松田優作の遺作となった『ブラック・レイン』を、マイケル・ダグラス主演、他に高倉健や若山富三郎などの豪華な布陣で、日本で撮ったりしている。

物語は、古代ローマ帝国で勇名を馳せた将軍マキシマス・メレディアス（ラッセル・クロウ）が、ゲルマニアを征服せんがための戦いから、始まる。冒頭、麦の穂にかざす手のイメージに続いて、映し出されるマキシマスのアップ。その眼に、これから戦場へ赴く者の興奮や緊張はない。ただ暗く哀しげに沈んでいる。――モノトーンに近いまでに色彩を削り取られた画面に、火矢の赤い炎の色だけがくっきりと、禍々しい。マキシマスが兵士に飛ばす檄にも、士気を鼓舞する猛々しさはなく、武運つたなく斃れた時は、天国へ行けるという諦念と慰藉があるだけ。

戦闘シーンにおいても然り。場面の転換を早くし、例えば斬られたり刺されたりしたら、瞬時に次の場面に移行するといった方法で、極力残虐さを抑えつつも、阿修羅の如き形相で屍の山を築くマキシマスを、スローモーションとコマ落としを併せたような技法で撮ることで、殺戮し合うことの無意味さ、戦闘の空虚さを浮かび上がらせている。
マキシマスの願いは只ひとつ。戦争を終結させて、一刻も早く妻と息子の待つ故郷へ帰ること。だがローマ皇帝マルクス・アウレリウス（リチャード・ハリス）は、息子コモドゥス（ホアキン・フェニックス）の性格・素質に危惧を覚え、皇位をマキシマスに委ねようとする。
直接そのことを告げられたコモドゥスは、逆上のあまり父親を弑し、突然の訃報を聞いて駆け付けたマキシマスに、新皇帝になった自分に忠誠を誓えと迫る。皇帝マルクスが殺されたことを悟ったマキシマスはきっぱりと拒絶。そのまま国へ帰ろうとするが、追っ手として差し向けられた近衛兵のために深手を負う。傷の手当てをしている余裕はない。家族の身が案じられる。一散に馳せ戻るも、手負いだと思うに任せず、到着した時には、妻も息子も無残な姿に変わり果てていた。

二人の亡骸を葬った土饅頭の前で、出血多量でまさに息絶えようとするマキシマスを救ったのは、奴隷商人であった。傷の手当てをしてくれたのは奴隷のジュバ（ジャイモン・フンスー）。

途切れ途切れの意識。鈍色の空を、凄い速さで流れる雲。渦巻く思念。石塀の中に現れた黒い潜り門。意味するものは何？　この時、マキシマスの身体は宙に浮いている。バストショットで映し出される彼の下の地面は、縦に動いている。流れている。

ふと『マッド・マックス２』に、同じようなシーンがあったのを思い出した。瀕死の重傷を負ったメル・ギブソンが、ネズミ男に救出され、ヘリコプターでアジトへ運ばれる。ヘリが超小型のため横たえられたギブソンの胸から上は機外にはみ出し、それをカメラは俯瞰で捉えていた。ヘリの進行に伴い、下方の地面は流れていく。このシーンには意識の描写はなく単に物理的に運ばれているだけであったが、宙に浮いた身体と下を流れる地面のせいで、奇妙な浮揚感というか、足場の定まらない落ち着かなさを感じたものである。

奴隷商人からマキシマスを買い取ったのは、プロキシモ（オリバー・リード）という興行師。買い取った奴隷を〝剣闘士（グラディエーター）〟に仕立て上げ、競技場での生き残らんがための死闘を、見世物としている男。

「人は皆死ぬ。どう死ぬかは選べぬが、死をどう迎えるかで男としての名が残る」という哲学を持つプロキシモも、かつては剣闘士だった過去があり、奇しくもアウレリウス皇帝の寵を得て、自由を勝ち取った人間であった。

このプロキシモを演じていい味を出しているオリバー、また彼のみならず『G．I．ジェーン』でデヘイブン上院議員を演じたアン・バンクロフト（三重苦を克服したヘレン・ケラーを描いた『奇跡の人』の、あのサリバン先生。懐かしいですね。『卒業』で若きダスティン・ホフマンを悩殺し、関係を持ってしまう恋人の母親を演じた、あの名女優）など、芸達者な人たちの演技は、確実に物語を盛り上げてくれるし、また観ていて楽しい。――新（？）皇帝コモドゥスの凱旋シーンも又、ゲルマニア征討の時と同じく、モノトーンに近いまでに色彩を削り取られた色調で撮影されている。

姉ルッシラ（コニー・ニールセン）と共にローマにもどった彼を迎えたのは、市民と元老院の議員たち。

全体がグレーっぽい色調の中に、暗赤色の花弁が舞い散る。数はそれほど多くなく、初めはちょっとした色彩的なアクセントと思っていたのだが、これがラストでコロセウムに繚乱と舞い踊る圧倒的な真紅の花弁の、映像的伏線となっている。赤は血の色、そして〈神の色〉である。

マキシマスのゲルマニアとの戦いを、モノトーンに近い色彩で描いたのは、そこに「死」が充満しているからであろう。彼が意識混濁の中で垣間見た黒い潜り門を取り巻く風景も、グレーの色調でまとめられていたから、とすれば潜り門は「死の世界」へ通じる〝扉〟ではないのか。コモドゥスのローマ凱旋が三度同じ色調。本来なら晴れがましく、意気揚々たるパレードの筈なのに、何故？　コモドゥスのきたるべき死の予感？　あるいは実の父を殺し、平然と皇位を継承しようとする行為に象徴される「魂の死」を意味するのか？

元老院の冷たい視線と揶揄の声に迎えられたコモドゥスは、遣り場のない憤りを、小さい頃から慕っていた姉ルッシラへの許されざる愛へ、近親相姦的思慕へと転化させていく。

農民の出自でありながら、将軍の地位まで昇りつめたマキシマスの剣技は、並大抵ではなかった。剣闘士としての彼は向かうところ敵なしの、名もない〝スペイン人〟として、ズッカバルの観衆の圧倒的支持を得る。

コモドゥスはローマ市民の歓心を買い、新しい皇帝としての威を誇らしめ元老院に対抗せんがため、父アウレリウス皇帝が禁止したグラディエーターの大会を、再び開催する。噂を聞きつけたプロキシモは、

「自由になりたければ、かつての私のように、ローマ市民の喝采を味方につけろ」マキシマスを説得し、手飼いの剣闘士を引き連れて、ローマへ乗り込んでいく。

――そこでも次第に剣名を馳せるに至った〝スペイン人〟のあまりの評判ぶりに引見したコモドゥスは、マキシマスが生きていたことを知り、愕然となる。だが改めて処刑しようにも、〝スペイン人〟はすでにローマ市民の絶大な支援を得過ぎていた。妻と子の仇を必ず討つと宣言するマキシマスを畏怖し憎悪し、彼を処刑したという虚偽の報告に憤慨し、元老院の冷遇に切歯するコモドゥスの心は、徐々に絶望に縁取られていく。

ルッシラはそんな弟の精神状態を惧(おそ)れ、皇位継承権を持つ息子ルシアスの身を案じ、クラックス議員と謀り、実ることはなかったが嘗ては相思相愛の仲であったマキシマスを味方につけて、クーデターを起こそうとする。が、疑心に暗鬼を生じさせていたコモドゥスに逸早(いちはや)く察知され、クラックスとマキシマスは捕えられ、ルッシラは妃となって自分の子供を産むよう強要される。

この折、マキシマスの逃亡を助けようとしたプロキシモは、兵卒の手にかかって果てるのだが、末期の台詞「(この世の人間は)幻と塵だ」こそ、いってみればこの映画の主旨を端的に言い表して

いるのかもしれない。現身（うつしみ）はかりそめであるという東洋的な輪廻思想を孕んでいればこそ、死後の世界に執着をみせ、ゆえに諸行無常の鐘の音が通底音として、全編に響き渡っているのではないだろうか。

コモドゥスは、ローマ市民のマキシマスに対する熱狂的支持を逆手に取ることで、武功に勝れた皇帝であることを見せつけようと目論む。マキシマスの外見では判じにくい箇所に致命的な傷を負わせ、その彼と〝剣闘士（グラディエーター）〟として闘って斃すことで、失地の回復を図ろうとするのだが、逆に醜態をさらけ出す破目となり、ついにはマキシマスに返り討ちにあってしまう。

そのマキシマスも力を使い果たし、捕虜の解放とローマを元老院の手に戻すことを命じた後、地に倒れ臥（ふ）してしまう。駆け寄り取り縋るルッシラ。ひとしきり涙を流すと決然と立ち上がり、「彼は故郷へ帰ったわ。今こそ彼の遺した言葉通り、ローマを市民の手に取り戻すのです！」毅然とのたまうのである。

再び、宙に浮いたマキシマスのバストショット下の地面が、今度は横に流れる。思えばこの〝奇妙な浮揚感〟は、肉体から切り離された意識が、死へと向かう前兆のようである。

画面はグレーの世界へと変化し、ついに黒い潜り門は開いた。麦の穂に手をかざしながら歩いていくと、そこは思い焦がれた故郷であり、その先には彼の帰りを待ち侘びる妻と息子の姿があった――

この映画を観ている間、私は黒澤明監督の『乱』を想起していた。なぜだろう。おそらく〈死〉の具象化された映像イメージが、酷似している所為ではないかと思う。黒々とした大地を赤い旗指物を翩翻とひるがえして、疾駆する騎馬兵の群れ。合戦シーンに重きを置かず、結果である累々たる死屍を丹念に映し出すことで、戦の醜悪さと、殺し合うことの虚しさ・無意味さを訴えかけていた『乱』。画面いっぱいに拡がるモノトーンの中に点在する、流血を含めた赤い色が、私の記憶を呼び起こしたものとみえる――

黒澤映画が、スコット監督の意識にあったかどうかは、定かではない。仮にあったとしても、それを以て東洋思想の感化に結びつけるのは、早計に過ぎるだろう。

さて取り敢えずの結びは『ハンニバル』である。

『グラディエーター』が、それまで追い続けてきた〈死〉をモチーフとした作品の、謂わば集大成である以上、以降の変遷を知る上でも、書いておかずばなるまい。

云うまでもなく、発表当時センセーションを巻き起こした『羊たちの沈黙』（ジョナサン・デミ監督）の続編である。ただこの映画は観る人の嗜好に左右されて、評価が大きく分れるのではなかろうか。画作りは相変わらずの上手さだが、なまじ画や撮影技術が見事なために、グロテスクというか生理的嫌悪を感じる部分が余計際立ってしまい、私自身正当な評価ができるのか、正直心許ない。観なおして細部を確認する作業も、気が重く出来そうもないので、一度観ただけの評であることをご容赦願いたい。アプローチの観点は、引き続き〈強い女性〉と〈死〉である。

ＦＢＩ特別捜査官クラリス・スターリング。前作ではまだあどけなさを残したジョディ・フォスターが演じていたが、今作ではジュリアン・ムーア。（余談です。スコット監督の審美眼といおうか女性のキャスティングは、常々私の好みとほぼ一致するのだが、今回のジュリアンは如何なものだろう。私自身前作をかなり意識しすぎているのかも知れないが、どうしてもジョディの方に軍配を挙げてしまうのである。それではジョディで『ハンニバル』を観たかったかというと、これ又首を傾げてしまうのだが……。当然彼女にオファーはあったと思うのだが、やはり蹴ったのだろうか）

歳をとり経験を積んできたということは、当然世間の荒波に揉まれたのだろう、ジュリアン版クラリスは男に食ってかかり、やりこめるほどの女丈夫(じょうぶ)となっている。ハンニバル・レクター博士（アンソニー・ホプキンス）の屈折した愛を薄々感じながらも、否だからこそ彼を逮捕せずんば已まずというデターミネーション（断固たる決意）を胸に秘めて、捜査に臨むのである。『Ｇ．Ｉ．ジェーン』におけるジョーダン・オニール大尉の熱情を表に出すタイプとは異なり、冷静沈着胸の奥で静かに闘志を燃やすという違いはあるものの、共に強靭な意志の持ち主であることに変わりはないようだ。オニール大尉で強い女性のひとつの到達点を示してくれた現在(いま)、クラリス像をひとつの転換点として捉えると、その強さを今後どのように変化させて描いていくのか、大いに期待したい気はする。

また――繰り返しになるが、これまでスコット作品において描かれた〈死〉は、〈生〉を力いっぱい謳歌したい、自分らしく生きたいという願いを阻害するものとしてであった。〈死〉は正否を問わず、いかなる場合も理不尽である。死後の世界を、観念的ではあるが厳粛に提示してみせた『グラディエーター』の〈死〉も然り理不尽。それがである。『羊たちの沈黙』を意識し過ぎたためだろうか、『ハンニバル』では〈死〉が弄(もてあそ)ばれているのである。言葉が悪ければ嗜虐的に扱われていると言い換えようか。これまでのスコット監督の作品の系譜からすると、あきらかに異端である。それも私ごときの倫理観では、とても理解が及ばないレベルなのだ。〈死〉を異なる観点から見つめ直してみよう、とでもいうのであろうか。

なぜ監督は続編など撮る気になったのだろう。とりたてて脚本(ほん)の出来がいいとも思えないのだが……現時点では、〈強い女性像〉はともかく、〈死〉の扱いについては予断を述べることさえ、憚られるようではある。

監督の狙いというか本意が奈辺にあるのか、今の私には断言できないが、『G．I．ジェーン』『グラディエーター』で、それぞれひとつの完成形を提示してみせてくれた監督が、今新たなる表現方法を模索しだした端緒にあたる作品だと、とりあえずは解しておきたい。

（「シネマ気球」２００１年12月。２０２２年加筆訂正）

『ブラックホーク・ダウン』のリアリズム

時折、なぜかくも繁く、特にアメリカ映画においては尚更に、〝戦争映画〟が制作されるのだろう、と思うことがある。

少しだけ振り返ってみても、『パールハーバー』『U－571』『エネミー・ライン』『プライベート・ライアン』『シン・レッド・ライン』等々、枚挙に遑（いとま）がない程だし、今夏ジョン・ウー監督、ニコラス・ケイジ主演の『ウインドトーカーズ』が封切られるのを皮切りに、メル・ギブソン主演の『ワンス・アンド・フォーエバー』、ブルース・ウィリスの『ハーツ・ウォー』と大作が目白押しである。スピルバーグ監督も、新作に再び〝戦争映画〟を予定しているとの話も聞く。

まさかに、第二次大戦中量産された戦意高揚の為の映画とは違って、また『グリーン・ベレー』（ジョン・ウェイン主演）に止（とど）めを刺す、戦後からベトナム戦争まで制作された安直なヒロイズムを基盤としたものとは異なり、戦争の生々しい現実をリアリスティックに描き出すことで、悲惨さを訴えかけるメッセージ性の高いものへ変貌してきてはいるが、それでも前述の『U－571』や『エネミー・ライン』は、往年の『ナバロンの要塞』を彷彿させる冒険活劇物だし――当面はこの二つの流れで〝戦争映画〟が作られていくものと思われる。

冒険活劇は嫌いではないので、いっこうに差し支えないといえば若干語弊があるが、私が疑問に思うのは、リアリズムを基調とした映画作りについてである。

だがその前に――なぜ挙(こぞ)って、アメリカの監督たちは〝戦争映画〟を撮りたがるのだろうかという、最初の疑問に戻ろう。

おそらく製作者（クリエーター）にとって〝戦争映画〟は、人間にとって最重要テーマである〈死〉と、真正面から向き合わなければならない極限状態が容易に設定できるからであり、〈死〉翻(ひるがえ)って〈生〉の意味を問いかけるのに、最も適した「素材」だからではないだろうか。人間の真価というか、本性がより浮き彫りにされるのが極限状態においてこそというのも、ドラマ化へ食指が動く一因なのだろう。

かつて私は『火垂るの墓』の稿で、戦争あるいは反戦というテーマは不滅のものであるというよりʼ、第二次大戦を子供の時に経験した人たちが大人になり、自分の人生に大きな波紋を投じた戦争というものを、文章なり映像なりの自分の言葉で語れるようになったということではあるまいか

――と書いたが、今ではむしろ、アメリカが特にブームと呼べる程〝戦争映画〟を量産する背景には、第二次大戦に限らず、朝鮮動乱・ベトナム戦争・湾岸戦争等、いつの時代も戦争と共に歩んできた好戦国アメリカの良識が、良心が、戦争での酸鼻な出来事を決して忘れてはならない、血を吐くほどの悲痛な思いを風化させてはならないとの願いを、託し込んでいるように思われる。

それはそれでよい。だが問題なのは戦争を経験した当人及びその家族である。結局のところ大義がいずれにあろうと、どちらが勝利しようと、戦争がもたらすものは眼を覆うような悲惨な爪痕でしかない。

ベトナム戦争での肉体的・精神的後遺症で、未だに定職に就くこともかなわず苦しんでいる人が、いったいどれくらいいるか。アメリカでは一時社会問題になった程である。その苦しみを分かち合う家族まで含めると、相当数にのぼるであろう。第二次大戦において然り。湾岸戦争において然りである。それらの人々にとって、どれだけ年月を経ようと、「戦争」への思いは決して風化することはないのである。忘れられるものではないのだ。

私事ではなはだ恐縮だが、私の生まれ育った長崎は、原爆の街である。

幼い頃、自宅から歩いて行ける距離に、原爆病院があった。私は昭和二十六年生まれだから、物心のついた頃は終戦からすでに十年程を経過していたことになる。それほどの年数を経ても――母に連れられ何度か訪れたが、院内はいつも湿って薄暗く、鼻に付く消毒薬の匂いが、身体に纏わりついた。同時に幾重にも重なりあった呻き声が、壁に谺(こだま)してわんわんと聞こえてくるのである。決して消えることのない痛み。私にはその声が呪詛と怨嗟に満ち充ちているようで、とても恐かった。患者は勿論、付添いの人にも、医師にも看護婦にも、原爆病院のどこにも笑顔はなかった。

私の母も被爆者である。

――そんな人たちに、戦場のリアリズムなど凝視できよう筈がない。忘れてしまいたい過去、消してしまいたい忌まわしい記憶を、まじろぎもせず見詰めることのできる者など、いはしないのである。

――そういった訳もあって、私は『ナバロンの要塞』や『特攻大作戦』のようなゲーム性の強い、冒険活劇的なもの以外は殆ど〝戦争映画〟を観ていない。だから〝戦争映画〟を語るにもっとも相応しくない人間なのだが、それがなぜこんな事を書いているかというと、追いかけている監督であるリドリー・スコットの最新作が『ブラックホーク・ダウン』。リアリスティックな〝戦争映画〟だから、なのである。

当初、ヴィジュアル派の巨匠たるスコット監督がなぜ〝戦争映画〟をと不思議な気もしたのだが、否そうではないとすぐに思い至った。純然たる〝戦争映画〟ではないが『G・I・ジェーン』という傑作をものした人だし、何より『グラディエーター』以降の作風の変化が、それを如実に物語っている。

以下は、以前書いた私の感懐である……

もともと〈死〉をモチーフとしている作品が多い監督だが、『グラディエーター』を契機に、「東洋思想でいう無常観にも似た、一種独特な寂寥感というか宗教観が、色濃く滲み出ているのである」

「殺戮し合うことの無意味さ、戦争の空虚さを浮かび上がらせている」傾向が強くなっているのである。

次に「〈死〉が弄ばれているのである。言葉が悪ければ嗜虐的に扱われていると言い換えようか」と評した『ハンニバル』も、よく観直してみると、〈死〉は〈生〉の尊厳を理不尽に破壊してしまうものではあるが、とどのつまりは肉体の滅びでしかない、といっているかのようである。

〈生〉を無機質なものとしてとらえなければ、人間同士が殺戮し合うことの衝動には、理解が及ばない。まさしく『グラディエーター』の、この世の人間は「幻と塵だ!」というテーマそのものである。

そのスコット監督が、それまであったこともない見知らぬ者同士がお互いに殺し合う〝戦場〟に眼を向けたのは、それも実際現実におこなわれた〝戦闘〟を「題材」として選んだのは、当然の帰結といえるだろう。

史実を丹念になぞることで「殺戮し合うことの無意味さ、戦争の空虚さ」を、より鮮明に「浮かび上がらせる」ことができるかもしれない——そういう思いに駆られたのかもしれない。

監督自身がインタビューに答えて述べている。「この映画は、あの時あそこで起こったことのアクチュアル・ポートレート、つまり正確な再現写真と云えるだろう。これまでハリウッドが歴史を扱った映画を作る場合、必ずフィクションの部分を入れてきた。歴史を下敷きにして、その上に色々なものを乗せ、娯楽のメインストリームに仕立ててきたわけだが、我々はこの映画で事実を正確に伝えることを基本姿勢にしようと合意したんだ」。

——毎回作品を評するにあたり、私は梗概を紹介して、物語の面からも、読んで下さる方の映画的興味を惹起しようとするのをスタイルとしているが、戦争の当事国に属さない人たちに、ドキュメンタリー・タッチのストーリーを紹介してみても、はたしてそれが映画的興味を掻き立てることになるのかどうか、正直疑問である。だがこのままでは話が先へ進まないので、とりあえずアウトラインだけ述べておこう。

93年、アフリカ東部、インド洋に突き出していることから「アフリカの角」と呼ばれるソマリアが舞台。氏族軍閥間での権力闘争が、内戦へ拡大。憂慮した国連統合平和維持部隊が進駐、それで各氏族軍閥は一応鉾先を収めた。だが国連軍の段階的撤退が始まると、氏族軍閥のひとつで、もっとも支配権を確立していたソマリア国家連合の総帥(そうすい)であるアイディド将軍は、利権獲得のため国連軍に対して戦端を開いたのである。エスカレートするソマリア国家連合の暴虐に、彼らを掃討(そうとう)することを決した国連は、米軍を主体とした国連軍を再編成する。

アイディド将軍の側近らが会合を持つ情報を入手した国連（アメリカ）軍は、運命の日となる十月三日、彼らを拉致する作戦を敢行する。

映画は、その作戦の一部始終を描いたものである。

当初の見込みでは、一時間足らずで終了すると、楽観視された作戦であった。――それが結果として、十五時間にも及ぶ血みどろの市街戦となるのである。なぜか？　まずソマリアの民兵を甘くみすぎた点が挙げられるだろう。作戦の任に就いた「レンジャー部隊」と「デルタ・フォース」は、アメリカ軍の中から選りすぐった精鋭の部隊である。彼らの自分たちの力に対する過信が、戦闘のプロだという過剰な自負心が、民兵の予想外の応酬、反撃の手強さに戸惑い、翻弄され、したたかに苦汁を舐めさせられる事態を招くのである。

次に、『ブラックホーク・ダウン』というタイトルの由来である。一機更に一機と、ソマリア国家連合軍によって撃墜された特殊専用ヘリ「ブラックホーク」の乗務員を救出するため、いかに司令官であるガリソン少将の

「死傷を問わず一人も残すな、連れ帰れ！」下知があったとはいえ、仲間を見捨ててはいけない、見殺しには出来ないという連帯意識、同朋意識が、惨劇に更なる惨劇を重ねることとなる。

一人を救出する為に、いったい何人犠牲にすれば気が済むのだ！

恐ろしい程のジレンマを実感させられる。――これは、観客に問いかける作品であって、答えを提供する作品ではない（監督リドリー・スコット）。

確かに、原作者であるマーク・ボウデンが述べている、

「戦場が実際はどんなものかを感じ取ってもらいたいんだ。そのうえで、軍事介入のもたらす結果について考えてほしい。それはアメリカにとって本当に必要なことなのか？　どんな状況なら戦争もやむをえないと言えるのか？」という問いかけはよく理解できるし、その意図も正確に伝わっているようだ。それでもである。映画を観すすむにつれ、暗澹たる思いは次第に深まるばかりなのだ。出口のない、救いのひとかけらもない修羅の地獄相。人はなぜ怨みも憎しみも持たずに殺し合うことができるのだろう。

――喜んでこういう映画を観たがる人がいるのだろうかと、つい思ってしまう。断言するが、少なくとも何らかの形で戦争の後遺症に苦しんでいる人たちにとって、絶対観たくない映画であることは間違いない。

敬愛するリドリー・スコット監督の作品ではあるが、正直今回の作業はつらかった。

『グラディエーター』でそれまで追い続けたテーマはひとまず完結し、以降の変遷を模索している現時点での作業は取り敢えず中断して、次回作は肩の凝らない、監督自身も述べているように、「戦う者は映画の作り手にとって、常に興味深い対象なんだ。そこにはとても良いストーリーが

発生する可能性を秘めているからね。観客を二時間ないし三時間、経験したことのない世界に放り込んで楽しませる」

もし『ブラックホーク・ダウン』のテーマを更に掘り下げようとすれば、とてつもない哲学的迷路にまよいこみそうな危惧を抱くのは、ひとり私だけではなかろう。

（「シネマ気球」２００２年９月）

是非そういう映画をみせてほしい。

『ブレードランナー』礼讃

1

リドリー・スコット監督の『ブレードランナー』は、数多（あまた）あるＳＦ映画の中にあって、構築された未来世界の想像を超えた異質さと、圧倒的な映像美によって、見事金字塔を打ち立てた作品である。この映画を観た時の衝撃は、今思い出すだに相当なものだった。

制作されてから三十三年経った現在でも、私のその認識に変わりはない。

劈頭（へきとう）、天然ガスの炎が噴き上げ、サーチライトの光芒が目まぐるしく動くロサンゼルスの上空を、妖しき光の塊かと思しき様々なスピナー（未来カー）が飛び交うシーンに続き、恰もピラミッドの頂上部を切り取ったかの如き、要塞と見紛うばかりのタイレル社の威容を誇る建物に、気を呑まれる。

その一画で、廃棄物処理技術者として採用されて間もないリオン・コワルスキー（ブライオン・ジェームス）が、レプリカントであるかどうかを見分ける為のフォークト・カンプフ（ＶＫ）検査を、受けさせられようとしていた。

レプリカントとは――二十一世紀、タイレル社は人間そっくりのネクサス型ロボット（アンドロイド）を開発、元々人間を使役することが躊躇われる地球外基地での奴隷労働や、他の惑星の探検などに従事させるために、製造されたものだったのだが、中でも六型といわれるタイプは体力も敏捷性さえも人間に勝り、知力もそれを造った技術者に匹敵するほどであった。彼らはレプリカントと呼ばれた。感情以外は人間と全く同じ、否はるかに凌駕さえしていたが、その感情でさえある期間を経ると、芽生えてくるという。人間を超える存在があってはならない。危惧した人間は、四年の寿命という安全装置を彼らに組み込んだ。

そしてブレードランナーとは――或る時感情を生じせしめた戦闘型レプリカントが、人間に対し反乱を起こした。

「人間と同じであるなら、なぜ自分たちだけが、危険な仕事に従事させられる」

「なぜ長く生きることが許されない！」感情の発露による彼らの主張や要求は、至極当然なものであった。しかし人間は、認めることを拒んだ。一部のレプリカントは、要求を貫徹させるため、地球への密航を企てた。その舞い戻ってきた密航者を捜し出して始末する役目を担ったのが、ブレードランナー特捜班と称される面々である。デッカード（ハリソン・フォード）も嘗てはその一員であった。

ここで面白い？　余談をひとつ紹介しておこう。封切当時販売されたパンフレットの〈撮影うらばなし〉に載っていたのだが、

『ブレードランナー』というタイトルは、それがきまったあとになって、同じ題の小説がほかにあることがわかり、プロデューサーたちをあわてさせた。アラン・E・ナースによって数年前に書かれたその小説もSFもので、未来のある貧しい社会が医薬品の供給もままならぬため〝ブレードランナー〟たちによって薬を密輸入するというストーリーなのだが、どうしてもこのタイトルを映画に使いたいため、プロデューサーたちはナースに懇願して承諾をとるという努力までした」そうであるが、映画の仕上がりを観る限り、その甲斐はあったというべきだろう。

今回、乗員を皆殺しにしてスペース・シャトルを奪い、地球に戻って来たレプリカントは、四人。戦闘要員のリオン・コワルスキー、また女性ながら同じく戦闘用の訓練を施されたゾーラ（ジョアンナ・キャシディー）に、宇宙基地の兵隊慰安用だったプリス（ダリル・ハンナ）、そして首領格で矢張り戦闘用に開発されたロイ・バティ（ルトガー・ハウアー）である。

VK検査でレプリカントであることを知られ、抹殺されてしまう危険を覚えたリオンは、先手を

打って検査をおこなうブレードランナーであるホールデンを、射殺してしまう。このことを知ったブライアント警視（M・エメット・ウォルシュ）は、腹心のガフ（エドワード・ジェームズ・オルモス）に、デッカードを連れてくるよう命じる。このガフという捜査員、手近にある端紙で立体的な人物や動物を折ることに長けており、それがラストでの、伏線となっている。

私たちというか少なくとも私が思い描いていた、機械文明が発達し機能的で清潔感溢れる未来社会ではなく、核戦争によって荒廃が拡がり世界の至る所が砂漠化した未来でもなく、体中黴だらけになりそうなほどじめじめと降り続く酸性雨のもと、日本（それにしても「強力わかもと」の電光掲示板によるCMは、文字通り強力だった）や中国などの東洋文化と、欧米諸国やロシアなどの西洋文化が融合している訳ではなく、それぞれ強烈に自己主張しながら共存し合う都市ロサンゼルス。言葉だけは流石に共通語として「シティースピーク」といわれる日本語・スペイン語・ドイツ語などの混合語が用いられるが、薄汚れ退嬰的ではあっても人間のみならず鴉も駝鳥もポニーも、生きとし生けるものが放つ熱気が活力となって満ち充ちた街。とはいっても、比重は東洋にやや比重がおかれ、それがスラム化した街に、独特な異国情緒を付与している。

軒下で雨を避けながら順番待ちをしていたデッカードの前を、傘の群れが行き交う。洋傘それに何と番傘、流石に蛇の目はないか。漸く食事にありつける、そのタイミングでガフが顔を出す。

なぜデッカードは、ブレードランナーを引退したのだろう。レプリカントの心情が理解できるから、それゆえ彼らに感情的に寄り添ってしまうから、原作で呼称するところのバウンティー・ハンター（賞金稼ぎ）としての非情・無慈悲さに徹しきれず、彼らを〝狩る〟ことに迷い躊躇ってしまうから、最終的にはそういう自分を持て余してしまうから……

「俺は辞めたんだ」言い募るデッカードに、警視は、

「警官じゃなきゃ、只の人間だ。こっちは何とでも始末できるんだぞ！」脅しをかける。

リオンに殺されたホールデンは、それなりに腕利きだった。適任者が払拭してしまった所為もあり、警視はホールデン以上の力量を持つデッカードに、白羽の矢を立てたのである。権力に抗う愚を弁えた彼は、渋々承諾。警視は命を下す。

「タイレル社に一匹いる。検査して来い」

2

再びタイレル社。雨がやみ、夕焼けのオレンジ色というより金色に輝く光に彩られた佇まいは、圧倒的質感と輝きで思わず息を呑む。案内された社長室、先ずデッカードを驚かせたのは、大きな梟（ふくろう）であった。ガラス玉を嵌め込んだような眼には、生気がなく、気持ちを萎縮させる禍々しさが宿

されていた。

「人工か？」出迎えたレイチェル（ショーン・ヤング）が答える。「勿論よ」

原作の一部を紹介しておく。「もういまでは、なぜ戦争が起こったか、また、どっちが勝ったか――もし勝利者があるとすればだが――そんなことをおぼえている人間はひとりもいない。地球表面の大半を汚染した死の灰は、どこかの国のだれかが――戦時中の敵国さえもが――計画的に作りだしたものではなかった。第一番に、どういうわけかフクロウが死んでいった。むくむく肥った白い鳥の死骸が庭や街路のあちこちに横たわっているところは、その当時ユーモラスな光景にさえ思えたものである。（中略）だが、新しい疫病は天下ってきたのだ。」

フクロウは、核戦争による〈死〉を、運んできた象徴だったのである。

レプリカントと人間を見分ける検査に強い興味を持ったタイレル博士（ジョー・ターケル）のたっての依頼で、デッカードはレイチェルを対象に、ＶＫ検査をおこなうことになる。三十ほどの問いを投げかけ、顔面の毛細管や瞳孔の開閉・虹彩の拡張などの反応速度を計ることで、判断するのである。因みにこの検査は、質問内容が主として生き物を題材としたものに限定されている。その応答によってこの時代、殆どの生物が死滅してしまっていることが、推察できるのである。

全面総ガラス張りの窓の向こうに広がる、圧倒されんばかりの色彩を放つ夕焼け。「明るすぎる」というので、ブラインドが徐々におろされ、検査が開始される。その時に綾なす光と影のアラベスクは、もう魔術というよりほかはなく、それが今まで自分は人間なのだろうかと揺れ動いていたレイチェルが、「もしかしたら？」と疑念を強くする表情と見事に調和して、忘れられないシーンとなった。

この時私は、リドリー・スコット監督の映像美に、特に光と影が織り成す陰影の見事さに、イタリアはカラヴァジオの明暗法による写実主義を自家薬籠中のものとし、更にそれらを進化させた〈光と影による独自の世界〉を創り上げたオランダの画家レンブラント・ファン・レインを、想起せずにはいられなかった。ウエスト・ハートルプール美術大学と、ロンドンの王立美術大学に学んだという、リドリー・スコット監督の経歴に照らし合わせてみれば、あながち見当はずれな推測でもないのでは……ただそう考えると、ロイ・バティ役にオランダ出身のルトガー・ハウアーを起用したのも、単なる偶然とは思えなくなるから、可笑しなものだ。——爾来、監督の作品を観るにつけ、どうしても私はレンブラントの世界観と重ね合わせてしまうようになっている。

デッカードは、レイチェルがレプリカントであることを見破る。

「彼女も（自分がレプリカントであることを）薄々感付いてはいるらしい」

「本人が知らないなんてことが、あるのか！」デッカードは驚く。

タイレル博士は続けて「我社では人間に近いレプリカントの完成を目指している。レプリカントは今、何かにとりつかれて焦れて見える。彼らの短い生体験では、感情的にも未熟で、自分をどう処していいのか判らない。だから彼らに過去を与えねばならない。それが感情を吸収するクッションとなり、我々が制御するにもずっと楽になる」

「過去――記憶を与えるわけか」

帰宅したデッカードを追いかけるように、レイチェルが姿を現す。自分がレプリカントだと信じられない、否信じたくない彼女は、幼い頃母親と一緒に写したものだといって一枚の写真を出しその頃の思い出を語ろうとするが、デッカードが先回りしてすべて云ってしまい、それは「移植されたタイレルの姪の記憶だ」

自分は人間ではなかった。レイチェルは完全に打ちのめされてしまい、部屋を飛び出していく。彼女が投げ捨てていった写真を眺めながら、

「なぜレプリカントは写真を後生大事にためておくのか。レイチェルと同じで、自分の過去が欲しいんだ」そう呟くデッカード自身、ピアノの上に、沢山の写真を飾っているのである。思わせぶりな演出が、若干気になる。ならば彼もまたレプリカントなのだろうか。

――タイレル博士に何としても会わねば、小雨の中バティとリオンはレプリカントの〈眼〉を作る仕事に携わる技術者の元へ、情報を得るために向かう。その二人を背後から撮ったカメラが、少し回り込むかたちで左横へ移動すると、高架下を何台もの自転車がこちらへやってくる。乗り手は皆、網代(あじろ)の妻折笠(つまおれがさ)か饅頭笠を被っている。……笠は両手が塞がっているときの雨除けに、もってこ

いなのである。知識に裏打ちされた監督のこの世界観は、どうやって育まれたのだろう。二人は技術者から、J・F・セバスチャンの名を訊き出す。

リオンのホテルの部屋から発見した写真を手懸りに、スネーク・ショーのダンサーになりすましていたゾーラに辿り着いたデッカードは、危うく殺されかけながらも、いったいどこの国だと思えるほど人種の坩堝(るつぼ)と化した街中を、執拗に追いかけ回し、追いつめ、ブラスターと呼ばれるレザーガンで射殺する。ショーウインドーのガラスを何枚も突き破りながら、迫りくる死から必死に逃れようとするこのシークエンスに、ヴァンゲリスの哀調を帯びた音楽に、監督は心臓の鼓動と思しき音をミックスさせた効果音を用い、命が消えゆく儚さを、見事に表現している。

現場検証のあと、背後から撃たざるを得なかったことで後味の悪さを覚えていたデッカードを、ガフが呼びに来て近くで待っているという警視の元へ連れて行く。ゾーラ射殺の報告を受けやってきたものらしい。その警視から、レイチェルがタイレル社から逃げ出したことを聞かされ、同時に始末することを命じられたデッカードは、愕然とする。

実はゾーラ探索の途中、ふとレイチェルに会いたくなった彼は、断られはしたものの、一緒に飲まないかと誘いの電話をかけていたのである。もしやそれが原因では？

野次馬の中に、レイチェルの姿を認めたデッカードは、後を追おうとする。が、ゾーラの死の一部始終を見ていたリオンに、今度は襲われるのである。リオンの形相は憤怒に縁どられていた。ブラスターを叩き落され、車めがけて投げ飛ばされるデッカード。ネクサス六型の体力・敏捷性は、共に人間の及ぶところではない。まして戦闘用レプリカントである。なす術もなく頸を絞められあわやという寸前、ブラスターを拾い上げリオンの頭部を撃ち抜いたレイチェルによって、助けられる。彼女はやはり誘いに応じて、やって来たのだ。

——デッカードの部屋へ戻って来た二人。二人共に震えていた。デッカードは殺されかけた恐怖のため。そしてレイチェルは、自分と同じレプリカントであるリオンを射殺した衝撃と、次は自分がブレードランナーに狙われるという恐怖のため、である。

確かにこの時レイチェルの精神状態は、均衡を保ってはいなかったろう。平静ではいられなかった筈だ。だからこそデッカードの挙動を見詰めていた彼女は、もしかしたら彼もレプリカントではないのかという思いに、とらわれるのである。躊躇いがちに「あなたもＶ・Ｋ検査を受けたことある？」と問いかけるのだが、しかしながらこの疑念は、デッカードもレプリカントであってくれたなら、どんなに救われるか、という切なる願望の裏返しでしかなかった。

応（いら）えはなく、疲れきって寝入ってしまったデッカードの傍らで、レイチェルはピアノを弾く。纏めた髪をほどいて自然に戻した彼女の隣に、目覚めたデッカードが座る。

「ピアノの音が聞こえた」

「私が弾いたの。……習ったのはタイレルの姪かもしれないけど」

「上手だったよ」

レイチェルにキスしようとするデッカード。彼女は確かに、彼に好意以上の気持ちを抱いていた。だがキスを拒み部屋を出て行こうとする。移植情報による記憶しか持ち合わせない彼女は、どう対応していいか判らなかったのである。ドアを抑え彼女を壁に押し付けたデッカードは、強引にキスをする。

「今度は君からだ」デッカードは、レイチェルに対して自分の気持ちに正直になれ、そう云ったのだと思う。だが彼女の口を突いて出た言葉は、

「私はだれ？　どうしたらいいの？」僅かばかりのタイレルの姪の記憶を、自らの過去としてしか持ち得ないレイチェルのアイデンティティーは、風になびく葦よりもなお頼りないものであったろう。感情が芽生え始めると同時に覚えだしたであろうこの疑問は、また根源的な恐怖でもあったのである。

「抱いて――私を離さないで！」遂にレイチェルの感情は、臨界を越え奔騰する。

一見乱暴極まりないシーンのようでいて、実に胸に迫るラブシーンである。レイチェルの困惑と悲哀そして絶望に、言葉を失う。人間心理の細やかな機微、それすら演出で表現してしまうリドリー・スコット監督の力量は、流石である。

一方ロイ・バティである。彼はタイレル社の社員で、タイレル博士の囲碁敵ならぬチェス敵であ

るＪ・Ｆ・セバスチャン（ウイリアム・サンダーソン）を捜し出し、まずはプリスを彼に近づかせる。

もはや二人となってしまったバティとプリスの望みは唯ひとつ。四年と限られたものではなく、人間並みの寿命を得ることだった。それが叶えば人間と同じく、否人間として生きていくことができる。だが残された時間は、あと僅か。

セバスチャンと仲良くなったプリスは、歌舞伎の連獅子を想起させるヘアスタイルに白塗りの化粧、眼の周りには黒い隈取りを施して、バティを俟つ。ここまでくると、スコット監督かなり日本を意識しているなと、思わざるを得ない。バティがやってくる。

彼らの正体を見破ったセバスチャンを二人掛かりで懐柔し、説得する。

――漸くタイレル博士と会えた。バティは博士に長く生きたいと言い、細胞学的レベルにおける延命の可能性を縷々質すが、

「有機体のシステムを変えることは命取り」「生命コーディングは変えられない」「外部からの干渉を受けた細胞は、パニックを起こして命を絶つ」悉く否定されてしまう。人間と同じ寿命を得られる可能性はゼロ。途は完全に鎖(とざ)されてしまったのである。

「残された時間を精一杯楽しむことだ」タイレル博士は優しく諭す。だがそれが火に油を注ぐ結果となった。絶望の淵に立たされたバティの、瞋恚(しんい)を燃え上がらせてしまったのである。

「生物工学の神が呼んでるぞ」彼は博士の顔を両手で挟むと、口づけをしたあと信じられない力で圧し潰してしまうのだ。凄愴さに背筋が凍りつく。セバスチャンはその光景に怖れをなし、その場を逃げようと右往左往する。――珊瑚色をしたガラス玉のような虚ろな眼で、件のフクロウが、〈死の惨劇〉の一部始終を声もなく見つめていた。

……タイレル社の社長室でタイレル博士とセバスチャンの死体が発見されたニュースを警視から知らされたデッカードは、レプリカントの仕業だと見当をつけ、すぐさまセバスチャンの家へ向かう。留守を預かりつつ潜み隠れていたプリスの襲撃。アクロバティックな体術に翻弄されながらの悪戦苦闘。辛うじて斃したところへ、バティが帰ってくる。愈々最後の闘いが始まるのである――

3

『ブレードランナー』は紛れもない傑作である。

原作は、フィリップ・K・ディックによる『アンドロイドは電気羊の夢を見るか?』(こちらも映画とは違った意味で傑作である)。

通常原作つきの映画の場合、特に映画が原作により忠実に作られている場合、映写時間の関係等から、どうしても物語の筋をなぞるだけに終始してしまい、観終わった後、稀薄な感じだけを受けてしまう。砂を噛むような味気なさだけが残るのである。

もっとも、これは原作を先に読んだ場合に受ける印象だから、それだったら映画を観ないか、原作を読まなきゃいいじゃないかといわれると、「ごもっともです」と頷くよりほか返す言葉がないのだが、やはり面白そうだなと思った作品は、原作も読みたいし映画も観たい貪欲な性分だから、どちらも面白くあって欲しいのだ。また原作と映画とがそれぞれに持つ醍醐味を、比較して楽しむのも格別なものなのである。

『ブレードランナー』は、原作のオリジナリティーを損なわないようにしながらも、うまく換骨奪胎して、まったく違った物語に仕立ててある。こうでなくちゃ。

しかし『ブレードランナー』はこれほどの作品でありながらも、封切り当時はさほどヒットしなかった。私が観たときも観客は疎らだった記憶がある。ほぼ同時に封切られたスピルバーグ監督の『E．T．』に食われたという説が有力らしいが、派手なアクションが多いわけでもなく、何よりそれまで出会ったことのない異質で退廃的な未来の世界観が、おそらく受け入れ難かったのではなかろうか。それがビデオ化されてから、カルトなファンの間で徐々に人気が高まっていったという。スコット監督の映像世界は、常に先を行っている。だからついていくべき観客の方が遅きに失する傾向が、間々見受けられるようである。これなどその顕著な例ではなかろうか。

『ブレードランナー』は制作された当初から、実に波乱含みではあった。

リサーチ試写の際「内容が判りにくい、暗い」という会社側のクレームで、スコット監督自身釈然としないながらも、ナレーションとラストシーンを付け加えさせられたのである。ナレーションは、主人公であるデッカードを演じたハリソン・フォードによるもので、その時々の状況やデッカードの気持を、より詳しく述べている。ラストシーンは、デッカードとレイチェルが二人して逃げ出すべく、エレベーターに乗り込み、そのドアが閉まる――そこで本当はエンドマークだったのだが、レイチェルが従来の四年しか生きられないタイプのレプリカントとは異なり、新型の細胞組織ゆえに人間並みの寿命を持つという朗報を、即ち誰も知らないどこかで二人だけの蜜月を過ごすであろうというハッピーエンドを、デッカードのナレーションで知らしめながら逃避行に就く、という部分が加えられているのである。

そのラストシーンだが、時間的にも予算的にも撮り直すことは出来なかったのだろう、スタンリー・キューブリックが監督した『シャイニング』のオープニングの残りを使用したという話は、今ではマニアの間で語り草となっているほどらしい。しかしながら他人が撮ったフィルムを使用せざるを得なかった状況は、スコット監督の矜持を大いに傷付けたであろうことは、想像に難くない。

だが幸いにも十年後の一九九一年、リドリー・スコット監督自身が再編集した所謂ディレクターズカットによる『ブレードランナー　最終版』が上映される運びとなる。

実は前述のリサーチ用フィルムが偶々発見されたのが切っ掛けらしいのだが、本編がビデオ化されて以来、回りの人気が異様に高まっている状況でもあり、会社も再上映しても採算が採れると踏んだのであろう。その話を切り出すと、スコット監督は、

「リサーチ用編集バージョンは、あくまで未完成のものだから、公開を承認することは出来ない」そして、それはビジネスの問題ではなく芸術の問題だ、とまで言い切ったという。但しである、初映の折いたく自尊心を傷付けられたであろう監督らしい、提案をする。「監督である私が、自分の思うように編集したものであれば、公開してもいい」と。——十年経って漸く自らの意に沿う作品に、仕上げることが出来たことになる。

しかし、再編集したがために、かなり大きな変更が生じたのである。と一般にはいわれているのだが……

当然、監督の意志に反して加えられたナレーションと、エレベーターのドアが閉まった後のラストは、カットされている。

それ以外では、デッカードが転寝(うたたね)した時にユニコーン（一角獣）の夢をみるシーンが、付け加えられているのだ。それも沢山の写真が飾られた例のピアノを、雨垂れ式に弾いたすぐ後にである。（このシーンは、スコット監督自身の作品『レジェンド・光と闇の伝説』から、流用されたものだといわれている）。

またレイチェルがデッカードに、「あなたもＶＫ検査を受けたことがある？」と尋ねるシーンで、二人の瞳が赤く光っているのである。デッカードの瞳もだ。

以上のことから、ラストシーンでの、エレベーターの扉が閉まる前、床に置かれた銀紙のユニコーンにデッカードが気付くシーンの意味合いが、大きく変わってくるのである。〈劇場版〉では、レイチェルの寿命が四年だと信じ込んでるガフが、束の間の蜜月を楽しめと、二人の逃避行を見逃してくれたと解釈できたものが、〈最終版〉では、何とガフがデッカードが見た夢の内容を知っているという事実、即ち「私はおまえの正体を知っているぞ」という通告にデッカードが愕然とする、というものに変化するのである。——つまりデッカードがレプリカントである可能性が、強く出て来たというのだ。まさかユニコーンの折り紙が、偶然だと考える人はいないだろう。確かにスコット監督の狙いも、その辺にあったのだと思う。有り得ない話ではない。そのことは認めよう。

しかしながら、である。原作の中に、主人公がレイチェルをアンドロイドだと看破した後、次第に人間より人間らしい彼女に惹かれていくようになる過程が描かれ、またその間、人間以下の人間と接し、人間以上のアンドロイドとの出会いを重ねていくうち、アンドロイドと人間の区別が付けられなくなっていく自分を感じ、本当は自分もアンドロイドではないのか、という疑問に悩まされ出す、というシークエンスがあり、実際同じ賞金稼ぎのフィル・レッツに頼んで、自らフォークト・カンプフ検査を受けたりもするのである。結果はある特定のアンドロイド（レプリカント）に対しては、強度の感情移入反応を示しはするものの、人間であることに間違いはないというものだった。脚本を担当したハンプトン・ファンチャーとデビッド・ピープルスは、当然この原作を基として稿を起こした筈であろうし、エンド・クレジットのあと「この映画を、フィリップ・K・ディックの思い出に捧げる」という献辞が寄せられるほどであるから、リドリー・スコット監督自身も、原作者の意向を大切にしたのでは、と考えられるのである。

また、原作のあとがきで訳者の浅倉久志は、

「ここにディックのもっとも基本的な世界認識がある。ディックにおいて、人間とアンドロイドの生物学上の、あるいは自然科学上の区別は、まったく無意味である。親切な存在はすべからく『人間』であり、それ以外は人間ではない。ここで彼が、この非人間的性質の比喩としてのみ、『アンドロイド』を持ち出している事を失念してはならない。ディックは、『アンドロイド』と『人間』の形式上の区別には関心がない。コピーも原物も、親切であればすべて本物である」という後藤将之の、『フィリップ・K・ディックの社会思想』と題する評論を取り上げているが、まさしくディックのこの世界認識こそが、バティやレイチェルこそが真の人間ではないのかと思えるほどに、またデッカードの意識と感情がレプリカントへの偏りが大きいだけに、彼もレプリカントではないのかと疑わせる、一因となったのではなかろうか。

だが私としては、デッカードがレプリカントであるか否かの論争に、たいして意味があるとは思

えない。ただ「どっちだろうと思わせておいた方が、内容に膨らみが出るだろう」というスコット監督独特の意識的曖昧さ、つまりこれはディックの世界認識を逆手に取った、監督の〈遊び心〉だろうから。そう思っている。

4

——「アンドロイドも夢を見るのだろうか、とリック（デッカードのファースト・ネーム）は自問した。見るらしい。だからこそ、彼らはときどき雇い主を殺して、地球へ逃亡してくるのだ。不毛な岩だらけの荒原、もともと居住不可能な植民惑星で汗水たらして働く奴隷労役のない、よりよい生活を求めて。」原作の一節である。ならば『アンドロイドは電気羊の夢を見るか?』とは……変わったタイトルであるが、このタイトルを映画に即して意訳すると、『人間と同じように、（制作後数年を経て感情を生じせしめた）レプリカントは、（移植情報を過去として与えられた記憶で）、ユニコーン（人間らしさの象徴）の夢を見るのだろうか?』ということになろうか、と思う。リドリー・スコット監督は実はこのタイトルの中にこそ、レイチェルのみならず、バティやリオンたちが痛切に願った人間らしく生きたいという思い、まさしく哲学的命題ともいえる意味が込められているのを汲み取って、見事に映像化した――私はそう解釈している。

またそう解釈したほうが、デッカードとバティの対決が、映画史的にもより重要な意味を持ってくるのではなかろうか。人間らしく生きたいと希い、人間らしい扱いを求めたバティと、レプリカントに感情移入しすぎるが故に、俺は本当に人間なのか？　と自分自身を疑ったデッカードの、已むに已まれぬ対決。

つくづくとバティを演じたルトガー・ハウアーの演技力と存在感は、すごいと思う。彼のお蔭でこの闘いが、映画史に残る名シーンになったのではなかろうか。

仲間をつぎつぎと斃され、最後のひとりとなったバティも、死にかけていた。狼の遠吠えをあげつつデッカードを追い回しながらも、身体はすでに動かなくなりつつある。だが最後の力を振り絞っても、人間に伝えなければならないことがある。痺れ、噛んでも痛みすら感じなくなった右手の掌に、バティは五寸釘よりももっと大きな釘を貫き通す。

「まだだ！」あわや消えなんとする命の炎を掻き立て、

「もう少しだけ持ちこたえてくれ！」それは死にゆく自らの細胞に活を入れ、闘いの間だけでいいから生きさせてくれという、必死の願いであった。

デッカードの指の骨を折り、バティは猫が鼠をいたぶるように、狼が獲物を狩るように闇雲に追い回す。「怖いだろう。それが奴隷の宿命だ」恐怖を、自分たちが奴隷時代に味わった連続する恐怖の一部でも、体験させようとするかのように。

デッカードを嬲(なぶ)る行為は、途半ばで死んでいった仲間たちの無念を背負い、自らの命も間もなく終えようとする絶望の咆哮でもあった。

「残された時間は？　……俺はどこから来て、どこへ向かうのか？」

人間である限り、素手でレプリカントに敵(かな)う術など、初手からなかった。疲労困憊、ついに力尽きてビルから落下しようとするデッカードを、弓手(ゆんで)に白い鳩を持ち、釘が刺さった儘の馬手(めて)で引き摺り上げて助けたバティは、彼の前に腰を下ろし、

「お前ら人間には信じられぬものを、俺は見てきた。オリオン座の近くで燃えた宇宙船や、タンホイザー・ゲートのオーロラ……そういう思い出もやがて消える。時が来れば、涙のように……雨のように……」呟くように、歌うようにいうと、

「その時が来た」とはにかむような笑みを泛べ、ゆっくりと頭(こうべ)を垂れ、眠るように死んでいく。その手から白い鳩が飛び立つ。恰もバティの魂を天上界に運ぶかのように――

(付記)

一九九三年、『ブレードランナー』は、アメリカ議会図書館の国立映画保存委員会によって「文化的・歴史的・美学的に重要な」アメリカ映画に選ばれ、国立映画登記簿に永久保存登録された。

タイミングからして、当然これは『最終版』だろう。それにつけても映画が誕生して百年余り、その間制作された何十万本のアメリカ映画の中から、未来に残しておくべき文化遺産の一本に、選ばれたのである。当然だという気がしないでもないが、それにしても素晴らしい快挙であるし、ファンとしては欣快この上ない。

（参考文献）『アンドロイドは電気羊の夢を見るか？』フィリップ・Ｋ・ディック著　浅倉久志訳　早川書房刊

（２０１５年７月９日）

（「シネマ気球」２０１５年９月。２０２０年加筆訂正）

『プロメテウス』アンドロイドの憂鬱

一

リドリー・スコットは、純粋に映画畑を歩んできた監督、ではない。王立美術大学で映画を専攻し、卒業後はＢＢＣ・ＴＶにセット・デザイナーとして入社、やがてＴＶ監督となるも、三年後には退社して、自らコマーシャル制作に乗り出す。十年の間に三千本近いコマーシャルを撮り、幾度か受賞の栄誉を担っている。経営的には順風満帆だった筈だが、やはり映画に対する思いが断ち難かったのか、７６年『デュエリスト』で商業用映画への、デビューを果たす。スコット監督は１９３９年の生まれだから、三十七歳にして映画初監督、ということになる。『デュエリスト』は制作の翌年カンヌ映画祭に出品され、審査員特別賞を獲得している。その実績とコマーシャル制作時代のヴィジュアル・センスが、おそらく買われたものであろう、二作目にして早くも大作『エイリアン』の監督を、任されるのである。

『エイリアン』は、今や「ＳＦホラー映画の古典」と銘打たれるほどの、傑作である。原案を担当した一人ダン・オバノンの脚本をもとに、シュール・レアリスムの巨匠Ｈ・Ｒ・ギーガーのデザインを得て製作されたこの映画は、第52回アカデミー視覚効果賞を受賞している。期待の新鋭と業界では嘱望されつつも、当時はまだ一般的には無名に近かったリドリー・スコット監督の名を世に知らしめ、且つダラス船長（トム・スケリット）の次にクレジットされる存在に過ぎなかったエレン・リプリー役のシガニィー・ウィーバーを、一躍スターダムに押し上げた功績を果たしたのも、この映画である。

また、本来は〈外国人〉を指す「エイリアン」という言葉が、この映画以降〈宇宙人或いは異星人〉を指し示すものとして定着したのだが、これは〈地球外のすべての生命体〉であるのは勿論のこと、当然〈知的生命体〉も含むという意味も内包していた。従って映画のタイトルを、私などもその口だが、単純に「生存のため良心や後悔に影響されることのない完璧な有機体」である怪獣を表現したものと解した人たちと、その怪獣に滅ぼされた人間によく似た異星人を示すものと解釈した人たち……実に二通りの観方ができたわけである。

本稿で論じようとしている『プロメテウス』では、そのどちらも〈エイリアン〉では紛糾をきたすため、怪獣を〈エイリアン〉と呼び、異星人を〈エンジニア〉と呼称している。

――当初そのスコット監督自らが、『エイリアン』のリメイクを撮るという、噂が流れた。奇異な感じがした。

『エイリアン』はSFホラーとして、謂わば完成された映画である。余程の自信があったとしても、リメイクがオリジナルを超えるのは難しかろう。しかも三十三年を経た現在、今や売れっ子として多忙を極めるであろうスコット監督自身が、なぜリメイクする必要があるのだろうか。

確かに『エイリアン』は、その面白さと出来栄えと、おそらく〈エイリアン〉のグロテスクな魅力？　ゆえにシリーズ化され、四作目まで制作されている。それ以外にもスピンオフ作品として『エイリアンVSプレデター』が、何本か作られている。……その〈エイリアン〉も最近とみに存在感が薄れてきたので、何とか人気を盛り返そうとテコ入れの意味で、生みの親ともいうべきスコット監督を起用して、リメイクしようというのだろうか――実際そう勘繰ってもみたのである。

だが実際の経緯はこうである――『プロメテウス』は、もともと『エイリアン』シリーズの五作目として、企画された作品であった。二〇〇〇年代初頭というからジャン＝ピエール・ジュネ監督による『エイリアン４』が公開されてから三～四年経った頃ということになろうか。五作目の企画が持ち上がり、当初『エイリアン２』の脚本・監督をつとめたジェームズ・キャメロンが、エイリアンの起源を掘り起こす物語に取り掛かった。一作目を担当したスコット監督と、四作を通して主演したシガニィー・ウィーバーも大いなる関心を表明し、誕生の経緯を描くアイデアを支持したという。だがキャメロン監督は、20世紀フォックスが『エイリアンＶＳプレデター』の製作準備を進めていることを知り、企画を放棄してしまう。……会社は二つの方向性で、テコ入れを計ったのだろうか。それにしてもこれでは「エイリアン」のオリジナリティーを損ないかねない。ＶＳプレデターのストーリー如何では、誕生した曰(いわ)くが無に帰してしまいかねない。キャメロン監督の怒りは、尤もだろう。

しかしこのまま企画を流してしまう訳にはいかない。残されたスコット監督は、当初は困惑しただろうが流石に立ち直りも早く、最も論理的な道は、口の中から更に口が飛び出す愛すべき怪獣の方ではなく、自身監督した第一作目でほんのワンシーンだけ、それも化石化した姿で登場しただけだが、ばかでかい操縦席様の上で恰も宇宙船を操縦するが如き姿勢で発見されたため「スペースジョッキー」と呼ばれる異星人、彼らの起源を探る流れでシリーズを継続すべきであると考えたのである。おそらくだがこの時スコット監督の脳裡に、〈神〉とは呼べぬまでも人間を創り出した存在としての彼らが、閃いたのではあるまいか。

スコット監督はインタビューで、次のように述べている。「映画は本当にタフで、本当に不愉快になるだろう。それは月のダークサイドだ。私たちは神とエンジニアについて話し合っているところだ。宇宙のエンジニアだ。そしてエイリアンは生物戦争のために創造されたのか？ それとも惑星を一掃する生物なのか？」

〈エンジニア〉と呼称される「スペースジョッキー」が持つ驚くほど高度な文明、彼らはなぜそのような文明を持ち得ることができたのか、彼らはどのようにして誕生したのか、そして彼らはなぜ、人間を創造したのか？

二

出足で躓いた形の『プロメテウス』だが、とにかくエンジニアのルーツを探るという方向性が定まった上は、発端が『エイリアン』であるだけに、その前日譚を描こうということが決定された。だがそれも予算の関係等から修正を余儀なくされる。裏話的にちょっと面白い談話があって、ジョン・スペイツによって書かれた最初の脚本ではあまりに製作費がかかりすぎるため、コストダウンを図るべく脚本の改訂に送り込まれたデイモン・リンデロフが、

「本当の前日譚は本質的にはオリジナル映画の出来事に先行する必要があるが、本作は同じ世界を舞台とするものの、完全に何か異なり、異なったキャラクターが描かれ、そして完全に異なったテーマを持っている」と述べているのである。要するに前日譚ではあるが、『エイリアン』四部作とは、違う話の展開になると云っているわけだ。まるっきり詭弁としか受け取れないのだが、それだと何も前日譚にする必要はなかろう。成程スコット監督が、訂正発言をやらざるを得ない訳だ。当然シガニィー・ウィーバーの出演は、見送られた。

本編である。冒頭、川を遡ると滝に突き当たり、上空には宇宙船が浮かんでいる。滝の上にフード付のローブを纏った人間と思しき者が現われる。かの者はローブを脱ぎ捨てる。その下は筋骨隆々たる体躯であった。ただ頭髪はおろか眉毛も体毛もなく、ゆで卵の白身のようなつるつるな肌をしていた。かの者は容器に入った薬ようのものを取り出し、一息に飲み干す。その様子を見届け宇宙船は飛び去っていく。かの者は直に苦しみはじめ、全身から血を噴き出し、体重を支えきれずに足の骨は折れ、滝壺へと落ちていく。水の中で体は粉々に砕け、のみならず遺伝子さえも黒く変色し、ばらばらになってしまう。が、水と融合して蘇生したかのように、遺伝子は再構築されていくのである。……これは何を意味するのだろう？　物語が進むに従いある程度の推測はできるのだが、それにしてもだ、もしこれが人類が誕生した最初だとすると、随分おぞましい話ではないか。

時代は一気に飛んで２０８９年、スコットランドのスカイ島で、考古学者のエリザベス・ショー

（ノオミ・ラパス）は、同僚で彼女の恋人でもあるチャーリー・ホロウェイ（ローガン・マーシャル＝グリーン）と共に、「星を指さす人間よりひとまわり以上大きな人物？　を人々が崇めている」壁画を発掘。これはマヤやシュメールやバビロニアで発見された同じ図柄の壁画より、千年以上古いものであった。

「捜しに来いといっている」強い予感に彼女は身震いする。

「壁に描かれた絵は、人間を創造した人間によく似た生物からの招待状」だと彼女は確信していた。だが〈神〉だとは云わない。その生物を彼女は〈エンジニア〉と呼んだ。

　さらに四年後の２０９３年暮れから翌一月一日までが、メインとなる時期である。成程『エイリアン』より三十年ほど以前になる。〝前日譚〟の名残りであろう。果てしない宇宙空間を航行する探索船プロメテウス号。目的地は壁画に描かれていた、地球がある銀河系より遥か彼方にある別の銀河系で、地球と同じように月を持ち、生命体の生存が可能な惑星（正式にはレクチル座ゼータ第二星系のＬＶ-２２３と呼ばれる）。二年四ヶ月に及ぶ長旅は、ようやく終わりにさしかかろうとしていた。眠りを必要としないアンドロイドであるデヴィッド（マイケル・ファスベンダー）を除く全員が、コールドスリープ（冷凍睡眠）から目覚める。クルーのほか、監督官としてのメレディス・ヴィッカーズ（シャーリーズ・セロン）、地質学者ファンフィールドに生物学者ミルバーン、そしてエリザベスにチャーリー。目的地に近付いたのである。

プロメテウス号でのミッションを企図し、莫大な資金を提供したのはウェイランド社の社長であるピーター・ウェイランド（ガイ・ピアース）であるが、メレディスはその娘。ミッションの表向きは「人類が抱く根源的な命題である、人類の起源は？　生きる目的は？　死後は？」という謎を、人間を創造したエンジニアに会って解き明かすことであったが、その実ピーター社長はもっと切実極まる問題をかかえていた。老衰のため余命幾許もなかったのである。そのためクルーにも内緒でプロメテウス号に乗り込み、エンジニアと遭遇した時に冷凍睡眠から目覚めるようにしていた。

ピーター社長はどうしてエンジニアの存在を知り得たのか。仮にエリザベスとチャーリーがエンジニアを捜し出すための資金援助を申し入れたとして、話を簡単に鵜呑みにしたりはしないだろう。まして当のエリザベスが、エンジニアが人間を創造したという根拠はない、そう信じてるだけだと、云っているのである。にも拘らず決断したのは、そこに一縷の望みを見出し、延命もしくは不老不死を手に入れられるかもしれないという、可能性に賭けたものか。

「エンジニアが人間の創造主なら、救世主でもあろう。必ず私を死から救ってくれるに違いない」それは生きたいという願いではなく、もはや生き抜くという執念であった。

――このとき私の脳裡に想起されるものがあった。『ブレードランナー』である。

人間によって創り出されたロイ・バティをリーダーとする四人のレプリカント（アンドロイド）は、植民地を脱出し地球へやってくる。人間と同じように〈感情〉を生じさせた彼らは、四年しか生きられない命に疑問と焦燥を覚え、創造主であるタイレル博士に延命の直談判に及ぶためである。だが願いは虚しく希望は粉砕され、バティは絶望のあまりタイレル博士を、殺してしまう。

『ブレードランナー』における人間は、『プロメテウス』ではエンジニア。レプリカントに該当するのは人間。ピーター社長はエンジニアに、延命どころか不死をこいねがおうとする。シチュエーションが酷似しているのだ。当然この似通った状況の認識は、スコット監督にあった筈である。意識してのことだろうか。

一方メレディスはミッションに強く反対していた。人は必ず死ぬ。自然の摂理である。厳粛たるその事実をなかなか受け入れず、為に社長の座を娘である自分に譲り渡そうとはせず、のみならずエンジニアなる存在を捜し出して延命を図ろうとする父親の姑息さが、彼女には業腹(ごうはら)だったのである。

目的地である惑星を上空から探索中、チャーリーが人為的な加工の跡がうかがえる幾つかのドーム状の岩山を見つけ、そのひとつのすぐ傍への着陸を指示する。待ちきれない様子で、すぐさま内部の調査開始。

三

以降の展開は『エイリアン』を下敷きにしている。前日譚ということもあるが、シリーズ四作を通して、この第一作目にしか、それもほんの僅かしか登場しないエンジニアのルーツを捜すという物語なわけだし、そうせざるを得なかったのではあるまいか。というより、この『プロメテウス』は『エイリアン』シリーズの一本だということをアピールするため、意図的に似せたというきらいも仄(ほの)見えるのだ。そのためリメイクだと囁かれることにもなるわけだが……

異なっている個所をピックアップしてみようと思うのだが、それには行動原理が不可解な（？）デヴィッドの行動を追った方が、早道かも知れない。なぜなら異なっている個所のほとんどに、彼が関わっているからである。

調査すべく入ったドーム状の岩山、実はエンジニアの惑星基地で中に宇宙船が格納されているのだが、初めての筈なのにデヴィッドはすぐにドアのスイッチを探しあて、エンジニアのホロスコープを現出させる。それによると、彼らは逃げ惑っていた。襲い来るものの姿は映っていない。巨大なシャッター式の扉を開け、中へ逃げ込む。入り遅れた最後の一人が扉に首を挟まれ、切断される。死後二千年を経過していると思われるその頭部をプロメテウス号に持ち帰りスキャン、その結果外骨格と思われたものがヘルメットであることが判明。デヴィッドが短い象の鼻のような部分を持ち上げボタンらしきものを押すと、ヘルメットは簡単に外れた。

ヘルメットの中から現れた頭蓋骨から採取したＤＮＡを検査すると、驚くべきことに人間のものと全く同じ構造であった。

デヴィッドはアンドロイドである故に、眠らない。『ブレードランナー』のレプリカントは、創りだした人間以上の体力、知力を有した。同様の能力を持つ彼が、人間が冷凍睡眠に就いている二年四ヶ月に及ぶ航行の間、古代言語を習得し、目的であるエンジニアについて調べ尽くしたとしても、不思議はあるまい。ただ問題なのはデヴィッドもまたレプリカントと同じように、〈感情〉を芽生えさせたであろう、ということである。そして自分の境遇に疑問を持った。

「ここまで来たのは、創造主に会って、なぜ人類を創ったのか、答えを得るため」というチャーリーに、

「人間が私を創ったのは？」とデヴィッドは問いかける。

「創れたから」

「あなたの創造主がそう答えたら、傷付きません？」

「幸い君にはない感情だ」

「そう私にはない感情です」そう答えながら、更に「答えを求めてここまでやって来たのなら、どこまでの覚悟がありますか？」

「とことんやるよ」

チャーリーの返事を聞いて、デヴィッドは得心がいったかのように、エンジニアの宇宙船から秘かに運び込んだ、中央が膨らんだ円筒から取り出した黒い人の爪の先のようなものを、酒に混入させ彼に飲ませるのである。それが何なのか、デヴィッドは当然知っていた筈である。が、チャーリーを殺そうという明確な意志はなく、覚悟を尋ねたのは実験台として生じた結果を恨まないで欲しいという、生物学的好奇心による虫のいい願望だったと、思われる。

その夜、チャーリーとエリザベスは愛し合う。

翌朝チャーリーの身体に異変が生じていた。眼が血走り、瞳が散大していたのである。だがたいしたことはないだろうと、高を括ってしまった。

前日のエンジニアの基地の調査で、道に迷って一行とはぐれてしまった、地質学者と生物学者。捜索にあたろうとする他のメンバーは、強力な磁気を帯びた砂嵐が発生したために一時帰還せざるを得ず、取り残されて一夜を過ごすことになる。夜明けと共に捜索隊を率いて再度エンジニアの基地へ向かうヤネック船長（イドリス・エネバ）たちに、エリザベス共々チャーリーは同行するのだが、そこで変調はマックスに達した。顔面蒼白、身体中の血管が浮き出し、歩行も儘ならなくなったのである。悪いことにはそのさなかに、エイリアンの幼虫に殺された生物学者の遺体を発見。「細菌か！」一行はパニックに陥ってしまう。大慌てで帰艦の途に就く。しかしまさにプロメテウス号に到着した時、感染を疑う捜索隊のパニックに文字通り感染したかの如き留守居組のメレディスにより、チャーリーは乗船を拒絶されてしまう。押し問答の挙句、埒が明かぬと半ば強引に乗船しようとする、捜索隊。チャーリーを早く医務室へ、彼の容態を案じるエリザベスの気持は急く。だが死神のように立ち尽くし手を差し伸べるチャーリーの姿に、更に恐怖を倍加させ正常な判断力をなくしたメレディスは、何と火炎放射器で彼を焼き殺してしまうのである。ショックと絶望で気を失うエリザベス。

……頸にかけた十字架を外されようとして、彼女は意識を取り戻した。

「感染のおそれがありますから、外します」エリザベスの身体を検査していたデヴィッドは、続けて驚愕すべきことを、口にする。「妊娠しています。それも三ヶ月です」

先天的に決して児を孕むことのない私が妊娠？ それにチヤーリーと愛し合ったのは十時間前、あり得ない。デヴィッドの言葉が追い打ちをかける。

「人間の胎児ではありません！」エイリアンの幼体（チェストバスター）が宿ったのである。

「取り出して！」エリザベスは絶叫する。

「ここには処置の出来る人間がいないので、最善の策は地球に戻るまで、低温カプセルに入っていることです」低温で幼体の成長を止め、地球に還ってから取り出すしかないというのである。エリザベスは鎮静剤を打たれる。

再び気が付いたエリザベスは、彼女の身体を低温カプセルに収納すべく、運びに来た看護士二人を殴り倒すと、お腹の痛みを堪えながら救命モジュールへ奔ると、ハイパー手術用の医療ポットを操作して、何と何と自らの手で幼体を取り出してしまうのである。取り出された幼体も気味悪かったが、取り出す行為そのものがもっとグロテスクであった。暴れ回る幼体を医療ポットに閉じ込めて、彼女は逃げ出す。それはいいが、走る、走る。開いたお腹をホッチキスで縫いとめた身体で、である。呆れて、不可能だろ、思わず突っ込みを入れてしまう。

エリザベスが逃げ込んだ部屋にはピーター・ウェイランド社長と、その世話を焼くデヴィッドがいた。この時点でエリザベスは、エンジニアはそのすべてが自ら培養したエイリアンに滅ぼされてしまった、そう思い込んでいた。だがデヴィットの口から意外な言葉が吐かれる。

「ひとりは生きてて今から会うところです」そのためピーターは冷凍睡眠から目覚めたのだ。驚くエリザベスにピーターが声をかける。「君も一緒に来るかね」

自室へ戻り支度を整えているエリザベスを、ヤネック船長が訪れる。些か興奮気味に、

「自分の庭で大量の破壊兵器を造るほど、奴らもバカじゃないから、この惑星を選んだのだ」ドーム状の岩山を探索した時に見つけた、夥しい数の中央が膨らんだ円筒。デヴィッドがその内の一本を、秘かに持ち帰ったあの円筒である。「あの筒の中身がそれだよ。それが逃げ出して、造った奴らを殺したのだ。さっさと帰ろう」そしてきっぱりと「どんなことがあろうと、あの化け物（エイリアン）を地球に連れ帰るのは絶対に許さない。それを止めるためなら何だってやるよ」云い切

る。この決意が、伏線となっているのはお判りだろう。

デヴィッドは本当に驚いていた。エリザベスが自分で幼体を取り出したことにである。やって来た彼女に、

「これほどお強いとは。本当に驚くべき生存本能ですね」

彼女は質問で返す。「ウェイランドが死んだあと、あなたはどうなるの？」

「自由になるでしょう」意味深長な答である。彼はいったい何から自由になるのだろうか。

ピーター、デヴィッド、他三人の側近に彼女も随行し、基地の岩山へと向かう。

長期睡眠装置（これは人類の冷凍睡眠装置とは別物のようだ）を解除され、起き上がってきたエンジニアに、エリザベスは叫ぶ。

「あなたの仲間を殺したあの筒は何？　私たちが来るからあの生き物をつくったのね。私たちの何がいけなかったの、なぜ憎むの？」

彼女の発言を押し止め、ピーターが云う。「招かれたからやって来た」

デヴィッドは通訳を試みようとするが、突然狂暴化したエンジニアに身体を掴まれ、首を引き抜かれてしまう。ピーターや他の側近は、或いは壁に投げつけられ、或いは殴り倒され、みんな殺されてしまう。人間よりひと回り以上大きな体躯のエンジニアである、ひとたまりもなかった。

「ここには何もなかった」ピーターの末期の言葉である。延命どころか、夢見た未来も希望も、

なかったのだ。レプリカントの絶望と、同じである。

おそらくだが、言葉は理解できないまでもエリザベスの剣幕に、人間を滅亡させようとしていることを知られたと思い、エンジニアは猛り狂ったのではあるまいか。まさかピーターが延命を乞うために会いに来たとは、考えもしなかったであろう。もしピーターの目的を知ったら、その大いなる皮肉にエンジニアは苦笑したに違いない。

ただひとり逃げ出したエリザベスに、首と胴体が別々になったデヴィッドから通信が入る。「エンジニアは、エイリアンの卵をばら撒くために地球へ向かうつもりです」……

絶対にそんなことをさせてはならない！

エンジニアの船が離陸する。エリザベスはヤネック船長に、地球の人類が滅ぼされようとしていると訴え、あの船を止めて欲しいと懇願する。プロメテウス号は探索船である。戦艦ではない。

「戦闘が無理なのは判っている。でもあの船を止めないと、私たちの帰る地球がなくなってしまう！」

船長は瞬時に決断を下した。ほっといて地球へ帰ろうと言い募るメレディスに、

「救命モジュールを地上にリセットしてやる。脱出し地上であと二年生きるか、ここで運命を共にするか選べ」

彼女は大慌てで、脱出ポットへと向かう。船長はチャンス（エミュ・エリオット）とラヴェル

（ベネディクト・ウォン）航海士に、お前たちも逃げろと云うが、彼らは「操縦の下手な船長に任せてはおけない」とすでに死を覚悟していた。

方法はこれしかない。イオン推進装置——イオンの推力で、船を弾丸に変えるのである。

人間の意気地と尊厳をかけて、飛び立ったエンジニアの宇宙船に、彼らは敢然と突っ込んでいく——

四

プロメテウスとは——

古代ローマ時代のギリシャの著作家であるアポロドーロスによると、プロメテウスは人間を創造したギリシャ神話における神である、という。また、天地創造の力を持つ「神の焔」を未熟極まる人間に渡すことは、身の丈に合わぬが故にどんな恐ろしい結果を招くかも知れず、為にゼウスから固く戒められていたにも拘らず、禁を犯して天界から火を盗み、人間に与えた。自ら創り出した人間の幸せを信じたがゆえとされているが、最初は自然界の脅威である飢えと寒さを防ぐため、与えられた火で暖を採り、火を使って作り上げた道具で獲物を獲って飢えを凌ぎ、成程人間の暮らしは豊かになった。

だがやがてゼウスが危惧した如く、人間は生きるためではなく利権を獲得するために、武器を作り戦争を始めだしたのである。

プロメテウスは神の座を追われ、のみならずカウカーソスの山頂に磔にされ、三万年の長きに亘り毎日鷲に肝臓を啄まれる劫罰を、受けることとなる。

――遥か何万年も昔、高度な文明を発達させたエンジニアは、はるばる地球までやってきて、自分たちの遺伝子を用いてクローンである人間を誕生させた。理由は判らない。人間に、自分たちがやがて暮らすことになるかもしれない惑星の環境を、整えさせようとしたのかもしれない。そのために「神の焔」ならぬ必要最小限なものを与え、時折様子を見に来た。それが壁画に描かれていた内容だろう。だが人間は予想外の早さで文明を発達させ、のみならず地球を劣悪な環境に変じさせようとしていた。このまま手をこまねいて放ってはおけない。そこで培養した夥しいエイリアンを地球に放ち、人類を滅亡させ、自分たちに適合した環境を取り戻そうとしたのでは、なかろうか。

デヴィッドも云っている。「創り直すためには、まず破壊しなくては」

――「神は自らの姿に似せて、人間を創り給うた」という一般的な概念を、改めて別の視点から捉え直してみようという試みは、悪くないのかもしれない。だが人間を創ったのがエンジニアだということになると、レプリカントを創った人間と同じ轍を踏むことになり、なんら新味はない。だからといって、アンドロイドであるデヴィッドの台詞「人間のために人間に似せて創られた」彼を創り出した人間と重ねて二重構造にしても、同じことである。却ってエンジニア、人間、アンドロイドと扱いの比重を同じくしなければならなかっただけ、テーマが拡散してしまった感がある。どうせ新味が出せないのであれば、エンジニア対人間の葛藤か、人間対アンドロイドの軋轢に、焦点を絞った方が観応えはあったろう。どうにも『ブレードランナー』の監督とは思えない、歯切れの悪さではある。

そのデヴィッドである。彼は人間にとっくに愛想を尽かしていたのではなかろうか。ピーター・ウェイランド社長の前では、絶対服従のていを装いながらも、その社長から、

「（アンドロイドは）老いと死に無縁。その幸せを彼自身は理解していない。そう感じるために必要なもの、心が欠けているからだ」と決め付けられ、メレディスはじめ他の乗組員たちからもロボットだからと小馬鹿にした態度をとられ、すでに〈感情〉を生じせしめていた彼の中に、鬱屈した思いが少しずつ蓄積されていった。誰もが持ち合わせていないエイリアンの知識を有し、現実に手が届く処にエイリアンの卵がある。自分もエンジニアのように、エイリアンを培養できるのではないか。――そしてアンドロイドが人間から解放されるために、自由になるために、それを使用できるのではなかろうか。些(いささ)か極端かも知れないが、そう思い込んだとしても、不思議はないのである。デヴィッドは人間と共にエンジニアと闘いながら、アンドロイドとしてたったひとりで、人間

と闘うことを夢見ていたに違いない。いやひとりではないのかも……ピーター・ウェイランド社長は、アンドロイドであるデヴィッドを息子のような存在と言ったが、ならば娘であるメレディスもまたアンドロイドなのではなかろうか。だからこそピーターは、不老不死を強く願ったのでは。演じたシャーリーズ・セロンもそう感じたらしく、脚本を検討してもその記載はなく、スコット監督に質したところ、「(アンドロイドだと) 思わせておいたほうが面白いんじゃないの」という返事だったので、人間ともアンドロイドとも取れる演技をしたそうである。『ブレードランナー』でも、ハリソン・フォードが演じたデッカードをレプリカントではないのかと思わせる演出をしたくらいの監督だから、そういった曖昧さで観客を煙に巻くのが好きな人ではあるのだが、折角そこまで御膳立てしたのであれば、デヴィッドとメレディスに共同戦線を張らせて、人間と敵対させた方が、むしろよかったかも。

プロメテウス号に衝突されて墜落したエンジニアの宇宙船、そのひと口食べたドーナツを巨大化したような残骸が、エリザベスとすでに地上に降り立っていたメレディスめがけて、円型である故に回転し襲ってきた。エリザベスは咄嗟に逃げ果(おお)せたが、メレディスは逃げ遅れて圧し潰される。

しかし助かりはしたものの、ヘッドギアの酸素が尽きかけていた。エリザベスは衝突前に、プロメテウス号からメレディスを乗せて放出された、救命モジュールへ向かう。だがその中の医療ポットには、彼女が自らのお腹から取り出した、エイリアンがいるのだ。

「彼がそちらへ向かっています!」再びデヴィッドの絶叫。撃墜された宇宙船から脱出したエンジニアが、エリザベスを襲うためやってくる。モジュールに転がり込むエリザベス。飛び込んできたエンジニア。間一髪、攻撃を躱した彼女は、エンジニアを手術室に閉じ込めることに成功。中では巨大化したエイリアン（これは全くでっかい蛸にしか見えない）が待ち構えていた。壮絶な闘いが始まる。

機外へ逃げ出した彼女に、デヴィッドから通信。「今更ですが私を助けて下さい。宇宙船はまだあります。操縦することも出来ます。あなたには私が必要な筈です」

エリザベスは彼の申し出を聞き入れ、首と胴体ふたつになった身体を回収して、残された宇宙船へと向かう。だが目的地は地球ではなく、エンジニアたちが住み暮らす惑星。

「彼らは人間を創り、そして滅ぼそうとした。なぜ考えを変えたのか、その理由を知りたいの。知る権利がある」なぜその必要が？　デヴィッドの問いかけに、エリザベスは首を傾げながら、

「たぶんそこが人間とロボットの違いなのかも……」

——エンジニアの最後のひとりは、遂に自ら創りだしたエイリアンの餌食となった。やがてエンジニアの腹を食い破って現れたのは、シリーズをご覧になっている方にはお馴染みの、口の中から更に口が飛び出すあの〝愛すべきエイリアン〟であった。

五

もうひとつ、今作では〈神〉というモチーフが取り込まれているのだが、元々ギリシャ神話において人間を創造したとされるプロメテウスを題名とし、宇宙船の名に冠したのは、そういう意図があったのだろう。だがもしエンジニア＝神として設定し映画が製作されていたとしたら、どうなっただろうか。この稿の最初で少し紹介した、

「私たちは神とエンジニアについて話し合っているところだ。宇宙のエンジニアだ」スコット監督のインタビュー発言は、そういうことだと思う。エンジニアが神だと？　おそらく観客からは「神を冒涜するのか！」非難囂々だったのではなかろうか。だからエリザベスの台詞、

「じゃあ、エンジニアを創ったのは誰？　それが神なの？」という曖昧というか抽象的な扱いにせざるを得なかったのだろうが、結果それが物語を紛糾させ焦点を絞りきれないものにしてしまった。

エリザベスは信心深い女性として描かれている。だが果たしてそうなのだろうか。壁画を発見した際、描かれている人間よりひと回り以上大きな人物を、彼女は〈神〉とは云わず〈エンジニア〉と呼んだ。

出航前のブリーフィングでも、三世紀も信じられてきた進化論を無視するのかという、ミルバーン生物学者の非難に、エンジニアが人間を創造したと「私は信じている」と断言するものの、彼らが神だとは云わない。

幼くして母を亡くし、男手ひとつで育ててくれた父親もエボラ出血熱で、他界した。その父親の形見である十字架のペンダントを、彼女は肌身離さず身に付けている。

チャーリーと愛し合うまえ、彼から、

「十字架を外せよ。（エンジニアが人間を創ったのがはっきりした）この期に及んでも、まだ神を信じてるのか？」とからかわれ、またラスト近く、感染の可能性があるので消毒しますと取り上げられた「ペンダントはどこ？」と、首だけのデヴィッドに質し、仕舞ってあった彼のベルトポーチの中から取り出し頸へかけた際、この非常時にとさすがのデヴィッドが呆れ返って、

「（人間を創造したエンジニアがその人間を滅亡させようとしている）こうなっても神を信じるのですか？」尋ねるシーンがあるが、これらのエピソードは彼らがエリザベスは信仰心の厚い女性だと、思い込んでいるからである。だが果たしてそうなのだろうか？

どうも私には、人間を創り出したエンジニアを神と断じることなく、そのエンジニアを創造したのが神なのかと質問するエリザベスと、そうである蓋然性は高いものの凡そ抽象的で、しかも対象すら定かではない神を信仰する彼女の姿が、うまく結び付かないのである。

おそらくだが、十字架のペンダントは自分を産み慈しみ育ててくれた両親への感謝、思い出、文字通りその形見だったのではなかろうか。それこそが彼女の信仰なのでは……そう感じられて、仕方がない。

両親の思い出、その記憶こそが、エリザベスにとって唯一無二の、紛れもない〈神〉なのだろう——

（「シネマ気球」２０１６年。２０２０年加筆訂正）

『ロビン・フッド』の伝承と伝説

序

私の生家に初めてテレビが登場したのは、いつ頃だったろう。

引っ越して現在の地に住居を構えたのが、私が小学校三年の時であったから、その一、二年前、多分昭和三十三、四年頃だと思う。転居した先は住宅地であるが、それまでは町中の商店街に住み暮らしていた。隣が酒屋で我が家の大家さんでもあった寺平さん家(ち)で、私はそこで毎週日曜日夜七時から八時まで、『月光仮面』と『ポパイ』を観せて貰っていた。ついでに晩御飯も御馳走になっていた。酒屋の親父さんは剛毅な人で、未成年どころか小学生である私に、ワインを振る舞ってくれたりもした。赤玉ポートワイン、銘柄もはっきり覚えている。口当たりがとてもよかった。親父さんには娘がふたりいたが、男の子がなかったため、「それでおまえを可愛がってくれたのだろう」後に母親からそう聞かされた。

なにせすぐ隣である。何メートルもあるわけではないのだが、帰り道はいつもふらふらの足取りであった。

私の家は決して裕福ではなかった。それでも当時贅沢品に違いなかったテレビを購入したのは、なぜだろう。母親の決断である。父親は〈保守〉をコンクリートで固めたような人で、新しいものを敬遠するようなタイプだったから、当然渋った。なぜ母はそんな父の意向を蹴ってまで、テレビを買ったのだろう。毎週息子にテレビを観せてくれるだけでなく、夕飯まで振る舞ってくれるお隣さんに遠慮したから、或いは毎度ふらふらな足取りで帰宅する息子の行く末を案じたから、もしかしたら久保家の跡取りである私を養子に欲しいといわれでもしたら、と心配したから（実際、私よりひとつ年上の下の娘と、一緒にしようかという話も、当時あったらしい）理由はともあれ、嬉しかったのは間違いない。可笑しかったのは、あれほど不承不承だった父が、間なしにテレビをほぼ独占しだしたことである。

テレビが運び込まれたのは午後であったが、なかなか映らず、電器屋さんは悪戦苦闘、ようやく観ることができるようになったのは、日も落ちる頃であった。我が家のテレビで私が最初に観た番組は『矢車剣之助』である。それも途中から。

この頃だったか、もう少しあとだったか、『ロビン・フッド』という番組があったのを、覚えている。無論当時の私にロビン・フッドについての知識、何者であるかという認識はまったく、ない。薄暗くて小さな画面の中で、矢筒を背負い羽飾りのついたチロルハットを被った主人公らしい人物や、肥った修道士（イルマン）や、あまり賢そうではない大男などが、忙しそうに動き回っていた記憶があるだけである。だから後年ロビン・フッドの物語に触れた折、「ああ、小さい時に観ていたテレビ番組はロビン・フッドだったのだ」と気付いた次第なのだが、でもなぜすぐに思い出せるほど覚えていたのだろう。ストーリーは判らず、さして面白いとも思えなかったのだが、おそらく日本の番組では見られないフォークロア的なコスチュームや、異質な世界観に、興味とある種の畏怖を抱いていたせいではなかろうかと思う。

唐突めいて恐縮だが、少し長じて中学生の頃『コンバット』というTVシリーズがあった。ゴールデン・タイムに放映された人気番組で、確か五年程続いたのではなかろうか。アメリカ陸軍歩兵連隊の一分隊の活躍を描いた話で、当初はヘンリー少尉を演じたリック・ジェイソンを主役とした企画だったらしいが、粗野で言葉遣いは乱暴だが、叩き上げなだけに隊員の気持がよく判るサンダース軍曹（ヴィック・モロー）の人気が急激に高まったため、一話ごとに主役を交代、最後の方は専ら軍曹が主で、少尉は偶にしか顔を出さないようになっていた。私もサンダース軍曹の大ファンで、ヘンリー少尉が主役の回だったりするとがっかりしたものである。分隊の兵士の一人にリトル・ジョンという名の大男がいた。鱈子唇が特徴的で、調べたらディック・ピーバディという人が、演じていた。学校教育で英語の習い始め、大男なのに〈ちいさなジョン〉とは、その可笑しさには気が付いたが、迂闊にも少年期に観た『ロビン・フッド』に登場していたロビンの相棒である大男の名が、リトル・ジョンだということには、そのときは気が付かなかったのである。

壱

ロビン・フッドと正式に対面するのは、一九七六年に上映された『ロビンとマリアン』においてである。但しこれもロビン・フッドの映画だと知ってて観たわけではない。内容についての予備知識は持たず、中学生の時００７シリーズに夢中になって以来の、ショーン・コネリーのファンであったから観ただけのこと。本編が始まって「あれっ、これってロビン・フッドの映画だったんだ」気付く始末、何ともいいようのない間抜けぶりである。しかも対面できたのは結構なのだが、その映画が、それからのロビンとでもいうべきもので、幼い頃観たロビン・フッドが迎える終焉を描いた物語だとは、何とも浅からぬ因縁だなと、私には感じられたのである。

監督はリチャード・レスター、ロビン役は勿論ショーン・コネリー、そしてマリアンは世界的名女優のオードリー・ヘプバーン。彼女は六七年に『暗くなるまで待って』を撮って以来休業中であったが、今作で復帰を果たした。前作から九年の時の移ろいがあるとはいえ、美しさに衰えがなかったのは流石。

――嘗ては愛し合う仲で、共に暮らしていたロビンとマリアン。それが獅子王という異名を持つリチャード一世（リチャード・ハリス）とロビンが出会ったため、二人の運命の歯車は大きく狂い始める。

獅子王の考えに共鳴したロビンは、イスラム教国から聖地エルサレムを取り返さんが為の〈聖戦〉と銘打たれた遠征に、相棒のリトル・ジョン（ニコル・ウイリアムソン）と共に、随行する。所謂十字軍の遠征である。そして彼の地で二十年近い歳月を戦い抜き、帰国する。が、長い間不在であったため乱れてしまった国内を再度平定すべく、地方の領主に仕掛けた戦に異を唱えた二人は、王の逆鱗に触れ、幽囚の身となってしまう。しかしその戦で獅子王は傷を負い、それが元で亡くなってしまうのである。為に罪を許されるのだが、すっかり臣下勤めに嫌気がさしたロビンとリトル・ジョンは、故郷であるシャーウッドの森へと帰っていく。

戻るに際して、ロビンの一番の気懸りは、後に残してきたマリアンのことであった。彼女はどうしたろう。シャーウッドの森もそこに住み暮らす人たちも、ロビンとジョンを温かく迎えてくれた。だがマリアンは――彼女は、カークリー近くの修道院で院長をしているという。マリアンが？　なぜ？

ロビンがマリアンの元を去って以来、彼女はロビンのことが忘れられず、ロビンと過ごした日々を消し去ることができず、会えぬ辛さに思い余って、小川の近くで手首を切って死のうとしたのである。通りかかった尼さんに助けられ、修道院に運び込まれて以来、そこで過ごしてきた。そして二十年近い歳月をかけ、漸く記憶を風化させようとしていたのである。

長の年月放っておいていい気なものだが、ロビンは「マリアンに会いたい、会って謝りたい」気が急くままに修道院へと向かう。だがそこで目にしたものは、亡き獅子王の跡を継いだジョン王（イアン・ホルム）の命を受けた、いや王の機嫌を取り結ばんが為に圧政を施し、修道院を失くしてしまおうと画策するノッティンガム公とその代官（ロバート・ショー）が、命令に従わず立ち退こうとしないマリアンの身を、まさに拘束しようとする、光景であった。彼女を助けなくては、ロビンは横合いからマリアンを奪い取り、シャーウッドの森へ連れて行く……

こういうふうに書いてくると、かなり切羽詰まった展開のようだが、レスター監督は決してそうは描かず、至って大様というか、長閑というか、牧歌的な描き方をしている。景色・景観もロングに引いて、広々と映し出しているし、為に普段は全容が描かれないシャーウッドの森も、こんなに広大な森なんだ、これでは少々の軍隊が押し寄せても守りきれるなと教えてくれるし、雄渾な自然の中での人間の営みなんてちっぽけなものなんだよと、判らせてもくれる。但し戦いの場面も同じテンションなので、緊迫感はどうしても希薄になってしまう。故に全体を通して、メリハリのない間延びした感じを受けてしまうのである。

ショーン・コネリーの演技についても同様である。この人なかなか茶目っ気のある人で、ジェームズ・ボンドのように絶えず危険に晒され、危機を潜り抜けているような状況下では、ちょっとしたユーモアは一服の清涼剤のように感じられるが、この映画ではなにせ全編牧歌的な描かれ方をしているため、それが功を奏さず、単に世界的名女優と共演できたがゆえに、舞い上がっているのではないかとしか思えない。

――森での生活は、昔に還ったかのようだった。だが幸せな日々は長くは続かなかった。命令に従わないばかりか、反抗的な姿勢を崩さないロビンたちに業を煮やしたノッティンガム公は、ジョン王から二百の兵を借り受け反撃に転じたのである。シャーウッドの森を取り囲み、持久戦が始まった。このままでは埒があかないと判断したロビン・フッドは、自分と代官が一騎打ちをして、代官が勝てば以後は公の命令に服従するが、自分が勝利したら兵を引き上げ二度と手出しをしない事という打開策を、提案する。公はそれを承諾。かくてロビンと代官の対決が行われる。

ショーン・コネリーとロバート・ショー、それに音楽を担当したジョン・バリーとくれば、いやでも007シリーズ中屈指の名作『ロシアより愛をこめて』を思い出さざるを得ない。オリエント急行内での息をも継がせぬ死闘は、映画史に残る傑作だと思うが、今作も激しさこそ希薄なものの、長く静かな見応えのある闘いであった。正直な処、『ロビンとマリアン』において、私はこのシーンだけを評価する。

辛うじて代官を斃せはしたものの、ロビンも深手を負う。ノッティンガム公は約束を反故にし一斉攻撃をかける。マリアンとリトル・ジョンは、ロビンを連れて修道院に逃げ込んだ。

ラストである。リトル・ジョンを部屋の外へ出したマリアンは自ら毒を呷り、ロビンにも薬と偽って飲ませる。これ以上逃げ切れないと判断したわけではなかろう。傷が癒えるとロビンは再び戦い始めるに違いない。今日はどうにか代官に勝つことができたが、明日はどうなるか判らない。一度は歳月の風化作用に助けられたが、再びロビンとの生活を取り戻せた現在、彼のいない生活には耐えられない。手首を切って死のうと思い詰めた絶望を、金輪際繰り返したくない。ならば今ここで、共に手を携えて死を選んだ方が、いっそ幸せであろう。実はノッティンガム公の襲撃に合う前、ロビンの元を去ろうとするマリアンのエピソードが描かれている。ロビン・フッドは戦場の中に身を置くことでしか生きられない男。もし再び彼と巡り合う前の自分に戻れたら、一人で生きてきた自分に戻ることが出来るなら、ロビンの死を間近で見ることはないし、寂しくはあっても心穏やかでいられるのではないか。そう思い極めて去ろうとしたのだが、機を逸し、それが叶わぬ今、マリアンが採るべき道はただひとつ、そう思い込んだとしても、誰も非難はできないだろう。

ロビンはリトル・ジョンを呼び、毒を盛られたことを告げ、窓越しに矢を放ち、その矢が落ちた処に二人一緒に埋葬してくれと、遺言する……マリアンの気持に殉じることを、決意したのである。

弐

一九九一年に制作された、ケビン・レイノルズ監督、ケビン・コスナー主演による『ロビン・フッド』である。

この映画、なんとメルヘンチックで、喜劇的であることか。だからといって面白くないかというと、それがそこそこ楽しめるのである。そもそもロビン・フッドの物語自体が、伝承によるものであるから、その対極にある全くの空想によるお伽話的手法が、語り口として有効なのではないか、脚本を担当したペン・デンシャムとジョン・ワトソンは、そう考えたのではなかろうか。私にはそう思える。

第三次十字軍の兵士として遠征したロビン・フッドは、イスラム教国に捕えられ、エルサレムで五年の間捕虜としての憂き目を見る。どうにか隙を見つけて異教徒であるムーア人のアジーム（モーガン・フリーマン）と共に脱走し、やっとの思いで故郷に帰りつくも、父親は既にノッティンガムの代官ジョージ（アラン・リックマン）の手に掛かり、殺されていた。――このアラン・リックマンという役者さん、ご存知のように『ダイ・ハード』でテロリスト集団の首領ハンス・グルーバー役で強烈な印象を与え、ブルース・ウイリスをスターダムに押し上げるのに大いに与った人である。また〈ハリー・ポッター〉シリーズで、何を考えているのか判らない不気味なセブルス・スネイプ先生を演じているが、若い方にはこちらの方が、馴染み深いかも知れない。とにかく凄い演技派で、顔芸もつとに有名なため、レイノルズ監督もそれを意識してかリックマンのアップが頗る多い。そして笑えるのである。スネイプ先生は別として、グルーバーや今作の代官などオーバーな演技に見えるのだが、緻密に計算されているため、すんなりと受け入れられ、素直に笑ってしまう。主役のケビン・コスナーを食ってしまった感はあるが、英国アカデミー賞助演男優賞を受賞したのも、むべなるかな。二〇一六年すい臓癌のため、六十九歳で亡くなっている。惜しまれる人である。

ヒロインのマリアン（メアリー・エリザベス・マストラントニオ）は、今作ではロビン・フッドの幼馴染である。十字軍の遠征に共に参加した親友ピーターの妹。兄の遺品を届けた折再会するのだが、子供の頃ロビンに苛められたマリアンは、最初は警戒して打ち解けようとはしなかったが、お互い次第に惹かれあうようになっていく。まあ定番です。が、実はこのマリアンが獅子王リチャード一世の従妹にあたるため、代官ジョージが彼女を妻に娶って王位継承の資格を得、獅子王が戦で不在の隙にちゃっかり王座を手に入れようと画策する。それを阻止すべくロビン・フッドを初め、アジームやシャーウッドの森の仲間リトル・ジョンやタック修道僧・ウィル・スカーレット等が、奮闘するというのが大筋である。

書きたいことは多い。何しろこの映画二時間半もある大作なため、エピソードが豊富なのだ。代官ジョージが行動を起こす際の規範とする占いをなす魔女、彼女はジョージの養い親に過ぎないと思われていたのだが、本当は実の母親だったこと。ロビンとリトル・ジョンの出会い、タックが仲間入りした経緯。ウィル・スカーレット（クリスチャン・スレーター）が、ロビンの異母弟であったこと等々……

しかしながら紙数に制限もあり、残念だが詳細は割愛させていただく。ラストシーンで、ロビンとマリアンが結婚式を挙げようとするとき、『ロビンとマリアン』でロビン・フッドを演じたショーン・コネリーが、獅子王リチャード一世役でカメオ出演していることだけ、付け加えておこう。

参

私にとっては本命とでもいうべきリドリー・スコット監督の『ロビン・フッド』である。二〇一〇年の製作。これはお奨めしておきたい作品である。スコット監督、ごく稀に芸術臭を払拭した、すんなり楽しめるというか、自らも楽しんで撮ったのではないかと思える映画を、作ることがある。『誰かに見られてる』や『マッチスティック・メン』がそうだし、『ブレードランナー』なども、その範疇に含まれるかもしれない。この『ロビン・フッド』もまさしくそうである。観ていて肩は凝らないが、気持ちの中に残るものの多い、作品なのだ。ロビン・フッド役のラッセル・クロウは、当然いい。大ファンだから褒めそやす訳ではないが、自ら制作に名を連ねるくらいだから、相当思い入れは深かったのだと思う。

――今作では〝獅子心王〟と訳されるリチャード一世は、十字軍遠征での莫大な費えを補填すべく、帰国途上フランス領内のあちこちの出城を攻め落とし、金銀を略奪していた。だが獅子心王は深い憂いの中にいた。いかにイスラム教国から聖地エルサレムを取り戻すためという大義名分があったにせよ、此度の遠征は間違ってはいなかったか。神の御心に叶うものであったのか。思い悩むあまり、浅い眠りしか得られなくなっていたのである。

一方、フランス国王フィリップは業を煮やしていた。イングランドへ攻め込む隙を窺いつつも、リチャード一世の強さは如何ともし難い。彼の留守を預かる弟ジョンだけが相手なら、幾らでも策があるが、獅子心王が帰国してしまうと、最早手の打ちようは無くなってしまう。そこでフィリップは一計を案じ、ジョンの乳兄弟として育ち今は彼の近臣として侍っているゴドフリーを呼び寄せ、多額の報酬と、リチャード一世がいなくなればイングランドはお前の思う儘という使嗾で、彼の暗殺を命じるのである。帰路は本体より先に数騎で船を目指すことや、途中にブロセリアンドの森があるのを調べ上げたフィリップ国王は、「襲撃場所はそこがよかろう」——このゴドフリー役のマーク・ストロングが、いい味を出している。ロバート・ショーやアラン・リックマンほどではないにしろ、同じ乳母で兄弟同様に育てられるも、片や君臨する者であり、自分はかしずく者でしかない屈折した僻み・嫉みを、恨み・憎しみに変貌させ、次第に野心を膨れ上がらせる男を、そつなく演じている。

そのジョンは正妻を放り出し、イザベラなるフランス女を城に引っ張り込んでは血道をあげ、母親の顰蹙を買っていた。イザベラはフィリップ国王の姪にあたり、海峡を越えイングランドに攻め込むための口実として、フランス国王が姪を返して欲しいと強硬に申し出ているのを、母であるアリエノールは案じ、ジョンにきつく意見するが、逆に食ってかかられる始末。

「妃は子を産めない」

「子供は召使に産ませなさい」

「教皇に婚姻の無効を宣言してもらう」

「教皇がフランス国王を無視し、要望に従うとお思いか？」だが当のイザベラが、私が立派な跡継ぎを産みますと公言するので、それ以上は詮かたなかった。

イングランドへ帰国する前の、最後の戦。一一九九年、シャールース城の攻防である。イングランド軍は獅子心王が先陣切って飛ばす檄のもと果敢に攻めると、ロビン・フッドたちは城門に取り付き、油の入った袋を幾つもぶら下げ、一旦退却。次に火矢で油の袋を炎上爆発させ、城門を粉砕する。最早これで勝ったも同然。最終決戦は明日に持ち越し、今日の処は遠巻きにして、様子見である。

その夜、ロビン・フッドとリトル・ジョン（ケヴィン・デュランド）は、ふとした賭けが切っ掛けで、殴り合いの喧嘩を始める。仲間であるアラン、ウィルを巻き込んでの騒動となった。そこを視察に来ていたリチャード一世に見咎められる。

「先に手を出したのは誰だ？」王の言葉に、ロビン・フッドが、

「私です。私が殴りました」それを聞いてリトル・ジョンが驚いたように振り返る。ロビンの男気が、意外だったのである。

王は満足げに頷き、「そこまで正直で勇敢なら意見も堂々と云えるだろう」と前置き、「我が十字軍遠征をどう思う。私が捧げた生贄（流した敵の血）に、神は満足するか？」と尋ねた。ロビン・フッドは暫く考え、思い決したように、

「満足しません」

「なぜそう思う？」

「アッコンでの捕虜虐殺。彼の地で二五〇〇人のイスラム教徒の捕虜を集めた時、手を縛られた

若い女が、足元から私を見上げました。その眼には怖れも怒りもなく、ただ憐みだけ。女には判っていたのです。彼らの首を刎ねた瞬間に、我々が神を失うことを。――我々に神はいない」

おそらくリチャード一世の眠りを浅くしている気懸りは、その事だったのではなかろうか。だが正鵠を射た返事に、彼はまず得心よりは、怒りを覚えたであろう。十字軍遠征は間違いだったと、ロビン・フッドは正面切って述べたのである。だが王は鷹揚な態度で、

「正直で勇敢で愚直だ。これぞ真のイングランド人ぞ」褒めてくれたかに思われたのだが、何のことはない四人揃って、手足を縛られた状態で首だけを台の上に置く〈晒し首〉の刑にかけられてしまうのである。鞭打ち・焼印のないのが、せめてもの救いだった。

翌朝の総攻撃、楽勝と見做されていた戦いだったのだが、事態は思わぬ展開を見せる。何とリチャード一世が頸に矢を受け、命を落とすのである。側近のロバート・ロクスリーが応急処置を試みるも、甲斐はなかった。「ワインを」が最後の言葉であり、ロバートが与えたワインを一口飲んだのが、末期の水がわりであった。訃報はイングランド軍の間を、矢のように駆け抜けた。全軍浮足立つ。〈晒し首〉状態だったロビン・フッドは、知らせに来たジミーに戒めを解かせると、「神だろうが王だろうが、もう仕える義務はない」として、「俺も連れてってくれ」というリトル・ジョンを含めた仲間たちと戦線を離脱、逃亡する。

そういう状況を露知らぬゴドフリーは、フランス兵の配下を引き連れ、ブロセリアンドの森で、

待ち伏せていた。

情報通り数騎の騎馬と、人が乗っていない白馬が一頭やって来た。樹を切り倒し道を塞ぐと、一斉に襲いかかる。不意を突かれたイングランド兵、勝負は早かった。フランス兵は殺した相手の貴重品を略奪にかかる。事情を知らないゴドフリーは、懸命にリチャード一世を捜すが、見当たらない。まだ息のある騎士を責め上げ、王はどこだ？

「イングランド人か？」

ゴドフリーは答える。「時と場合による。貴様の名は？」

瀕死の騎士は「ロバート・ロクスリー」王の側近であった。王は死に、王冠をロンドンに届ける処だということを、漏らす。兵の一人が鞍袋の中から王冠を取り出そうとしたとき、白馬が逃げ出した。追う兵士。……その馬を停めたのが、通りかかったロビン・フッドであった。王の愛馬であることに、すぐに気が付く。王冠を取り出したジミーが、追ってきた兵士の投げ縄で捕えられ、引き摺っていかれる。助けるべく道なき道を先回りすると、待ち伏せの現場へ出た。ひと目で状況を察したロビン、リトル・ジョン、ウィル・スカーレット（スコット・グライムズ）、アラン・アデイル（アラン・ドイル）は、すかさず襲いかかる。フランス兵は先程とは逆の立場に置かれたのである。ひとたまりもなかった。ゴドフリーは馬で逃走。ロビン・フッドは得意の矢を放つが、彼の頬を掠めただけだった。ジミーは助からなかった。

今度は四人がフランス兵から略奪していると、虫の息のロバートがロビンに声を掛ける。頼みがあるという。自分の剣を、ノッティンガムのウォルター・ロクスリー卿に届けて欲しいというのだ。「父のかけがえのない剣だが、腹立ちまぎれに無断で持ち出してしまった。父と息子は愛情の絆で結ばれている。君にも判る筈だ」

ロビンは命の火が消えようとしている男の顔を見詰めながら、「俺は六歳の時、父親に捨てられてしまった。父と息子の愛情など、想像もつかない」そう云いながらも剣を受け取るのだが、その時掌(たなごころ)を傷付けてしまう。それを観ていたリトル・ジョンが、「血の契りを交したな」冗談とも本気ともつかない顔で、呟いた。

四

ノッティンガムのペパー・ハロウ村に、ウォルター・ロクスリー卿の屋敷はあった。ウォルターは眼が見えず、出征したロバートの妻マリアンが、一切を取り仕切っていた。だが十字軍のために兵として男を供出し、費えとしての度重なる追徴にも応じてきたものの、領主たる者領民の生活を安堵する必要がある。これ以上の支払いは無理だった。実際的に不可能だったのである。従って払わない。代官は連日のように税の取り立てに現れ、しかもマリアンに懸想していた彼は、自分のものになれば免除してやると持ちかける始末。

しかしマリアンは、「王の名の下、代官が税を取り立て、教会は神の名の下に、穀物を取り上げる。代官も教会もイングランドの民に災いをもたらす疫病神」だとして、毅然と撥ね付けていた。

――さてその代官だが、これまでの『ロビン・フッド』では、先に述べた二作品でもお判りのように、「暴政と不平等な法により人々を苦しめる」先鋒としての執行官ゆえに直接の敵役であったが、今作ではイングランドの諸侯が一丸となり、圧政の大本である国王に反旗を翻すという、規模の大きな構成となっているため、添え物的役割しか担っていない。狂言回しですらないのである。

歴代のロビン・フッドの恋人であるマリアンを演じるのは、ケイト・ブランシェット。理知的で、芯が強く自分というものをしっかりと持っており、男に媚びることをしない女性として描かれているが、顔立ち・立ち居振る舞いまさに打って付け、スコット監督の好みである男勝りのマリアン像を、見事に作り上げた。ただこれはラッセル・クロウの希望だったらしく、彼自身が強烈なオファーをおこなっている。

そのマリアンが、泣きっ面に蜂の、窮地に陥る。出征した父親を亡くし片親となった子や孤児たちが、シャーウッドの森に三々五々集まり、徒党を組み、ロクスリー家の穀物をすべて奪ったのである。明日蒔く種が無くなってしまった。思い迷った彼女は、教会には山ほどある穀物を譲ってくれるよう、タンクレッド神父に掛け合う。しかし「これはヨークの司教に送るものです」返事はにべもないものだった。やはり疫病神である。その日はちょうど、後にロビン・フッドの仲間となるタック神父が、赴任した日であった。

——ロビン・フッドと仲間たちは、イングランドに帰るため、リチャード一世のため手配してあった船に、騎士に扮して乗り込むことにする。ばれたら当然命はない。王宮に着く前に、テームズの河口にあるグレイブセンドに停泊する筈だから、そこで従者に王冠を渡してずらかろうという魂胆である。

船中でロバート・ロクスリーから託された剣の柄、針金で巻かれた隙間から文字のようなものが垣間見えたので、ロビン・フッドは巻を解いてみる。「仔羊が獅子となるまで」柄にはそう刻まれていた。その言葉何処かで聞き覚えがあるような気がしたが、思い出せない……

案に相違して、船はグレイブセンドではなく、直接ロンドン塔王宮の船着き場に着いてしまう。こうなったら腹を括るしかない。ロビン・フッドはロバート・ロクスリーとしてジョンに拝謁し、手に捧げ持っていた王冠を傍らの母アリエノールに手渡し、獅子心王の死を報告する。母は息子の死の経緯を尋ねた後、皆を跪(ひざまず)かせ、ジョンの頭上に王冠を戴せると、「今日からは彼が王です」と宣言する。新王の誕生である。この様子を物陰から観ていたゴドフリーは、彼の顔に傷を負わせた当の男が、この手で殺した男の名を名乗っていることに内心驚くが、

「何者であれ、あの男は知りすぎている。始末しろ」部下に命じる。

うまくいった、漸く解放される。緊張が解けたロビン・フッドに、一人の男が近寄ってきた。ウイリアム・マーシャル卿（ウイリアム・ハート）と名乗るその男は、ロバートの父であるウォルターとは旧知の間柄であり、「春の新月に、力を借りたいのでお尋ねする」と伝言を頼まれる。

ノッティンガムへ向かうというロビン・フッドに、リトル・ジョンは何もそこまで義理立てする必要はないんじゃないかと零すが、

「俺たちはこれまで運に恵まれてきた。剣を届ける約束を守らないと、運も尽きる」柄に刻まれた文字が、ロビンにはやはり気懸りだったのだろう。

伍

新王の座に就いたジョンは、自らの権威を知らしめるべく、また殆ど空に等しい国費補填のため、領主たちに現状より更に苛斂誅求を課す、決定を下す。いかに〈聖地奪還〉という大義があったとはいえ、兄の無謀とも思える遠征を認め許し、その兄リチャード一世が捕虜となった際に、身代金として四年分の税収を支払わねばならなかった原因を作った、母親アリエノールへの面当てもそこ

にはあった。「王家が破綻したのは、すべて母上の責任だ」

ウィリアム・マーシャル卿は、その無謀さを反乱に繋がりかねないと諫め、他国に借款を申込み補填すべきだと主張するが、ジョン王は耳を貸すどころか、

「父と兄に長く仕え疲れたであろう。国元の家族にも会いたいだろう。ご苦労であった」とばかり、解任してしまうのである。税の取り立てにはゴドフリーが、当ることとなった。

ゴドフリーにとって、これは渡りに舟であった。王命による税の徴収を口実に、乱暴・狼藉思うさま傍若無人な仕打ちを重ねて、領主たちの反感を煽り立て、国王に背かせる。国内の勢力をこれ以上できないくらい分裂させてしまえば、あとはフランスが容易に侵略出来ようというもの。

マーシャル卿は「剣の向け先を誤るな」とゴドフリーを諭すが、彼は鼻で嗤う。

――ノッティンガムへ着いたロビン・フッド一行は、居合わせたタック神父に酒場の場所を尋ねる。神父は養蜂を副業としており、蜂蜜で造ったミードという酒を安く飲ませるという。喜ぶリトル・ジョン、ウィル、アランをその場に残し、ロビン・フッドは単身ペパー・ハロウ村へと向かう。

ウォルター卿の屋敷で、ロビン・フッドを最初に出迎えたのは、マリアンであった。ロバートの訃報を告げられて肩を落とすが、毅然とした態度は崩さず、義父に紹介するという。ただ義父は高齢なので夫が死んだことは云わず、剣を届けに来たとだけ伝えて欲しいと、懇願される。だがウォルター卿は剣を渡されるなり、

「この剣なくして、どうやって身を護る」とすぐに我が子の死を悟ってしまう。名を訊かれロビンは「ロビン・ロングストライド」そう答えた途端、ウォルター卿に驚愕が奔った。「気高きサクソン人の名だ」と呟く。

ウォルター・ロクスリー卿を演じるのは、マックス・フォン・シドー。名バイプレイヤーである。この人いったい幾つになるのだろう。一九二九年生まれというから、今年八十九歳か。私が初めてこの人を認識したのは七三年の『エクソシスト』であったが、その当時と現在と、さほど変わっていない印象を受ける。若い頃から老けた感じの人だったことは、間違いない。二十歳の折、演劇学校在学中に映画デビューしたというから六十九年、随分と長い芸歴である。折に触れ顔を見掛けるから、出演作品も相当なものだろう。

ここで一寸余談。ケビン・コスナーはロックスリーのロビンと名乗っていたが、ラッセル・クロウはロビン・ロングストライド。なぜだろう？　〈ロビン・フッドの物語〉は、バーンズデイルが発祥の地だと云われるが、十二世紀以降イングランド各地で連綿と語り継がれてきた、伝承である。何世紀も経てば、土地ごとに内容が少しずつ変化してきたであろうし、全く異なってしまった可能性もある。日本における民話然り。本に纏めるにあたり一本化したという話を、聞いたことがある。ロビン・フッドに土地名を冠する、若しくは別性を名乗らせるのは、その土地の伝承を基にしているか、架空の話であることを強調するためであり、「自分が聞いたロビン・フッドと違っている」

という違和感を覚えさせないための一種の予防策、或いは今や世界的伝承となっている〈ロビン・フッド〉に対する配慮ではないだろうか。

ウォルター卿は〈ロビン・ロングストライド〉という名になぜか全幅の信頼を置き、後継者がいないと領地は国に没収されてしまうので、表向きマリアンの夫として逗留してもらえないかと、依頼する。剣の柄に刻まれた文字についても、「来歴については追々話してやろう。君の歴史でもあるのだから」と曖昧な返事。だがロビンは了承する。ウォルターの言葉を信じたのである。

――ゴドフリーの忠誠心を疑うマーシャル卿は、念のため見張りを命じておいた部下から、イングランド南岸のハンプトン湾に、二百名のフランス兵が秘かに上陸したという報告を受ける。由々しき一大事である。

ゴドフリーはジョン王から預かった部下を皆殺しにし、フランス兵をイングランド兵に成り済まさせ、バーンズデイルを皮切りにリンカン、ダーリントン、ピーターバラと、その地の領主を襲撃しては、「税を払え、さもなければ火をかけるぞ」とジョン王の名の下、殺戮・放火・略奪を繰り返していく。ヨークの教会でさえ、例外ではなかった。

マーシャル卿は、「国家存亡の危機」として、アリエノールに拝謁を願い出ると、事情を説明する。更に続けて「今に北部の諸侯は、王家に反旗を翻すでしょう。そして無防備になった海岸線からフランス軍が攻めてきます」

「判りました。母親として息子を叱り、王としての本分を全うするよう諭しましょう」アリエノールは、今や妃然として振る舞うイザベラに、ジョン王の説得を命じる。

「なぜマーシャルは自分で話さないのです」

「母の言葉でさえ聞かないのに、マーシャルの言葉など信じるものですか。――女王として君臨したいのなら、ジョンを救うのです。このイングランドを」

ジョン王はゴドフリーの裏切りを、頭から撥ね付けた。だが必死懸命のイザベラの説得に、心が揺らぐ。しかし「誰から聞いた？」政に初心な彼女が、誰かに入れ知恵されたのではないかと、疑ったのである。「マーシャルです」渋々の答ではあったが、解任したとはいえ父、兄、自分と三代に渡って近臣として仕えてきたマーシャルの忠誠心の不動を、ジョン王は信じた。彼は嘘は吐かない。

六

本筋の間を縫って、ノッティンガムにおけるロビン・フッドの〈伝承〉が点綴される。

……ロバート・ロクスリーが戻ってきたという披露目を兼ねて、マリアンとペパー・ハロウ村を巡回中、教会の前で穀物を荷車に積み込んでいる現場に遭遇する。ロンドンからの命令で、ヨークへ搬送するという。

「この村で採れた穀物は、私たちの物よ」マリアンが怒り出す。

タック神父は申し訳なさそうに「私は命令に従っているだけです」するとロビンは神父に顔を近づけ、「司教は蜜蜂の副業をご存知かな?」と囁いた。

タック神父は情けない表情で、「ヨークには狼がいるんです。がつがつ食う狼が……蜜蜂は私の家族、私は神父である前にひとりの人間だ。蜜蜂は生き甲斐であり、命の源なんです」

「ふむ、だが司教の耳に入れば、蜜蜂は没収されるだろう」

タック神父は、ロビンの謎かけに気が付いた。「もし大事な穀物をヨークに送らなければ……」

その夜、ロビンは酔い潰れて眠り込んでいる三人の仲間に水をぶっかけて起こすと、タック神父も仲間に引き込んで、その穀物を荷車ごと強奪してしまう。帰路、タック神父が、

「暗いうちに畑に種を蒔いておこう」と云い出す。「なぜ?」

「芽が出た時『こりゃ奇跡だ』と叫べばいい。ヨークの教会も奇跡を否定できない」

……また、深い泥濘(ぬかるみ)に羊が嵌って抜け出せずにいるのを、マリアンが助け出そうとしたことがあった。だがあまりに深すぎて、彼女自身も抜け出せなくなってしまう。それをロビンが共に助け出すのだが、その折通りかかった代官が、

「いい眼の保養になった。マリアン・ロクスリーのおみ足を拝見できるとは、夢にも思わなかった」揶揄するのである。マリアンは毅然と、

「夫とは初対面ですわよね」ロビンを夫ロクスリーとして紹介する。代官は嫌味たらしく「国王の羊を救って下さるとはお手柄。代官の私には、家畜を税として徴収する権利がありますから」と云うのだが、ロビンは平然と、

「神が許せばな」と金貨を一枚代官に投げ渡し、「これが羊の代わりの税金だ。私の妻に対する無礼は、個人的な貸しにしてやろう」代官は瞳を抜かれたような顔になり、本物かなと金貨を噛む。

……シャーウッドの森に集結する、孤児及び片親の許を飛び出した子供たち。その内の一人に見覚えがあったため、それが縁でいつしか子供たちの面倒を見るようになったマリアン。それを助けてロビン・フッドも子供たちに教えを施すようになる。

「お前たちは兵隊じゃない。兵隊は大義のために戦う。大義がなければただの密猟者、盗っ人だ。もっと勉強しろ」

リーダー格の少年が、「例えばどんな？」答えてロビンは、ほどけない縄の結び方、頑丈な弓を作る木の選び方、遥か遠くまで飛ぶ矢の作り方、そしてマリアンから体の洗い方を学べ、そうすれば病気も減る、と諭すのである。更に、

「お前の戦う相手は俺じゃない。俺は敵じゃない。もし話したければいつでも訪ねて来い」力強

く少年の手を握る。――そういうロビン・フッドに、マリアンは好意以上のものを、感じ始めていた。

――ウイリアム・マーシャル卿の居城であるバーカムステッド城を、ジョン王が尋ねて来た。顔を合わすなり「マーシャル、よくも私を見捨てたな」自分で解任しておいて大層な言い草である。「私は騙された、ゴドフリーは真の友人ではなかった。ゴドフリーが諸侯を反乱に駆り立てた。徒党を組んで南部に攻め込んでくる。マーシャル何故なんだ、どうして諸侯は私を裏切る?」

「軽んじられたものは、忠誠心を失います。諸侯を説得するのです。フランスと戦うには諸侯の団結が必要です」更に言を重ねる。「賢い王なら、今こそ彼らと面と向き合い、耳を傾けるべきです。北へ行き諸侯たちに会いましょう」

だがこの進言はジョン王の感情を、逆撫でしただけだった。「国王に反旗を翻した奴らの云うことなど聞けぬ。諸侯の腹に槍を突き立ててやる」国難を前にして、王の矜持とはいったい如何ほどのものなのか。ジョン王は、もうお前の力など借りぬと捨て台詞を残し、その場を後にする。

――ゴドフリーは、腹心の部下から報告を受ける。「奴を見つけました。ウォルター・ロクスリーの屋敷で、奴の息子として生活しています」

ゴドフリーはほくそ笑む。この顔の仇を取ってやる。「ではノッティンガムへ行こう。捕虜など要らん。村ごと焼き尽くせ」そして伝令に命じるのである。「パリへ渡ってフィリップ王に伝えるのだ。遂に時が来たと……」

——ペパー・ハロウ村は、実に久しぶりの活気を取り戻していた。村人が挙って飲めや歌えのダンス大会が開かれていた。ウォルター卿も、眼は見えないながら、ワイン片手に人々のさんざめきを楽しんでいた。漸く打ち解け、ロビンのことを憎からず思い始めていたマリアンは、自らダンスを申し込む。共に踊る二人。このままこの穏やかな日々が、続いて欲しい。

そこへマーシャル卿が、ウォルター卿を訪ねて現れる。久闊を叙し会った二人だが、再会を喜んでばかりはいられない。

「税の取り立てが怒りとなって爆発した諸侯が、反乱を企てていると聞いた。説得できるのか？」とウォルター。

「私には説得できない。だがフランス軍が攻め込んでくる。ジョン王は迎え撃たねばならない。ウォルター、説得を頼めないか」

「儂（わし）はこの眼だ、同道できない。それに王の支援など以ての外だ」

「たったひとりの王だぞ！」

だがまだ希望はあると云って、ウォルターはロビンをマーシャルに紹介する。「君はすでに気付いてると思うが、ロビン・ロングストライド。トーマスの息子だ」

マーシャルに、雷に打たれたような衝撃が奔った。まさか、信じられない。

七

「君に話す時が遂にきたようだ」

ウォルター卿は、ロビン・フッドに彼の父親のことを、話し始めた

……君の父親は石工だったが、思想家でもあった。「王には国民が必要だ、国民が王を必要とするのと同様に」（王と国民は同等の立場であるという、王族にとっては不愉快極まりなく、弾圧を受けかねない）危険な考えだ。彼は同時に哲学者でもあり、その話術に人々は耳を傾け、心を掴まれた。

ロビンは子供の頃、父から心に刻み込めと命じられた言葉を思い出していた。「幾度も幾度も立ち上がれ、仔羊が獅子となるその時まで」ウォルターは、ロビンの父の教えを肝に銘じるべく、言葉の一節を剣の柄に刻み込んだのであろう。

……遂には何百何千もの支持者が生まれた。領主から農奴まで、あらゆる階級の人すべてが、彼の思想に賛同した。すべての人々は自由を求める権利がある、そしてそれは憲章に認められた。封印した父の記憶が甦りつつあった。「父の身に何が？」

「眼を閉じてみろ。君もその場にいた、観たのだ！」父親に捨てられたと思い込まざるを得ないほど、記憶をすり替えねば耐えられなかったその悲惨な全貌を、ロビンははっきりと思い出した。衛兵の声が聞こえる。「ロングストライド、憲章を渡し、署名した人間の名を云え」父トーマスは何も語らず、黙って自らの剣を衛兵に差し出すと、引き据えられ、従容として首を討たれたのである。その顔には怒りも哀しみもなく、自らの思想に殉じるゆえか、微笑が泛んでいた。

……「彼の思想は失われてはおらぬ、今も尚」ウォルター卿は、ロビンの前に憲章の写しを拡げた。そこにはボールドウィンやフィッツロバートと並んで彼の名が、そしてウィリアム・マーシャルの名が記してあった。

その時面会を乞うて、急使が来たとの知らせ。通すと「王の兵に、ピーターバラが焼かれました。フィッツロバート卿がジョン王を討つべく、ロンドンに向かいます。バーンズデイルに集結されたしとの事」

ウォルターはロビンに向き合うと、「遂にその時が来た。偽りの姿はこれまでだ」本来の姿、トーマス・ロングストライドの息子として、諸侯を説得しフランス軍を撃退しろと、命じるのである。

「さあ息子のように抱きしめてくれ」

ロビン・フッドは、頼れる仲間と共に出発する。

バーンズデイルでは、マーシャル卿が集結した諸侯を前に、必死の説得を試みていた。しかし強硬な諸侯たちの姿勢を崩すことが出来ず、まさにお手上げと思われた時、当のジョン王が姿を現すのである。諸侯たちのリーダーの一人であるボールドウィンの前に立つと、「では好機をやろう、ボールドウィン」そう云って自らの剣を差し出すと、「さあこの胸を一息に刺すがいい」

ボールドウィンは畏れ入った様子もなく、「陛下は誤解しておられます。私には野心などないし、王冠を手にする権利もありません。しかし陛下にご忠告申し上げます。これ以降我々は公平な法律のみに従う臣民、陛下の晩餐のため無惨に殺される羊ではない」

賛同の声が一斉にあがる。民を飢えさせ、苦しめる王には、忠誠など誓わん。

国王をないがしろにする発言に、ジョン王は苛立った。「王の恩恵を蒙る民が、王に忠誠を誓わずしてどうなる。民の忠誠なくして王国は成り立たない。無に等しいのだ」施してやっているという傲慢ゆえに、王国が砂上の楼閣化していることに、思い至らない。民を責める前に、自分が責められるべき、ということに気が付かない。ジョン王はどこまでも尊大だった。

その時、ロビン・フッドがウォルター・ロクスリー卿の名代として話したいと、申し出る。王の承諾を得ると、彼は滔々(とうとう)と話し出した。

「国の未来を憂うるのなら、確かな基礎を築かねばならない。今の法律では、国民は王の奴隷に等しい。王は忠誠心を求めるが、国民には何の見返りもない。暴君政治は必ずや崩壊する。国家とは大聖堂のように、土台から築くものだ。一人ひとりに権利を与えれば、国王の権威も増す」

ジョン王は皮肉めかして、「まことに理にかなった言葉、反論の余地もない」

「もし国王陛下が正義の心をお持ちなら、〈自由の憲章〉に謳ってあるように、国民の誰もが家族を養えるようにすること。理由もなく罪に問うことをやめ、告発なき投獄を禁止すること。誰もが働き、食べ、喜びに溢れた生活を営み、人間らしく生きられるようにする事。その時こそ偉大なる国王として、国民は忠誠を誓うだけでなく、陛下を愛するようになる」

ジョン王はたじたじとなりつつも、威厳を繕って、「私にどうしろと。一人ひとりに城でも与えろというのか」諸侯の間に、失笑が拡がる。

「我々の要求は自由です！　法が認める自由です」割れんばかりの歓声があがった。

父の遺志を受け継いだ仔羊は、遂に獅子となったのである。

この機を逃さずマーシャル卿は、「今こそ兵を一つに纏める千載一遇のチャンスです」と、ジョン王をおだて上げる。ジョン王は調子に乗り、

「皆に約束しよう。必ずやこの憲章を成立させる。この場で母の命にかけて誓う」

事は成った。ロビン・フッドに近づいてきたマーシャル卿は、

「ゴドフリーがノッティンガムへ向かっておる。私はここに残るから、フィッツロバートやボールドウィンと一緒に行け。そっちが片付いたら〈ホワイトホース〉で落ち合おう」更にロビンの肩を掴むと、

「君の父上は偉大だった。そして君はその息子だ」

八

ペパー・ハロウ村は、ゴドフリーの兵によって、蹂躙された。殺戮、略奪。抵抗できない者は、一箇所に集められ閉じ込められた。居合わせたマリアンも同様だった。

その様子を、すわ何事が起きたと、遠巻きに見ている者たちがいた。シャーウッドの森の、孤児たちである。

マリアンはゴドフリーの腹心に、ひとり別棟へ連れて行かれ、凌辱されようとする。が、機転を利かせ、その男を刺殺する。だが鍵がかけられ外へは出られない。

閉じ込めた人々を、その小屋ごと焼き払うべく、火が放たれた。朦々たる煙が立ち込める。外へ出なければと苦戦していたマリアンは、突如天井から呼びかけられる。屋根の一部が開いて、孤児のリーダー格の少年が顔を出した。手を差し出す。屋根の上に出て状況を窺った彼女は、ロビン・フッドたちが駆けつけてくるのを認めると、少年を促して燃え上がりつつある小屋へ向かう。扉に打ち付けられた板を破壊し、懸命な救出作業。

ゴドフリーは数騎を引き連れ、すでにロクスリーの屋敷へ向かっていた。

「ボールドウィン、フィッツロバートは側面から行け。ウィルにアランは屋根から弓で攻撃しろ」ロビンの下知で、一斉に散開、突撃である。ひとたまりもなくフランス兵は鎮圧され、捕虜となった。

ロクスリー卿の屋敷。闖入(ちんにゅう)を知って現れたウォルターに、ゴドフリーは獲物をいたぶる目付きで、

「ロバート・ロクスリーは?」

「息子ならここには居らん」

「そういえばそうだ。フランスで犬死にした」

「そう云う貴公はどなたかな?」

ゴドフリーは薄笑いを泛べながら、「ロバートを殺した男だ」

ウォルターは杖がわりに手にしていた剣で、ゴドフリーに斬りかかった。普段の彼なら、物静かに事の顛末を、質(ただ)したであろう。だがゴドフリーの横柄な物言いと、礼儀を弁えぬその傍若無人ぶりが、腹に据えかねたのである。こんな男に息子は殺された。だが眼の見えない哀しさ、剣は無情に空を斬る。「尋常に勝負しろ!」ウォルターはせめて一太刀報いたかったに違いない。息子の無念を晴らしたい。はからずもだが、その夢は儚(はかな)く叶った。彼を舐めきっていたゴドフリーの油断で、闇雲に振り回していたウォルターの剣が、彼の額を浅くだが傷付けたのである。ゴドフリーが豹変

した。憤怒に火が付いたのである。彼は自らの剣を抜くと、ウォルターを背後から、刺し貫いてしまう——

ロビン・フッドは、指揮官格の男を壁の前に立たせると、弓の名手らしい尋問を始める。「フランス軍は、いつどこに上陸する?」まず指揮官の頸すれすれに一本目、次いで太腿に突き立てると、「これで最後だ」三本目をつがえる。指揮官は落ちた。ダンジェネス、二日後だ。——そこへロクスリー家の召使いが、ウォルターの剣を持って、その死を知らせてきた。悲しみにくれるマリアン。早くに二親を亡くした彼女が、実の父親とも慕っていた人が、この世を去ってしまったのである。ロビンは慰めようもなかった。

ロクスリー卿の亡骸を荼毘に付すと、その死を悼む間もなく、ロビンは出発しなければならなかった。マリアンはロビンを見詰め、

「以前、戦場に見送った人は帰らなかった」これはおそらく、貴方はそうならないで欲しいという、願いを籠めた言葉であったろう。ロビンは彼女に優しくキスすると、馬に跨り「愛してるマリアン」とだけ言い残し、背を見せた。そう云うのが精一杯であったろう。俺は必ず帰ってくると断言できる、戦いではなかったのである。マリアンは返事を返さなかった。黙って見送る彼女の瞳には、ある決意が秘められていた……

ダンジェネスの海岸。砂浜の後ろには切り立った屏風のような崖が拡がり、そこへは断崖が尽き

た処から急勾配の坂道を、降りなければならない。ゴドフリーは砂浜の何箇所かに高く積み上げられた薪に、火を付けるよう命じる。沖に停泊するフランス軍の船団に、合図を送ったのである。上陸が開始された。

ホワイトホースで、マーシャル卿と落ち合ったロビンたち。ジョン王は興奮気味に、「初めての戦だ。私が率いる」とばかり、先頭を駆ける。

フランス軍は圧倒的な数だった。続々と上陸してくる。「作戦は？」ジョン王の問いかけにロビンは、「射手を崖の上へ、騎兵は海岸で待つ」

沖に停泊する船上から状況を窺っていたフランス国王フィリップは、崖の上にずらりと並んだ射手たちに、「まずい！」と叫ぶ。一斉に矢が放たれる。唸りを上げてフランス兵に襲いかかる。浜辺、海、上陸艇にいた兵士たちが、バタバタと斃れていく。二の矢、三の矢、文字通り矢継ぎ早に繰り出され、空一面大きく弧を描いて飛来する襲撃に、手の施しようがなかった。

矢の攻撃が収まった。騎兵の先頭にいたロビン・フッドは、突撃を開始。そのとき横合いから、甲冑に身を固め兜を被ったマリアンが、孤児の年長者たちを引き連れて、現れる。

驚くロビン。「来たのか、マリアン」本当は、危ないから帰れと、云いたかったに違いない。だが無言で見つめ返す彼女の眼を見て、ロビンは諦めた。「ロクスリー、隊列を組んで突撃の用意だ」

凄まじい白兵戦が繰り広げられる。瞭かにフランス軍が不利だ。フィリップ王は臍を噛んだ。

「これが内乱で分裂した国か」

リトル・ジョンが怪力で殴り倒す。ウイル・スカーレットが機敏に身を躱す。孤児たちのリーダー格の少年が果敢に剣を交える……

後方で戦況を観ていたジョン王は、逸りに逸る気持ちを抑えられなくなっていた。「行くぞ」マーシャル卿がとどめる。「陛下はここに待機を」

「リチャードは先陣を切って戦った」

マーシャルは首を横に振りながら、「それでどうなりました？」だがジョン王はすでに飛び出していた。

マリアンがゴドフリーを見つけた。本当の父のように慕った「ウォルターの仇」と、波を蹴立てて斬りかかる。辛うじて躱したものの、バランスを崩したゴドフリーは水飛沫を上げて、落馬する。だがすぐに起き上がると、マリアンの脚に掴み掛り、今度は彼女を馬から引き摺り落とすと、殴り付け気を失わせる。波に洗われながらぐったりとなった彼女に、止めを刺すべくゴドフリーは剣を抜く。気付いたロビンは身を翻すと、馬上から彼に飛び掛かる。縺れ合って転がり込む。跳ね起きた二人は、剣を手にし、切り結びながら次第に沖へ……二隻の上陸艇が波に押され、船腹をぶつけ合おうとしていた。その狭間にロビンは押し込まれる形となる。遂に二隻は激しく衝突する。押し潰されたかに思えたロビンは、船の下に潜り込み難を逃れていた。

フィリップ王は、無念さに唇を噛みながら、退却を命じる。「戻るぞ。この決着はいつか必ず着ける」

ロビンが浮かび上がった時は既に、ゴドフリーは騎兵の馬を奪い、形勢不利と見て逃走にかかっていた。戦う兵士たちの向こうに、頭ひとつ抜きん出て遠ざかる、後姿が見える。ロビンは弓と矢を拾うと、頭から顔に滴る海水を手の甲で拭い、矢をつがえきりきりと引き絞り、狙いを定める。南無三、矢は弦を離れた。このシーンのみ、大写しで且つスローモーションである。矢にカメラが取り付けられたが如く、ゴドフリーの後姿に迫っていく。見事矢は彼の頸を貫いた。絶命する寸前、ゴドフリーは血塗れの口を開けて、高笑いする。その笑いは、分不相応な野望を抱いて果たせなかった自分を、嘲笑ったものでもあったろうか。

ロビン・フッドは、マリアンを抱き起す。戦いが終息したのにも気付かず、誰彼構わず剣を向けるジョン王に、マーシャル卿は「陛下、敵は降伏しました」

「そうか、誰に？」偉大なるジョン王にという返事を期待したのだろうが、マーシャル卿が指し示したのは、湧き上がる歓喜の声の中、マリアンを抱きかかえて遠ざかるロビンの姿であった。

九

王宮における論功行賞の式典である筈なのに、現れたジョン王はとんでもない演説を始め出した。「私は自ら王になったのではない。神が定めた。すべては神の思し召しだ。それなのにお前たちは、神が私に与えた力を抑え込もうとするのだ」

「陛下、約束なさった筈だ!」あちこちで同様の声が上がった。

「約束などした覚えはない。領主は土地を護っておればよいのだ。有難く思え、お前たちに罰は下さん。だが石工の息子ロビン・ロングストライドは、窃盗という重罪を犯した。更に騎士を騙り、民を扇動し、国を混乱に陥れたその罪は、死刑に値するものである。ここで私はお前たちに宣言しよう。あの男は無法者だ。あの男は追っ手により、生涯追われ続けるだろう」云い終わると、囂々たる非難の中、ジョン王は踵を返す。ロビン・フッドは、極悪人のレッテルを張られてしまったのである。

ロビン・フッドの〈伝承〉ではお馴染みの挿話が、この後披露される。ノッティンガムの代官が広場の真ん中にある大樹の前で、「お触れだ、聞くがいい。王の命令により、ロビン・ロングストライド又の名をロビン・フッドというこの男を匿い、協力した者、一人残らずアウトローと見做す。彼らを発見した場合、その命を奪い財産を没収することをよしとする」読み上げた触れ書を、樹に打ち付けようとするが釘がない。「誰か釘と金槌をくれ」その時、何処からともなく飛びきたった一本の矢が、代官が手にしていた触れ書を、樹に縫い付けるのである。代官唖然、集まっていた人たちから笑いが起こる。

＊　＊　＊

これまでの『ロビン・フッド』映画は、代々語り継がれてきた〈伝承〉を基にしており、領主及びその命を受けた代官の、暴政による苛斂誅求から農民を護る、すなわち弱きを救け強きを挫く、所謂義賊としての物語であった。水戸黄門ではないが、それゆえに長きに亘り人口に膾炙(かいしゃ)され続けてきたのだろう。だが今作ではその大本である国王と領主諸侯の対立に焦点を当て、更には迫りくる外敵から国を護るという、スケールの大きなものになっている。ロビン・フッドの生い立ちは、定かではない。ケビン・コスナーの『ロビン・フッド』では、領主の息子という設定であった。ラッセル・クロウは石工にして思想家かつアジテーターの息子である。そこに重要な意味を持たせ、一介のアウトローが諸侯を取り纏める不自然さを払拭している。おそらくリドリー・スコット監督は、ロビン・フッドの物語を〈伝承〉の城から、国難を救った英雄が名も無きひとりの無法者であったという〈伝説〉の高処(たかみ)へと、引き上げたかったのではあるまいか。「ロビン・フッドは時代を超える」と監督は云う。エンドクレジットの前に挿入されるテロップ、

「かくしてロビン・フッドは伝説となった」でも、それは瞭かなようである。

但しこれはスコット監督だけの功績ではなく――ラッセル・クロウはロビン・フッド役のオファーを受けて、渡されたイーサン・リーフとサイラス・ヴォリスの脚本に、「僕の求める方向性とは違った」と失望したと云う。そこで一緒に撮らないかと勧誘したスコット監督に相談した結果、ブライアン・ヘルゲランドに話を持ちかけ、「結局最初から全部書き直すことになった。まったく別の作品になったよ」（スコット監督）という次第だという。

協議の結果、ロビン・フッドが活躍した時代設定を見なおすことにした。リチャード一世が死んだあとの国家的な混乱の中から、ロビン・フッドの〈伝説〉が生まれた、その方向性でいこうということに、最終的に決定したのである。

できあがった映画は見応えがあって、私的には最高に面白かった。そしてスコット監督が目論むまでもなく――監督、ご案じなく。子供の頃から折に触れ顔を出すロビン・フッドは、私の中ではとっくに〈伝説〉となっています。

（「シネマ気球」２０１８年９月。２０２２年加筆）

亡き弟に捧げた『エクソダス　神と王』

一

『エクソダス　神と王』は、旧約聖書にその名を残す、古代イスラエルの予言者にして民族指導者である、モーゼ（クリスチャン・ベール）の物語である。

冒頭、ピラミッドや巨大な人型モニュメントの建造に使役される、ヘブライ人の映像と暗転が交互に繰り返され、暗転の部分でテロップが流れる。

「紀元前一三〇〇年

四〇〇年もの間、ヘブライ人はエジプトで奴隷として扱われた

エジプトの栄光である彫像や街を建設した
彼らは祖国の地を忘れなかった
彼らの神のことも
神も彼らを忘れはしなかった」

不勉強な私は、この時点でヘブライ人とイスラエル人及びエジプトとの関係が、全く理解できていなかった。だからなぜヘブライ人が、エジプトで奴隷の扱いを受けるのか、判らなかった。ので、少し調べてみた。……ヘブライ人とは、古代イスラエル人の別名だという。「川の向こう（東）から来たもの」「国境を越えて来たもの」という意味で、ユーフラテス川を渡って来た、もともとはカナン（現在のパレスチナ）に住む農業・牧畜を生業としたセム語族系遊牧民集団を、指すらしい。

「イスラエル」とは、神が民族の祖先であるヤコブに与えた名である。「あなたの名はもうヤコブとは呼ばれない。イスラエルだ。あなたは神と戦い、人と戦って、勝ったからだ」創世記32章28節に、そう記されているという。故に彼らは自分たちを、神に選ばれた民だとしてイスラエル人だと自称したのだが、他の民族にしてみれば、神に選ばれたなどとんでもない話だということになる。だからこそ差別的な意味合いを込めて、「世俗的名称」であるヘブライ人と呼称したのであろう。

前２０００年紀に、古代イスラエル人はユーフラテス川流域からシリアに移り、その一部はエジプトに流れたという。その人たちが、当時威を振るっていたエジプトに捕まり、虜囚の憂き目に遭ったということらしい。

――爾来四〇〇年、ヘブライ人は虐待に晒されながら労働に従事し、動物以下の扱いを受け続けたのである。四〇〇年という歳月は、とてつもなく長い。長すぎる。本編中モーゼの述懐にも「四〇〇年も放っておいて、今更何を……」とあるが、神も「彼らを忘れはしなかった」のならなぜそんなに放っておいたのだと、私などつい思ってしまうのだが、ギリシア神話で人間を創造したとされるプロメテウスは、〈神の焔〉を人間に与えたがためゼウスの怒りを買い神の座を追われたばかりか、カウカーソス山の頂に磔にされ、三万年の長きに亘り毎日鷲に肝臓を啄まれる劫罰(ごうばつ)を受けたというから、〈神〉にとっては四〇〇年などたいした歳月ではないのかもしれない。

モーゼは先代の王ラムセス一世の娘ビティア（ヒアム・アッバス）と、名は教えて貰えぬもののエジプト軍の将軍の児として生まれ、現ファラオ（王）であるセティ一世（ジョン・タートゥーロ）と后トゥーヤ（シガニー・ウィーバー）の間に生まれたラムセス（ジョエル・エドガードン、後に王位を継承しラムセス二世）とは、兄弟同然に育てられた。モーゼはそう教えられ、そう信じて疑いもしなかったのだが……

二人は成長して今やモーゼは将軍、ラムセスは王子。だが当時のエジプトは、度重なるヒッタイトの侵略に頭を痛めていた。そんな折、国境近くのカデシュの近くで一万六千人が野営しているという報告が、もたらされる。エジプトに侵攻するためなのか、或いはこちらを攻め込ませるための挑発なのか、会議は紛糾し、巫女を通して語られる女神セクメトの予言に委ねることにする。だが予言は思いもよらぬものであった。

「どちらが勝利するか判らない。しかし指導者が救われ、救った者がやがて民を率いる」というのである。それが誰であるかを知るためにも、攻撃すべきだと。

予言・予兆の類を信じないモーゼは一笑に付すが、ラムセスはひどく気になった。当然であろう。当時の人々は、人知の及ばぬ状況に対応すべく、託宣を得て行動の指針としていたのだから。そこでモーゼに釘を刺す。「俺も予言など信じないが、念のため、戦場で俺に危機が迫っていることに気付いても、無視しろよ」

王命を拝し、ラムセスは兵を率いてヒッタイトの陣を、襲撃に向かう。兵を中央でまとめるべきだとするモーゼの進言を一蹴し、おまえは自分のことに集中しろ、軍の指揮は俺が執るとばかり、挟撃のため兵を三つに分け、中央本隊の先陣を切って果敢に突入していく。〈戦車〉を駆使し、阿修羅の如き形相で奮迅するラムセス。だが兵を分散したのが裏目に出たか、護衛も少ない上に、ヒッタイトの予期していた以上の手強さに、〈戦車〉の車輪が破損して地上に投げ出されたラムセスは、窮地に陥る。あわや！　と思われた瞬間、近くで闘っていたモーゼに、救け出される。これ以上の戦闘は不利になるおそれがある、そう判断したモーゼはラムセスを護衛の兵に任せて逃がした後、ヒッタイトの陣に火を放ち、退却する。

指導者が救われ、救った者がやがて民を率いる——予言は、エジプト軍兵士の間に、静かに浸透していった。王はモーゼを呼び、戦の顛末を質し、そのことを知る。

「王子を救ってくれたことには、感謝する。——お前が予言を信じないことは知っているが、私は信じる。王としての器量は、ラムセスよりお前の方が優れていることも、判っている。だがお前は実の息子ではないから、王位を継げる訳でもなく、民を率いることなど出来ないのだ」そう云って、優しく諭す。

「よく判っていますし、その心算もありません」モーゼの本心であった。

程なく、今度はピトムの街の奴隷たちが、不穏な動きを見せているという報告が入る。王は、「やがて自分のものになるのだから、行って収拾してこい」ラムセスを差し向けようとするが、「王となる人の品位に係わります。わざわざ出向くことはない」と、モーゼが自ら買って出て、赴くこととなる。……思えば、これが運命の選択であった。

ピトムの街には異臭が漂っていた。血と汗と涙と、強制労働で命を落とした人々の腐臭。ヘブライ人の、怨みが籠められた臭い。「臭いにはすぐ慣れます」案内人は云う。そうでなければ、苛酷な労働を強いることなど出来はしないのだ。

ピトムを管理するヘゲップ総督（ベン・メンデルソーン）の屋敷は、王宮かと見紛うほどに、華美を極めていた。その資金はすべて奴隷から搾取したものである。

総督はモーゼに訴える。「ヘブライ人は、長生きし過ぎるのが、問題です。毎年死亡率が落ち、娯楽として子作りに励むせいで、出生率が上がっている」

モーゼは問う。「労働人口が増えるのが、問題か？」

「生産力は上がりますが、過剰はまずい。連中が謀反でも企てたら、大変な事態になります。そうならないためには、秩序を守るべく兵を増強するか、若しくは奴隷を間引くしかありません」

「闇雲に人を殺し始めると、却って恐れている事態を引き起こしかねない」モーゼはそう戒めると、続けて「私がヘブライ人に直接会って話を聞こう。反乱が起こることが心配なら、その可能性を確かめねば……」

モーゼはヘブライ人の主だったものを集めさせ、話を聴くことにする。

「現実を見すえない連中は、狂信的になる。そんな彼らを年長者が扇動し、暴動や革命を起こす。そういう事態を招かないためにも訊こう、いったい何が望みだ?」

長老格のヌン（ベン・キングズレー）が尋ねる。「あなたの名は?」

将軍であるモーゼは苦笑しながらも「ビティアの息子、ホルエムヘブの孫、モーゼだ」

ヌンは〈ビティアの息子〉に、驚きを隠せなかった。それでもさりげなく「祖先の地、乳と蜜の流れる地、カナンへ戻ることが願いです」

「カナンか、行ったことはないだろう。俺は行ったことがあるが、エジプト軍より残忍な部族が住んでいる処だ。戻ったところで命はないぞ」モーゼの指摘は、ほぼ間違いないことではあったろう。だが日々重労働に圧し拉がれそうになっているヘブライ人が、代々語り継がれてきたカナンの地を理想郷として夢見たのは、行ったことがないだけに尚のこと当然であったろうし、戻ることさえ出来れば自由になれると信じ込んだとしても、無理からぬことではあったろう。それだけになまじっかな説得では、翻意を促すことなど適う筈もなかった。まして〈ビティアの息子〉が、眼の前に現れたのである。ヌンでなくとも夢が現実となる可能性を、疑わなかったであろう。

二

その夜、内密に話したいことがあるというヌンの伝言に、モーゼは〈祈りの家〉を訪れる。招き入れたヌンの第一声は「なぜあなたはピトムへ来たのです」というものであった。「とても偶然とは思えない」

訝しがるモーゼに、ヌンは驚くべきことを語り始める。

——あなたの生まれた年、予言があった。我々を自由の身にする指導者が生まれると。それを知ったファラオは勅令を出し、ヘブライ人の男の赤子を残らず殺せと命じた。両親は僅かながらも生き残れる可能性に賭け、あなたの姉ミリアム（インディラ・ヴァルマ）に生まれたばかりの子を託した。彼女はあなたを籠に入れて、川へ流した。辿り着いたのは先王の娘ビティアの屋敷。心配で籠の後を追ってきたミリアムを、ビティアは子守りとして雇い、あなたを我が子として育てた。ビティアはあなたを愛するあまり、真実を誰にも明かさなかった。モーゼ、あなたはヘブライ人だ。そして指導者なのだ。

俄かには信じがたい話である。事実モーゼは、信じることが出来なかった。作り話にしても程がある。彼は怒りさえ覚え、〈祈りの家〉を後にする。

モーゼがファラオの王宮があるメンフィスへ戻り旬日を経た頃、体調の悪化を訴え、寝に就いていたセティ王が崩御する。葬儀を終えた後、ラムセスが新王に即位。

その彼の元へ、拝謁を乞うてピトムの総督ヘゲップが推参する。新王の威信を誇示するための施策に余念のないラムセスは、「その必要はない」追い返そうとするが、モーゼはヘゲップを糾弾するのにいい機会だと思い、会うことを勧める。

実はピトムを立ち去る際モーゼはヘゲップに、豪勢な屋敷とその暮らしぶりを、

「メンフィスへ報告しているのか？　記録があるなら調べても構わんな」と詰問し、また「王でもないのに王のような暮らしはやめろ」と威嚇しており、戻ってからも先王に総督は泥棒だと、報告していたのである。

セティ王の返事は、「皮肉なものだな、権力を求めたがる者ほど、権力の使い方を誤る」というものであった。……だからこの機に、モーゼはヘゲップを断罪しようと思い立ったのである。

しかし結果は、自己の保身を図ることに長けた総督の、勝利だと云わざるを得ないものであった。彼はモーゼを含むすべての重臣の退席を願い、ラムセス王のみに密告者から得た「モーゼはヘブライ人である」という情報を告げたのである。

ラムセスにしても、幼い頃より兄弟同然に育ったモーゼのことである、簡単には信じられなかったに違いない。しかし彼はすべてにおいて自分より優れているモーゼを、懼れていた。巫女のお告げのこともある。もしかしたらモーゼの人望を失墜させる、絶好の機会だと、捕えたのかもしれない。王の権威を示すべく、事の是非は糺さねばならない。

ラムセスはモーゼ、その母ビティア、そしてミリアムを呼び付け、糾問を始める。ラムセスの母親トゥーヤが立ち会う。ビティアは莫迦げたことだと怒りを顕にするがラムセスは動じず、ミリアムに「お前はモーゼの姉か？」当然彼女は否定する。ラムセスは彼女に右腕を卓の上に出せと命じ、「本当のことを云わぬと、残念なことになる」と剣の鞘を払う。腕を斬り落とすというのである。覚悟を決めたものか、ミリアムは顔色も変えず右腕を差し出す。「よせラムセス」モーゼは思わず自分の剣に手を懸けるが、「その剣を抜いて俺と勝負するか」ラムセスの挑発は、国王に刃向かうのかという恫喝でもあった。モーゼは剣を卓の上に投げ出す。

再度の質問にもミリアムは首を横に振る。ラムセスは剣を振り上げ、振り下ろす。火花を散らしてそれを止めたのは、モーゼが抜いた剣であった。

「そうだ！」モーゼは絶叫する。「そうだ！」彼は自分でも信じていないことを、認めたのである。例えそれがどんな結果を招くとしても、赤子の時から乳母として育ててくれたミリアムの奇禍を、彼は見過ごすことが出来なかった。

モーゼは、最果ての地への流刑を宣告される。ラムセスが目論んだ通りに。

トゥーヤは反逆罪を楯に、処刑を言い募る。生かしておいては、我が子ラムセスよりエジプトの民に人望のあるモーゼが、どんな手を講じて王座を奪いに来るか知れたものではない。だが殺してしまっては、逆にエジプト人の反感を招きかねない、そう判断したラムセスは「あんなところで、生きていくのは困難だ」とばかり、取り合わない。彼にしても、幼い頃より兄弟同然に育ってきたモーゼを殺すことに、躊躇いがあったのだろう。

＊　＊　＊

モーゼが追放される場所まで、随行してきたビティアとミリアム。別れる間際、「姉に救われたあなたが、今度は姉を救った」ビティアの口から真実が、語られる。彼女は本当の母ではなかった。

そしてミリアムは実の姉だったのである。私はヘブライ人なのだ。

馬一頭と僅かな食料と水、それだけを与えられて、モーゼは追放される。ふと鞍の下に剣が忍ばせてあることに、気付く。セティ王から下賜された剣である。おそらくラムセスの仕業であろう。もし力尽きた時には、この剣で自ら命を絶てとでもいうのか。

モーゼは辺境を彷徨う。おそらく紅海のティラン海峡辺りだったろうと、推測されているようである。過酷な自然環境に馬が倒れて死ぬ。食料も底を尽き、モーゼも野垂れ死にしかねない状況であった。そこを二人の男に襲われるのである。モーゼに生きていられては後顧に憂いが残ることを案じた、トゥーヤが放った刺客であった。鞍の下に忍ばせてあった剣で、彼らを返り討ちにしたモーゼは、二頭の馬と食料を手に入れたものの、放浪生活を続けざるを得ないことに変わりはなかった。

或る日、通りがかったとある寒村で、モーゼは知り合った羊飼いの娘ツィポラ（マリア・バルベルデ）と恋に落ちる。そして結婚。……九年の月日が流れた。男の子ゲルショムが生まれ、その子も大きくなった。モーゼにとってこの歳月が、生涯で一番心休まる時期であったかも知れない。

しかし〈神〉はモーゼを、家族愛に包まれた幸福な時間の中に、いつまでも置いておきはしなかった。おそらく呼ばれたのだろう。登るのを禁じられていると村人が云い伝える「神の山」に、モーゼは憑かれたごとく登り始める。不思議なことに、麓は晴れているのに、山はすぐ嵐に包まれる。

中腹までも登ったろうか、突如雪崩れる落石に見舞われ、押し流され、気を失ってしまう。「モーシェ」ヘブライ読みでの呼びかけに、モーゼは意識を取り戻す。嵐は治まり、すぐ近くで篝火が燃えていた。だが体は半ば土砂に埋もれ、どうやら足が折れたらしく、身動きが取れない。そこへ僧と思しき扮装(いでたち)の少年が現われる。「助けてくれ」少年僧は取り合わず「戦うため将軍と話したい」と云う。瞭かにモーゼの過去を知っている。「誰と戦う？」

「お前の同胞たちが、どんな目に遭っているのか見に行けよ。……あの方が安心するように」最初〈神〉が少年の姿を借りて現れたのかと思ったのだが、この台詞で〈神〉の使いだということが判る。続けて「それともあんな連中虫けらだ。そう思っているのか」混濁する思念の中で、モーゼは再び気を失った。

再度意識を取り戻したとき、モーゼは自宅でツィポラに看病されていた。あれは幻覚だったのだろうか。半ば錯乱気味に彼は〈神〉と遭遇したことを告げるが、

「あなたは頭を打った。あなたが眼にしたものは、頭を打った所為」妻は更に「神は少年じゃない」

事の信憑性を伝えたくて、モーゼは言い募る。「神はどんな姿をしている。教えてくれ」〈神〉と出会ったなどという話は、現代でもまして当時では尚のこと、正気の沙汰とは思われまい。モーゼ自身が半信半疑なのである。だがささやかながらも幸せな日常を過ごしていた時には、絶えて思い

出すこともなかったヘブライの同胞たちの苦難が、今更ながら枷となってモーゼを締め付けた。ツィポラに説明しようとするが、混沌とした頭では上手く出来ない。「休んで」妻の労わりに、「俺を見捨てないでくれ」モーゼは懇願する。だがそれはモーゼしか頼るべき人がいないヘブライ人の、苦しみ・嘆き・悲哀そして絶望が逆照射されて、彼の口から吐き出されたものではなかったろうか。そのことを思い出させたのが、他ならぬ〈神〉である。

身体の回復に伴い、モーゼは旅立ちの支度を、始める。仕舞い込んでいた剣を取り出したとき、ツィポラが尋ねる。

「その剣を何に使うの？」彼女にしてみれば、夫がなぜ武器を持ってエジプトへ行くのか、同胞を救い出すためと聞かされても、それがなぜ夫でなければならないのか、理解の範疇を超えていたに違いない。

「君の元へ戻るために」モーゼの答を、彼女は遠いものに聞いた。

旅立ちの朝、夫を引き留めるのは不可能と判ってはいても、ツィポラは云わずにはいられなかった。

「家族を捨てろと命令するのは、どういう神。答えを云えるなら、ちゃんと答えて」

「わからない。その質問には答えられない」

「そんな神なら信仰を捨てて、あなたと一緒にいたい。……行けばいい。行って！」

後ろ髪を引かれながらも、モーゼは決然と馬の腹に蹴りを入れた。

三

エジプトへ戻る途中、奴隷であるヘブライ人の遺体が焼かれる光景を、モーゼは何度も眼にした。事態は以前よりも更に劣悪になっている。

ピトムのヌンを頼ったモーゼは、そこでモーゼの兄であるアロン（アンドリュー・ターベット）を紹介される。姉ミリアムの他にも心強い血縁者がいた。モーゼはヌンの住まいを拠点にして、行動を開始するつもりであった。

とある夜半、勝手知ったる王宮へ忍び込んだモーゼは、子を生しつつも最近とみに眠りが浅くなり、起き出してきたラムセスの咽喉元に刃を当てる。

「生きていたのか？」驚くラムセス。

「王位を奪いに戻ってきたのではない。お前が心配する予言も関係ない」と前置きし、モーゼは本題を切り出す。「奴隷の条件が更に悪くなっている」

「秩序があるから、よくなっている」ラムセスは胸を張る。

「奴隷が死んで昼も夜も焼かれている。彼らのエジプト人としての権利を認め、労働の対価を払え。それが嫌なら彼らを自由にしろ」

「エジプト人ではない。彼らは奴隷だ」

「奴隷ではなくエジプト人だ！」モーゼの眼に、殺気に近い怒気が籠る。ラムセスは気圧（けお）されたように、「わかった。だが世の中の成り立ちからいって、お前の要求はとんでもなく厄介だ」

「簡単に承知するとは思ってない。だが頑なな拒否も聞きたくない。どうあっても拒否するというのか」

「そうは云ってないが、時間がかかる。……ヘブライ人に吹き込まれるな」

モーゼはラムセスの眼を覗き込みながら、ゆっくりと「彼らではない。神と話した」

ラムセスは怪訝な表情で「どの神だ？」

ラムセスの言葉でも判るように、当時の人々は多神教であった。実に多くの神を信心決定（しんじんけつじょう）し、崇拝したのである。だから彼らは特定の神を示すときは〈女神セクメト〉のようにその名を冠し、通常は神々と呼んだ。だがこれは裏を返せば、自分たちに都合のいい神だけを信仰することが出来た、ということでもあったのである。

後にシナイ山において二枚の石板にモーゼが刻み込んだ所謂「十戒」は、ユダヤ教・キリスト教の倫理の根本が完結に示された聖典だとされているが、「神はモーゼに自らがイスラエルの民の神

〈ヤハウェ〉であることを告げ、神を愛しその戒めを守る者には、千代に及ぶまでその恩恵を施すと約束」したとされる、〈神〉とイスラエル人の間に交わされた契約書だともいわれている。唯一絶対神として〈ヤハウェ〉を崇拝し、偶像礼拝を禁止、即ち他の神々に心惑わされるな、と云っているのである。「十戒」の第一章、第二章にその記述がある。

①ヤハウェの他なにものをも神としない事

②主なる神の名を濫りに呼ばない事

――モーゼは姿を消した。

翌日、ラムセスは重臣たちを集める。「モーゼは正気を失くしている。神を見つけたというが、奴の神だ。私たちの神ではない」そして徐に「私としてはモーゼを死刑に処する。奴の家族もだ」そして下知を飛ばす。「奴を見つけ出せ！」

徹底したモーゼ捜索が始まる。だが杳として、その行方は知れなかった。

業を煮やしたラムセスは、ヘブライ人を集め彼らの眼の前で、ヘブライ人の家族三人を絞首刑にする。モーゼを差し出すか居所を教えろと、強要したのである。

「明日のこの時刻、また別の家族が同じ目に遭う。この光景を目に焼き付け、なぜモーゼを庇うのか、家族で話し合え」

犠牲者を増やさないためにも、モーゼはすべてを急ぐ必要に迫られた。弓矢を作り、刀を打つ。

戦いを厭わない者に、弓の射方・剣戟の訓練を施す。そして戦術を練った。

「こちらの兵が少なければ、脇から攻める。心臓に血を運んでいる血管を断つのだ。……エジプト人だけが、ヘブライ人の要求を呑むべきだと、ラムセスに圧力をかけることが出来る。エジプト人を動かして、王に圧力を懸けさせ、我々の自由を認めさせるのだ。そのために、彼らの食料・財産・安全を断つ」として、

油の貯蔵庫を炎上させ、その状況を確かめに来た兵士たちを矢で狙撃し、火矢で軍船を焼き払い、次いでエジプト人の居留地区に放火し、一帯を焼け野原に変えてしまう。――この辺りどれも短いショットながら、畳み掛けが見事で、流石リドリー・スコット監督だなと思わせてくれる、出来栄えである。

そんな折、再び〈神〉の使いである少年僧がモーゼの前に現れ、彼の戦いぶりが手ぬるいと責める。「これじゃ何年もかかるぞ。一世代とか」

「長期戦の覚悟ならできてる」

「待てない」

「戦果は挙げている筈だ。四百年ずっと奴隷生活を強いておきながら、随分せっかちだな」モーゼは皮肉を云うが、少年僧はどこ吹く風。

「こうなるまで何もしてこなかったのは、お前だって同じじゃないのか」

モーゼは腹が立ってきた。思わず声を荒げる。「どう戦ったら勝てるのか、俺はちゃんと心得てる。その俺に文句があるなら、何で俺を家族から引き離した？」

「自分で来たんだ」

「俺は必要ないか」

「そうかもしれない。取り敢えずこれからは、お前は見ていろ」

出エジプト記に記載がある、〈神〉による所謂「十の災い」が、このあとエジプトに対して、もたらされるのである。この期に及んで〈神〉は結果を急いだ。エジプト人に対する迫害ともいえる所業は、ヘブライ人の唯一絶対神として君臨するために、必要だったのだろうか。かなりあざといのである。〈神〉が全能であるのならば、他にやり方はなかったのかと、つい私などは思ってしまうのだが……

まず、ナイル川で漁をしていた何艘もの漁船が、鰐(わに)の群れに次々と襲われ、漁師たちが命を落とす。その血で川が真っ赤に染まる。だが広範囲な染まり具合からして、原因はそれだけではないようだ。上流から運ばれ川底に堆積した泥が、鰐によって撹拌され血と混ざり合って濁ったため、呼吸ができなくなった夥しい魚の死骸が、浮かび上がる。真っ赤な流れは畑にまでも入り込み、作物を枯らす。

ラムセスは川を清めるべく、巫女に祈祷を上げさせるが、巫女本人がそんなものを信じてはいなかった。

次に矢張り水の中では呼吸ができなくなった大量の蛙が陸に上がり、王宮にまで入り込んできた。その蛙たちも水を得られず、次々と死んでいく。蛆が湧き、蚋が発生し、虻が群れる。虻は人にまで襲いかかった。

ラムセス初め、臣下の者たちの顔や身体の至る所に、湿疹・かぶれができる。対策を協議する会議の席は蝿で充たされ、口を開くと飛び込んでくる始末である。疫病が跋扈しつつあった。

そんな折ラムセスの白い愛馬の腹に、ヘブライ語で墨痕ならぬ血痕淋漓と――これらの災いは神の御業だ。まだ終わってはおらず、更にひどくなる。互いのため我々は合意を結ぶべきだ、と認めてあるのが見つかる。エジプト人の惨状をみかねて、モーゼが書いたものであろうか。それとも〈神〉の警告か。だがこれは却って火に油を注ぐ結果となってしまう。

ラムセスはヘブライ人の前で――私からの合意案を提唱しよう。割り当て作業量を倍に増やす。レンガ用の藁の提供を中止する。お前らの神に恵んでもらえ、と宣言するのだ。労働はより苛酷になったのである。

モーゼは少年僧を捜した。だが見つからない。連絡の手段もない。だから天に向かって訴える。

「初めは感動したが、今は違う。ヘブライ人も苦しんでいる。いったい誰を罰しているのだ？」

馬が死に、牛が死に、多くの家畜が死んでいく。王宮の医師がラムセスに説明する。

「医学は飛躍的に発展しました。しかし僅かながら未だ解明しきれていない病があります。動物も例外ではありません。おそらくこれらの病気を運んだのは、小さな生物でしょう」――全世界を席巻しているコロナ災害を顧みると、この台詞は意味深いものがある。遠い昔から人々は突然の天変地異に恐れおののき、眼に見えぬ疫病に苦しんできた。理由が判らないだけに、人々は〈神〉が私たちを懲らしめていると、身を慎み、ひれ伏すしかなかったであろう。受け入れるしかなかったのである。だが人間は生きている、生きたいと願っている。「十の災い」は、現代ではその殆どに合理的な説明がつくという。だが説明がついたから、どうだというのか。今でも度重なる災害・災禍の原因は判っても、対処はできない。できても時間がかかる。

もしこれが本当に〈神〉の御業だとしたら――ふと先王セティ一世の言葉が想起される。「権力を求めたがる者ほど、権力の使い方を誤る」もしかしたら〈神〉は、力の使い方を誤ったのではないのか？

権力者の専横と、〈神〉が行なう人知を超えた災厄、何処に違いがあるというのか。サブタイトルに「神と王」とあるのは、このことを云いたかったからかもしれない。

〈神〉の攻撃は更に続く。空が突如暗雲に覆われたかと思うと、大粒の雹（ひょう）が降り、作物に大打撃を与える。

モーゼは天に向かって哀願する。「これで済んだのか。これで終わりか。もう沢山だ」

空を覆い尽くさんばかりに、蝗が大量に発生、残った僅かばかりの作物を食い荒らす。

重臣がラムセスに直訴する。「今回の災いであまりに多くの作物が失われました。補給担当官が、民間の貯蔵所に食料を帰してやるべきと、具申してきました。民が飢えています」

ラムセスの返事はにべもなかった。「私も飢えたらいいというのか。水は充分にあるから、耐えられるはずだ」だがこの認識は、甘過ぎた。

エジプトの民による暴動が起こったのだ。食料を求めて、王宮の貯蔵所を襲撃したのである。皮肉なものである。エジプトの民を鎮圧するため、エジプト軍が誅戮しなければならない破目に、なったのである。

ラムセスは今やなす術もなく、一人神に祈りを捧げる。「偉大なる神々よ、どうか怒りを鎮めたまえ」ふと人の気配を感じ、

「モーゼか。交渉しに来たのか、応じるぞ。お前に提案がある。今度まだ何かやったら、俺がお前たちに災いをもたらす。まだ歩けないヘブライ人の赤子は、全員一生歩けないようにしてやる。俺がナイルに沈めるからだ」

やってきたのは姿は現さず言葉も発しないが、ヘブライ人の神〈ヤハウェ〉であった。ラムセスにしてみれば、抑えきれない怒りを、先々代のファラオがおこなった非道を再現し、ヘブライ人を根絶やしにしてやると恫喝することで、モーゼにぶつけた心算であったろう。だが〈ヤハウェ〉は

この言葉を逆手に取り、この後ラムセスのみならずエジプト人にとって、最悪の災禍を引き起こすのである。

ラムセスは言い募る。「これはお前の起こした災いじゃないというのか。お前の神がやったと――神は俺だ、俺が神だ！」人間は〈神〉にはなれない。だが王の座に就き、絶大な権力を手に入れた今、お前の神がやった以上のことが俺には出来る、ラムセスは切歯しながらもそう豪語したのである。

「どっちだろうな、人殺しが上手いのは？　お前か、お前の神か、それとも俺か」

四

少年僧が問う。「ラムセスは承諾したか？」

モーゼが答える。「まだだが民が背を向け始めている。いずれは軍もそうなる」

「そうは思わない。最悪の災いが必要だ」

「必要ない。いったい何をしようというのだ？」

「これ以上やっては残酷か？　無慈悲か？」

「一緒に育った人間が、これほど苦しむ姿は……つらすぎる」

「では育ちが違うヘブライ人のことは、どんな風に思いやった。まだ同胞とは思えないんだな。……ラムセスに軍がある限り、何も変わりはしない」

「これ以上はただの報復だ」

「報復？　四〇〇年も過酷な仕打ちを受けてきた。ファラオたちは、自分のことを神だと思っている。所詮ただの人間のくせに。跪いて謝るべきだ、もうおやめ下さいと」

「これ以上、使いの小僧と話すのはうんざりだ」とモーゼが立ち去ろうとすると、呼び止め、「ラムセスが脅しをかけるのを聞いた。次に何が起きるのか、教えてやろう」耳打ちされた内容は、モーゼの背筋を凍り付かせるものであった。

翌日〈神〉の使者として、モーゼは王宮に乗り込む。交渉には応じないというラムセスに、「交渉に来たんじゃない、知らせに来た。或ることが起きる、俺にはどうにもならない。これによって何千人もが被害を蒙るだろう、お前もだ。最悪の事態を避けるには、俺の要求を呑むと、きょう日が沈む前に皆の前で宣言しろ」

聞く耳持たぬとラムセスが背を向けようとすると、モーゼは追い打ちをかけるように、

「つまらぬ因縁は関係ない。これはそんなものを遥かに超えている。エジプトの存続に係わる問題だ。日が沈む前に……その後じゃ手遅れだ」

「何が手遅れなんだ？」

質問には答えず、「息子を護れ。今夜は息子をしっかり護るのだぞ」云い置いて、モーゼはその場を後にする。

その足でピトムへ現れたモーゼは、長老ヌンはじめ主だったものを集め、

「仔羊を殺して、その血を家の柱と鴨居に塗る」ことを、皆に伝えるよう指示する。

どうして？　と訝しがるヌンにモーゼは、

「俺が間違っていたら羊を憐れもう、正しかったら羊に永遠に感謝しよう」一斉に作業に取り掛からせる。

夜が来た。ラムセスの宣言はない。

最初黒雲かと思ったのだが、違った。漆黒の闇が、真っ黒な影が、メンフィスばかりかエジプト全土を、舐めるように蔽い尽していく。その家が、闇に、影に覆われた瞬間、篝火が消え、子供の命の火も消えた。寝も遣らず王子の見張りのため付き添っていたラムセスだったが、手の打ちようどころか、訳の判らない内に王子の命は失われた。ラムセスの絶叫が、王宮の静寂(しじま)を破って、響きわたる。我が子を抱き上げても、命の鼓動はない。やがて街の至る所で悲鳴があがり、子供の名を呼ぶ声、号泣の声が、街全体を包み込んでいく――

監督であるリドリー・スコットは、ヴィジュアル派の巨匠と呼ばれる人だが、ここ何年かはリア

リズムを基調としたものに、作風が変化してきている。特に戦場のリアリズムを凝視したといわれる『ブラックホーク・ダウン』以降その傾向は、顕著である。今作の『エクソダス　神と王』も、一九五六年、実に半世紀以上も前にチャールトン・ヘストンやユル・ブリンナー出演で制作されたセシル・B・デミル監督による一大叙事詩『十戒』を、リアリズムというレンズを通して観たら、どういう風に映るのかということに、チャレンジしたものと思われる。しかし戦場で人と人が殺し合う様や、「十の災い」の如く人や動物が災禍によって、或いは傷付き或いは死を余儀なくされるリアリズムが、ヴィジュアル的に美しい筈がない。時には嘔吐を催しかねない、生理的嫌悪感を覚えることもある。だがスコット監督は、それで良いそれで当たり前だと云っているようだ。人の死は、元来醜悪でおぞましいものなのだと、訴えかけているようである。映像的な美醜、作品的な成功・失敗は、監督にとって埒外（らちがい）なのかもしれない。

……モーゼの元を、我が子の亡骸を抱いたラムセスが訪れる。従う配下の兵を振り返り、

「彼らの息子たちが死んだ。俺の息子もだ。これがお前たちの神か、子殺しの神、そんな神をお前たちは崇めるのか？」

モーゼはラムセスの腕に手を置き、静かに云う。「ヘブライ人の子で、死んだ者はいない」

あり得ない、そんな筈はない、信じられないとばかり、ラムセスは首を何度も横に振る。

ここに至ってラムセスはモーゼを、モーゼの神を畏怖したのだろう、

「ここを出て行け、一人残らず出て行け。カナンへ帰りたければ帰れ、夢の祖国でもなんでもいい、消え失せろ！」喚き散らすのである。

モーゼはラムセスの眼を見つめ、何度も頷きながら、「仰せの儘に」

——題名である『エクソダス』は、元来は旧約聖書にあるヘブライ人（イスラエル人）のエジプト脱出をいい、転じて大量出国を意味するようになった言葉である。

エクソダスの為の、準備が始まる。

四十万人を引き連れての移動である。民族大移動といっても過言ではなかろう。それなりの準備は必要だ。だが時間がない。ああは云ったものの、ラムセスは間違いなく追っ手をかける筈である。海を、紅海を越えるまでは、安心はできない。嘗てモーゼが追放されて彷徨っている時に知った、引き潮の時は歩いて渡れるティラン海峡、そこまでは何としても急がねばならない。——移動を開始する。

息子の全身を包帯で包み、小さな柩に収める。その柩を乗せた揺り籠を、妃は放心したかの如く、執拗に揺り動かす。ラムセスは椅子に座り込んで、一点を見つめたまま、身じろぎもしない。

やがてラムセスは全軍に出動を命じる。

側近が云う。「奴隷全員を連れ戻すには、三個師団では足りません」

ラムセスは鬼の形相で、「連れ戻しに行くわけじゃない」

ヘブライの人々は、可能な限り足を速めた。だが限界はある。「疲れています。皆を休ませましょう」

判ってはいるのだが、モーゼは気が急いた。「海を渡るまで、気は抜けない」

そこへ偵察のために途中へ残しておいた側近のヨシュア（アーロン・ポール）が、馬を飛ばして注進に及ぶ。

「ラムセスが兵士四千人、戦車千台で追ってきます。追いつかれるまで四日、向こうが急げばもっと短い」

分岐路にさしかかり、モーゼは平坦な道ではなく、急峻な山越えを選んだ。

「平坦な道の方が、みんな楽ですし、急ぐことができます」こちらは屈強な兵士ばかりではなく、女もいれば、子供もいる。妥当な意見に思われた。だがモーゼは、

「山越えの方が、道幅が狭く、戦車で追うのは難しい。時間を稼げる」そう云って、幅のある馬車を捨てさせ、歩き始める……

紅海だ！　やっと辿り着くことができた。だが喜びも束の間、渡れる場所が見つからない。満ち潮なのか引き潮なのか、それすらも判らない。モーゼは焦りと苛立ちで、身を揉まんばかりの失意に苛まれる。

「俺は家族を捨てて、皆を誤った場所へ連れてきた。役立たずだ、やれると思ったのに……」モ

ーゼは本当は自分自身を、遠くへ投げ捨ててしまいたかったのかも知れない。先王から拝領した剣を、海へ向かって遠く投げ捨てるのである。剣は海底の砂に突き立った。

「追われていようがいまいが、休息は必要だ」同胞の忠告にモーゼは皆を休ませ、自らも岩場に身を凭せかける。一筋の流れ星が、真っ直ぐ海の向こうへ落ちた。

空一面に群れ騒ぐ鳥と、沖を指差しながら話す同胞の声で、モーゼは眼が覚めた、いつの間にか眠り込んでいたらしい。海を見たモーゼはあることに気が付く。海の底に沈んだ筈の剣の柄が、海面から出ているではないか。潮が引いている！

モーゼの様子を見守るヌンに、海を指し示し「どうだ？」

「流れが強い」

「ああ、だがここを渡るしかない。出発の準備を急げ」

潮は完全には引ききってはいない。まだ腰の高さぐらいはある。しかも流れが急なのである。怖気付く人間がいたとしても、不思議はなかった。「あんたの命令は、エジプト人の鞭と一緒だ。もう奴隷じゃないんだぞ」

応えるモーゼの声には、力強さが戻っていた。「だがまだ自由じゃない。カナンの地に戻ってはいない。ここまで俺を信じて付いて来てくれた。お前たちなら必ずやれる、俺について来れば自由だ。残れば死が待っている。恐れるな、神がついている」

先頭に立って海に入るモーゼ。同胞たちも互いに手を取り助け合いながら、後に続いた。

モーゼは声を張り上げる。

「止まらずに行け。恐れることはない」

五

ラムセスの軍が追い縋ろうとしていた。山道を越えて来たのである。

重装備の戦車で、隘路を爆走する。今にも車輪が逸脱しそうな際どさである。

先頭を走るラムセスに、続くカーヤン将軍が、急ぎ過ぎだ速度を落とそうと、合図を送る。だが鬼神が乗り移ったかの如きラムセスは、耳を貸さない。

海を渡りつつあるヘブライ人を捉えた。急げ。怯む御者を突き落とし、更に速度を上げるラムセス。後れを取るまいとする隊列の、真ん中辺りを走っていた一台が、山肌に車輪を乗り上げさせ、バランスを失って転落する。後続の戦車は巻き込まれまいと、手綱を引くが、更に続く戦車が次々とぶつかってきて、数珠つなぎに崖を転がり落ちていく。それだけで済めばまだしも、あまりに多くの戦車が轟音を上げて通過したためか、その振動で地震(ない)でも起こしたかのように、山肌が一挙に崩れ落ちたのである。突然道が消えた。後列の戦車の大半が、動きも取れないまま、土砂に押し流された。

それを見ても、ラムセスは顔色ひとつ変えない。意識は既に、ヘブライ人の皆殺しに凝っている。残った戦車と騎馬隊を引き連れ、馬に鞭をくれる。

モーゼも追っ手に気が付いた。潮はすでに完全に引き、歩くのに支障はない。急いで渡るよう指示を出すと、ヨシュアと兄アロンを引き連れ、ラムセスを食い止めるべく、手綱を返す。思い切りロングに引かれた画面の向こうを、何条もの稲妻が、縦に横に奔る。海水を巻き上げた水竜巻が発生。ひとつではない。二つ三つ、五つ六つ、まさしく雲蒸竜変（うんじょうりょうへん）の観あり……さながら九龍が天にも昇らんばかりの、凄まじさである。ラムセスの軍が、水の引いた海に乗り入れてきた。

巻き上げられた海水がひとつになり、今度は想像を絶する大津波となって、押し寄せる。画面横いっぱいに拡がり、見上げんばかりの高さである。もう少しで追いつかれてしまう。モーゼは意を決する。死んでもエジプト軍を通さない。巨大な水の壁が、驚くべき速さで迫ってくる。このままでは呑み込まれてしまう。カーヤン将軍は、全軍に退却を命じる。引くな、進むのだ。ラムセスは将軍の名を絶叫するが、もはや如何ともし難い。

モーゼもヨシュアとアロンに、「行け、早く行け。これは命令だ！」二人を逃がし、単騎ラムセスを迎える。幼い頃から兄弟同然に育った二人が、最後に相まみえたのである。睨み合うモーゼとラムセス。

「こちらへ来い、ラムセス。後退しても間に合わんぞ」モーゼにしてみれば、最後に恩讐を超えて、ラムセスを助けたかったのかもしれない。だが時すでに遅し、大津波は容赦なく二人を呑み込んだ——

「モーゼが手を海に向かって差し伸べると、主は夜もすがら激しい東風をもって海に押し返されたので、海は乾いた地に変わり、水は分れた。イスラエルの人々は海の中の乾いた所を進んで行き、水は彼らの右と左に壁のようになった」出エジプト記14章21節から22節にかけて記載のあるモーゼの奇跡を、『十戒』では海を真っ二つに割り観る者を驚嘆せしめた演出を、スコット監督はこのように解釈を施し、映像化した。

海中には逃げ遅れたエジプト兵の、夥しい死体が漂っていた。ヘブライ人は、間一髪辛うじて高台に辿り着き、難を逃れることができた。——モーゼは生きていた。

大過は取り敢えず去った。浜辺に腰を下ろし、気遣う側近のヨシュアを呼ぶ。「ここから遠くないところに、家族がいる。だが一緒に来いと説得しないほうがいいな」

ヨシュアには意外だった。「家族が？　どうして呼ばないのです。一緒にいたほうがいい」

「これから先カナンに辿り着いたとしても、まだいろいろあるだろう」モーゼにしてみれば、これまで散々苦労を掛けた家族に、これ以上の苦労を強いることが、心苦しかったのであろう。

「俺たちは侵略者と見做され、地元部族との争いも起こるだろう」

「だけど彼らが、俺たちを追い払えるわけがない」

「国を築けるほどの規模だ。それが問題なのだ」何せ四十万の民が乗り込んでいくのである。軋轢が生じないほうが、おかしいくらいのものなのだ。モーゼは続けて、

「今は気持ちはひとつだが、もう逃げなくてもよくなったら、どうする？」おそらく、てんでに自己の権利を主張して、地元部族のみならず、同胞の間でも争いが生じるだろう。物にも執着心が湧くはずだ。――モーゼはそれを怖れた。

ラムセスも生きていた。砂浜に打ち上げられた、累々たるエジプト兵の遺体を眺め渡しながら、

「偉大なるラムセスか」茫然と呟く。王としての権威も、絶大なる権力もすべて水泡に帰したのである。俺はどこで間違ったのだろう。

建前とは裏腹に、モーゼは家族に会いたくて仕方なかった。だから少し回り道をして、妻と子の元を訪ねた。ゲルショムは随分大きくなっていた。父は約束した通り戻ってきた。思わず抱きつく。ツィポラは相変わらず、美しかった。

「あれは、俺といたいから信仰を捨てるというのは、どうなった？」

「私、信仰は捨ててない」

「よかった。これから、これまで以上に必要かもしれない」カナンへの道のりは遠い、しかも辿

り着いたところで、現在のような平和な暮らしはすぐには得られまい。必ず〈神〉に祈らずにはいられない状況に、直面する筈だ。それでもモーゼは、これ以上家族と離れていたくはなかった。否そうでなければ、彼自身耐えられそうになかったのかも知れない。

ツィポラは家の表に屯する人々を怪訝そうに見ながら、「あの人たちは？」

「俺の同胞だ」ツィポラの顔に笑みが浮かぶ。

――実はここにスコット監督の示唆が、読み取れるのである。私は『プロメテウス』の稿で、主人公であるエリザベスが絶えず肌身離さず身に付けている、父の形見である十字架のペンダントを、回りの者たちは〈神〉を崇める信仰心の証と解していたが、本当のところは自分を産み慈しみ育ててくれた両親への感謝・思い出、まさしくそれらの〈形見〉であり、その思い出、その記憶こそが、彼女にとって唯一無二の紛れもない〈神〉なのである――と述べた。家族こそが、〈神〉に等しい存在なのだと。

同様のことが、ここでも述べられているのである。〈神〉であるヤハウェはヘブライ人の絶対神であろうとして、持てる力を駆使し、エジプト人に鬼畜の如き災禍をもたらした。是非はともかく〈神〉は畏怖し崇める存在であっても、愛し愛される対象ではない。本当に愛おしいと思えるのは家族なのだ、又そう思われていると確信できるだけで、心の安らぎを得られるのも、家族なのである。本編中何度か、家族の元を離れたことを後悔する言葉が、モーゼの口から語られる。〈神〉に選ばれ予言者となり指導者となったモーゼは、本当の父と母を知らず、兄弟同然に育った者とも決別し、自分自身が家族を持ち、しかもその家族と離れ離れになった時、おそらくそのことに気付き始めたのかもしれない。

＊　＊　＊

「我が弟　トニー・スコットに捧ぐ」エンドクレジットの前に、この言葉が挿入される。

リドリー・スコット監督は、二年前の二〇一二年脳腫瘍をはかなんで自ら命を絶った、やはり映画監督である実弟トニー・スコットの御霊(みたま)にこの『エクソダス　神と王』を捧げ、哀惜し追悼の意を表した。それはこの映画が〈神〉を描いたものだからではなく、家族愛を謳ったものだからに他なるまい。もしかしたら共にTV作品をプロデュースしたりと、ことのほか仲の良かった弟が、苦しい胸の内を語ることもなく、しかも順列を飛び越え兄より先に逝ってしまったことに対する、叱責だったのかもしれない。どうして話してくれなかった、手の打ちようはあったかも知れないのに、なぜ死を選んだのだ。リドリー監督は、家族として痛恨の思いに駆られたのかもしれない。

――弟は、この映画を観てくれるだろうか。

＊　　＊　　＊

シナイ山でモーゼは、石板に鑿(のみ)を振るっていた。「十戒」である。

少年僧が傍らに立ち、「私とお前はお互いに受け入れてはいないが、でも未だに言葉を交わしている」

「……………」

「指導者は時に迷う。だが石は揺らぐことがない。その戒律が民を導くのだ。……受け入れられないのなら、鑿を打つ手を止めろ」

「受け入れられないのなら、最初から彫ってなどいない」モーゼは手を止めない。

この先ヘブライの、否イスラエルの同胞が、仲間同士或いは他の部族と協調して平和に暮らしていくために必要な最低限度の倫理、それだけは提示しておかねばならない。モーゼは黙々と彫り続ける……ヘブライの民に幸あらんことを！

先述した「十戒」、第三章以降の、内容である。

③安息日(あんそくにち)を記憶してこれを聖とすること　④父母を敬うこと　⑤殺さないこと　⑥姦淫しないこと　⑦盗まないこと　⑧偽証しないこと　⑨他人の妻を恋慕しないこと　⑩他人の所有物を貪らないこと――

（書き下ろし。２０１４年頃）

訃報に功績を偲ぶ
——トニー・スコットの死——

二〇一二年八月十九日昼十二時半ごろ、映画監督トニー・スコットは、ロサンゼルス港とサンペドロを結ぶヴィンセント・トーマス橋から身を投じ、その生涯に自らの手で終止符を打った。享年六十八歳。目撃者も何人かおり、事務所から遺書と思しきものも見つかっていることから、自殺であることは間違いないと断定され、その理由については手術が困難なほど悪化した脳腫瘍を悲観してのことだ、といわれている。

私はトニーの実兄でやはり映画監督であるリドリー・スコットを追いかけ、その作品論を何本か書いているが、思い返すと作品論こそ殆どないものの、リドリー同様に追いかけて観ていたのが、トニー・スコット監督の映像世界であった。

「細かいカットの切り返しや、大仰ともいえる映像装飾」と形容される撮影スタイルや技法のため評論家には受けなかったというが、私には逆にそれらの映像がスタイリッシュに感じられて、とても好きだった。何より素材の選び方・切り込み方が、現代的でシャープだった。兄のリドリーほどテーマや映像に重厚さはなかったが、私はむしろその軽さに構えずに接することのできる気楽さと、安らぎを覚えていた。おそらくそれが敢えて作品論を書こうと思わなかった、理由だろう。

まだ無名に近かったトム・クルーズを大ブレイクさせ、自らもメジャー監督の仲間入りを果たした『トップガン』然り。トニーが亡くなる少し前、実に二十五年以上ぶりに『トップガン』の続編が企画され、その製作準備のためトム・クルーズと共にネバダ州の海軍基地を訪れたりしており、そのトムの同作出演が発表された直後の訃報であったことが、本当に自殺なのかと、周囲の人たちに疑問を抱かせることになったようだ。

トニー監督があくまで主人公クラレンス（クリスチャン・スレーター）と、ヒロインであるアラバマ（パトリシア・アークエット）のふたりを最後まで死なせず、ハッピーエンドで終わらせることに拘ったため脚本を変更し、それを知った脚本家のクエンティン・タランティーノは「勝手に変えられてたまるか」と脚本の権利を返却させようとしたが、主役のクリスチャンをして、「どうかクラレンスを殺さないでくれ」と直接タランティーノに頼み込ませたため、何とか事なきを得たという『トゥルー・ロマンス』然り。

だがタランティーノも根っからの映画人。ハッピーエンドも悪くないと思ったかどうかはともかく、続く『クリムゾン・タイド』では、実際に脚本を担当したマイケル・シファーと共に、原案を起こしているのである。この映画の大ヒットがスコットとタランティーノの結びつきを前よりも深くしたとみえ、この後も二人の厚誼は続いていく。

弾道ミサイルを搭載したオハイオ級原子力潜水艦「アラバマ」内の、息が詰まりそうなほど閉塞された状況下での物語。ロシアで超国家主義者による反乱が勃発し、首謀者は大陸間弾道ミサイルを発射できる基地を掌握し、アメリカに対し要求に応じなければ日米を核攻撃すると脅迫してきたのが、発端である。核による報復の対応を命じられたのが「アラバマ」。叩き上げの艦長ラムジー大佐（ジーン・ハックマン）に、エリート・コースを歩む副艦長のハンター少佐（デンゼル・ワシントン）。

反乱軍が核ミサイルに燃料を補給しているとの連絡が入り、さらに続いて新たな指令が届く……のだが、その指令を受理している最中、反乱軍の攻撃型原潜の攻撃によりフローティング・アンテナのウインチを損傷してしまい、肝心の〈指令〉が中断、全容が判らない。核ミサイル攻撃準備を続行すべきだとする大佐と、指令を再確認するまで攻撃を俟つべきだと主張する少佐。意見の食い違いに、叩き上げとエリート、白人と黒人、真逆な二人の様々な思惑が、一層軋轢を強めていく。

敵原潜の攻撃も執拗に続いている。時間はない。どうやって輻輳するこの危機を防ぐ、どう乗り切る――紛れもなく、手に汗握る第一級の面白さであった。

『エネミー・オブ・アメリカ』

犯罪やテロを防止するという建前で、つい先頃わが日本でも同じような法案が強引に可決された、法執行機関の監視権限を拡大させる「通信の保安とプライバシー法」案を、審議中のアメリカ連邦議会。国家安全保障局の高官レイノルズは法案を可決させるべく、反対派の旗頭である下院共和党議員ハマースリーを、人けのない湖畔で暗殺させる。遺体は思惑通り心臓麻痺で処理され、目撃者はいない筈だった。だが殺害の一部始終は、渡り鳥を観察するために設置された、無人カメラに録画されていたのである。

数日後、動物研究者ザビッツがそのテープを回収する現場を目撃した部下の報告に、驚き慌てふためいたレイノルズは、迅速なテープ強奪を命じる。ハマースリーが実は殺害されたという事実を知ったザビッツは、知り合いの新聞記者にその情報を渡そうとするが、襲われ命からがら逃げ出す。逃亡の最中、意外な場所で大学時代の級友ロバート・クレイトン・ディーン（ウイル・スミス）と出会い、万が一を考えディーンにすら気付かれぬよう、情報を収めたPCカードディスクを彼のバッグに忍ばせる。その後ザビッツは死亡。

ここからお定まり、ディーンは幾度もカードディスクを奪い取ろうとする連中に狙われ、危難に見舞われるのだがその都度くぐりぬけ、最後は彼の機転を利かせた〈仕掛け〉で、思わぬ結末を招くこととなる。――ウイル・スミスらしく会話がウィットに富み、緊迫した状況ながら巧まざるユーモアが鏤（ちりば）められて楽しく観れるのだが、だからこそ根底にある国家に絶えず見張られている恐怖や、常に看視され続けることへの嫌悪感が、倍加する構成となっている。……大好きな映画で、何度観たか覚えてないほど。

　デンゼル・ワシントンと再度タッグを組んだ『マイ・ボディーガード』には、クエンティン・タランティーノが絶大な賛辞を寄せている。私も異存はない。

　誘拐される九歳の娘ピタを演じたダコタ・ファニングはとても愛らしかったし、誘拐を命じた人間の意外性も悪くなかったし、何よりラストのやりきれない寂寥感の上質さは、胸に沁みた。ワシントンは、リュック・ベッソン監督『レオン』のジャン・レノに負けてなかったし、『マトリックス』ばりの銃撃戦を繰り広げた、ウォンビン主演の『アジョシ』（イ・ジョンボム監督）の迫力にも、決して引けは取らない作品だと思っている。

　お薦めしたいトニー・スコット監督作品は、まだまだある。

ただ晩年といっていいのかどうか、トニー監督が亡くなる二年前に撮影され、彼の遺作となった『アンストッパブル』や、その前年に制作された『サブウェイ123激突』（どちらもデンゼル・ワシントン主演）、この二作品は題材の選び方といい、迫力といい申し分なかったし、「大仰ともいえる映像装飾」の技巧にも磨きがかかり、円熟味を増したなという感じはあったのだが、なぜか琴線に触れてくるものがなかった。珍しいことである。私の期待が大き過ぎたのだろうか。

『サブウェイ１２３激突』。折角善玉より悪役（ヒール）を好むジョン・トラボルタを起用したのだから、もっと個性に陰影をつけた描き方をして欲しかった。金銭に異常に執着するならするでその理由を明確にするとか、いや一応社会に対する恨みつらみが、地下鉄を乗っ取った行為の起爆剤になっているという描写はあるのだが、あまりに簡明すぎてトラボルタの憎悪の深さが伝わってこないのだ。地下鉄車両購入のための視察で、賄賂を受け取ったという疑惑を持たれているワシントンのキャラクターも悪くはないのだが、皮肉なことに強制的に「賄賂を受け取った」とトラボルタに云わされるシーンだけが面白く、どうせならその辺りをもう少し膨らませて、両者の個のぶつかり合いに発展させてほしかった。ないものねだりなのかな。

『アンストッパブル』は、暴走する機関車を停めるために打つあの手この手が悉く失敗に終わるという設定は良いし、映像にも流石と思わせる迫力はある。だが不思議とそこに人間の介在が感じられないのだ。関係者各位、てんで自分勝手に意味なく動き回り、従って結果ワシントンのとった行動と考えが正しかったんだよという、彼のヒーロー譚のような印象を受けてしまうのだ。受け取るこちらの問題なのかな。

映画の醍醐味というものは、微妙なニュアンスの捉え方の違い、ちょっとした匙加減ひとつで、面白くなったりつまらなくなったり、変化していくものだ。しかしながら、観客個々人の好みの違いはあっても、登場人物がしっかりと描かれていれば、些細なことは気にならないものでもある。所詮観たいのは、人間が織り成すドラマなのだ。今までの作品に較べ、脚本の推敲・人物像の掘り下げ等、詰めが甘かった、そう思わざるを得ない。

トニー監督の身体を蝕みつつあったであろう病魔が、彼の映画に対する情熱と誇り・人間に対する洞察をも、浸食してしまったのであろうか。否、否そうではなかろう。これまでにも面白いと思えなかった作品はある。兄のリドリー・スコット監督において、然りである。偶々二作続いただけのことであろう。私はそう確信している。それだけにこれからのトニー・スコット監督の映画を観たかった、切に願うファンは多い筈だ。

トニー・スコット監督のご冥福を、心よりお祈りいたします。――どうかそちらでも、映画を撮り続けてください。

（「シネマ気球」２０１７年９月）

末尾に

此のたび二冊目の本を出版することが出来ました。まさか生涯で二冊も本が出せるとは、思ってもみなかったので、感無量というか、とにかく嬉しい限りです。今その喜びをしっかりと、噛みしめております。

この『侏儒の映画館』は、厳密には映画の評論集ではありません。というより、私が観て感銘を受けた映画、とても面白かった映画、興味深いと思えた映画などを、みなさんに知って戴きたくて、観て貰えたらと願って綴った、映画案内です。タイトルにある〈侏儒〉は、小人或いは見識のない人という意味ですが、巷(ちまた)の取るに足らない存在である一介の映画好きが、気儘(きまま)に書き散らした原稿集、そんな気持で用いました。ですから構えずに、気楽に読み飛ばして戴ければ、それで充分です。

掲載された原稿のほとんどが、同人誌「シネマ気球」に掲載されたものに加筆訂正を施したものですが、書き下ろしたものも幾つかあります。

なぜ映画案内など書こうと思ったのか。同人に参加したのは、もう何十年も昔のことになります。当初は先述したように、感銘や面白さや興味深い内容を、他の人たちにも味わってもらいたい、そう願ったからでした。その気持は一貫して変わってはいませんが、ですが最近は……人は観たものや聴いたことを次第に忘れます。私など寄る年波で記憶力は衰え、題名だけでは観たのか観てないのか、よく覚えていない作品が増えてきました。そのために書いたものを読み返して、感動を再確認したい。そんな思いも加わってきてます。

観ていない方にはどんな物語なのかを知って貰えるよう、ご覧になった方には記憶の再確認、「そういえばこんな内容だったな」思い出して戴くため、すべての作品の梗概を記しています。話の内容が判らなければ、観たいという気持にならないのでは、それが私の基本姿勢ですが、果たして拙文でそれが出来ているのかどうか。よろしければ、御批判・ご感想を賜れれば、幸いです。

この本を上梓するにあたり、思い違いや不備を指摘して戴き、何とか体裁を整えてくれた、ごめ書房のＳ氏にはひとかたならぬお世話になりました。

またこの本に登場して戴いたすべての方の、敬称を略させて戴いております。この場をお借りして、厚く御礼申し上げます。ありがとうございました。

最後になりましたが、この本を読んで下さった方の映画人生が、どうか実り多きものでありますよう、心より祈念いたします。

【著者略歴】
久保嘉之（くぼ・よしゆき）
1951年長崎県長崎市生まれ。県立長崎南高校卒業。中央大学文学部中退。ブティック勤務を経て、タクシー会社勤務。千葉県山武市在住。
著書＝「ばってん映画論」

JASRAC出2206145－201

侏儒の映画館

2022年10月1日初版発行
著　者・久保嘉之
発行者・関田孝正
発行所・ごまめ書房
住　所　〒270－0107
千葉県流山市西深井339－2
電　話　04（7156）7121
FAX　04（7156）7122
振　替　00180－8－462708

印刷・製本・モリモト印刷株式会社

ISBN978－4－902387－33－9

ごまめ書房の映画の本

ばってん映画論

久保嘉之・著　ジェームズ・ボンドと俺（おい）が初めて出会（お）うたとは、忘れもせんクリクリ坊主の中学2年の秋やったばい――。注目の娯楽映画評論集！　四六判上製240頁・定価2000円＋税

昭和映画屋渡世　坊っちゃんプロデューサー奮闘記

斎藤次男・著　『切腹』『男はつらいよ』製作の熱血漢が生み出した、歴史に埋もれた大衆娯楽映画の数々――。現場に飛び散る汗、涙！　1960年代の映画屋たちの熱気が甦る。映画評論家、書評等絶賛！
四六判並製256頁・定価2200円＋税

観る・書く・撮る　シネマフリークここにあり

門馬徳行・著　フツーのおやじのヘンに熱っぽい映画評論プラス自作シナリオ集。
四六判上製368頁・定価2800円＋税

おしゃべり映画館

N雄とN子の21世紀マイベストシネマ

門馬徳行、岩舘範子・共著　映画対談集。１４７本をシネマフリークが語りつくす。

四六判並製４１６頁・定価２０００円＋税

映画館をはしごして

小泉　敦・著　暗闇の空間での筆者と映画作家の〝対決〟！

四六判並製２４０頁・定価１９００円＋税

人生は映画とともに

今市文明・著　青春時代の映画を語り、ヨーロッパのロケ地を旅し、スターを語る。

四六判並製２４０頁・定価１９００円＋税